Carol Tavris:

Wut

Das mißverstandene Gefühl

Aus dem Amerikanischen von
Sabine Schulte

Deutscher
Taschenbuch
Verlag

dtv

Ungekürzte Ausgabe
Januar 1995
Deutscher Taschenbuch Verlag GmbH & Co. KG, München

Titel der amerikanischen Originalausgabe:
Anger. The Misunderstood Emotion
Simon and Schuster/Touchstone Books 1989
New York, London, Toronto, Sydney, Tokio

ISBN 3-455-08465-6
Umschlaggestaltung: Boris Sokolow
Umschlagfoto Rückseite: Jasmine Lindsay (Simon and Schuster)
Satz: Fotosatz Otto Gutfreund GmbH, Darmstadt
Druck und Bindung: C.H.Beck'sche Buchdruckerei, Nördlingen
Printed in Germany · ISBN 3-423-35085-7

Für Ronan O'Casey

Wut ist die Emotion, die sich hervorragend zur Machtentfaltung einsetzen läßt.

Walter B. Canon

[Wut] ist ein Vehikel des Managements.

Alexander Haig

Inhalt

Vorwort zur zweiten amerikanischen Auflage

Seit dieses Buch geschrieben wurde, haben unterschiedliche Entwicklungen stattgefunden, die den Wunsch in mir auslösten, mich noch einmal mit der Thematik zu befassen.

Auch bei meiner Arbeit an der ersten Auflage war Wut mir zwar durchaus nicht fremd, weder im Privatleben noch in meinen Erfahrungen mit der Frauenbewegung in den letzten beiden Jahrzehnten, doch ich schrieb das Buch nicht, um irgendeinen persönlichen Wutdämonen auszutreiben. Ich schrieb es, weil ich ganz einfach über die destruktiven Ratschläge und die landläufigen Vorstellungen zu Wut und den Umgang damit wütend war. Ich glaube nämlich, daß diese in unserer Gesellschaft und in unseren Beziehungen großen Schaden anrichten. Vor allem zwei Ereignisse ließen mich das, was ich theoretisch über Wut geschrieben hatte, am eigenen Leib erfahren – nämlich die unnötig destruktive Kraft der Wut. Das eine war ein Bruch innerhalb der Familie: Dabei handelte es sich nicht um die üblichen Streitereien und Vorwürfe, an die ich gewöhnt war – solche Verletzungen heilen und geben später oft Stoff zu witzigen Geschichten ab –, sondern die Verbindungen wurden wirklich abgebrochen, sowohl die physischen als auch die emotionalen. Das andere Ereignis war ein Prozeß, den eine frühere Freundin, die in unserem Haus eine Stufe hinuntergefallen war und sich die Hüfte gebrochen hatte, gegen meinen Mann und mich anstrengte.

In beiden Fällen war nicht die Wut selbst das Problem; Wut ist im Umgang von Menschen, die sich lieben, ebenso unvermeidlich wie Konflikte es sind. Was mich aber an diesen traurigen Ereignissen so erschütterte, waren einmal die *Form* der zum Ausdruck gebrachten Wut (im Fall der Familie) und zum anderen der Beschluß, daß Wut und Freundschaft unvereinbar seien (im Fall der Freundin). In beiden Fällen, so erfuhr ich, diente die Wut einem verborgenen Ziel: Sie war nur ein Vorwand und lieferte die Energie für die Ausführung eines Entschlusses, der schon vorher gefaßt worden war.

In dem Familienstreit waren es nicht die Gründe für die Wut, die zum Bruch führten. Diese Gründe waren, im Gesamtzusammenhang betrachtet, trivial, und jetzt kann sich, wie es bei großer Wut häufig der Fall ist, sowieso niemand mehr daran erinnern. Die Kluft wurde allerdings dadurch erweitert, daß alle vier Beteiligten sich verschiedener »Wutsprachen« bedienten, deren jede ihre spezifischen Vor- und Nachteile hatte. Einer der vier kann geradezu vulkanische Wutausbrüche haben, und das wirkt auf einen ruhigeren Menschen einschüchternd, doch er sagt nie etwas Unfaires oder Grausames; und wenn das Unwetter vorbei ist, ist alles vergessen und wieder gut. Der zweite ist gelassener; er gerät selten in Wut, und wenn er wütend ist, fällt es ihm schwer, das auszudrücken; seine Art besteht darin, Vorwürfe zu sammeln, manchmal über Jahre hinweg, und sie einem dann alle auf einmal ins Gesicht zu spucken. Die Dritte ist mit Wut und moralischer Entrüstung schnell bei der Hand. Wenn sie wütend ist, sagt sie alles, was ihr in den Sinn kommt, denn sie ist der Überzeugung, Wut sei ungefährlich und mache stark. »In der Hitze des Zorns« gefallene Bemerkungen zählen für sie nicht; sie erwartet, daß man solche Bemerkungen später wieder vergißt.

Mein eigener Stil – ich war die vierte Beteiligte – gefiel mir am wenigsten. Ich lernte, daß es lange dauert, bis ich wütend werde, daß ich aber, wenn ich einmal wütend bin, ebenso lange brauche, um zu vergeben und zu vergessen. Ich nehme Vorwürfe und harte Worte wörtlich und brüte darüber. Normalerweise ziehen Unwetter schnell vorbei; meine Gewitterwolken hängen monatelang am Himmel.

»Autor, heile dich selbst«, höre ich Sie nun sagen, und genau das habe ich versucht, indem ich dieses Buch noch einmal durchgesehen und auf den neuesten Stand gebracht habe. Meine Ansichten über Wut, die auf den Recherchen für die erste Auflage dieses Buches beruhen, haben sich durch meine Erlebnisse nicht verändert. Im Gegenteil, die Ergebnisse meiner Nachforschungen sind durch meine persönlichen Erfahrungen bereichert und verifiziert worden.

Außerdem habe ich von meinen vielen Gesprächen mit Menschen profitiert, die sich ständig oder vorübergehend mit Wut auseinandersetzen – Therapeuten, Lehrer, Eltern und Menschen, die aufgrund einer Scheidung oder eines Unglücks eine Phase heftiger Wut durchleben –, und sie zeigten mir, wie die in diesem Buch dargestellten Forschungsergebnisse in die Praxis umgesetzt werden können. Wenn ich Vorträge hielt und mit Gruppen verschiedenster Art Workshops abhielt, war ich von den Reaktionen dieses Publikums berührt und beeindruckt. Ich hörte von Ehe- und Familienberatern, die übereinstimmend der Meinung waren, es bereite ihnen keine Schwierigkeiten, die Partner zu veranlassen, ihre Wut »auszudrücken«, sondern das Problem bestehe darin, sie dazu zu bringen, lange genug still zu sein, um einander anzuhören. Therapeuten, in deren Therapien gewalttätige Jugendliche ihre Wut »herauslassen« sollen, erzählten mir, sie verstünden nun endlich, warum ihre Programme nicht funktionierten und warum ihre Patienten nur noch wütender und gewalttätiger würden. Ich hörte von zahllosen Eltern, die ungeliebte kleine Satansbraten aufzogen, aber Angst hatten, die »aggressiven Instinkte« ihrer Kinder zu »unterdrücken«. Ich hörte von Paaren, die sich in ihrer Partnerschaft an ein Muster von wütenden, lähmenden Streits, Heimtücke und Gemeinheit gewöhnt hatten und das für »aufrichtige Kommunikation« hielten. Trainer und Sportler erzählten mir ermutigende Geschichten darüber, wie Selbstbeherrschung die Leistung steigert.

In den letzten Jahren ist auf dem Gebiet der Wut viel geforscht worden. In der Mehrzahl bestätigen und erweitern diese Forschungsergebnisse die Aussagen und Behauptungen der ersten Auflage, und ich habe das neue Material eingefügt, wo es relevant ist.

Danksagungen

Ich bin meinem Lektor, Frederic Hills, und dem Verlag Simon and Schuster sehr dankbar dafür, daß sie mir die Gelegenheit zu einer Bearbeitung gegeben haben. Wie immer danke ich außerdem meinem Agenten, Robert Lescher, der mich unter anderem gelehrt hat, welche Vorzüge ein überzeugender Brief einem gereizten gegenüber hat (während er mir erlaubte, ihn ganz unbekümmert anzumeckern). Und jeden Tag bin ich dankbar für meinen Mann, Ronan O'Casey, der es mir ermöglichte, gutgelaunt über Wut zu schreiben, weil er mir Freude schenkt.

Für diese Ausgabe gilt mein besonderer Dank Leonore Tiefer für ihre ständige redaktionelle und moralische Unterstützung; meiner Brieffreundin Harriet Goldhor Lerner von der Menninger Foundation für unsere jahrelange Korrespondenz über das Thema Wut (und andere Angelegenheiten); Charles Spielberger von der University of South Florida für unsere fortlaufende Diskussion über »Hinein-Wut« und »Heraus-Wut«; James Pennebaker von der Southern Methodist University für unsere vielen hilfreichen Gespräche über den Unterschied zwischen Geständnis und Herauslassen von Wut; Robert Solomon von der University of Texas und Steve Gordon von der California State University für ihre unpsychologischen Sichtweisen; und William Lee Wilbanks, Professor für Kriminalrecht an der Florida International University, für seine unerschütterlichen Versuche, Menschen davon zu überzeugen, daß sie keine Spielbälle in der Hand des Schicksals oder der Biologie sind.

Außerdem möchte ich den folgenden Psychologen und Psychologinnen dafür danken, daß sie mir so großzügig von ihren klinischen Erfahrungen und ihrer Forschungsarbeit berichtet haben: Bernie Zilbergeld, Oakland, Kalifornien; Robert Maurer vom Family Practice Residency Program am Santa Monica Hospital; Marion Jacobs, stellvertretende Leiterin des California Self-Help Center an der University of California in Los Angeles; Christine Padesky vom Center for Cognitive Therapy in Newport Beach, Kalifornien; C.R. Snyder von der University of Kansas;

und Richard Driscoll bei Bearden Professional Associates in Knoxville, weil er mir gestattet hat, seine »Wutspiralen« zu verwenden.

Ich möchte meinen Dank an die Sozialwissenschaftler wiederholen, die mir für die erste Ausgabe Zeit und Ideen zur Verfügung stellten und mich Einblick in ihre unveröffentlichten Manuskripte nehmen ließen: James Averill von der University of Massachusetts; Vladimir Konečni und George Mandler von der University of California in San Diego; Ernest Harburg von der University of Michigan; Ray Novaco von der University of California in Irvine; Don Fitz vom St. Louis State Hospital; Suzanne Haynes von der University of North Carolina; Ralph Hupka von der California State University in Long Beach; Faye Crosby von Smith; Karen Paige von der University of California in Cavis; Norma Wikler von der University of California in Santa Cruz; Thomas A. Sebeok von der University of Indiana; Dorothy Otnow Lewis von der Yale University und am New York University Hospital. Natürlich liegt die Verantwortung für die Interpretation ihrer Arbeit ganz und gar bei mir.

Besonderen Dank möchte ich Sally Koslow von *Woman's Day* dafür aussprechen, daß sie mir Aufträge zu verschiedenen Aspekten des Lebens mit chronischer Wut gab – Aufträge, die mir erlaubten, praktische Lösungen dafür zu untersuchen, wie man Wut überlebt und hier davon zu berichten.

Ich danke meiner Mutter, Dorothy, die nicht leicht wütend wird, meinem verstorbenen Vater, Sam, der schnell wütend wurde, und meinem Onkel Reuben, der schnell wütend wird, es einem aber nicht leicht sagt – dafür, daß sie mir gezeigt haben, daß alle drei Reaktionsweisen ihre Funktion haben.

Zum Schluß möchte ich den Männern und Frauen, die ich interviewte, meinen Dank aussprechen, weil sie mir so unbefangen und fröhlich Geschichten vom Brüllen und Schmollen, von Sarkasmus und Humor, vom Meckern und ab und zu auch von vernünftigen Diskussionen erzählt haben, und ich möchte den Lesern der ersten Auflage für ihre Briefe und Geschichten danken. Sie gaben mir die Gewißheit, daß ein Buch keine Flaschenpost ist, die ziellos ins Meer geworfen wird, sondern daß die Botschaft dieses Buches angekommen ist.

Einleitung: Ein Standpunkt

Warum ist diese Frau wütend?

Arnold nahm den Luftbefeuchter vom Schlafzimmer mit ins Bad, füllte ihn mit Wasser und brachte ihn wieder zurück. Eine Stunde später, als ich ins Bad ging, sah ich, daß dort ein einziges Chaos herrschte – Duschvorhang schief, Handtücher in der Badewanne, alles durchweicht, Wasserpfützen auf dem Fußboden. Ich war wütend. Ich fragte ihn, wie er nur so gedankenlos und unsensibel sein könne – die Gleichsetzung von »Rücksichtnahme«, das heißt, die Dinge wieder so hinzulegen, wie man sie vorgefunden hat, mit »er liebt mich« ist in meinem Kopf ganz eindeutig. Er entschuldigte sich irgendwie, aber später, beim Abendessen, fragte er mich, warum diese triviale Geschichte mich so unverhältnismäßig wütend gemacht hätte.

Wie würden Sie antworten? Beeinflussen die folgenden Informationen über das Paar Ihre Interpretation?

- Arnold und Jane haben seit drei Jahren ein Verhältnis, aber weil er verheiratet ist, haben sie nie zusammengelebt. Zum Luftbefeuchter-Streit kam es am ersten Abend eines zweiwöchigen Zusammenwohnens, welches durch die vorübergehende Abwesenheit von Arnolds Ehefrau ermöglicht wurde.
- Arnold ist seit dreißig Jahren mit einer Frau verheiratet, die sich immer um seine Bedürfnisse gekümmert und ihm alles nachgeräumt hat.
- Jane ist Feministin, eine selbständige Frau, die seit zehn Jahren allein lebt. Sie ist gewöhnt, alles auf ihre Weise zu tun.
- Arnold ist Psychoanalytiker. Jane ist Historikerin.
- Jane hat erfahren, daß sie an ihrer Universität keine Anstellung bekommt. Sie macht sich Sorgen, weil sie eine andere Stelle finden muß.
- Arnold macht lange Ferien mit seiner Frau. Von Jane erwartet er, daß sie keine Beziehungen zu anderen Männern hat.

Ihre Beurteilung, warum Jane so wütend auf Arnold ist und ob sie überhaupt Grund zur Wut hat, wird von Ihrem Alter, Ihrem Geschlecht, Ihrem Familienstand und Ihrer Weltanschauung abhängen. Vielleicht stimmen Sie Arnolds psychoanalytischer Erklärung zu, daß Jane »in Wirklichkeit« nicht auf ihn, sondern auf ihre Mutter wütend ist. Seiner Ansicht nach hat die Mutter Jane den unrealistischen, kindischen Gedanken in den Kopf gesetzt, »Rücksichtnahme« und das entsprechende Verhalten seien ein Zeichen für Liebe.

Oder vielleicht bevorzugen Sie eine feministische Analyse: Jane sollte die Handlungen Ihres Liebhabers, einschließlich seiner psychoanalytischen Selbstrechtfertigung, als Zeichen von Egoismus betrachten. Der Egoismus mag unbeabsichtigt gewesen sein (Arnold hat nie gelernt, sauberzumachen, weil immer eine Frau da war, die das für ihn tat) oder ein politischer Akt der Herrschaftsausübung (die Forderung der Männer, daß Frauen die Hausarbeit machen, dient dazu, Frauen unterwürfig zu halten), in jedem Fall aber ist Jane berechtigt, wütend auf ihn zu sein. Mit seiner Handlung hat Arnold ihren untergeordneten Status in der Beziehung hervorgehoben.

Oder vielleicht sagt Ihnen eine physiologische Erklärung zu: Jane war aus anderen Gründen – Streß und Unsicherheit im Beruf – bereits aufgeregt und durcheinander, und dieser geringfügige Ärger diente als Katalysator für die Entladung ihrer aufgestauten Energie.

Oder Sie stimmen vielleicht der Analyse einer Jungvermählten zu: Jane und Arnold haben nur den üblichen Krach in der ersten Woche des Zusammenlebens, einen vorhersehbaren Zusammenstoß zwischen verschiedenen Gewohnheiten, Vorlieben und Erwartungen. »Entweder bügeln sie ihre Unterschiede mit der Zeit aus«, sagt meine Freundin Cathy, »oder die Zankerei wird zur Routine, wie bei uns anderen auch.«

Oder Sie wählen vielleicht eine Erklärung aus der großen Zahl der therapeutischen Analysen, die nach unbewußten Motiven suchen. Es gibt davon fast so viele, wie es Therapeuten gibt, allerdings haben sie das gemeinsam, was wir die »Wirklichkeits-Frage« nennen wollen. War Jane in Wirklichkeit wütend auf Arnold, weil er sich nicht von seiner Frau scheiden lassen will? Oder weil er auf sexuellem Gebiet eine doppelte Moral vertritt? War sie in Wirklichkeit auf sich selbst wütend, weil sie an dem Nachmittag bei der Arbeit Fehler gemacht hatte? Oder weil sie bei Arnold blieb, obwohl sie mit ihm keine Zukunftsaussichten hatte? War sie in Wirklichkeit auf ihre Universität wütend, weil diese allen weiblichen Assistenz-Professoren die feste Anstellung verweigerte? Man könnte dieses Spiel ewig lange fortsetzen, und dabei geht es nur um einen unbedeutenden Vorfall. Stellen Sie sich vor, wie viele Erklärungen man erst für einen komplizierten, langjährigen Ehekrieg aufstellen könnte.

Der Weg zum Verständnis von Wutausbrüchen führt uns in zwei Richtungen: zu den Ursachen und zu den Wirkungen. Betrachten Sie einen Augenblick die *Auswirkungen* von Janes Wutanfall und Arnolds Interpretation dazu. Jane sagt, recht heftig, daß sie sich wegen Arnolds Verhalten unglücklich und ungeliebt fühle, daß es ihr mißfalle und daß er es abstellen solle. Arnold reagiert, indem er Janes Beschwerden zurückweist und ihr das Gefühl gibt, sie habe »Probleme mit ihrer Wut« und der eigentliche Grund für ihre Klagen läge bei ihrer Mutter, nicht bei ihm.

Nun, angenommen, Jane akzeptiert Arnolds Analyse, was dann? Das »was dann« heißt, daß *die Erklärung, die Jane für richtig hält, ihr zukünftiges Handeln bestimmen wird.* Einer der Begründer der modernen Soziologie, William Isaac Thomas, stellte fest, daß »wenn Menschen Situationen als real definieren, sie in ihren Konsequenzen real sind«[1], und das gilt auch für psychologische Beurteilungen. Wenn Jane glaubt, daß sie nicht wirklich wütend auf Arnold ist, weil er im Badezimmer ein Chaos hinterlassen hat, sondern daß sie »in Wirklichkeit« wütend auf ihre Mutter ist, weil diese ihr beigebracht hat, auf Männer wütend zu sein, die im Badezimmer ein Chaos anrichten, wird sich das wahrscheinlich auf ihre Beziehung zu ihrer Mutter auswirken; ihre Beziehung zu Arnold wird es nicht verändern. Wenn sie ihre Wut auf den Streß des Tages zurückführt, wird *sie* vielleicht diejenige sein, die sich entschuldigt. Wenn sie aber glaubt, daß ihre Wut auf Arnold berechtigt ist und wenn sie auch ihn davon überzeugen kann, bringt sie ihn vielleicht dazu, ihr gegenüber einfühlsamer zu sein. Und wenn sie glaubt, daß ihre Wut sich eigentlich auf geschlechtsrollenspezifische Ungleichheiten von übergreifender Bedeutung richtet, schließt sie sich vielleicht der Frauenbewegung an und läßt Arnold seinen Dreck selbst wegmachen.

Je mehr wir uns bemühen, uns auf eine Erklärung festzulegen, desto sicherer scheitert dieser Versuch. Der Grund dafür liegt, behaupte ich, darin, daß Wut keine Krankheit ist, die nur eine einzige Ursache hat, sondern ein Prozeß, eine Transaktion, eine Kommunikationsmethode. Abgesehen von Wut, die durch organische Anomalien hervorgerufen wird, sind die meisten Begebenheiten, bei denen Wut eine Rolle spielt, soziale Ereignisse: Sie gewinnen ihre Bedeutung nur aufgrund des sozialen Vertrages zwischen den Beteiligten. Unsere Glaubenssätze über Wut und die Interpretation unserer Erfahrungen mit Wut sind für das Verständnis ebenso wichtig wie irgend etwas, das mit dem Gefühl selbst zusammenhängt.

Aus diesem Grunde wissen wir nicht immer, ob wir wütend sind.

Manchmal ist eine Freundin, ein Therapeut oder eine ganze Bewegung nötig, um jemandem das einzureden. Aus diesem Grunde können Menschen auch sehr wütend sein, ohne zu wissen warum oder worauf. Es gibt keine eindeutige Zuordnung zwischen dem Wutgefühl und dem Wissen um seine Ursache, denn das »Wissen warum« ist eine soziale Konvention, die kulturellen Regeln folgt. Wir alle suchen hinter unseren Gefühlen und Handlungen einen Sinn, und wir nehmen die Erklärungen an, die mit unseren vorgefaßten Meinungen, unseren Bedürfnissen und unserer Geschichte am ehesten übereinstimmen.

Damit sage ich nicht, daß alle Erklärungen gleichwertig sind. Aber wir müssen sorgsam darauf achten, welche Erklärung wir uns aussuchen, weil wir dann mit ihr leben müssen. Es gibt natürlich Möglichkeiten zu bestimmen, warum wir wütend sind und wie wir uns dann verhalten können, aber sie hängen damit zusammen, welche Handlungen das Wutgefühl abschwächen und welche es steigern. Viele von uns kennen Menschen, die nach jahrelanger Therapie immer noch so leicht aufbrausen wie eh und je und nach wie vor ihren Müttern die Schuld an ihrem Unglück geben. Andere geben ihren Partnern oder dem Leben die Schuld. Die Aufgabe für ein streitendes Paar zum Beispiel besteht nicht nur darin, eine für beide Partner akzeptable Deutung auszuhandeln, warum sie aufeinander wütend sind, sondern zu entscheiden, was dagegen zu tun ist. Und es dann zu tun.

Was wir gegen unsere Wut tun, hängt allerdings in erster Linie davon ab, wie wir über sie denken und sprechen.

»Versuche es mit einer anderen Subtraktionsaufgabe«, [sagte die Rote Königin]. »Nimm einem Hund einen Knochen weg: Was bleibt übrig?«

Alice überlegte: »Der Knochen würde natürlich nicht übrigbleiben, wenn ich ihn wegnehmen würde – und der Hund auch nicht: Er würde kommen und mich beißen – und *ich* würde bestimmt nicht übrigbleiben!«

»Du glaubst also, daß nichts übrigbleiben würde?« fragte die Rote Königin.

»Ich glaube, das ist die richtige Lösung.«

»Falsch, wie üblich«, sagte die Herzkönigin: »Die Selbstbeherrschung des Hundes würde übrigbleiben.«

»Aber ich verstehe nicht, wie ...«

»Na, sieh doch mal!« rief die Herzkönigin. »Der Hund würde die Beherrschung verlieren, oder?«

»Das könnte sein«, antwortete Alice vorsichtig.

»Also, wenn der Hund dann wegliefe, würde seine Selbstbeherrschung dableiben!« rief die Herzkönigin triumphierend aus.[2]

Die Rechnung der Herzkönigin ist komisch, weil sie das wörtlich nimmt, was unsere Sprache metaphorisch verstanden wissen will. »Selbstbeherrschung« ist kein Objekt, das man verlegen, schlucken, auf dem man sitzen könnte oder das auf dem Kopf getragen werden kann. Aber im alltäglichen Sprachgebrauch kommt diese Verwechslung oft vor. Manche vergleichen Wut mit einer mächtigen Kraft – einem Fieber, einem Tornado –, die durch den Körper »stürmt« oder »wütet«. (Platon, Shakespeare und Freud verglichen Leidenschaften mit einem temperamentvollen Pferd, das von der Vernunft gelenkt wird.[3]) Wenn die Wut nicht rücksichtslos durch unser Nervensystem trampelt, hockt sie mißmutig in irgendeinem nicht näher bezeichneten inneren Organ. »Sie hat eine Menge Wut im Bauch«, sagt man (die Wut macht es sich vermutlich irgendwo in den Eingeweiden bequem) oder: »Seine Wut sitzt ganz tief« (vermutlich im Gegensatz zu Wut, die an der Oberfläche sitzt). Wenn man Wut nicht herausläßt, frißt man sie in sich hinein, und dann verwandelt sie sich überhaupt in ein völlig anderes Wesen.

In Redewendungen wie diesen, in ihrer herrlichen Anschaulichkeit, spiegelt sich mehr als nur linguistische Verspieltheit. Wenn wir Wut vergegenständlichen – also aus einem Prozeß oder einer Abstraktion in ein konkretes materielles Objekt verwandeln –, denken wir entsprechend darüber und handeln auch entsprechend. Der bedeutende britische Psychiater John Bowlby beklagte die allgemeine Tendenz, »Emotionen zu verdinglichen, insbesondere wenn sie zu den unangenehmeren zählen. Statt die Situation zu beschreiben, in der jemand Furcht erlebt, heißt es, derjenige ›habe‹ Furcht. Statt die Situation zu beschreiben, in der jemand wütend wird, heißt es, er ›habe‹ die Wut. In ähnlicher Weise ›hat‹ jemand eine Phobie oder ist ›voll von‹ Angst oder Aggression. Wenn Emotionen verdinglicht werden, bleibt es dem Sprecher erspart, herauszufinden, was den betreffenden Menschen wütend oder ängstlich macht«.[4] Verdinglichung heißt jedoch nicht Erklärung.

Die metaphorische Redeweise über Wut beeinflußt auch Forschung und Therapie, weil sie zu bestimmten medizinischen und psychologischen Sichtweisen verleitet. Wenn Wut wie ein Gallenstein im Menschen sitzt, kann man sie schließlich auch wie einen Gallenstein behandeln. Wenn Wut umgelenkt oder umgeformt werden kann, als wäre sie ein Fluß oder ein Tonklumpen, tut man gut daran, sich Gedanken darüber zu machen, welche »Richtung« sie hat oder welche »Form« sie annimmt.

Die meisten von uns schenken solchen sprachlichen Feinheiten jedoch keine Beachtung und setzen das Wort »Wut« fröhlich für die Bedeutungen ein, für die sie es brauchen. Wir sprechen von unserer Wut über ein gerissenes Schnürband, von der Wut auf unsere Eltern, die seit zwanzig Jahren tot sind, von unserer Wut über Ungerechtigkeit, der Wut auf das Leben, der Wut über die Entlassung, der Wut darüber, daß wir den Brokkoli haben anbrennen lassen. Manche bekannten Autoren und Populärpsychologen scheinen anzunehmen, daß alle diese Erfahrungen von Wut mehr oder weniger gleichwertig sind und daß ein einziges therapeutisches Mittel (etwa: das Gefühl auszudrücken) für alle geeignet ist. Aber es gibt, wie ich zu zeigen versuchen werde, unterschiedliche Arten von Wut, die mit unterschiedlichen Prozessen einhergehen und unterschiedliche Konsequenzen für unsere geistige und körperliche Gesundheit haben. Kein Heilmittel paßt für alle. Manchmal kann unterdrückte Feindseligkeit Streß und Krankheit verschlimmern, manchmal jedoch ist unterdrückte Feindseligkeit die gesundeste Lösung. Früher nannte man das Höflichkeit.

Mein Mann, sein halbwüchsiger Sohn und ich waren an einem Augusttag gerade dabei, uns mit Freunden einen üppigen Brunch schmecken zu lassen, als eine Nachbarin der Gastgeber vorbeikam. Sie ist Journalistin, und eine gute dazu, und als sie vom Thema dieses Buches hörte, war ihre Neugier geweckt. Ich sprach nur widerstrebend darüber, was erst recht ihr Interesse erregte.

»Geht es darin um Frauen und Wut?« fragte sie.

»Nicht direkt«, sagte ich.

»Geht es um Arbeit und Wut?«

»Nicht ganz.«

»Dann ist es eine Soziobiologie der Wut?«

»Nein«, sagte ich schroff, in dem Versuch, sie zu entmutigen...

»Ist es politisch?«

»Könnte man sagen« ... aber ich hatte keinen Erfolg.

»Ist es eine klinische Analyse von Wut in intimen Beziehungen?«

»Nein!« rief mein Stiefsohn und schlug in gespieltem Zorn mit der Hand auf den Tisch. Die Nachbarin zuckte zusammen, und dann lachten wir alle. Das Kreuzverhör und meine Anspannung waren vorbei, und Matthew hatte demonstriert, worum es in diesem Buch geht: Wut hat ihren Sinn.

Die Betrachtung der Wut unter sozialen Gesichtspunkten erklärt, glaube ich, die Hartnäckigkeit und Vielfalt dieses Gefühls viel besser als Analysen, die sich auf ihre Biologie oder ihre innerpsychische Funktionsweise beschränken. Das ist, in einer Zeit, die medizinische und psychologische Modelle der Gefühle feiert, ein wenig populärer Standpunkt: Die Erforschung des Gehirns und der Hormone verspricht schließlich interessante Möglichkeiten für »Heilverfahren« bei emotionalen Anomalien, und natürlich sind viele von uns daran gewöhnt, in sich selbst nach den Ursprüngen ihrer emotionalen Konflikte zu suchen, indem sie ihre Psyche durchstöbern. Nicht daß ich diese Ansätze für völlig falsch hielte; eher für unzulänglich. Ein Gefühl ohne soziale Regeln für Beherrschung und Ausdruck ist wie ein Ei ohne Schale: eine klebrige, konturlose Masse.

Unsere zeitgenössischen Vorstellungen von Wut werden von der Wutbranche, der Psychotherapie, genährt, deren Methoden allzuoft auf dem Glauben basieren, daß in jedem friedlichen Menschen eine wütende Seele nach Ausdruck schreit. Psychiatrische Theorien behandeln Wut, als sei sie eine bestimmte Menge an Energie, die im System herumspringt: Wenn man sie hier einzwängt, schießt sie bestimmt dort wieder hervor: in schlechten Träumen, Neurosen, hysterischen Lähmungen, feindseligen Witzen oder Magenschmerzen. Therapeuten sind ständig damit beschäftigt, nach Wut »zu graben« und sie »ans Licht zu bringen«, gerade als ob sie eine Rübe wäre. Der kanadische Psychiater Hossain B. Danesh schreibt zum Beispiel, seinem Berufsstand sei es »gelungen, Wut ans Licht zu bringen«, die in psychosomatischen Störungen, Depressionen, Selbstmord, Mord und Problemen innerhalb der Familie begraben war.[5] Albert Rothenberg, Psychiater in Yale, ist sich dieses Erfolges nicht so sicher:

Bei der Depression suchen wir hinter der Trauer nach Anzeichen für Wut; die Hysterie erleben wir als wütende Verführbarkeit; in der Homosexualität und sexuellen Störungen sehen wir wütende Abhängigkeit; bei Eheproblemen bringen wir gestörte Kommunikationsmuster ans Licht, insbesondere in bezug auf Wut. Wir interpretieren das Vorhandensein von Wut, wir konfrontieren mit Wut, wir provozieren Wut, wir dämpfen Wut, und wir helfen beim Durcharbeiten von Wut... Wir operieren auf der Grundlage einer ganzen Reihe von Annahmen, von denen keine einzige klar dargelegt wurde.[6]

Genau das ist das Problem. Kliniker verwenden einen beträchtlichen Teil ihrer Energie darauf, ihren Klienten zu helfen, mit Wut »umzugehen«, aber nur wenige von ihnen unterscheiden Wut von Raserei, Haß, Gewalttätigkeit oder chronischem Ärger, und sogar noch weniger führen Experimente durch, um zu sehen, wie diese Phänomene sich unterscheiden könnten. Manche Kliniker lachen überhaupt über die Forschung und argumentieren, sie seien Heiler und Künstler, keine Wissenschaftler, und wüßten alles, was sie wissen müßten, von ihren Patienten. Vielleicht. Aber als Ergebnis dieser Einstellung folgern zu viele Kliniker unlogischerweise, ihre Beobachtungen an Menschen in Therapie würden genauso auch für alle anderen gelten. Schlimmer noch, sie erkennen nicht, wie häufig sie mit ihrer jeweiligen Therapierichtung und durch die Wahl der Methoden das Problem, das sie diagnostizieren, selbst erst *schaffen*. Manchmal existiert Wut, wie Schönheit, lediglich im Auge des Betrachters.

Ich möchte einige Annahmen darlegen, die im Geschäft mit der Wut weit verbreitet sind:

- Gefühlsenergie umfaßt eine bestimmte Menge, die aufgestaut werden oder, umgekehrt, das System »überfluten« kann.
- Wut und Aggression sind unauflöslich biologisch verknüpft; Wut ist das Gefühl und Aggression sein Ausdruck, aber beide sind Aspekte des Aggressionstriebes.
- Wut ist eine instinktive Reaktion auf Bedrohung und auf Frustration bei der Verfolgung von Zielen und der Erfüllung von Bedürfnissen.
- Wenn der Ausdruck der Wut blockiert wird, »kehrt sie sich nach innen«, und man spürt sie dann als Depression, Schuldgefühl, Scham, Angst oder Lethargie.

Um die Stichhaltigkeit dieser Annahmen zu überprüfen, habe ich Untersuchungen aus Sozial- und Naturwissenschaften (einschließlich Psychologie, Soziologie, Anthropologie und Physiologie) in Zusammenhang gebracht, und um eine deskriptive Nuance hinzuzufügen, habe ich fünfzig Männer und Frauen informell über ihre Erfahrungen mit und ihre Vorstellungen von Wut befragt. Ich habe festgestellt, daß viele Annahmen in der psychiatrischen Theorie veraltet, fehlerhaft, unvollständig oder falsch sind; daß sie unsere Sitten und Gebräuche rechtfertigen, aber nicht erklären. Daher habe ich begonnen, auch andere Vorstellungen über Wut, die unser Leben beeinflussen, zu hinterfragen. Sind Männer und Frauen so verschieden, wie die Klischeevorstellungen behaupten? Ist es immer gut, Wut herauszulassen, und ist unterdrückte Feindseligkeit immer gefährlich? Setzt Alkohol versteckte Wut frei? Wird Wut durch Sport verlagert? Wann schlägt Gleichgültigkeit gegenüber Ungerechtigkeit in Wut um?

Ich glaube, daß sorgfältige Antworten auf diese Fragen wichtig sind, weil der Umgang mit Wut so machtvolle und potentiell gefährliche Auswirkungen auf unser Privatleben und unser Sozialverhalten hat. Unser Gesetzbuch unterscheidet Mord im Affekt von »kaltblütigem«, vorsätzlichem Mord, in der Annahme, daß wir unsere Wut nicht beherrschen können. Wir finden zahllose Entschuldigungen für Aggressionen in Schulen, im Sport, auf der Straße und in der Familie mit der Begründung, daß Wut von Frustration, Lärm, Menschenansammlungen und Alkohol automatisch hervorgerufen werde. Millionen Dollar werden für Prävention oder Heilung der vermeintlichen Folgen von unterdrückter Wut ausgegeben. Wut ist zu einer Allzweckdiagnose für so gegensätzliche Erscheinungen wie Depressionen, Geschwüre und Freßgelage geworden. Ich habe mich entschieden, über Wut zu schreiben, und nicht über gleichermaßen überwältigende Gefühle wie Eifersucht, Freude, Mitleid oder Kummer, weil die Fäden der Wut sich durch das gesamte Gewebe unserer sozialen Beziehungen hindurchziehen.

Vor allem glaube ich, daß eine sorgfältige Untersuchung der Wut wichtig ist, weil Wut uns, ebenso wie Liebe, mit solch großer Macht zum Guten oder Bösen veranlassen kann. Und ich meine tatsächlich gut und böse, nicht »angepaßt« und »abweichend«, in der blutleeren Sprache, die heutzutage so oft Diskussionen über psychologische Themen kennzeichnet. Wut ist, wie Liebe, ein moralisches Gefühl. Ich habe beobachtet, wie Menschen im Namen der emotionalen Befreiung Wut dazu benutzten, Zärtlichkeit und Vertrauen zu untergraben, wie sie vor Verbitterung und Rachsucht allmählich ihren Lebensmut verloren haben, wie sie in jahrelangem, bösartigem Hassen ihre Würde abgelegt haben. Und ich beobachte voller Bewunderung jene, die Wut einsetzen, um nach Wahrheit zu forschen, die die Ungerechtigkeiten des Lebens in Frage stellen und dagegen angehen, die mitten auf der Bühne eine unpopuläre Haltung vertreten, während andere aus den Kulissen »pst!« rufen.

In den letzten Jahrzehnten haben Biologie und Psychologie der Wut, und unseren anderen Gefühlen auch, abgesprochen, daß sie der menschlichen Fähigkeit zu freier Entscheidung und Selbstbeherrschung unterstehen. Mein Ziel hier ist es, durch Beurteilung und Kritik der herrschenden Auffassung dabei zu helfen, das Vertrauen in diese menschlichen Gaben wiederherzustellen.

1. Wut und Vernunft – ein ewiger Widerstreit

Sei nicht schnell, dich zu ärgern; denn Ärger ruht im Herzen des Toren.

Der Prediger Salomo 7,9

Sie haben mich gereizt durch einen Nicht-Gott, durch ihre Abgötterei haben sie mich erzürnt. Ich aber will sie wieder reizen durch ein Nicht-Volk, durch ein gottloses Volk will ich sie erzürnen.

Das fünfte Buch Mose, 32,21

Im Zug nach Brindavan sitzt ein Swami neben einem gewöhnlichen Mann aus dem Volk. Dieser fragt ihn, ob er denn wirklich zur vollkommenen Selbstbeherrschung vorgedrungen sei, wie es der Titel ›Swami‹ besagt.

»Ja, das bin ich«, sagt der Swami.

»Und haben Sie auch den Zorn in sich besiegt?«

»Auch das ist mir gelungen.«

»Wollen Sie wirklich sagen, daß Sie Ihren Zorn besiegt haben?«

»Ja, das habe ich.«

»Sie meinen, Ihren Zorn kontrollieren zu können?«

»Ja, das kann ich wohl.«

»Und Sie verspüren niemals Zorn?«

»Nein, niemals.«

»Ist das wirklich wahr, Swami?«

»Ja, das ist es.«

Nach einer kurzen Pause fährt der Mann abermals fort:

»Haben Sie wirklich das Gefühl, daß Sie Ihren Zorn überwunden haben?«

»Ja, wie ich schon sagte«, antwortet der Swami.

»Wollen Sie also damit sagen, daß Sie niemals Zorn empfinden, sogar ...«

»Sie reden und reden und reden – was wollen Sie eigentlich?« ruft der Swami. »Sind Sie ein Narr? Wenn ich Ihnen doch sage ...«

»Oh, Swami, jetzt sind Sie aber erzürnt, Sie haben Ihren Zorn doch nicht be...«

»Doch, das habe ich«, unterbricht ihn der Swami. »Kennen Sie nicht die Geschichte von der mißhandelten Schlange? Ich will sie Ihnen erzählen:

Auf einem Weg, der an einem kleinen bengalischen Dorf vorbeiführte, lebte eine Kobra, die fast alle Menschen, die zum Tempel gingen, anfiel. Als sich diese Vorfälle häuften, wurden alle Menschen sehr ängstlich, und viele weigerten sich sogar, weiterhin zum Tempel zu gehen. Der Swami, der der Meister des Tempels war, wurde sich dieses Problems bewußt, und er entschloß sich, dem Ganzen selbst ein Ende zu bereiten. Er ging hin, wo die Schlange lebte, und rief sie mit Hilfe eines Mantras zu sich und unterwarf sie seinem Willen. [...] Dann sagte der Swami zur Schlange, daß es unrecht sei, die Menschen, die zum Gebet in den Tempel gingen, zu beißen. Er verlangte von ihr, daß sie ihm versprechen sollte, es nie wieder zu tun. Bald geschah es, daß es einem Vorübergehenden auffiel, daß die Schlange apathisch im Sand lag und gar keine Anstalten mehr machte, jemanden zu beißen. Dies sprach sich herum, und die Menschen verloren ihre Furcht vor der Schlange. Es dauerte nicht lange, bis die Dorfkinder die Schlange lachend am Schwanz hinter sich herzogen. Als der Swami eines Tages wieder vorbeikam, rief er die Schlange herbei, um nachzuprüfen, ob sie ihr Versprechen auch eingehalten hatte. [...] Demütig und elend kroch die Schlange auf den Swami zu, der bei ihrem Anblick entsetzt ausrief: »Du blutest ja! Wie konnte das geschehen?« Die Schlange war den Tränen sehr nah und platzte heraus, daß sie, seitdem sie ihm das Versprechen gegeben hatte, nur mißhandelt worden war. »Ich hab dir gesagt, daß du nicht beißen sollst«, sagte der Swami, »aber ich habe nicht gesagt, daß du nicht mehr zischen darfst!«[1]

Viele Menschen verwechseln, wie die Kobra des Swami, das Zischen mit dem Biß. Das ist ein verständlicher Irrtum, denn unser Verhältnis zur Wut ist ambivalent. Wenn Wut einst für ein destruktives Gefühl gehalten wurde, das um jeden Preis unterdrückt werden mußte, so glaubt man jetzt in weiten Kreisen, sie sei ein gesundes Gefühl, dessen Unterdrükkung einen zu hohen Preis verlangt. Bei dem abrupten Übergang von puritanischer Selbstbeherrschung zu befreitem Selbstausdruck sind viele Menschen unsicher, wie sie sich verhalten sollen: Bei manchen führt jeder unerfüllte Wunsch zu einer ärgerlichen, wütenden Überreaktion, andere wiederum ertragen schweigend Ungerechtigkeiten. In einem Atemzug bekommen wir gesagt, wir sollten nicht auffallen, und im nächsten, daß, wer am lautesten schreit, zuerst versorgt wird. Manche setzen eine Dosis Wut wie ein Abführmittel ein, um das System durchzuspülen; andere fürchten jede Kräuselung auf dem Spiegel ihres natürlichen Gleichmuts und haben Angst vor dem Verlust der Selbstkontrolle, die der Dämon Wut, wie der Dämon Rum, mit sich bringen könnte.

Eine meiner Freundinnen, eine vierzigjährige Geschäftsfrau, illustriert den Konflikt in unserer Kultur bezüglich der Wut ausgezeichnet. Sie bringt zornige Gefühle erst dann zum Ausdruck, sagt sie, wenn sie wirklich »kocht«.

»Vor was hast du Angst, wenn du Wut ausdrückst?« fragte ich sie.

»Vergeltung – das will ich nicht. Oder offener Krieg – das macht mir große Angst. Da ist eine Angst, daß man, wenn man einmal anfängt, Leute anzuschreien, wie einer von diesen Brüllern auf der zweiundvierzigsten Straße endet. Wenn man einmal anfängt, wo soll das hinführen?«

»Aber du bist doch sicher schon mal wütend auf jemanden gewesen, und ich habe nicht den Eindruck, daß du jede Spur von Selbstbeherrschung verloren hast.«

»Ich glaube, ich würde nur zu gerne wütend werden, wenn ich annehmen würde, daß die Leute sich das gefallen ließen. Aber das tun sie nicht. Das ist der Knackpunkt. Sie schlagen zurück. Wenn man Wut herausläßt, sagt der andere nicht einfach: ›Ich hab's kapiert!‹«

»Und was machst du also, wenn du wütend bist?«

»Ich ziehe mich zurück und bin eingeschnappt. Die Wut liegt mir wie ein Klumpen Teig im Magen.«

Es ist aufschlußreich, wenn auch komisch, daß zwei populäre Verkörperungen von Wut in Amerika gegensätzliche Typen sind – Superman und der Unglaubliche Hulk. Clark Kent wird bei Ungerechtigkeit nie richtig wütend, nur ungehalten: »Oh Mann, ich muß diese Stadt wohl wieder mal retten.« Dann entscheidet er sich *bewußt* dafür, in seinen Fluganzug zu springen und loszustürmen, um Unrecht wiedergutzumachen. Wenn David Banner die Wut bekommt, wird er *unkontrollierbar*, zu einem gewaltigen grünen Es, einem galligen, widerlichen Biest. Er ist überhaupt kein Mann, weder super noch sonstwie. Diese Verkörperungen repräsentieren zweierlei Einstellungen: Ist Wut nun schön oder häßlich, gerecht oder gefährlich? Haben wir sie unter Kontrolle, oder könnten wir ebensowenig unsere Halsschlagader regulieren wie unsere Wut beherrschen? Ist sie ein Segen für die Menschheit oder eine bestialische Sünde? (Die Bibel gibt keine Antwort, einmal empfiehlt sie das wütende Zerschlagen der Ungerechten, dann das bessernde Hinhalten der anderen Wange.)

Meine Freundin schilt sich zwar gelegentlich für ihre Ambivalenz in bezug auf Wut – und verbringt viel Zeit mit ihrer Therapie, in der sie versucht, »ihre Gefühle zu klären« –, aber tatsächlich hat sie Teil an einer langen, hochangesehenen Debatte in der westlichen Tradition. Im achten Jahrhundert v. Chr. bot Homers *Ilias* eine epische Geschichte über die Wut eines Mannes. Als der griechische König Agamemnon sich Briseis nähert, einem Mädchen, das Achilles im Kampf gewonnen hat, ist Achilles' männlicher Stolz verletzt. Er unterdrückt seinen Impuls, Agamemnon sofort zu töten, und zieht sich in sein Zelt zurück, um zu schmollen und seine Wut zu hätscheln. Aber Achilles fühlt sich beim Schmollen besser als meine Freundin. Er empfindet seinen Zorn als »weit süßer zuerst denn sanft eingleitender Honig.«[2] Das tragische Geschehen der *Ilias* entwickelt sich, als Achilles zu schmollen aufhört und handelt, um den Tod seines Freundes Patroklos zu rächen.

Im Gegensatz dazu ist *The Trial of Sören Qvist*, in den vierziger Jahren von Janet Lewis geschrieben, eine ausgezeichnete Novelle über einen friedlichen Pfarrer, dessen Zorn durch seinen dummen, arroganten Dienstboten geweckt wird. Als man diesen ermordet auffindet, wird Qvist festgenommen; und der anschließende Prozeß spielt sich für ihn sowohl auf gerichtlicher als auch auf spiritueller Ebene ab. Schließlich verurteilt Qvist sich, obwohl er weiß, daß er an der Tat unschuldig ist, für seinen Wunsch. Er erinnert sich an einen früheren Fall, in dem die Wut ihn besiegt hatte, eine Erfahrung, die modernen Lesern wohl vertraut sein dürfte:

Kaum fühlte er sich allein, als seine Wut verschwand. Seine Knochen schienen zu Wasser zu werden, und eine entsetzliche Übelkeit ergriff von ihm Besitz. Er sank auf die Knie nieder, zitternd, und bedeckte sein Gesicht mit den Händen [...] Diese Wut, die ihn so plötzlich und mit solch unbedingter Macht überkam, war die schwerste Prüfung seines Lebens gewesen.

Erinnerungen überfielen ihn. Das Gesicht eines jungen deutschen Studenten, blond, arrogant und rechthaberisch, tauchte vor ihm auf. Er spürte wieder das Schwert in der Hand, und in seinem Herzen das wütende Verlangen, das ihn besessen hatte, den jungen Mann zu töten. Der Grund für den Streit war ihm entfallen.[3]

Zwei gegensätzlichere Geschichten lassen sich nicht finden, denn die Wut, die dem einen Helden süß ist, ist dem anderen ein Fluch; Achilles hegt und pflegt seinen Zorn, und Qvist verdammt ihn; der eine benutzt seine Wut, der andere fühlt sich von ihr benutzt. Im Laufe der Jahrhunderte wandelten die Meinungen sich langsam in Richtung auf Qvists Position, ein Ergebnis tiefgreifender Veränderungen in unseren Ansichten über die Natur des Menschen.

Sobald der Mann denken konnte, glaubte er, das Denken sei dem Fühlen überlegen. (Ich verwende hier bewußt das Wort Mann und nicht die Gattungsbezeichnung Mensch. Leider glaubte der Mann auch, Denken sei keine weibliche Fähigkeit.) Die Schlachtlinien für das, was Pascal den »inneren Krieg« zwischen Vernunft und Leidenschaft zu nennen pflegte[4], wurden früh festgelegt, und die meiste Zeit herrschte in unserer Geschichte ein unerschrockenes Vertrauen in die Vernunft vor. Vernunft, oder zumindest religiöser Glaube, gaben dem Mann eine faire Chance, den Kampf gegen Wut, Stolz, Wollust, Begierde, Neid, Völlerei, Trägheit und alle anderen Todsünden, die nun einmal seine Schwäche waren, zu gewinnen. Philosophen und Theologen waren bestrebt, den Mann vom Tier – und von der Frau – zu unterscheiden, indem sie seine Intelligenz, Rationalität und aufrechte Haltung (sowohl in der moralischen als auch in der räumlichen Bedeutung des Wortes »aufrecht«) priesen. Und daher galt für die meiste Zeit der zweieinhalb Jahrtausende seit Plato jemand als gesundes Individuum, der nicht gleich in die Luft ging, der nicht, mit Hamlets treffendem Ausspruch, Sklave seiner Leidenschaften[5] war. Weit davon entfernt, zum emotionalen Selbstausdruck zu raten, entschieden unsere Vorfahren sich eindeutig für die Selbstkontrolle:

Aber der Pfad der Selbstläuterung ist rauh und steil. Um vollkommene Reinheit zu erlangen, muß ein Mensch emporsteigen über die widerstreitenden Mächte von Liebe und Haß, von Zuneigung und Abneigung, und muß durch und durch frei werden von aller Leidenschaft in Gedanken, Worten und Taten.

Gandhi[6]

Aber allein die Weisheit ist dazu dienlich, zu lehren, so [der Leidenschaften] Herr zu werden und mit soviel Geschick haushälterisch mit ihnen umzugehen, daß die Übel, die sie verursachen, erträglich sind und man aus ihnen alle Freuden gewinnen kann.

Descartes[7]

Gereiztheit bedeutet Gesichtsverlust

Fortune Cookie

In den letzten beiden Jahrhunderten, mit historischem Maßstab gemessen also erst gestern, ist das Vertrauen in die Macht der Vernunft dem Zweifel gewichen. Geburtshelfer bei dieser Veränderung waren Charles Darwin und Sigmund Freud mit ihren Werken. Während Platon uns versicherte, daß die Vernunft (Ego) unsere schlimmsten Impulse beherrschen könnte, setzten Freud und seine Nachfolger pessimistisch auf das Es, auf die Macht der Triebe. Platon und seine geistigen Erben versuchten zu zeigen, daß der Mensch besser ist als das Tier; Darwin zeigte, daß der Mensch nur eine andere Tiergattung ist, und viele seiner Nachfolger vertreten jetzt den Standpunkt, daß die meisten Tiere klüger und freundlicher sind als der Mensch. Bekannte Verhaltensforscher (wie Konrad

Lorenz, Robert Ardrey und Desmond Morris) und in jüngerer Zeit die Soziobiologen (wie E. O. Wilson) vertreten leidenschaftlich den Standpunkt, der Mensch sei kein vernünftiges Wesen.

Weil das Vermächtnis von Darwin und Freud die heutigen Einstellungen zu Wut so gründlich geprägt hat, möchte ich kurz ins Gedächtnis rufen, was die beiden über dieses machtvolle Gefühl zu sagen hatten.

Die Theorien Freuds und Darwins stellen einen wesentlichen Angelpunkt im westlichen Denken dar: Denn als der Glaube, daß wir Wut beherrschen können – ja beherrschen müssen – sich einmal dem Glauben gebeugt hatte, daß wir sie *nicht beherrschen können*, war es nur noch ein kleiner Schritt zu der heutigen Überzeugung, daß wir sie *nicht beherrschen sollten*.

Der Irrtum der Schlange des Swami

Meine Nachbarin beschreibt eine Familienkrise, deren Verlauf sie auf ihrer Veranda beobachtet hat. Ein junges Vöglein hat sich auf dem Weg aus dem Nest zu einem gefährlich schwankenden Sitzplatz auf der Wäscheleine durchgeschlagen. Vorm Fliegen hat es genauso große Angst wie vorm Fallen, daher rührt es sich nicht, sondern piept jämmerlich. Die Mutter zwitschert Hilfe und Ermutigung und zeigt ihrem Baby, wie man startet, herumflattert und landet. Sie hat kein Glück; Baby rührt sich nicht vom Fleck. Die Mutter zwitschert noch munterer. Keine Reaktion. Sie fliegt davon und läßt das Baby in Panik zurück. Plötzlich kommt von einem nahen Baum ein ärgerlicher, unverkennbar väterlicher Ton, ein tiefer, heiserer Schrei: FLIEG! Baby hört auf der Stelle auf zu jammern und schwingt sich in die Lüfte.

Die Vogelfamilienszene kommt uns so bekannt vor, daß es fast unmöglich ist, sie ohne Zuhilfenahme vermenschlichender Ausdrücke zu beschreiben: Der Jungvogel »hat Angst«, ist »in Panik« und »jammert«; die Mutter »ermutigt«, der Vater »mahnt streng«. Auch Charles Darwin hatte trotz all seiner Beobachtungsgabe keine Schwierigkeiten, bei den Tieren, die er studierte, menschliche Gefühle zu erkennen. In *Die Abstammung des Menschen* schrieb er, daß Tiere Stolz, Selbstgefälligkeit, Scham, Bescheidenheit, Großmut, Langeweile, Staunen, Neugier, Eifersucht und Wut fühlen können – kurz, alle Leiden und Freuden der Spezies Mensch. »Es kann wohl kein Zweifel daran bestehen, daß ein Hund das von Furcht verschiedene Gefühl von Scham empfindet – und auch etwas ähnliches wie Bescheidenheit, wenn er allzuoft um Futter bittet«, schrieb Darwin. (Er sprach von Hunden, die mit Menschen zusammenleben.) Und eines Tages machte er die folgende Beobachtung: »Im Zoologischen Garten sah ich einen Pavian, der in grenzenlose Wut geriet, wenn ihm sein Wärter einen Brief oder ein Buch mit lauter Stimme vorlas; einmal war seine Wut so groß, daß er in sein eigenes Bein biß, so daß Blut floß.«[8] Man fragt sich, was der Wärter wohl las ... und warum er so hartnäckig weiterlas.

Darwins Ziel war jedoch nicht, Menschen auf eine Stufe mit Pavianen zu stellen, sondern zu zeigen, daß die Ursprünge nahezu aller Gefühle bei niederen Tieren gefunden werden können. Gefühlsausdruck, sagte er, diene auch dort dem Zweck der Anpassung. Das Lächeln, das Stirnrunzeln, die Grimasse, der wütende Blick: Alle seien biologisch begründet und im Laufe der Evolution bei vielen Tierarten verbreitet. Darwin war darum bemüht, eine Theorie aufzustellen, die für Menschen und andere Gattungen gleichermaßen galt, und dabei störte er das Gleichgewicht zwischen Vernunft und Wut empfindlich zugunsten der letzteren.

Wenn Tiere bedroht werden oder eine Gefahr wittern, zeigen sie tatsächlich Reaktionsweisen, die wir mit Wut gleichsetzen: Haare (wenn das Tier Haare hat) werden gesträubt, Pupillen erweitern sich, Muskeln spannen sich an, Flossen schlagen, warnendes Knurren, Zwitschern oder Klappern ertönt, und der Organismus macht sich zu Kampf oder Flucht bereit. Wenn ein männlicher Stichling von einem anderen Stichling provoziert wird, muß er angreifen, denn er ist darauf programmiert, ein reizbarer Fisch zu sein. Wenn ein fremder Wolf markiertes Gebiet betritt, kann der verteidigende Wolf das nicht einfach ruhig hinnehmen. In *Der Ausdruck der Gefühle bei Mensch und Tier*, geschrieben 1872, vertrat Darwin den Standpunkt, Wut sei eine einfache Reaktion auf eine Bedrohung, die erforderlich macht, daß ein Tier aufgeregt wird, um sich zu verteidigen. Er *definierte* Wut sogar als die Motivation, sich körperlich zur Wehr zu setzen: »So kann ein Mensch einen anderen grimmig hassen, aber bevor sein Körper nicht in Mitleidenschaft gezogen wird, kann man nicht sagen, daß er wütend ist.«[9]

Weil Menschen sich anscheinend so oft wie Stichlinge, junge Vögel und Wölfe benehmen, schien die Schlußfolgerung logisch, daß die Wutreaktion uns genauso einprogrammiert ist wie anderen Gattungen. Tatsächlich sind, wie Darwins Berichterstatter in Indien, Neuseeland, China, Australien und Europa ihm versicherten, die Symptome des Zorns bei allen Menschen auf der ganzen Welt identisch. Das Gesicht des Zorns wird zum Beispiel nicht erlernt. Es ist ebenso Teil der Ausstattung der Spezies wie eine Nase oder ein Paar Augenbrauen.

So weit, so gut, aber dann machte Darwin einen entscheidenden Fehler. Wut, so entschied er, sei nur verwässerter Zorn. Zorn und Unwillen »unterscheiden sich von der Wut nur im Grade«, schrieb er, »und es besteht zwischen ihren charakteristischen Anzeichen kein Unterschied.«[10] Indem Darwin jedoch diese drei Gefühle über einen Kamm scherte, setzte er seiner Analyse enge Grenzen, denn das führte ihn zu dem Schluß, Wut sei, wie ein Zornausbruch, ausschließlich eine Antwort auf Bedrohung und Gefahr und impliziere, wie ein Zornausbruch, eine instinktive, aggressive Reaktion.

Darwin war ein großartiger Verhaltensforscher, aber kein guter Psychologe. Er analysierte Zornausbrüche bei Tieren, aber die menschliche Wut entging ihm. Seine Darstellung der Wut war zu stark vereinfacht: Jemand beleidigt einen, daher mag man ihn nicht; die Abneigung wird zu Haß; das Nachgrübeln über den Haß macht einen wütend. Diese Entwicklung der Ereignisse ist sicherlich möglich, aber keineswegs zwingend, noch ist sie die einzige Ursache für Wut. (Vielleicht läuft es bei Ihnen umgekehrt ab: Sie hassen die Wertvorstellungen eines Menschen und mögen ihn daher nicht; Ihre Abneigung wird zu Wut; Ihre Wut führt dazu, daß Sie ihn beleidigen.) Weiterhin hatte Darwin anscheinend nie mit begriffsstutzigen Kassierern bei der Bank oder mit schlechtgelaunten Kassiererinnen im Supermarkt zu tun, denn er nahm an, daß wir, wenn uns die kränkende Persönlichkeit vollkommen gleichgültig ist, bloß »Geringschätzung oder Verachtung« empfinden.[11] Und er teilte den Irrglauben seiner sozialen Schicht, daß ein Untergebener es niemals wagen würde, auf einen Höhergestellten wütend zu werden: Wenn der kränkende Mensch mächtig ist, »dann geht der Haß in Schreck über; so, wenn ein Sklave an einen grausamen Herrn [...] denkt.«[12] Darwin ist eindeutig nie Sklave gewesen.

Weil Darwin an der Erforschung der spannenden Ähnlichkeiten zwischen Menschen und Tieren interessiert war, übersah er verständlicherweise die Unterschiede. Im Fall der Wut aber sind die Unterschiede wesentlich. Die menschliche Fähigkeit zum Symbolisieren und unsere ungeheure Lernfähigkeit verschaffen uns eine viel größere Palette an Wahlmöglichkeiten, als niedere Tiere sie haben. Menschliche Wut ist kein biologischer Reflex wie Niesen und auch nicht einfach reaktives Imponiergehabe zur Abwehr von Feinden. Erinnerungen und Symbole können uns ebensogut wütend machen wie reale, gegenwärtige Gefahren, und wir können diese Wut jahrelang aufrechterhalten. Wir können sogar im Nachhinein beschließen, wütend zu werden: Das ist das Phänomen des »Je mehr ich darüber nachdachte, desto wütender wurde ich«. Im Gegensatz dazu erkennt ein Beagle an Ihrer ärgerlichen Stimme, daß sie unzufrieden mit ihm sind oder ihn gleich bestrafen werden, aber er wird Sie nicht beißen, wenn Sie seine Intelligenz oder seine Ahnen beleidigen.

Außerdem haben Menschen die Fähigkeit zu lügen. Wir können einen emotionalen Zustand verbergen, wenn wir das wollen; und häufig, wie bei ersten Rendezvous oder Bewerbungsgesprächen, wollen wir das tatsächlich. Wir können so tun, *als ob* wir von einem Gefühl überwältigt werden, wenn wir in Wirklichkeit innerlich ganz ruhig sind; und oft, wenn wir uns verpflichtet fühlen, Wut, Traurigkeit oder sogar sexuelles Interesse zu zeigen, spielen wir eine Rolle. Diese Fähigkeit besitzen nur wir. Im Herumstolzieren einer Kropftaube spiegelt sich ihre Biologie, nicht ihre Prahlsucht. Wenn ein Kaninchen Angst hat, pfeift es keine fröhliche Melodie. Aber Menschen verstehen es, Wut zu spielen, um eine bestimmte Wirkung hervorzurufen – wie ein Rechtsanwalt während eines Prozesses, um einen Zeugen aufzurütteln, oder ein anmaßender Kunde, der einen Ladeninhaber auf Trab bringen will.[13]

Moderne Psychologen stützen Darwins These, daß extreme Gefühle – große Freude, Wut, Abscheu, Angst – sich im Gesicht zeigen und daß diese Mimik allgemein erkannt wird (und daher biologisch festgelegt ist). Und wir sollten über das bißchen Anpassung froh sein, fügen diese Forscher hinzu, denn es bedeutet, daß wir immer sagen können, ob ein Fremder glücklich ist oder gleich wütend über uns herfallen wird.[14] Die Gefühle, von denen hier die Rede ist, sind jedoch wiederum extreme Gefühle. Die meisten von uns laufen, wenn sie wütend sind, nicht stirnrunzelnd, knurrend und mit geballten Fäusten herum, und wenn wir traurig sind, weinen wir nicht unbedingt tagelang; überhaupt weinen wir nicht unbedingt. Von einem Japaner erwartet man, daß er lächelt und höflich ist, selbst wenn er innerlich kocht; bei den Kiowa-Indianern soll eine Frau beim Tod eines Bruders schreien und sich das Gesicht zerkratzen, selbst wenn sie ihn nie gemocht hat.[15] Den Gesichtern der Gefühle werden kulturelle Masken aufgesetzt.

Der Gedanke, daß unsere Gefühle instinktiv sind, hat einige moderne Autoren zu der Annahme veranlaßt, sie wären unkontrollierbar; es hat gar keinen Sinn, daß man versucht, seine Wut zu unterdrücken, so lautet diese Ansicht, denn der Körper will sich ausdrücken. Darwin selbst jedoch hätte dem heftig widersprochen: »Der freie Ausdruck einer Regung durch äußere Zeichen vertieft dieselbe«, schrieb er. »Andererseits mildert die möglichste Unterdrückung aller äußeren Anzeichen unsere Regungen. Wer gewaltsamen Gebärden freien Lauf läßt, wird seine Wut vermehren; wer die Anzeichen der Furcht nicht beherrscht, wird in höherem Grade Furcht empfinden«.[16] Doch der Mensch hat, jenseits der Begrenzungen durch den Instinkt, die Möglichkeit zur Selbstbeherrschung, vor allem der Selbstbeherrschung zum Zweck der Zurückhaltung von Gefühlen.

Indem Darwin Wut mit Aggression gleichsetzte, unterlag er dem gleichen Irrtum wie die Schlange des Swami. Bei Menschen ist diese Verbindung keineswegs unvermeidlich. Man kann wütend sein und das auf hunderterlei Arten ausdrücken, von denen viele nicht gewalttätig, sondern neutral oder sogar nützlich sind (mit wütender Energie das Haus putzen, auf dem Klavier *forte* spielen, eine politische Protestbewegung organisieren). Umgekehrt kann man sich aggressiv verhalten, ohne im geringsten wütend zu sein, wie etwa ein professioneller Mörder oder ein Soldat oder ein Arbeitgeber, der einen Untergebenen feuert. Der Ausdruck »kaltblütiger Mord« impliziert eben gerade das Nichtvorhandensein des »heißblütigen« Gefühls Wut. Die Tatsache, daß Wut und Aggression in vielen Situationen tatsächlich zusammengehen, bedeutet nicht, daß, wie bei Laurel und Hardy, das Auftreten des einen automatisch das des anderen beinhaltet.

Manche Verhaltensforscher und Soziobiologen weisen gern darauf hin, daß »primitive« Hirnteile wie der Hypothalamus für den größten Teil des emotionalen Verhaltens verantwortlich sind, worunter sie normalerweise Wut, Angst und sexuelle Begierde verstehen.[17] Die Tatsache, daß Menschen diese Hirnteile mit Tieren gemeinsam haben, muß, so argumentieren sie, ihre Ähnlichkeit mit Schafen, Hunden und Nagetieren erklären. (Aber Menschen und Hunde haben auch Nasen, was jedoch nicht heißt, daß die Evolution der menschlichen Nase genauso abgelaufen ist wie die der Hundenase; ich möchte einmal einen Menschen sehen, der eine bessere Spürnase hat als ein Bluthund.)

Der römische Philosoph Seneca hat vor fast zweitausend Jahren den einzigartig menschlichen Aspekt der Wut erkannt. Wilde Tiere und alle Tiere, außer dem Menschen, seien Wut und Zorn nicht unterworfen, schrieb er, denn Wut sei zwar ein Feind der Vernunft, werde aber nur dort geboren, wo sich Vernunft aufhalte. Er wollte damit sagen, daß Wut normalerweise aufgrund eines bewußten Urteils darüber entsteht, daß eine Ungerechtigkeit, Beleidigung oder Dummheit begangen worden ist, und daß eine bewußte Wahl der Reaktionen erfolgt. James Averill, ein Psychologe, der ausführlich die sozialen Funktionen der Gefühle untersucht hat, pflichtet dem bei.[18] Wut und Zorn sind menschliche Emotionen, so glaubt er, weil nur Menschen Absicht, Vertretbarkeit und Fahrlässigkeit ihrer Handlungen einschätzen können. Jede wütende Szene enthält eine Reihe von Entscheidungen in Sekundenbruchteilen: Wird die Faust provozierend oder spielerisch gehoben? Ist die Provokation gefährlich oder ungefährlich? Ist es bei dieser Gefahr angebracht, zurückzuschlagen, zu lachen oder sich so schnell wie möglich aus dem Staub zu machen?

Averill ist der Meinung, und ich stimme ihm zu, daß tierische Aggression an menschliche Wut erinnert, genauso wie tierische Kommunikation an menschliche Sprache erinnert, daß aber die Vorstellung von »wütenden Tieren« irreführend und metaphorisch ist. Menschliche Wut ist viel komplizierter und dient weitaus mehr Zwecken als der Wutreflex niederer Tiere. Wir brauchen unser Säugetier- und Primatenerbe nicht zu verleugnen, aber wir brauchen uns auch nicht darauf zu reduzieren. Urteilsvermögen und Freiheit der Wahl unterscheiden den Menschen von anderen Arten; sie sind die Kennzeichen der menschlichen Wut.

Manche Leute nehmen fälschlicherweise an, die Hervorhebung der Rolle des Denkens bei der Wut hieße, dieses Gefühl seiner Leidenschaft und Kraft zu berauben. Gerade das Gegenteil ist richtig. Wie Robert Solomon, Autor des Buches *The Passions*, bemerkt, wird das Drama der Gefühle nicht auf kühle, ruhige Überzeugungen reduziert, wenn man sagt, daß Gefühle durch unsere Gedanken und Urteile geschaffen werden.[19] Im Gegenteil, unsere Ideen, inneren Verpflichtungen und Wertvorstellungen erzeugen unsere höchsten und dauerhaftesten Leidenschaften: den Gerechtigkeitssinn des sozialen Aktivisten, die Entschlossenheit des Revolutionärs, die Selbstgerechtigkeit des Grollenden, die lebenslange Hingabe des Liebenden.

Das Vermächtnis Freuds

Als ich eines Nachmittags in einem Café saß, hörte ich folgende Unterhaltung zwischen zwei Frauen:

Frau A: »Du wirst dich besser fühlen, wenn du deine Wut herausläßt.«

Frau B: »Wut? Warum bin ich denn wütend?«

Frau A: »Weil er dich doch verlassen hat.«

Frau B: »Mich verlassen? Wovon redest du? Er ist *gestorben*. Er war ein *alter Mann*.«

Frau A: »Ja, aber für dein Unbewußtes ist das nicht anders als Verlassenwerden. Tief innen wirfst du ihm vor, daß er seiner Verpflichtung nicht nachkommt, dich ewig zu beschützen.«

Frau B: »Das hätte vielleicht gestimmt, als ich zehn Jahre alt war, Margaret, aber ich bin zweiundvierzig, wir wußten beide, daß er im Sterben lag, und wir hatten Zeit, unseren Frieden zu machen. Ich bin nicht wütend, ich bin traurig. Er *fehlt* mir. Er war mir so ein lieber Vater.«

Frau A: »Warum verteidigst du dich so? Warum leugnest du deine wahren Gefühle? Warum hast du Angst vor Therapie?«

Frau B: »Margaret, *du machst mich wahnsinnig. Ich bin nicht wütend, verdammt nochmal!*«

Frau A *(lächelnd)*: »Und warum schreist du dann?«

Es ist nicht ganz einfach, mit einem Freudianer zu diskutieren, weil Widerspruch normalerweise als Leugnen oder als »Widerstand« angesehen wird. Wenn man das Gefühl spürt, um das es gerade geht, unterstützt man die Theorie; und wenn man das betreffende Gefühl nicht spürt, unterstützt man die Theorie auch, denn dann zeigt man »Reaktionsbildung« oder »Verdrängung«. Solche semantischen Verdrehungen allein schon können einen sehr ärgerlich machen.

Selbstverständlich verdanken wir Sigmund Freud die Überzeugung, daß unsere rationalen, bewußten Kräfte nicht einmal in der Hälfte der Fälle wissen, was sie tun; daß das Unbewußte, dieser brodelnde Kessel voller schlimmer Instinkte, so viele unserer Gefühle und Handlungen leitet. Freud sah den Menschen als Wesen, das seinen widerstreitenden Instinkten ausgeliefert ist – den naturgegebenen Konflikten zwischen Liebe und Haß, Leben und Tod, Sexualität und Aggression –, und was den Sieg der guten Seiten anbelangt, so war er pessimistisch. Freud betrachtete Aggression zwar, wie Darwin, als unausrottbaren Bestandteil des biologischen Erbes des Menschen, aber er unterstrich ihren destruktiven, gewalttätigen Aspekt, während Darwin Aggression als Mittel zur Selbstverteidigung und als anpassungsfähig sah. Merkwürdigerweise schenkte keiner der beiden Wissenschaftler der Wut viel Beachtung. Wenn sie überhaupt darüber schrieben, dann war Wut eine Subkategorie oder ein schwächerer Ausdruck des Aggressionstriebes.

Und doch gibt es in dem dunklen freudianischen System so viel unbewußte Wut und Aggression! Ohne es zu wissen, ist jeder in jedem Alter auf jeden anderen wütend: Säuglinge auf die Mutter, weil sie sie verläßt. Kleinkinder auf den gleichgeschlechtlichen Elternteil, der inzestuöses Verlangen verbietet. Jugendliche darauf, daß sie erwachsen werden und auf die Freuden der Kindheit verzichten müssen. Erwachsene, weil sie arbeiten und ihre triebhaften Leidenschaften verdrängen müssen. Freud durchdrang die viktorianische Tünche der Umgangsformen; aber er neigte dazu, wie ein Prüder bei einer Peep-Show mehr zu sehen, als wirklich da war.

Freuds Theorie und seine Sprache sickerten durch die Schriften und Praktiken der Psychoanalytiker langsam in die allgemeine Vorstellungswelt ein, aber im Laufe der Jahre haben seine Schüler sich von den ursprünglichen Schlußfolgerungen des Meisters entfernt. In der gegenwärtigen Einstellung zu Wut sind mehrere dieser Verschiebungen von Bedeutung:

Das hydraulische Modell. Freud machte große Anleihen bei Hermann von Helmholtz' Prinzip der Konservierung von Energie und stellte sich vor, die Libido sei eine begrenzte Energiemenge, die unsere inneren Kämpfe antreibt. Wenn die Energie an einer Stelle blockiert wird, muß sie an anderer Stelle einen Ausweg finden. Wie der Psychologe John Sabini es ausdrückt: »Nicht entladene Triebe geben ihre Energie an das Es ab, das Staubecken sexueller und aggressiver Instinkte. Wenn der Stand einen bestimmten kritischen Punkt erreicht hat, ist offene Aggression die Folge.«[20] Freud wählte seine Metaphern alle sorgfältig aus. Unglücklicherweise verwechselten viele seiner Nachfolger die Metaphorik mit einer Straßenkarte.

Heute ist das hydraulische Energiemodell wissenschaftlich unglaubwürdig geworden, aber das hat manche Therapeutenkreise nicht davon abgehalten, die Vorstellung vom »Staubecken« dahingehend zu *erweitern*, daß es alle Emotionen enthält – Eifersucht, Kummer und Groll ebenso wie Wut. Diese Therapeuten vertreten immer noch den Standpunkt, jedes »aufgestaute« Gefühl sei gefährlich und werde wahrscheinlich »überfließen« und möglicherweise das System »überschwemmen«.

Katharsis. Freud und sein Mitarbeiter Josef Breuer wendeten den Gedanken der Katharsis speziell auf die Aggression an und benutzten ihn als Erklärung dafür, warum, wo wir doch alle von gewalttätigen Instinkten regiert werden, nur relativ wenige von uns einander tätlich angreifen. Katharsis, so gaben sie zu verstehen, entleert die emotionalen Staubekken. Ihre Definition war recht einfach: »Wir verstehen hier unter Reaktion die ganze Reihe willkürlicher und unwillkürlicher Reflexe, in denen sich erfahrungsgemäß die Affekte entladen: vom Weinen bis zum Racheakt.«[21] Tatsächlich war, wie die Erfahrung ihnen zeigen sollte, die heulende Katharsis keine besonders effektive Therapie, und sie gaben sie später zugunsten der wortreicheren Methoden der Psychoanalyse und der bewußten Einsicht auf.

Heute geht es wieder um die Frage der Katharsis, aber oft mit keiner besseren Definition als der von Freud und Breuer. Welche Elemente der Katharsis sind wesentlich für die Behandlung und welche nicht? Und welche schließlich sind schädlich? Manche Therapeuten geben zu verstehen, daß beinahe alle Arten der »Freisetzung« eines Gefühls gleichermaßen therapeutische Wirkung haben. Wut kann zum Beispiel durch Aussprechen entladen werden, durch Schreien und Werfen mit Geschirr, durch Sport, Fußballspielen, Anschauen eines nächtlichen Films, Kissenschleudern oder Schmieden von Racheplänen. Freud und Breuer hatten den Begriff »Katharsis« sparsam verwendet, aber heutzutage ist der Ausdruck beinahe ein Synonym für emotionale Entladung, für »alles herauslassen«.

Verdrängung, Sublimierung und Schuldgefühle. Freuds Verwendung dieser Begriffe war ebenso begrenzt wie präzise, aber manche derer, die sie populär machten, erweiterten ihre Bedeutung. »Verdrängung« bezog sich schließlich nicht mehr nur auf den Prozeß, der unerwünschtes Material aus dem Bewußtsein fernhält, sondern auf einen allgemeinen (negativen) Vorgang der Unterdrückung von Gefühlen. »Sublimierung« steht heute nicht mehr nur für die Verlagerung sexueller Energie in produktive Arbeit, sondern auch für das Ausagieren jedes anderen biologischen Triebes oder Impulses in einer nicht damit zusammenhängenden Aktivität.

Freud beschrieb Verdrängung als den pathogenen Prozeß, der neurotische Symptome hervorruft; die Psychoanalyse sollte dazu dienen, diesen Symptomen entgegenzuwirken, indem sie das verdrängte Material ins Bewußtsein brachte. Freud vertrat jedoch niemals den Standpunkt, die Verdrängung der Triebe sei unerwünscht. Im Gegenteil: Ihre Verdrängung und Umlenkung waren nötig für das Fortbestehen des sozialen Systems. Wer würde sich, wenn es keine Verdrängung gäbe, um die Versorgung kümmern, wer würde die Brücken bauen und die Mona Lisa malen? Die Sublimierung sexueller Energie mochte zwar den Wünschen des einzelnen entgegenstehen, aber sie diente dem Wohl der Gesellschaft. Und ohne Schuldgefühle würde Hedonismus die Oberhand gewinnen. Die Gesellschaft würde sich in Anarchie auflösen.

Daher war Freud entsetzt über diejenigen, die seine deskriptiven Aussagen als Rezepte interpretierten, die die Kontrollen durch Autorität und Schuldgefühle streichen und Geist und Körper »befreien« wollten. »Es ist nicht die Rede davon, daß der Rat, sich sexuell auszuleben, in der analytischen Therapie eine Rolle spielen könnte«, schrieb er. »Schon darum nicht, weil wir selbst verkündet haben, bei den Kranken bestehe ein hartnäckiger Konflikt zwischen der libidinösen Regung und der Sexualverdrängung, zwischen der sinnlichen und der asketischen Richtung. Dieser Konflikt wird dadurch nicht aufgehoben, daß man einer dieser Richtungen zum Sieg über die gegnerische verhilft.«[22]

Doch genau das versuchten viele Nachfolger Freuds. Nachdem sie beschlossen hatten, Verdrängung, Sublimierung und Schuldgefühle seien nur viktorianische Spinnweben, machten sie sich daran, sie wegzufegen.

Die Wutbranche

Es gibt ein Buch von einer Therapeutin, die, im Namen des Feminismus, ihre Klientinnen (und Leserinnen) ermahnt, nicht länger nett zu sein. Wenn du wütend bist, sagt sie, laß deine Wut einfach gleich heraus, sonst kanalisierst du sie in übermäßigem Essen oder Trinken, Hautstörungen, Kolitis oder Migräneanfällen. Erst spät in ihrem Buch erfahren wir, woher ihre Daten über psychosomatische Symptome stammen:

Was mich als Mädchen am meisten beeinflußte, war die Illusion meiner Familie, daß nette Mädchen (ja, tatsächlich alle netten Leute) keine feindseligen Gefühle hatten oder ganz bestimmt nicht zeigten. Obwohl ich in vieler Hinsicht ein normal schlimmes kleines Mädchen war, hatte ich doch wegen meiner schlechten Laune und meines »selbstsüchtigen« Verhaltens immer ein extrem schlechtes Gewissen. Erst seit kurzer Zeit ist es mir möglich, mein normal schlimmes Selbst zu erleben, ohne dabei das Gefühl zu haben, daß ich, zusammen mit dem Bewußtsein von meiner Feindseligkeit, Strafen wie Kopfschmerzen, Ausschläge und Übergewicht produzieren muß.[23]

Dann ist da der männliche Therapeut, der im Namen der Männerbefreiung seinem Klienten genauso rät, das Nettsein abzuschaffen, ganz gleich, wie schwer ihm das fällt: »Er muß sich seiner selbst bewußt und für alle seine Regungen empfänglich sein, um der Versuchung, ein ›netter Kerl‹ zu sein, entgehen und statt dessen tun zu können, was er selbst als echt und wahr empfindet.« Er schreibt:

Als allgemeine Regel gilt: Stelle deine eigenen Bedürfnisse an die erste Stelle, außer wenn du wirklich und von innen heraus einmal deiner Frau zuliebe auf etwas verzichten möchtest. Laß dich darauf ein, der zu sein, der du bist, ganz mit Lust.[24]

Der Autor äußert sich nicht darüber, was man tun soll, wenn man »wirklich« Alkoholiker ist und seine Frau mißbraucht, oder ein arroganter Schnösel oder ein aggressiver Rüpel.

Freud wäre entsetzt über diese beiden Therapeuten: über ihr Verlangen, sich wie Kinder gehenzulassen, ohne Verantwortung anderen gegenüber, ohne Schuldgefühle wegen ihres antisozialen Verhaltens, ohne jede Einschränkung. Aber sie sind ein Maßstab dafür, wie stark sich unsere Einstellungen in wenigen Jahrzehnten verändert haben, und sie zeigen die enge Beziehung zwischen den Werten einer Kultur und den populärpsychologischen Ratschlägen auf, die als wissenschaftliche Einsichten betrachtet werden.

Die heutigen Therapierichtungen unterscheiden sich darin, welche Lösungen sie für Menschen mit »Wutproblemen« empfehlen (Affektverlagerung, Katharsis, Kämpfe mit Schaumgummischlägern, Sport, rationale Problemlösung, jahrelange Analyse), und sie haben verschiedene Theorien über die Gründe für Wut (angestaute Energie, eine Krise im Säuglingsalter oder in der Kindheit, jahrelanger Groll gegen die Mutter). Natürlich gibt es auch viele vernünftige, praktische Therapeuten und Therapien, die Menschen durch wütende Phasen ihres Lebens hindurchhelfen können. Darauf werde ich noch zu sprechen kommen.

Aber einige der Nachfolger von Freud und Darwin haben Schulen gegründet, bei denen die Behandlung auf dem Prinzip beruht, daß Wut, als Gehilfin der Aggression, nicht blockiert oder zum Schweigen gebracht werden darf. Der Sozialpsychologe Leonard Berkowitz bezeichnet Vertreter dieser Sichtweise als »Ventilationisten« (engl. *ventilationists:* »Entlader, Herauslasser«), weil sie glauben, es sei ungesund, Gefühle in sich hineinzufressen. »Viele gehen noch weiter«, schreibt er, »und vertreten den Standpunkt, wir könnten, wenn wir nur unsere Hemmungen überwänden und unsere Emotionen zeigten, störende Spannungen ausschalten, quälende Schmerzen überwinden und ›tiefere‹ und ›bedeutsamere‹ Beziehungen zu anderen eingehen.«[25]

Falls Sie denken, das seien bloß seltsame Randerscheinungen der Psychologie, weitab von den Hauptrichtungen, sollten Sie sich die Argumente des Psychoanalytikers Theodore Isaac Rubin anschauen. In *The Angry Book* warnt Rubin uns ohne Beweismaterial vor den altbekannten Gefahren, die jene erwarten, die ihre Wut in sich hineinfressen (oder sie »verdrehen« oder »pervertieren«). Ein »Schlammvorrat« von angesammelter, nicht ausgedrückter Wut staue sich im Körper an und warte nur auf die Gelegenheit, hohen Blutdruck, Krankheiten, Angst, Depression, Alkoholismus, sexuelle Probleme und allgemeine Unzufriedenheit hervorzurufen. Rubin gibt zu, daß er die Wirkung dieses »Schlammvorrats« nicht exakt gemessen hat (und kommt zu dem Schluß, das sei »unmöglich«), das hält ihn aber nicht davon ab, seinen Lesern Ratschläge zu erteilen. Am Schluß des Buches liefert er eine Liste mit 103 rhetorischen Fragen, die dem Leser als therapeutische Hilfe dienen sollen:[26]

Haben Sie jemals das gute, saubere *[sic]* Gefühl erlebt, das dem Ausdruck von Wut folgt, so wie auch das gesteigerte Selbstwertgefühl und das Gefühl von wirklichem Frieden mit dem eigenen Selbst und mit anderen?

(Tatsächlich zeigen Untersuchungen, daß viele Menschen sagen, ihr Selbstwertgefühl werde niedriger, wenn sie sich gestattet haben, ihre Wut zum Ausdruck zu bringen, sie seien tagelang deprimiert und eine düstere Wolke hülle sie ein. Das sei von der Situation und dem Gegenstand ihrer Wut abhängig.)

Ist Ihnen völlig klar, daß der Zweck von warmer, gesunder Wut darin besteht, eine affektive (emotionale) Botschaft zu übermitteln, um die Luft zu reinigen und Korrekturen vorzunehmen und, wenn nötig, etwas wiedergutzumachen?

(Ja, und mir ist auch klar, daß Korrekturen ohne Wut vorgenommen werden können.)

Wann sind Sie das letzte Mal gründlich wütend geworden? Ist die Welt eingestürzt?

(Nein, aber manchmal tut sie das. Manche Leute werden mit positivem Ergebnis wütend; andere stellen fest, daß Wut die Sache nur noch verschlimmert. Es ist irreführend und naiv zu argumentieren, *jedes* Ausdrücken von Wut sei wohltuend.)

Ist Ihnen klar, daß Ihre Wut niemanden töten wird und daß auch die Wut eines anderen Menschen Sie nicht töten wird?

(Ja, aber nur, weil ich eine Frau bin, die nie von ihrem Mann oder ihrem Vater geschlagen worden ist. Ich stelle mir vor, daß Tausende von geschlagenen Frauen eine ganz andere Antwort geben würden.)

Ist Ihnen klar, daß Menschen nach einem Streit liebevolle Gefühle für einander haben und sich körperlich lieben können, weil ein emotionaler Verkehrsstau aufgelöst wurde?

(Das sind dann aber andere Leute, denn die meisten Menschen berichten, daß sie nach einem Streit Zeit brauchen, um abzukühlen, bevor sie wieder »liebevolle Gefühle« haben können. Überdies stellt die modische Ansicht, Streiten sei sexy, eine Assoziation zwischen Sex und Aggression her, die mir zuwider ist.)

Wenn Sie sich nicht selbst aus dem Sumpf des Schlammvorrats herausziehen können, sind Sie dann so einsichtig, professionelle Hilfe zu suchen? Das bedeutet, daß Sie zu einem Psychiater gehen, der Absolvent eines psychoanalytischen Institutes ist, das entweder von der American Academy of Psychoanalysis oder der American Psychoanalytic Association anerkannt ist.

(Und keine andere Therapieform kann helfen? Tatsächlich haben Untersuchungen festgestellt, daß kognitiv-behavioristische Therapien und systemische Familientherapien nachweislich erfolgreicher sind als die Psychoanalyse, wenn es darum geht, Menschen zu helfen, ihre Wutgefühle zu beherrschen, konstruktive neue Gewohnheiten im Umgang mit Wut zu lernen und aus ständigen Familienkriegen auszubrechen.[27])

Die Ansicht der Ventilationisten ist nicht nur unter klinischen Psychologen und Psychiatern, sondern auch allgemein in der Bevölkerung weit verbreitet. Für ihr Buch *The Cycle of Violence* untersuchte die Soziologin Suzanne K. Steinmetz die Einstellungen und Erfahrungen repräsentativer Familien und fand dabei heraus, daß die Mehrheit der Erwachsenen der Vorstellung von der Katharsis anhängt. »Dieser Mythos ist weitverbreitet, sowohl im allgemeinen Denken als auch bei bestimmten Sozialwissenschaftlern«, schrieb sie. »[Bruno] Bettelheim [zum Beispiel] deutet darauf hin, daß durch das übertriebene Training in Selbstbeherrschung, das für die amerikanische Mittelschichtfamilie typisch ist, dem Kind das Ausleben des menschlichen Gewaltinstinktes verwehrt wird. Kinder würden den Umgang mit gewalttätigen Gefühlen nicht lernen.«[28]

Steinmetz fand jedoch in den Familien, die sie beobachtete, kaum jenes »übertriebene Training in Selbstbeherrschung«. Stattdessen fand sie bei den Eltern allgemein den Glauben, daß es besser sei, ein Kind zu verhauen, als die eigene Wut zurückzuhalten; daß Geschwister Streitigkeiten »auskämpfen« sollten (selbst wenn die Eltern das hassen); daß Schreikämpfe zwischen Mann und Frau und zwischen Elternteil und Kind normal, gesund und gut für die Beziehung seien. Ein Vater meinte, die regelmäßige Anwendung körperlicher Strafen »läßt die Frustration der Eltern heraus«. Eine Frau, die früher »sehr ruhig« gewesen war, wenn sie wütend war, sagte: »Jetzt fangen wir lautstarke Diskussionen an, bei denen ich die Sachen herausbringe. Das löst nichts, aber ich fühle mich wirklich viel besser.«[29]

»Ich fühle mich wirklich viel besser.« Läuft sie darauf schließlich hinaus, die endgültige rationale Begründung für emotionale Befreiung? Es macht nichts, wenn die eigene emotionale Befreiung dazu führt, daß die Mitmenschen sich schlecht fühlen, oder wenn sie das Problem nicht löst. Wenn ich tun kann, was ich will, muß das gut für mich sein.

Gebrauch und Mißbrauch von Wut

Wenn Wut nicht lediglich ein biologischer Reflex oder ein unbewußter Instinkt ist, warum hat sie sich dann so hartnäckig gehalten? Eine Antwort ist meiner Meinung nach, daß Wut weiterexistiert, weil sie funktioniert. Gegen sie zu predigen hatte, wie die Predigten gegen die anderen Todsünden, keinen großen Erfolg im Westen. Der wohldurchdachte Einsatz einer wütenden Rede oder eines entschlossenen Gebrülls führt oft zu dem Ergebnis, das mit Freundlichkeit leider nicht zu erreichen ist. Wut stellt das Gefühl von Würde und Fairness wieder her (»Diesem Gauner habe ich ordentlich Bescheid gesagt«), sie nährt Ehrgeiz und Konkurrenzdenken (»Jetzt werde ich dem Hund aber mal zeigen, wie man das macht«) und mit ihrer Hilfe behauptet sich das Individuum in einer anonymen Welt (»Hör *mir* mal gut zu«).

Aber Fairness, Konkurrenzdenken und Individualismus sind keineswegs allgemeingültige Werte. Versuchen Sie einmal, vor einem Utkuhikhalingmiut-Eskimo wütend zu werden, so wie die Anthropologin Jean Briggs es getan hat, und Sie werden geächtet, weil Sie so kindisch sind.[30] Versuchen Sie einmal, in dem gereizten Ton, der zu Hause in Amerika seine Wirkung tun würde, in England, Japan oder Peru Ihr Recht zu fordern, und man wird Sie einfach für einen dieser unhöflichen, lauten Amerikaner halten. In stark kooperativen, kleinen Gesellschaften, wie den !Kung-san in Afrika (das »!« steht für einen Schnalzlaut in ihrer Sprache) ist die Wut, die wir als gegeben – nein, die wir als *instinktgeleitet* – hinnehmen, unbekannt. Es ist nicht so, daß Wutgefühle in solchen Gesellschaften unbekannt wären, aber das Ob und Wie des Auslebens solcher Gefühle wird durch Kultur und Lernen gelenkt. Die Regeln, die den Umgang mit der Wut bestimmen, werden nicht willkürlich von örtlichen Schamanen, Hexendoktoren und Therapeuten gemacht, sondern sie dienen ihrer jeweiligen Kultur.

Auf irgendeine unausgesprochene Weise wird das von den meisten Menschen verstanden. Trotz der Ermahnungen bestimmter Gurus, mit dem Nettsein aufzuhören, wissen sie, daß Nettigkeit Gesellschaft möglich macht. Trotz glühender Versprechen, daß Wut ihnen guttun wird, wissen sie, daß Wut ein unangenehmes Gefühl sein kann, denn sie bedeutet, daß etwas in ihrem Leben nicht stimmt. Doch diese Einstellung wird von einer Gesellschaft, in der man für Aggressivität gelobt oder greifbar belohnt wird, während sie verbal verdammt wird, nicht unterstützt. Unsere Haltung der Wut gegenüber ist zwiespältig, allerdings nicht wegen eines »inneren Krieges« zwischen Vernunft und Leidenschaft; wir stehen der Wut zwiespältig gegenüber, weil sie manchmal wirksam ist und manchmal nicht, weil sie manchmal notwendig ist und manchmal destruktiv.

Die populärpsychologischen Ansätze, die uns einreden, Wut stecke tief »in uns«, mag ich nicht, weil ich glaube, daß solche Vorstellungen für die geistige Gesundheit der Beteiligten und für die soziale Gesundheit der Gemeinschaft gefährlich sind. Solche Ansichten bringen Menschen dazu, sich Luft zu machen und aus der Fassung zu geraten, aber nur selten erkennen oder ändern sie die Umstände, die sie ursprünglich wütend gemacht haben. Als Aesops Löwe brüllte, kam niemand auf die Idee, der Löwe habe einen Feindseligkeitskomplex oder Probleme mit seiner Selbstbeherrschung; alle wußten, daß er in einem Netz gefangen worden war. Kein Singen, Schreien oder auf Kissen einschlagen wird uns aus den vielen Netzen des modernen Lebens befreien.

Wut ist daher ebensosehr eine politische Angelegenheit wie eine biologische. Die Entscheidung, wütend zu werden, hat machtvolle Konsequenzen, ob die Wut nun auf den Partner oder auf die Regierung gerichtet ist. Partner und Regierungen wissen das. Sie wissen, daß Wut letztendlich eine nachdrückliche Botschaft ist: *Beachte mich. Mir paßt das nicht, was du da tust. Gib mir meinen Stolz wieder. Du bist mir im Weg. Vorsicht. Verschaffe mir Gerechtigkeit.*

Wut ist, wie der Swami wußte, das Zischen des Menschen.

2. Höflichkeitsriten – die kulturellen Regeln für Wut

Die Möglichkeiten menschlicher Wut können erst voll ausgeschöpft werden, wenn ein Freund beider Parteien sich taktvoll einmischt.

G. K. Chesterton

Die junge Frau verläßt eines Nachmittags ihr Haus, um aus dem Brunnen des Ortes Wasser zu schöpfen. Sie schlendert die Hauptstraße entlang und plaudert mit den Nachbarinnen, während ihr Mann von der Veranda aus zusieht. Bei ihrer Rückkehr vom Brunnen hält ein Fremder sie an und bittet um einen Becher Wasser. Sie tut ihm den Gefallen und lädt den Mann sogar zum Abendessen ein. Er nimmt die Einladung an. Die Eheleute und der Gast verbringen einen vergnügten Abend miteinander, und schließlich löscht der Ehemann die Lampe und begibt sich zu Bett. Die Frau begibt sich ebenfalls zu Bett – mit dem Gast. Am nächsten Morgen geht der Ehemann früh aus dem Haus und bringt Frühstück für den ganzen Haushalt mit. Bei seiner Rückkehr entdeckt er, daß seine Frau wieder mit dem Besuch schläft.

An welchem Punkt in diesem Ablauf von Ereignissen wird der Ehemann wütend oder eifersüchtig? Ist seine Wut unvermeidlich? Die Antwort, bemerkt der Psychologe Ralph Hupka, hängt von dem Stamm und der Kultur ab, denen er angehört:

- Ein Ehemann der Pawnee-Indianer hätte vor hundert Jahren voller Wut jeden Mann verhext, der es gewagt hätte, einen Becher Wasser von seiner Frau zu verlangen.
- Ein Ehemann bei den Angmagssalik-Eskimo, der ein guter Gastgeber sein will, lädt seinen Gast ein, mit seiner Frau zu schlafen; er verkündet seine Einladung, indem er die Lampe löscht. (Der Gast könnte wütend werden, wenn er diese Einladung nicht bekäme.) Ein Angmagssalik-Ehemann wäre jedoch wütend, wenn er seine Frau bei anderen Gelegenheiten als dem Lampenspiel, wie zum Beispiel am Morgen danach oder ohne die beiderseitige Übereinkunft, die Partner zu tauschen, beim Sex mit einem Mann ertappen würde.
- Mittelschicht-Ehemänner der meisten amerikanischen Gruppen wären geneigt, auf jeden Gast wütend zu werden, der, und sei er noch so höflich, versuchen würde, ihre Frau zu verführen. Sie wären auch wütend

auf die Frau, die, und sei sie noch so gastfreundlich, mit ihrem Gast schlafen würde.

- Ein Ehemann des polyandrischen Stammes der Toda in Südindien um die Jahrhundertwende hätte den ganzen Ablauf der Ereignisse völlig normal gefunden; nichts, weswegen man sich hätte aufregen müssen. Die Todas praktizierten *mokhthoditi*, einen Brauch, der beiden Partnern gestattete, sich Liebhaber zu nehmen. Wenn ein Mann mit einer verheirateten Frau schlafen wollte, holte er sich erst ihre Erlaubnis und dann die Erlaubnis ihres Ehemannes oder ihrer Ehemänner; eine jährliche Gebühr wurde ausgehandelt, und dann war die Frau frei, ihren neuen Liebhaber zu besuchen, und der Liebhaber konnte ungehindert zur Frau ins Haus kommen. Aber Toda-Eheleute wären zweifellos auf jeden Mann wütend gewesen, der versucht hätte, hinter dem Rücken des Ehemannes ein Verhältnis anzufangen (ohne die entsprechende Gebühr zu bezahlen).[1]

Überall werden Menschen wütend, aber sie werden im Dienste der Regeln ihrer Kultur wütend. Manchmal sind diese Regeln explizit (»Du sollst nicht begehren deines Nächsten Weib«), häufiger aber sind sie implizit, versteckt in den zahllosen täglichen Handlungen, die man ausführt, weil »wir das hier so machen«. Diese unausgesprochenen Regeln werden oft erst sichtbar, wenn jemand sie verletzt, und Wut ist das Zeichen dafür, daß sie verletzt wurden. Sie verkündet, daß jemand sich nicht so benimmt, wie sie oder er sich (meint man) verhalten *sollte*. Dieses »Geltendmachen eines ›sollte‹« ist, dem Psychologen Joseph de Rivera zufolge, das einzige allgemeine und wesentliche Charakteristikum der Wut in all ihren Ausdrucksformen. »Wenn wir wütend sind«, schreibt er, »glauben wir irgendwie immer, wir könnten den Gegenstand unserer Wut beeinflussen. Wir nehmen an, daß der andere für seine Handlung verantwortlich ist und sich anders verhalten sollte.«[2]

Dieses »sollte« legt nahe, daß die Kontrollfunktion der Wut eine bedeutende Rolle spielt. Wut hilft mittels ihrer Überzeugungskraft und der Androhung von Vergeltung bei der Regulierung unserer alltäglichen sozialen Beziehungen: bei familiären Auseinandersetzungen, nachbarlichen Streitigkeiten, geschäftlichen Unstimmigkeiten – wann immer das Gesetz zu schwerfällig, unangemessen oder nicht verfügbar ist (was meistens der Fall ist). Der Psychologe James Averill bemerkt, daß es in der Geschichte des Abendlandes meistens Sache der einzelnen war, sich darum zu kümmern, daß ihre Rechte respektiert wurden und daß Gerechtigkeit herrschte. In Abwesenheit einer formalen Rechtsprechung fungiert Wut als persönliche Rechtsprechung.[3]

Am besten versteht man die kontrollierende Macht der Wut wohl, wenn man sich aus unserer eigenen, komplexen Umgebung herausbegibt und sich ansieht, wie Wut in kleinen Gesellschaften arbeitet. An kleinen Gesellschaften kann man viel erkennen, ob es nun Familien, Stämme, Musikkapellen von High Schools oder der Kongreß der USA sind. Mitglieder solcher Gruppen verstehen sehr gut, wie wichtig die Regeln für die Steuerung von Wut sind, denn jeder muß am nächsten Morgen mit jedem auskommen. Wut ist die Dienerin der Gesellschaft, und das ist im täglichen Leben kleiner Stämme zu sehen. Sie mögen vielleicht exotisch erscheinen, aber sie sind genau betrachtet ein Spiegel für uns.

Das richtende Gefühl

N!uhka, siebzehn Jahre alt, war wütend. Ihr Vater hatte sie daran erinnert, daß sie allmählich in die Jahre käme und es höchste Zeit zum Heiraten sei. N!uhka war widerspenstig und eingebildet und hatte kein Interesse an den in Frage kommenden jungen Männern, die ihr Vater vorschlug, und schließlich, in der Hitze des Wortgefechtes, verfluchte sie ihn laut. Er war schockiert. *Sie* war schockiert, und auch alle Nachbarn und Verwandten, die sie gehört hatten.

Nun war N!uhka wütend und schämte sich noch dazu für ihren respektlosen Ausbruch. Sie schnappte sich ihre Decke und rannte vom Lagerplatz fort zu einem einzelnen Baum, der gut sechzig Meter entfernt stand. Dort saß sie den ganzen Tag, in ihre Decke gewickelt. Das war keine leichte Buße, denn die Temperatur betrug an jenem Tag 40° Celsius im Schatten (ohne Decke), aber als sie ins Lager zurückkehrte, waren ihre Wut und ihre Verlegenheit abgeklungen.[4]

Die !Kung, ein Jäger- und Sammlervolk in der Kalahari, werden »das harmlose Volk« genannt, weil sie keine Aggressionen kennen.[5] Das heißt nicht, daß sie von den kleinen Plagen des Lebens wie Eifersucht, Groll, Mißtrauen und Schmollen verschont bleiben. Teenager sind mit den Wünschen ihrer Eltern nicht einverstanden, Verwandte zanken sich darum, wer wem was schuldet, und Eheleute streiten sich wegen Eheproblemen. Der Unterschied liegt darin, daß die !Kung wissen, daß sie diese Emotionen beherrschen und auf ein erträgliches Maß herunterdrosseln müssen und daß ihr Überleben gefährdet ist, wenn sie das nicht tun.

Die !Kung sind Nomaden, ständig auf Nahrungssuche, und als einzige Versicherung gegen schwere Zeiten haben sie einander. Der einzelne kann sich für den Fall einer Hungersnot keinen Vorrat an tiefgefrorenen Pizzas und Bier anlegen und könnte allein nicht lange überleben. Teilen ist daher in ihrer Gesellschaft oberster Wert und Obsession. Wie Elizabeth Marshall Thomas, eine ihrer bedeutendsten Ethnographinnen, bemerkte: »Es ist nie vorgekommen, daß ein Buschmann [heute werden sie !Kung oder !Kung-san genannt] Gegenstände, Lebensmittel oder Wasser nicht mit anderen Mitgliedern seiner Gruppe geteilt hätte, denn ohne ganz feste Zusammenarbeit könnten die Buschmänner die Hungersnöte und Dürrezeiten in der Kalahari nicht überleben.« Unter solchen Bedingungen bedroht jeder antisoziale oder wütende Ausbruch die ganze Gruppe, daher haben die !Kung ein Interesse daran, direkte physische Konfrontation oder Gewaltanwendung zu vermeiden und gegenüber Individuen, die ihr Verhalten oder ihre schlechte Laune nicht in der Gewalt haben, mißtrauisch zu sein. »Ihr Leben hängt an einem zu dünnen Faden, als daß sie sich leisten könnten, untereinander zu streiten«, sagt Thomas.[6]

Die Struktur des Lagerlebens, die die Chancen für Gruppensolidarität und Überleben erhöht – fehlendes Privatleben, alle Hütten dicht beieinander, Großfamilie in der Nähe – bedeutet auch, daß jeder Wutausbruch und jeder Streit sofort öffentlich diskutiert und geschlichtet werden kann. Schon allein dieser Mangel an Privatleben wäre im Westen, wo »Das geht dich nichts an« ein akzeptierter Refrain ist, Grund genug zur Wut. Bei den !Kung jedoch geht alle alles an. »Wenn jemand sein Opfer angreift, ist er wie eine Fliege, die ein Insekt angreift, das bereits im Spinnennetz gefangen ist«, schreibt die Anthropologin Patricia Draper. »Sofort werden beide gefangen. Wenn die Kämpfenden in der Hitze des Zorns das klebrige Netz auch vergessen mögen, die Zuschauer tun das nicht. Echte Wut macht den !Kung Angst und ekelt sie an, weil sie für ihr Beziehungsnetz so zerstörerisch ist.«[7] Jeder, der wütend wird, kann mit dem Beistand (»Einmischung« im westlichen Sinne) des ganzen Stammes rechnen, wenn es sein muß. Vielleicht ist das der Grund, weshalb ein Anthropologe in anderthalb Jahren Forschung nur vier Fälle von offener Zwietracht sah und nur von wenigen anderen hörte. Ein anderer berichtet nur von drei ernsten Auseinandersetzungen: Einmal ging es um den Besitz eines getöteten Tieres, ein anderes Mal um eheliche Unstimmigkeiten und einmal um eine Mutter, die einen Heiler beschimpfte, der ihr krankes Kind nicht besuchte.

Obwohl die !Kung nicht aggressiv sind, sind sie Experten in Zänkereien und Beschwerden. »Ein Außenstehender fragt sich, wie die !Kung es überhaupt ertragen können, miteinander zu leben«, sagt Patricia Draper. »In den ersten Monaten meiner Feldforschung hatte ich die Hoffnung aufgegeben, daß ich jemals den ständigen Belästigungen entkommen würde.« Einige von der Psychoanalyse herkommende Beobachter nehmen das als Beweis für den »verdrängten« Aggressionstrieb der !Kung, der, wenn er nicht physisch ausagiert werden könne, dieses verbale Ventil benutze. Aber wenn man den Inhalt der Zänkereien genauer betrachtet, werden zwei Dinge deutlich: Sie haben einen eindeutig sozialen Zweck, und wenn sie Außenstehenden auch als Anzeichen für Wut erscheinen mögen, sind sie in Wirklichkeit doch ein rituelles Spiel – ohne die Hitze des Zorns. Nach mehreren Monaten entdeckte Draper, daß der Schlüssel zum Gezänk der !Kung in dessen Schwerpunkt, nämlich der Forderung nach Nahrung lag. Was den Europäern die Unterhaltung über Wetter und Wirtschaft ist, sind den !Kung Lebensmittelforderungen. Mit der Zeit lernte sie, diese Forderungen »gehörig melodramatisch auszuschlagen«, so daß sie an dem Spiel teilnehmen konnte:

Sie erwarten von *mir*, der einsamen Europäerin, einer Fremden in diesem Land, die fern von ihren Verwandten lebt, ohne einen einzigen Speer oder Bogen, ja sogar ohne Grabstock, und ohne Kenntnis vom Busch... Sie erwarten von *mir*, daß ich *Ihnen* etwas zu essen geben soll? Sie sind ein Mensch, dessen Hütte vollgestopft ist mit guten Dingen. Beeren, Trockenfleisch, süße Wurzeln stehen schulterhoch in Ihrer Hütte und Sie kommen zu mir und sagen, Sie hätten Hunger![8]

Eine so temperamentvolle Antwort begeisterte den !Kung-Besucher (wie auch die allgegenwärtigen Zuschauer), und wenn dieser Meinungsaustausch einmal beendet war, konnten Draper und die !Kung über andere Dinge sprechen. Scherze über Lebensmittelforderungen und Beschwerden sind jedoch wichtig, weil sie alle an ihre Verantwortung erinnern, Lebensmittel und Besitz immer wieder zirkulieren zu lassen. Die Habenichtse fordern ihren Anteil; die Wohlhabenden werden daran erinnert, daß ihr Glück nur vorübergehend ist.

Drapers Beobachtungen waren mir nützlich beim Verständnis meines eigenen Stammes, den osteuropäischen Juden, deren Vorfahren aus dem Schtetl in Rußland und Polen kamen, und bei denen rituelle Forderungen lange Tradition haben. Das reichhaltige Repertoire an Flüchen im Jiddischen läßt die unanständigen Grunzer des Englischen blaß und saftlos erscheinen. Wie Barbara Myerhoff in *Number Our Days* berichtete:

Jake: In jenen Tagen gab jeder Verwünschungen von sich. Ohne Flüche konnte man nicht leben. Eine Frau war da in unserer Straße, die so fluchen konnte, wie Heifetz die Geige spielt. Was die sich alles für ihre Feinde ausdachte! ›Deine Zähne sollen verrückt werden und deinen Kopf abfressen‹; ›Du sollst ein Hotel mit hundert Zimmern erben und in jedem Zimmer tot gefunden werden‹; ›Du sollst zehn Söhne haben, und alle Schwiegertöchter sollen dich hassen‹; ›Alle Zähne sollen dir ausfallen, nur einer nicht, und der hat ein Loch‹; ›Deine Hühner sollen im Haus deines Nachbarn Eier legen‹; ›Die Zigeuner sollen auf deinem Magen lagern, und ihre Bären sollen in deiner Leber *kazotskhi* tanzen‹
Basha: Den letzten hast du aber von Sholom Aleichem.
Jake: Und was glaubst du, wo Sholom Aleichem ihn gelernt hat?[9]

Heutzutage ist die Begabung zu solchen Verwünschungen im Schwinden begriffen (ich glaube, man braucht dazu das ursprüngliche Jiddisch), genauso wie das rituelle Fordern nur noch ein Schatten seines früheren Selbst ist: »Du rufst mich gar nicht mehr an«; »Schreib den Dankesbrief an Tante Hannah bitte *heute*«; »Hast du Lepra an den Fingern, daß du deine Socken nicht aufheben kannst?« Aber ihren Ursprung haben Flüche und Forderungen in lebensnotwendigen Bedürfnissen wie dem Nahrungsbedürfnis im afrikanischen Busch. Die ständigen Zänkereien erinnerten die Juden im Schtetl an ihre sozialen Verpflichtungen der Familie und der Kultur gegenüber und unterstrichen, wie wichtig es war, nicht aus der Reihe zu tanzen und die Traditionen zu wahren, die die gefährdete Gruppe zusammenhielten. Ein Besucher solcher Kulturen wird sich wahrscheinlich, wie Patricia Draper bei den !Kung, Angriffen ausgesetzt fühlen, jedenfalls so lange, bis er die Regeln lernt und das Spiel mitspielen kann.

Catherine Lutz, die bei den Ifaluk im Südwesten der pazifischen Inseln lebte, gibt ein gutes Beispiel dafür, wie tief verwurzelt die gemeinschaftliche Sichtweise bei den eng verbundenen Mitgliedern dieser Stämme ist. Sie hatte eine Gruppe von Frauen gefragt: »Wollt ihr (alle) mit mir kommen, um Trinkwasser zu holen?« Sie machten lange Gesichter, bis Lutz merkte, »daß meine Pronomen falsch waren« – weil das *ihr* in ihrem Satz von *mir* getrennt war. Die richtige Form der Frage lautet, wie sie mit der Zeit herausfand: »Wir holen jetzt Wasser, ja?«[10]

Wann immer ein Stamm gemeinsam arbeiten und kämpfen muß, um zu überleben – in der gefrorenen Tundra der Nordwestterritorien, in den dampfenden Dschungeln Südamerikas, im trockenen Busch Afrikas, als verfolgte Minderheit im Herzen der »Zivilisation« –, er muß eine Methode finden, Streitigkeiten beizulegen, ohne daß die gekränkte Partei sich veranlaßt fühlt, verärgert den Stamm zu verlassen. Wo keine formalen Gesetze existieren, um die Güterverteilung zu regeln – wo tatsächlich nicht einmal gewährleistet ist, daß überhaupt Güter vorhanden sind –, wird das Problem des Teilens nie endgültig gelöst. Es wird immer Auseinandersetzungen darüber geben, und Wut ist bei diesen Auseinandersetzungen der Polizist. Habe ich meinen Anteil bekommen? Hat er zuviel bekommen? Sollte ich mehr bekommen, weil ich krank war, oder weniger, weil ich nicht jagen konnte? Die Sirionó Boliviens werfen sich zum Beispiel ständig wütend vor, sie würden Lebensmittel horten, nicht teilen, was sie haben, nachts essen oder sich in den Wald stehlen, um dort zu essen. Doch in anderen Gebieten wie zum Beispiel Tahiti, wo die Versorgung mit Nahrungsmitteln und anderen lebensnotwendigen Gütern in Hülle und Fülle gewährleistet ist, kommt es kaum zu wütenden Auseinandersetzungen über die Verteilung der Nahrung.

Die Analogie zwischen der Wut und einem Polizisten kann noch einen Schritt weitergeführt werden, denn Polizisten müssen bestimmte Regeln beachten und dürfen keine übermäßige Gewalt anwenden. Die Wut, die in kleinen Stämmen geäußert werden darf, muß sich ebenso an bestimmte Regeln und Einschränkungen halten, damit sichergestellt ist, daß sie nicht zerstörerisch wirkt. Die Sirionó veranstalten vielleicht ein Trinkgelage, bei dem ernsthafte Beschwerden vorgebracht werden. Das ist kein Trinkgelage amerikanischen Stils, wo das Trinken anscheinend häufig zu Gewalttätigkeiten führt. Das Äußerste, was zwei Sirionó-Männer tun, ist ringen, doch wenn einer der beiden die Fäuste einsetzt, wird ihm sofort vorgeworfen, er »kämpfe wie ein weißer Mann«, und er hört auf der Stelle beschämt auf. Wahrscheinlicher ist aber, daß wütende Sirionó-Männer auf die Jagd gehen. Wenn sie etwas erlegen, sind sie zu stolz, um wütend zu sein, und wenn nicht, sind sie zu müde.[11]

Das lebendigste und schönste Beispiel dafür, wie Wut eingesetzt wird, um widerspenstige Stammesmitglieder zu beeinflussen, während sie gleichzeitig durch rituelle Grenzen eingeschränkt wird, ist der »Wahnsinnstanz« der Kapauku Papuans West Neuguineas.[12] Die Kapauku Papuans mögen Ihnen nicht bekannt sein, aber jede Kultur, auch unsere eigene, hat ihre Version des Wahnsinnstanzes.

Bei den Kapauku ist eine Hochzeit, mehr als sonst üblich, ganz offensichtlich ein wirtschaftlicher Austausch, denn Braut und Bräutigam haben vor der Zeremonie immer bereits eine Zeitlang zusammengelebt. An dem großen Tag versammeln sich die beiden Familien zur offiziellen Übergabe des Brautpreises, und die Mitglieder des Klans kommen von nah und fern zusammen. Während des ganzen Tages stellt die Familie des Bräutigams die Geschenke aus, die sie bietet, während die Familie der Braut sie sorgfältig inspiziert, dabei abwertende Bemerkungen über deren Qualität und Quantität austauscht und vernehmlich über den Geiz der Familie des Bräutigams murrt.

Die engsten Verwandten des Bräutigams, die zur Schau gestellt haben, was sie sich leisten können herzugeben, bitten jetzt die Verwandten, die zu Besuch gekommen sind, den Einsatz zu erhöhen. Ein paar Muscheln und Halsketten werden hinzugefügt, aber der Vater der Braut wirkt immer noch unzufrieden. In der Hoffnung, die Sache schnell beilegen und Auseinandersetzungen vermeiden zu können, versuchen nun die Stammeshäuptlinge des Ortes, aus den übrigen Verwandten des Bräutigams finanzielle Unterstützung herauszuholen, indem sie an ihren Stolz und ihre Loyalität der Familie gegenüber appellieren. Wenn dieser Versuch fehlschlägt, beginnen die Häuptlinge *wainai*, den »Wahnsinnstanz«, der so ist, wie er heißt: Die Tänzer brüllen und schreien ihre Forderungen, daß die Verwandten etwas herausrücken sollen, dabei stampfen sie ununterbrochen in einem wilden Rhythmus mit den Füßen und schießen mit den Armen pantomimisch Pfeile ab.

Wenn der Wahnsinnstanz nicht zum gewünschten Ergebnis führt, dürfen einige männliche Verwandte des Bräutigams mitmachen. Jetzt schleudern sie ihren eigenen entfernten Verwandten Beleidigungen und Vorwürfe entgegen. Wenn auch dieses Druckmittel keinen Erfolg hat, können die Verwandten der Braut gezwungen werden, den Wahnsinnstanz mitzutanzen. Dann ist die Hölle los, denn das bedeutet das Ende der Verhandlungen. Aber normalerweise hat der Tanz seine Wirkung, der Brautvater gibt sein Einverständnis, der Handel wird abgeschlossen, der Bräutigam schenkt seinen neuen angeheirateten Verwandten ein paar Schweine, und alle gehen glücklich nach Hause.

Das ist nun, abgesehen von den Schweinen und den Pfeilen, gar nicht so anders als bei manchen amerikanischen Hochzeiten – wenn nicht der Form, so doch dem Inhalt nach. Ich habe selbst ein paar Wahnsinnstänze beobachtet, und sie führen normalerweise zum gleichen Ergebnis. Eine Frau, die ich interviewte, erzählte mir, daß die Hochzeit ihrer Tochter beinahe von der *Mutter* des Bräutigams abgesagt worden wäre, weil die Familie der Braut nicht bereit war, den Jungvermählten ein Haus zu kaufen. Nach einigen aufgebrachten Telefongesprächen, Fußstampfen und Vorwürfen wegen Geiz und Grobheit wurde ein Kompromiß geschlossen. Die Hochzeit fand statt wie geplant.

Diese Tauschhandel sind jedoch nicht einfach Ausbrüche von Gier, weder bei den Kapauku noch bei anderen Stämmen. Sie spielen eine bedeutende Rolle für den Zusammenhalt von Familie und Stamm. Hier geht es nicht nur um ein paar Perlenketten oder eine silberne Teekanne. Bei den Kapauku hat die Einigung über den Brautpreis unter anderem folgende Vorteile: Die Brautmutter, die den größten Teil der Mitgift behält, bekommt damit einen höheren Status, denn sie kann nun Geld verleihen. Der Bruder der Braut bekommt einen Anteil, so daß auch er heiraten kann. Der Vater der Braut, der bei der Transaktion den Schiedsrichter gespielt hat, bestätigt seine Bedeutung und Stellung als Familienoberhaupt. Auf der Seite des Bräutigams gewinnen die Verwandten, die etwas zum Brautpreis beigesteuert haben, enormes öffentliches Ansehen wegen ihrer Großzügigkeit und, was noch wichtiger ist, die ewige Dankbarkeit des Bräutigams. Der Bräutigam nennt seine Gläubiger jetzt *naitai*, »mein Vater«, und man erwartet von ihm, daß er ihnen zukünftig bei Schwierigkeiten oder Diskussionen zur Seite steht. Mit einem Wort, ein zufriedenstellender Brautpreis schließt die beiden Familien zusammen, indem er sowohl innerhalb der Klans als auch zwischen ihnen Bündnisse schafft. Kein Wunder, daß ein Wahnsinnstanz gefordert werden kann.

Zänkereien, Trinkgelage und Wahnsinnstänze stehen für ein ganzes Spektrum von Lösungen, das Kulturen zur Schlichtung von Streitigkeiten entwickelt haben. Sind die Beteiligten dabei nun tatsächlich wütend? Als Beobachter können wir das nicht mit Sicherheit sagen. Ich vermute, daß bei den Kapauku wie bei den Amerikanern manche Wahnsinnstänzer tatsächlich erzürnt sind und andere sich nur so benehmen. Manche eifersüchtigen Ehemänner sind wirklich wütend auf ihre flirtenden Frauen, und andere meinen bloß, sie müßten es sein. Bei den rituellen Zänkereien, zum Beispiel unter Pat Drapers !Kung-Freunden, spielen manche ganz bewußt ein Spiel, andere meinen es durchaus ernst. Wichtig ist, daß die Regeln des Stammes sowohl die Wutgefühle als auch das wütende Verhalten steuern, indem sie festlegen, wann, wie, wem gegenüber und aus welchen Gründen Wut ausgedrückt werden darf.

Um jedoch sicherzustellen, daß Wut nicht zu stark wird und den empfindlichen inneren Mechanismus der Gruppe bedroht, verlassen kleine Stämme sich auf informelle (aber hochwirksame) Methoden, *unangemessene* Wut im Zaum zu halten: Klatsch, Lächerlichkeit, Hexenkünste, öffentliche Diskussion und, in Extremfällen, Ächtung. Eine der häufigsten Methoden appelliert an das Gefühl der Verbundenheit mit der Gemeinschaft: Beschämung.

»Die einzige Autorität hier«, sagt der scharfsinnige Informant der Semai, »ist slniil«.[13] Bei den Semai in Westmalaysia ist *slniil* (abwechselnd definiert als Scham, Nervosität oder Widerstreben) die typische Reaktion auf Wut, ob man die Wut nun selbst spürt oder Zielscheibe für die Wut eines anderen ist. Ein Mann, der *slniil* empfindet, wendet die Augen vom Ziel seines Grimmes ab und weigert sich, weiter mit ihm zu sprechen oder ihm zuzuhören. Auf diese Weise entzieht er sich dem Konflikt, statt die Konfrontation zu suchen oder ihn zu verschärfen. Für einen Semai ist das taktvolles Verhalten, und niemand würde ihm Verdrängung, Unterdrückung oder passiv-aggressive Manipulation vorwerfen.

Bei den Semai schämen sich beide an einem Konflikt beteiligten Parteien; überhaupt sind die meisten eng zusammenhaltenden Stämme ebenso besorgt um denjenigen, der Wut provoziert, wie um den, der sie spürt. Erwachsene bei den Arapesh (einem der von Margaret Mead studierten Stämme) fürchten, daß starke Zornesausbrüche ihre ganze Gesellschaft verwundbar machen könnten, und greifen ein, indem sie denjenigen, der einen anderen zur Anwendung von Gewalt herausfordert, bestrafen.[14] Ähnlich sind die Utku-Eskimo beunruhigt über Menschen, die leicht aufbrausen, selbst wenn der Zorn, mit westlichem Maßstab gemessen, gerechtfertigt ist. Die Anthropologin Jean Briggs mußte diese Erfahrung machten. Sie verlor einigen Fischern gegenüber die Selbstbeherrschung – »aus unserer Sicht nur ganz wenig«. Diese hatten bei einem Besuch in der Gegend ein Kanu der Eskimo beschädigt. Obwohl Briggs im Namen der Utku wütend war und obwohl ihr Ärger in keiner Weise auf sie gerichtet war, sahen die Eskimo nur ihre Wut, nicht deren Ursache. Sie hatte Zeichen von Impulsivität gezeigt, die ganz entschieden nicht Eskimoart war, und nun war nicht sicher, ob sie vertrauenswürdig war. »Als Ergebnis meines ungehörigen und angsterregenden Zorns auf die Fischer«, berichtet Briggs, »wurde ich geächtet, ganz subtil, etwa drei Monate lang.«[15] (Ich denke mir, daß sie einen Anflug von *slniil* verspürte.)

Bei den Temiar in Malaysia wird, Marina Roseman zufolge, Wut im Spätstadium indirekt und formal durch eine »Schimpftirade« zum Ausdruck gebracht. Während der Nacht spricht der oder die Wütende im Schutz der Dunkelheit von seinem oder ihrem Schlafplatz aus, von der kritisierten Person getrennt. Dabei bezieht man sich auf die Zielscheibe der Rede mit »er« oder »sie«, nicht mit »du«, um die Konfrontation noch weiter abzuschwächen. Der Angesprochene kann in gleicher Weise antworten oder schweigend zuhören. Trotz dieser Vorsichtsmaßnahmen der

Indirektheit halten die Temiar diesen Ausdruck der Wut immer noch für gefährlich, für fähig, die Seelen der Beteiligten oder der Zuhörer so zu schockieren, daß sie die Flucht ergreifen, sagt Roseman.[16] (Die Temiar wären unter den schimpfenden Bewohnern eines New Yorker Appartementhauses ganz zu Hause.)

Oder betrachten Sie die Toraja im Süden von Sulawesi, die, wie andere Gruppen in Malaysia und Indonesien, Wut fürchten und ablehnen. Offener Ausdruck von Wut wird »mit dem Verhalten amoralischer Tiere gleichgesetzt und für menschenunwürdig gehalten«, sagt Douglas Hollan, ein Anthropologe, der bei ihnen gelebt hat. Während seiner einjährigen Untersuchungen sah er nur drei Fälle von offen gezeigter Wut, obwohl viele Ereignisse auftraten, die »ganz bestimmt die Geduld der Leute auf die Probe stellten«. Um »sich abzukühlen«, suchen die Toraja Zuflucht in ihrer fatalistischen Philosophie, dem Glauben, daß das Schicksal bei der Geburt vorherbestimmt wird und nur von den Göttern geändert werden kann. Sie erzählten Hollan, daß sie auch aktives Nachsinnen und Grübeln über ihre Probleme vermeiden und versuchen, sich diese »auszureden«. Einem anderen Menschen, der wütend ist, gehen die Toraja aus dem Weg, bis er sich beruhigt hat; wenn man einen wütenden Menschen herausfordert oder konfrontiert, steigert das, so wissen die Toraja, nur seinen Zorn.[17]

Ich ziehe die Methode vor, mit der die Mbuti, Jäger und Sammler im Nordosten Zaires, Wut besänftigen. Sie setzen Humor ein, um Streit zu schlichten. Wenn die rationale Diskussion versagt, fangen die Streitenden (und die allgegenwärtigen Beobachter) bei den Mbuti an, sich gegenseitig zu verspotten und den Streit vorzuspielen, bis alle sich schütteln vor Lachen. Bezeichnenderweise wird dieser Trick früh gelernt. Wenn ein Kind ein anderes zu Tränen reizt, um wen versammeln sich die anderen Kinder dann wohl? Um das tränenüberströmte Opfer. Sie beginnen ein fröhliches Spiel, von dem der kleine Täter ausgeschlossen wird (eine kleine, aber wirksame Lektion über die Risiken antisozialen Verhaltens), bis der Täter, seine Zielscheibe und die anderen Kinder alle lachen und den Vorfall vergessen haben. Leute, die andere schikanieren, erreichen bei den Mbuti nichts.[18]

Spott und Humor sind in vielen kleinen Gesellschaften wirksame Gegenmittel gegen Wut. Sich verbal zu duellieren ist eine hohe Kunst, dort, wo »kämpfen wie ein weißer Mann« tabu oder gefährlich ist. Bei manchen Eskimostämmen kann ein Mann einen anderen zu einem Trommelwettstreit oder einem Gesangsduell herausfordern. Er beginnt mit einigen dreisten Beleidigungen und Obszönitäten. Der Angesprochene antwortet auf die gleiche Weise. Die (unvermeidlichen) Zuhörer, die ihren Spaß an der Show haben, fangen an, Partei zu ergreifen. Nun werden die Beleidigungen deftiger und die Obszönitäten komisch. Das Publikum bestimmt den Gewinner, indem es bei seinen Scherzen lauter und länger lacht, und der unblutige Wettstreit ist vorbei. »Und genau darum geht es bei dem Gesangsduell der Eskimo«, schreibt Peter Farb. »Zwei Gegner ›verprügeln‹ einander mit dem Absingen von Beleidigungen statt mit Schlägen und verhindern auf diese Weise, daß aus einem Streit eine den sozialen Frieden störende Fehde wird.«[19] Und obendrein haben alle noch ihren Spaß an der Sache.

Die Wertvorstellungen und Bedürfnisse einer Kultur bestimmen nicht nur unsere alltägliche Wut, sondern auch, wann wir vor Wut »wahnsinnig« werden dürfen. Wut, schrieb Horaz vor etwa zweitausend Jahren, sei ein kurzzeitiger Wahnsinn, womit er treffend die Affinität zwischen »wahnsinnig« und »wütend« beschrieb. Das paßt sowohl in psychologischer als auch in linguistischer Hinsicht, weil man in vielen Kulturen (unsere eigene eingeschlossen) meint, wütende Menschen und Geisteskranke hätten die Beherrschung verloren und könnten keine Verantwortung für ihre Handlungen übernehmen. Doch andere Kulturen, wie die der Eskimo, unterscheiden die beiden Zustände: Von einem Menschen, der wirklich geisteskrank ist, kann man keine Selbstbeherrschung erwarten, aber jemand, der nur wütend ist, kann und muß sich beherrschen. Was unterscheidet uns von den Eskimo, einmal abgesehen vom Wetter? Welche Rolle spielt der *Glaube* an die Ähnlichkeit zwischen Zorn und Wahnsinn?

Ein kurzer Wahnsinn

- Eines Abends bewaffnete sich ein junger Malaie, offenbar aus heiterem Himmel, mit Parang und Kris, dem malaiischen Buschmesser und dem malaiischen Dolch, und machte sich zu einer regelrechten Mordtour auf. Als sein Anfall nach einigen Stunden vorüber war, hatte er in drei Cafés des Ortes Gäste angegriffen und fünf unschuldige Männer getötet. Seine Freunde waren überrascht, daß der junge Mann »Amok gelaufen« war; er hatte immer so höflich und gesittet gewirkt.
- 1979 legte in San Francisco ein leitender Beamter der Stadtverwaltung

namens Dan White sein Amt nieder. Kurz darauf überlegte er es sich anders, aber es war zu spät: Bürgermeister George Moscone hatte den Posten bereits anderweitig vergeben. White nahm seinen Revolver, kletterte durch ein Fenster der Stadtverwaltung (damit die Metalldetektoren seine Waffe nicht entdeckten) und schoß neunmal auf Moscone und den leitenden Verwaltungsbeamten Harvey Milk, der ein offener Gegner Whites gewesen war (und ein Homosexueller, den White nicht mochte). In dem von der Presse hochgespielten Prozeß argumentierte Whites Anwalt, übermäßiger Verzehr von *Junk Food* habe die »verminderte Zurechnungsfähigkeit« seines Klienten verursacht, so daß dieser zu einer vorsätzlichen Tat, und erst recht zu einem Mord, unfähig sei. Die Geschworenen schlossen sich dem an. White wurde wegen Totschlags im Affekt verurteilt und bekam eine Höchststrafe von sieben Jahren und acht Monaten. (Zwanzig Monate nach seiner Entlassung aus dem Gefängnis beging er Selbstmord.)

- Der Stammesangehörige der Gururumba benahm sich merkwürdig. Er begann plötzlich, die Hütten seiner Nachbarn zu plündern, stahl Lebensmittel und Gegenstände, und eines Nachmittags fanden seine Angehörigen ihn, wie er, hinter einem Baum versteckt, Pfeile auf Vorübergehende abschoß. Der Stamm war sich einig, daß er unter einer geistigen Verwirrung litt, die als »ein wildes Schwein sein« diagnostiziert wurde.
- 1980 erschoß in New York Jean Harris laut Anklage in »eifersüchtigem Zorn« und laut Verteidigung bei einem »tragischen Unfall« Herman Tarnower, der vierzehn Jahre lang ihr Liebhaber gewesen war. Tarnower wurde mit vier Kugeln im Körper gefunden. Harris sagte, sie hätte versucht, sich selbst zu töten, nicht ihn. Die Geschworenen glaubten ihr nicht. Sie wurde wegen vorsätzlichen Mordes verurteilt und bekam eine Mindeststrafe von fünfzehn Jahren Gefängnis.

Amok zu laufen, ein wildes Schwein zu sein und vorübergehende geistige Umnachtung sind in den jeweiligen Stämmen legitime Anzeichen für »einen kurzen Wahnsinn«. Man hält diese Wutausbrüche jedoch für etwas anderes als Psychosen, echte Geisteskrankheit oder andere Arten von »anhaltendem« Wahnsinn, und häufig behandelt man sie auch anders. Sicherlich können manche Menschen, bei denen Wutanfälle durch organische Anomalien oder Psychosen hervorgerufen werden, zu Recht als geisteskrank diagnostiziert werden, schon deswegen, weil sie nach einer gewalttätigen Phase nicht in den Normalzustand zurückkehren. Und es gibt andere Menschen wie die gestörten Einzelgänger, die mit oder ohne Erfolg versuchten, Attentate auf unsere Präsidenten und Helden zu verüben, deren aggressive Handlungen weniger mit Wut als mit Phantasien von Macht und Ruhm zu tun haben. Aber die meisten Fälle von offensichtlich durch Wut hervorgerufenem »vorübergehenden Irresein«, jene öffentlich diskutierten Fälle, die Aufmerksamkeit erregen, lassen sich, ungeachtet des *Junk Foods,* besser von sozialen als von organischen Ursachen her erklären.

Beginnen wir mit dem Amok laufen, einem Phänomen, das ursprünglich bei den gewalttätigen, oft mörderischen Angriffen von Eingeborenen des Malaiischen Archipels beobachtet wurde.[20] Meistens wird angenommen, daß die Handlungen, die ein Mensch in einem derartigen Zustand begeht, unbewußt, willkürlich und ziellos sind. Die *pengamok* (die Amokläufer) selbst denken so, und ihre Nachbarn und Verwandten ebenfalls. Aber bei genauerer Betrachtung wird etwas anderes deutlich. Die Häufigkeit dieses angeblich impulsiven, unkontrollierbaren Verhaltens ging schlagartig zurück, wenn die gesellschaftliche Reaktion sich von unterstützender Toleranz in harte Strafe verwandelte (zu einem bestimmten Zeitpunkt in der malaiischen Geschichte wurden die *pengamok* gestreckt und gevierteilt).

Ferner sind die Ziele der Amokläufer keine beliebigen Opfer. Fast alle sind dem Amokläufer bekannt und eine ständige Provokation für ihn gewesen. In einer Studie, die echte *pengamok* mit einer Kontrollgruppe von Psychotikern verglich, zeigte sich, daß die Opfer der *pengamok* »vernünftig« ausgewählt worden waren: eine Frau, die der Untreue verdächtigt wurde, ein streitbarer Nachbar, ein tyrannischer Religionslehrer. Der Malaie, der fünf Cafégäste getötet hatte, hatte sorgfältig darauf geachtet, daß seine Opfer Chinesen waren. Wie seine Akte zeigte, hatte er eine große Wut auf die Chinesen, die einige Jahre vorher mehrere Malaien getötet hatten. Die sogenannten psychotischen Symptome der *pengamok* verschwinden innerhalb weniger Monate nach dem Ereignis, was bei echten Psychotikern kaum der Fall ist.

Traditionellerweise wird von den Malaien erwartet, daß sie höflich und zurückhaltend sind, sich nie gegenseitig tadeln und nie auf Kosten eines anderen nach Erfolg streben. Andere Kulturen, die in das Gebiet des Malaiischen Archipels eingedrungen sind, wie etwa die Chinesen, hatten eher aggressivere Wertvorstellungen und interpretierten daher das Verhalten der Malaien als Zeichen für Schwäche und Minderwertigkeit – die sie dann auch prompt ausnutzten. »Amoklaufen«, ob nun auf individueller Ebene oder, bei Aufständen, auf Gruppenebene, ist für den Malaien eine ausgezeichnete Lösung für Konflikte: Es erlaubt ihm, seinen kulturellen Werten treu zu bleiben und dabei gleichzeitig die Ursachen seiner Bedrängnis und seines Zorns anzugreifen.

»Ein wildes Schwein sein« ist für die Gururumba das, was »Amoklaufen« für die Malaien ist. Die Malaien glauben, daß Amok durch Hexerei oder Besessensein von bösen Geistern verursacht wird; die Gururumba glauben, es würde durch den Biß eines Geistes hervorgerufen. Aber wilde Schweine sind, wie die *pengamok*, nicht gleichmäßig auf die Gesellschaft verteilt. Anscheinend werden zum Beispiel nur Männer im Alter zwischen fünfundzwanzig und fünfunddreißig Jahren gebissen. Für den Gururumba-Mann sind das besonders anstrengende zehn Jahre. Er muß seine jugendliche Verantwortungslosigkeit aufgeben, heiraten und plötzlich eine Bürde an sozialen Verpflichtungen der Gruppe gegenüber auf sich nehmen. Erfolg oder Versagen bei der Erfüllung dieser Verpflichtungen fallen nicht nur auf ihn zurück, sondern auch auf seinen Klan.

Der Anthropologe P. L. Newman hält »ein wildes Schwein sein« für eine Methode, auf die Schwierigkeiten, die mit der Bewältigung dieser Verpflichtungen verbunden sind, aufmerksam zu machen. Das Opfer eines Geisterbisses verkündet durch sein wildes Verhalten der eng zusammenhaltenden Gruppe, daß es etwas tun will, das seine Angehörigen sonst vielleicht verbieten würden: Die Frau wechseln, umziehen, eine bestimmte Verantwortung abgeben. So wie ein lautstarker Wutausbruch in unserer Kultur schließlich den Angesprochenen davon überzeugt, daß der Wütende es auch wirklich so meint, überzeugt die Verwandlung in ein wildes Schwein die Gururumba, daß es dem Opfer wirklich schlecht geht und daß etwas getan werden muß. (Manche Gururumba begeben sich, bewußt oder unbewußt, an Orte, wo es wahrscheinlich ist, daß man von einem Geist gebissen wird – in einen entfernten Teil des Waldes oder auf einen Friedhof.)[21]

Die Gururumba reagieren nachsichtig auf einen Mann, der gerade ein wildes Schwein ist. Sie verhalten sich teilnahmsvoll, weil sie glauben, er sei für seine Handlungen nicht verantwortlich. Sie erwarten, daß der Anfall in ein paar Tagen vorübergeht, wie ein Schnupfen. Während der Mann sich in diesem Zustand befindet, steuern sie sein »Verrücktsein« sanft: Sie lassen Lebensmittel und kleine Dinge so stehen, daß er sie stehlen kann, und sie sorgen dafür, daß er niemanden ernstlich verletzt. Der Betroffene zieht sich ein paar Tage lang allein in den Wald zurück – das kommt unserem bezahlten Urlaub sehr nahe – und wenn er bei seiner

Rückkehr immer noch im »wilden« Zustand ist, vollziehen die Stammesangehörigen ein Ritual, um ihn zu heilen. Sie »fangen« ihn und behandeln ihn, als wäre er wirklich ein wildgewordenes Schwein: Sie halten ihn über ein rauchendes Feuer und reiben ihn von oben bis unten mit Schweinefett ein. (Das ist, wie die Anthropologen uns versichern, nicht so schlimm, wie es sich anhört.) Ein bedeutender Mann tötet ein echtes Schwein im Namen des Betroffenen, und diesem wird ein Festmahl aus Schweinefleisch und Wurzeln vorgesetzt. Am wichtigsten ist jedoch die im Anschluß an das Ritual vorgenommene Neufestlegung und normalerweise Reduzierung seiner Verpflichtungen. Dieser Bestandteil der Prozedur schützt wohl am wirksamsten vor Rückfällen.

Die Beispiele von Malaien und Gururumba legen nahe, daß akzeptierte Spielarten »kurzzeitigen Wahnsinns« in Kulturen auftreten, in denen zwei gleich starke Wertsysteme miteinander im Konflikt liegen. In der westlichen Kultur existiert ein starkes Tabu gegen vorsätzliche Gewaltakte, insbesondere gegen Mord. Doch die Kultur wirkt diesem Tabu oft mit einer ebenso heftigen Leidenschaft für Rache, Vergeltung und Verteidigung moralischer Werte entgegen. In Amerika, wo »Auge um Auge, Zahn um Zahn« auf »Halte die andere Wange hin« trifft, wo »Du sollst nicht töten« dem »Du sollst nicht ehebrechen« gegenübersteht, ist vorübergehender Wahnsinn eine vorübergehende Lösung. Er ist eine legale Schlinge in einem gordischen Knoten: Das Gesetz ist nachsichtig gegenüber Bürgern, die so wütend sind, daß sie töten, aber nur dann, wenn sie im Dienste anerkannter Werte töten, und nur dann, wenn sie ohne Vorsatz und ohne Selbstbeherrschung – »in der Hitze der Leidenschaft« – töten.

Das ist, glaube ich, ein Grund dafür, daß Dan White mit einer so leichten Strafe für den Mord an zwei Männern davonkam, während Jean Harris für den Mord an einem Mann schwer bestraft wurde. White und Harris hatten beide vor ihrer Tat Zeit zum Nachdenken. Beide packten zu Hause ihre Waffen zusammen und suchten ihre Opfer auf. Beide glaubten, sie seien von ihren Opfern grausam und unfair behandelt worden. Aber Dan Whites Rechtsanwälte schlachteten seine »verminderte Zurechnungsfähigkeit« bis zum Letzten aus und schalteten viele Psychiater ein, die seinen labilen geistigen Zustand bezeugen sollten. »Das Töten geschah aus einer Leidenschaft heraus«, sagte der Vorsitzende der Geschworenen später, »wenn man den Streß berücksichtigt, unter dem er sich befand.« Jean Harris' Verteidigung legte den Schwerpunkt auf den »tragischen Unfall« und zog keine Psychiater hinzu, um sie zu entlasten oder den Streß zu beschreiben, dem sie ausgesetzt gewesen war. Harris selbst war die einzige, die ihren geistigen Zustand schilderte, und das war ihr Verderben, denn die Wut, die sie zum Ausdruck brachte, selbst vor Gericht, war kalt und wohlüberlegt. Sie ließ jedoch keine Anzeichen dafür erkennen, daß sie auf Tarnower wütend gewesen war; sie war wütend auf die »andere Frau«, aber nicht auf den Liebhaber, der sie verlassen hatte. Wenn sie sich die ungeheure Sympathie zunutze gemacht hätte, mit der verschmähte Liebende normalerweise bedacht werden, wenn sie argumentiert hätte, daß sie aus Leidenschaft ein Verbrechen begangen habe, dann wäre das Ergebnis, glaube ich, anders ausgefallen. Aber das tat sie nicht. Sie übernahm die Verantwortung für ihre Gefühle. Und daher mußte die Jury sie ihrer Handlungen für schuldig befinden.

Obwohl der Zusammenhang zwischen Wut und Gewalt in den Vereinigten Staaten häufig beklagt wird, fördern unsere Bräuche und unsere Gesetze (vom einfachen Zugang zu Handfeuerwaffen ganz zu schweigen) diese Verbindung. Warum sträuben wir uns gegen die Vorstellung, daß wir unsere Gefühle beherrschen können, daß Wutgefühle uns nicht unausweichlich zu gewalttätigem Verhalten veranlassen? Der Stoiker Seneca ahnte die Antwort. Er schrieb: »Weil wir unsere Fehlhaltungen lieben, verteidigen wir sie und wollen sie lieber entschuldigen als ablegen.«[22] Und warum entschuldigen wir sie? *Weil sie uns entschuldigen.*

In einer aktuellen Version von Senecas Beobachtung bemerkt James Averill, daß wir nicht für alle Gefühle die Verantwortung abgeben, sondern nur für die negativen.[23] Niemand rechtfertigt sich dafür, daß er von einer Flutwelle der Freundlichkeit mitgerissen wurde und fünftausend Dollar für einen guten Zweck gespendet hat. Ein Zuschauer, der eingreift, um einen tätlichen Angriff oder einen Straßenraub zu verhindern, würde sich wohl kaum für seine mutige Tat entschuldigen. Wir wünschen uns Anerkennung für unsere edlen und Toleranz für unsere negativen Gefühle; und wenn wir sagen, daß wir die Selbstbeherrschung verloren, sie in einer flüchtigen Stunde des Wahnsinns »verlegt« haben, bitten wir mit dieser Entschuldigung um Nachsicht. Während Wut unseren privaten Zwecken dient, liefert sie uns gleichzeitig Entschuldigungen der Gesellschaft gegenüber.

Umgangsformen, Gefühle und die amerikanische Art

Es war in einem Englisch-Grundkurs für ausländische Studenten. Ein arabischer Student beschrieb bei einer mündlichen Übung eine Tradition seines Heimatlandes. Er sagte etwas, das einen japanischen Studenten in der ersten Reihe in Verlegenheit brachte, und dieser reagierte so, wie es sich in Japan gehört: Er lächelte. Der Araber sah das Lächeln und fragte, was denn an den arabischen Sitten so lustig wäre. Der Japaner, der nun zusätzlich zu seiner Verlegenheit öffentlich gedemütigt worden war, konnte nur mit einem Lächeln antworten, und zu seinem Unglück kicherte er auch noch, um seine Scham zu verbergen. Bevor der Lehrer eingreifen konnte, schlug der Araber, der sich nun auch beschämt fühlte, wütend auf den japanischen Studenten ein. Beide Studenten hatten pflichtgetreu die Regeln ihrer Kultur befolgt. Keiner von beiden konnte sich natürlich vorstellen, daß seine Regeln vielleicht keine Allgemeingültigkeit besaßen.[24]

Eine Hauptfunktion der Wut besteht darin, die soziale Ordnung aufrechtzuerhalten, und zwar durch ihre moralisierenden Implikationen, wie man sich benehmen »sollte«. Daher ist es vorauszusehen, daß wütende Funken geschlagen werden, wenn zwei verschiedene Gesellschaftsordnungen aufeinanderprallen. Am leichtesten ist das zu erkennen, wenn die beiden Kulturen einander fremd sind, aber auch innerhalb unserer Gesellschaft gibt es viele solcher Zusammenstöße. Für manche Gruppen ist Wut eine wirksame Methode, ihren Willen durchzusetzen; für andere ist sie die letzte Rettung. (Manche Gruppen brauchen ein Selbstbehauptungstraining, um mit anderen umgehen zu können.) Vielleicht stellt man fest, daß die eigenen Einstellungen zu Wut und die Regeln über den Umgang damit, die man selbst gelernt hat, den Regeln anderer Gruppen widersprechen. Häufig sind es diese Konflikte zwischen den verschiedenen Regeln für den Umgang mit Wut, nicht die Wut selbst, die Unfrieden stiften können.

Jeder von uns ist an eine Gruppe gebunden – an einen Ministamm, wenn Sie so wollen – kraft seines Geschlechtes, Standes, der Rasse und der Volksgruppenzugehörigkeit, und durch zahllose unbewußte Reaktionen offenbaren wir diese Bindungen so untrüglich wie Eliza Doolittle, wenn sie den Mund öffnete. Der Anthropologe Edward T. Hall spricht von »tiefsitzenden Vorurteilen und eingebauten Scheuklappen«, die jede Kultur auf ihre Mitglieder überträgt. Man kann sie immer dann in Aktion sehen, wenn man jemanden schimpfen hört: »Ich werde die Frauen nie verstehen« oder »Warum kann er nicht einfach sagen, was er meint?« oder »Die Japaner (Mexikaner, Iren usw.) sind absolut rätselhaft«.

Hall, der in New Mexico lebt, hat lange die Konflikte beobachtet, die zwischen Gruppen auftreten, wenn tiefempfundene Regeln über den »richtigen« Umgang mit Wut verletzt werden. Die Spanier sind gegen die leiseste Andeutung von Kritik empfindlich, erklärt Hall. »Konfrontationen müssen daher um jeden Preis vermieden werden«.[25] Die daraus resultierenden Mißverständnisse zwischen spanischen Amerikanern und Angloamerikanern wären, sagt er, amüsant, wenn sie nicht oft so tragisch endeten.

Wenn Angloamerikaner wütend sind, neigen sie dazu, Schritt für Schritt vorzugehen: Zuerst machen sie Andeutungen (»Morton, bist du sicher, daß der Zaun auf *deiner* Seite der Grenze steht?«). Dann sprechen sie mit Mortons Nachbarn und Freunden. Wenn das ergebnislos bleibt, sprechen sie vielleicht direkt mit Morton, ganz ruhig (»Morton, können wir mal über die Sache mit dem Zaun sprechen?«). Als nächstes äußern sie Ärger oder Wut direkt (»Verdammt noch mal, Morton, der Zaun steht auf meinem Grundstück«). Schließlich, wenn sie wütend genug sind, bringen sie die Sache vor Gericht. Und als letzte Rettung greifen sie vielleicht zur Gewalt – und reißen den Zaun nieder.

Diese Schritte, vom ersten bis zum letzten, erscheinen natürlich, logisch und zwingend. Tatsächlich aber sind sie nicht nur nicht natürlich, sondern weltweit nicht einmal besonders weit verbreitet. In vielen Gesellschaften, wie etwa in romanischen Kulturen und im mittleren Osten, besteht der erste Schritt darin ... gar nichts zu tun. Nachzudenken. Zu brüten. Dieses Brüten kann Wochen, Monate oder sogar Jahre dauern (in manchen Kulturen hat man ein gutes Gedächtnis). Der zweite Schritt besteht darin, ... den Zaun niederzureißen. Und nun, da man wieder am Anfang steht, sind die Beteiligten bereit für Diskussionen, Verhandlungen, Rechtsanwälte und Vermittler. Aber beachten Sie, sagt Hall, daß der Gewaltakt, der für Angloamerikaner der letzte Schritt ist und den Fehlschlag der Verhandlungen anzeigt, für die Hispanoamerikaner der Beginn des Gespräches ist.

Die Regeln einer Kultur für den Umgang mit Wut sind nie willkürlich; sie entwickeln sich zusammen mit ihrer Geschichte und ihrer Struktur. Die japanische Sitte der emotionalen Selbstbeherrschung hatte ihren Ursprung vor vielen Jahrhunderten, als alle Aspekte des Verhaltens sorgsam geregelt waren: Gesichtsausdruck, Atmung, die Körperhaltung im Sitzen und im Stehen und die Art des Gehens. Nicht nur waren alle

Emotionen – Wut, Kummer, Schmerz, selbst großes Glück – in Gegenwart von Höhergestellten zu unterdrücken, sondern die Regeln besagten auch, daß jeder Befehl mit einem freundlichen Lächeln und ordnungsgemäß glücklichem Tonfall entgegenzunehmen war. Zur Zeit der Ritter der Samurai war das Befolgen dieser Regeln lebenswichtig, denn ein Samurai konnte rechtmäßig jeden hinrichten, der seiner Meinung nach nicht respektvoll genug war.[26] (Vielleicht fällt Ihnen die Parallele zu amerikanischen Schwarzen, die ebenfalls in Gegenwart eines weißen Mannes sorgfältig ihre Wut beherrschen mußten, und zu Frauen auf.)

Selbst heute noch drückt ein Japaner große Wut eher durch übertriebene Höflichkeit und einen neutralen Gesichtsausdruck als durch wütende Worte und Gesten aus. Wenn er seine Wut auf westliche Art zeigt, gibt er zu, daß er die Beherrschung und also das Gesicht verloren hat; damit ist er am Ende einer Verhandlung oder Diskussion angelangt. In anderen Kulturen jedoch kann das Ausdrücken von Wut einfach den *Beginn* eines Austausches bezeichnen; es zeigt vielleicht, daß der Verhandelnde es ernst meint. In diesem Fall kann ein Mann dann sein Gesicht verlieren, wenn er *keine* Wut zeigt, wenn es angebracht und »männlich« ist.

Psychotherapie findet selbstverständlich innerhalb einer bestimmten Kultur statt und ist tief in kulturelle Regeln eingebettet. Arthur Kleinman, sowohl Anthropologe als auch Psychiater, erzählt von einem Psychiater in Süd-Zentralchina, der eine Patientin behandelte, die seit dem Einzug ihrer fordernden Schwiegermutter deprimiert und ängstlich war. »Sie ist ein Mitglied Ihrer Familie. Es ist Ihre Aufgabe, für eine alte Schwiegermutter zu sorgen«, sagte der chinesische Psychiater. »Sie müssen Ihre Wut und Ihren Ärger für sich behalten. Sie kennen den alten Spruch: ›Sei taub und stumm! Schlucke die bitteren Kerne der Melone! Behalte es für dich!‹«[27]

Ich bin nicht dafür, daß wir lernen, »die bitteren Kerne der Melone zu schlucken«; in unserer Gesellschaft würden die meisten von uns daran ersticken. Kulturelle Gebräuche können nicht wie Käse aus einer Gesellschaft in die andere importiert werden, denn sie sind Teil eines umfangreicheren Musters aus Regeln und Beziehungen. Und das ist in der Tat der Grund, warum wir Wutgefühle nicht vemeiden können, wenn jemand die Regeln verletzt, die wir als die einzigen zivilisierten und zu befolgenden Regeln gelernt haben. Aber wir könnten versuchen, es so zu machen wie die Arapesh, die den Provokateur kritisieren; oder wie die Eskimo, die sich auf ein ordentliches verbales Duell einlassen; oder wie die Mbuti, die einmal aus Herzenslust lachen, weil sie die heilende Kraft des Humors kennen. Wir könnten auch die alten Sitten und Gebräuche wieder hervorholen, die, wie kleine Gesellschaften uns lehren, ein geregeltes System für den Umgang mit der Wut vorsehen.

Gute Manieren lassen Ärger verfliegen, denn sie sorgen für Respekt zwischen den beiden uneinigen Parteien. Jemand tritt Ihnen auf den Fuß, Sie sind wütend, der andere entschuldigt sich, ihr Zorn verraucht. Ihr Zeh tut vielleicht noch weh, aber ihre Würde ist wiederhergestellt. (Ein Freund erzählte mir, er hätte einen allzu gesprächigen Mann, der im Kino hinter ihm saß, mit lautem »pst« zum Schweigen gebracht und sofort ein schlechtes Gewissen bekommen, weil er sich so wütend geäußert hatte. Nach dem Film tippte der Mann ihm auf die Schulter. »Das war richtig von Ihnen, daß Sie gesagt haben, ich sollte ruhig sein«, sagte er. »Ich war unverschämt.« – »Ich hätte ihn küssen können«, sagte mein Freund.)

Ohne Regeln für den Umgang mit Wut kann diese in emotionale Anarchie ausufern und viel länger dauern, als für ihren ursprünglichen Zweck nötig ist. Beobachten Sie einmal, wie Freunde und Familie auf jemanden reagieren, der eine mit bitteren Gefühlen verbundene Scheidung durchmacht: Sie schenken dem erzürnten Partner eine Weile lang Sympathie und ein offenes Ohr, aber schließlich erwarten sie, daß er »sich zusammenreißt« und »weitermacht«. Damit wenden sie inoffizielle Regeln für die Bewältigung von Wut an. Das Opfer meckert und schimpft vielleicht über diesen scheinbaren Sympathieverlust, aber die Freunde und Angehörigen tun nur, was jeder anständige Stamm tun würde: Sie halten die Wut in Grenzen, nachdem sie ihre Funktion erfüllt hat, und stellen sicher, daß das Opfer in seinem gesellschaftlichen Kreis bleibt. Wohlmeinende Freunde und Therapeuten, die einen rachedurstigen Partner jahrelang ermuntern, seine Wut herauszulassen, erweisen weder dem Partner noch der Gruppe einen Dienst.

In allen Kulturen, selbst bei den pazifistischen !Kung und den Utku, sind Menschen gelegentlich reizbar und wütend. Aber sie messen der Wut keinen *Wert* bei. Sie streben einen Gemütszustand an, den der Philosoph Robert Solomon als »Gelassenheit unter schwierigen Umständen« bezeichnet, die Weltanschauung kleiner Gesellschaften, die unter gefährlichen Umweltbedingungen leben. »Die Utku sind viel mehr als wir alle an äußerste Entbehrungen und Unannehmlichkeiten gewöhnt«, sagt Solomon. »Ihre Philosophie ist daher, daß man solche Dinge ertragen muß, statt wild dagegen anzugehen. Kapitän Ahab und Sisyphus hätten in ihrer Literatur keinen Platz.«[28]

Bei uns führt das Dogma, daß Gefühle auszuleben seien, zu der Ansicht, Selbstbeherrschung sei Heuchelei. Die Kulturen des Fernen Ostens kennen dieses Problem nicht. Man erwartet dort von einem Menschen, daß er seine Gefühle beherrscht und dämpft, weil die Beziehung, nicht das Individuum, an erster Stelle steht. Im Westen, wo das Gegenteil der Fall ist, drücken manche Menschen ihre Gefühle sogar auf Kosten der Beziehung aus, und gute Manieren scheinen so selten zu sein wie Silberreiher. Diese Analogie ist nicht willkürlich gewählt, denn die gleiche Ideologie, die uns emotionale Befreiung beschert hat, ist auch für die Seltenheit der Silberreiher verantwortlich: das majestätische »Ich«.

Betrachten Sie die sanfte, versöhnliche Umwelt Tahitis, wo die Menschen lernen, daß sie die Natur und andere Menschen nur begrenzt beherrschen können. Sie lernen, daß sie, wenn sie versuchen, die Natur zu verändern, ganz schnell von ihr zerstört werden, daß aber für sie gesorgt wird, wenn sie gelassen bleiben und die reiche Fülle der Natur – und der Natur der Menschen – annehmen. Der Anthropologe Robert Levy nennt die daraus resultierende Weltanschauung der Tahitianer »passiven Optimismus«.[29]

Eine derartige Philosophie hätte bei den alten Hebräern nicht lange überdauert. Ihr Gott gab ihnen Herrschaft »über die Fische im Meer und über die Vögel unter dem Himmel und über das Vieh und über alle Tiere des Feldes und über alles Gewürm, das auf Erden kriecht«.[30] Und daran hat er gut getan, denn in den rauhen Wüsten des Mittleren Ostens hätten die Anhänger einer tahitischen Laisser-faire-Religion ein schnelles Ende gefunden. Die jüdisch-christliche Philosophie jedoch bringt »aktive Pessimisten« hervor: Menschen, die annehmen, die Natur und andere Menschen seien zu erobern, ja, müßten sogar erobert werden, und individuelle Anstrengung sei lebensnotwendig. Ein Universum, das aus der Sicht der Tahitianer definiert ist, erregt von seiner Natur her weniger Zorn als ein Universum, in dem fast alles möglich ist, wenn der einzelne sich genügend anstrengt. Der westliche Individualismus, zu unserem Ruhm und unserer Verzweiflung, schafft Wut und fördert ihre Entladung. Wenn nämlich alles möglich ist, sind Einschränkungen lästig. Wenn die eigenen Wünsche an erster Stelle stehen, sind die Bedürfnisse anderer ärgerlich. Wenn man glaubt, alles verdient zu haben, kann es wütend machen, wenn man nur einen Teil erhält.

3. Die Anatomie der Wut

»Oh, du verkehrte, wahnsinnige Wut, laß den verrückten Grimm.«

Richard III, II, 4

Was geschieht mit Ihrem Körper, wenn Sie wütend werden? Wie fühlen Sie sich dabei? Versuchen Sie, sich an einen Vorfall aus jüngster Zeit zu erinnern, bei dem Sie wütend waren, und vergleichen Sie Ihre Reaktionen mit der folgenden Liste von Symptomen:

- Veränderungen der Muskelspannung
- finsteres Gesicht
- Zähneknirschen
- wütender Blick
- Fäusteballen
- Veränderung von Arm- und Körperhaltung
- Erröten (im Gesicht oder am Körper)
- Erbleichen
- Gänsehaut
- Frösteln und Schaudern
- Kribbeln
- Gefühllosigkeit
- Erstickungsgefühl
- Zucken
- Schwitzen
- Verlust der Körperkontrolle
- Hitzegefühle
- Kältegefühle

Das sind einige Punkte aus dem ersten modernen, wissenschaftlichen Versuch, Wut zu erforschen. 1894 trug der Psychologe G. Stanley Hall 2184 Fragebögen von Personen zusammen, die seine komplizierten Fragen detailliert beantwortet hatten. Hall hatte die Befragten gebeten, Beispiele für die wütendsten Momente in ihrem Leben zu geben – was sie provoziert hatte, was sie daraufhin getan hatten, wie sie sich danach gefühlt hatten und ob physische und mentale Veränderungen stattgefunden hatten. Nach heutigen Maßstäben war Halls Untersuchung zu anspruchsvoll, zu unsystematisch und zu ungenau. Außerdem war sie aber sehr amüsant, und ihre Ergebnisse sind ganz und gar zeitgemäß.

Eines der merkwürdigsten Resultate waren die Unterschiede in den *physischen* Auswirkungen von Wut bei den Befragten. Manche erklärten, Wut gäbe ihnen ein gutes Gefühl, und andere, Wut mache sie krank. »Ich habe festgestellt, daß es gar kein so unangenehmes Gefühl ist, großen Zorn zu empfinden«, schrieb ein Informant, »er weckt mich auf und gibt mir das Gefühl, sehr lebendig zu sein.« Doch ein anderer meinte: »Ich habe oft Angst, weil ich so wütend werden kann, und oft habe ich danach nervöse Kopfschmerzen.« Und manche berichteten, bei ihnen gäbe es, je nach den Umständen, beide Reaktionen:

> Wenn ich wütend bin, ist mir ganz plötzlich glühend heiß, ich fühle mich dem Ersticken nahe und gezwungen, ein Geräusch zu machen. Manchmal werde ich eiskalt, und es fühlt sich an, als wäre ich innen aus lauter Pudding. Dieses Gefühl ist schlimmer als die Hitze, denn ich komme mir vor wie ein Stein.[1]

Die Befragten erklärten Hall, Wut verursache »Gefühle am Herzen, Kopfschmerzen, Nasenbluten, Flecken im Gesicht, Schwindel«, Tränen, Knurren oder »eine völlige Unfähigkeit, sich zu artikulieren.«

Dieser Bandbreite physischer Wutreaktionen entsprach die Anzahl der verschiedenen Ursachen für Wut. Eine Kategorie von Auslösern war das, was man als das dumme, unbelebte Objekt bezeichnen könnte, das blöde Ding, das auf der Stelle (normalerweise kurzzeitige) Wut verursacht. »Unser Umfrageergebnis wimmelt von Fällen«, schrieb Hall gelassen, »in denen Stifte wütend zerbrochen wurden, weil sie nicht schrieben, Pinsel und Bleistifte durch die Gegend geworfen wurden, weil sie nicht richtig funktionierten, Knopflöcher und Kleider zerrissen, Spiegel zerschlagen, Schiefertafeln zerbrochen, Papier zerknüllt, Spielzeug zerstört, Messer, Schuhe, Bücher geworfen oder beschädigt wurden etc.«[2] Wenn unbelebte Objekte sich nicht so benehmen, wie sie »sollten«, sagt Hall – da ist das moralisierende »sollte« wieder –, verfallen wir für einen Moment in das kindliche Verwechseln von lebenden und unbelebten Objekten zurück und verhalten uns, als wäre der kränkende Ziegelstein, der Stift oder das Werkzeug fähig, unseren Ärger zu spüren. Dadurch verschlimmern wir natürlich die Verletzung – als wenn man den Automaten tritt, der das Geld geschluckt hat, und sich dabei den Zeh bricht. Es geht nicht nur Ihnen so ...

Doch eine weitere Kategorie von Wutauslösern war eher nichtmaterieller Natur und bestand in den Eigenarten, gegen die man »spezielle Aversionen« hat und die einen reizen. Hundertdreißig Frauen teilten Hall mit, Ohrringe bei Männern seien ihnen zuwider. (Ich war überrascht, daß 1894 so viele Männer Ohrringe trugen, daß dieses Thema solche Bedeutung erlangte.) Männer und Frauen gleichermaßen berichteten von Ärger über »Daumenringe, Ponyfrisuren, gekräuseltes Haar, kurze Haare bei Frauen, schräg aufgesetzte Hüte, Glatzen, zuviel Eleganz oder Schmuck, Monokel, auffällige Krawatten, schwere Uhrketten, viele Ringe« und ähnliches.[3]

Doch die dritte Kategorie wutauslösender Vorfälle war es, die am häufigsten genannt und mit der größten Leidenschaftlichkeit beschrieben wurde, nämlich die Behandlung eines Menschen durch einen anderen: Ungerechtigkeit; Dummheit (die eigene oder die anderer); Betrug; Stiefellecken (das heutige Äquivalent macht immer noch wütend, auch wenn der Begriff an der menschlichen Anatomie hinaufgerückt ist); Beleidigungen; Herablassung: »Behandelt zu werden, als würde man nicht zählen.« Eine Frau faßte alles zusammen:

Die Hauptgründe sind: Widerspruch, besonders, wenn ich recht habe; Beleidigungen, besonders wenn sie gegen meine Eltern oder Freunde gerichtet sind, sogar mehr, als wenn ich selbst beleidigt werde; wenn meine Wahrheitsliebe angezweifelt wird; der Anblick meines älteren Bruders, wenn er raucht, obwohl wir arm sind; Ungerechtigkeit, Abneigung oder Haß bei solchen, die Angst haben, den Mund aufzumachen; müde und nicht auf der Höhe zu sein usw. In letzterer Stimmung [macht] die geringste Kleinigkeit [mich wütend], wie Bücher am falschen Ort zu finden ... Dummheit bei Leuten, die einfach nicht verstehen wollen – sie geben mir ein Gefühl, wie eine Katze es haben muß, wenn sie gegen den Strich gestreichelt wird.[4]

Bei den Arten von Wut, die zu dieser Kategorie gehörten, waren körperliche Reaktionen in ihrer ganzen beunruhigenden Vielfalt mit bewußten Beleidigungen, Herablassung und ähnlichem in *deren* ganzer beunruhigender Vielfalt gekoppelt.

Die Forschung hat seit Halls Zeiten schnelle Fortschritte gemacht, und die Bemühungen, der Physiologie der Wut auf die Spur zu kommen, haben nicht nachgelassen. Wir wähnen uns heutzutage um so vieles schlauer. Heutigen Wissenschaftlern stehen tolle Geräte zur Verfügung, sie brauchen sich nicht darauf zu verlassen, was die Leute ihnen bloß *sagen*. Elektroden, chemische Untersuchungen, EEGs, Blutuntersuchungen, Computer und andere Hardware werden doch sicherlich objektive Antworten finden. Manche Forscher suchen nach den genetischen Ursprüngen von Temperament. Andere versuchen, die neuralen Schaltkreise im Gehirn aufzuzeigen, die Wut und Gewalttätigkeit anregen, oder den »Hauptschalter« für Aggression zu lokalisieren. Manche konstruieren raffinierte Experimente, um Gefühle aus dem wirklichen Leben im Labor zu reproduzieren, wo Blutdruck, Puls, Schweiß, Hauttemperatur und Lippenbeißen gemessen werden können.

Biologische Erklärungen sind attraktiv, weil sie so rein, so fundamental erscheinen. Viele meiner Interviewpartner fragten mich immer wieder danach: Warum kam mein Baby so griesgrämig zur Welt wie sein Onkel Morton? Ob ich glaubte, daß die Streitsucht des Ehemannes angeboren sei? Was ist mit dem Wut*gefühl*, jener unkontrollierbaren Empfindung? Bei ihren Untersuchungen des Gehirns, der Gene und der körperlichen Veränderungen während bestimmter emotionaler Zustände entdecken die Wissenschaftler unerwartete (und widersprüchliche) Antworten.

Bei vielen biologischen Untersuchungen herrscht, ebenso wie in den Köpfen vieler Laien, implizit die Annahme vor, daß wir, wenn wir die Neuronen, die die Wut verursachen, bloß erwischen könnten, Krieg, Mord und Familienzwist verhindern könnten. Zweifellos ein schönes und traumhaftes Ziel, aber einige interessante Forschungsergebnisse legen jetzt nahe, daß es falsch gesteckt ist. Unsere Gefühle entstehen und unterscheiden sich möglicherweise vor allem aufgrund der *Situationen*, in denen sie auftreten, und aufgrund unserer eigenen *Interpretationen* unserer körperlichen Zustände – also aufgrund psychischer und sozialer, nicht allein biologischer Faktoren. Doch am aufschlußreichsten ist vielleicht die Antwort auf die Frage, wie es kommt, daß physiologische Erklärungen unserer Stimmungen heutzutage so beliebt sind. Die Forscher haben viel zu unserem Verständnis der Anatomie der Wut beigetragen, aber sie haben auch gezeigt, daß man Wut auf viele Arten sezieren kann, ohne an das Herz des Untiers heranzukommen.

Gefühle und Gehirn

Tracy war ein streitlustiger Zwölfjähriger. Er war sehr leicht erregbar, neigte zu aggressiven Ausbrüchen und hatte wenig Selbstbeherrschung. Außerdem klagte er über Verstopfung, Muskelschmerzen und Lethargie (was die Diagnose Hyperaktivität ausschloß). Der Nahrungsmittelbiochemiker Jeffrey Bland fand schließlich heraus, daß die Probleme des

Jungen auf ein »Überkonsum-Unterernährungs«-Syndrom zurückzuführen seien: Tracy nahm zu viele Kalorien in Form von Süßigkeiten und *Junk Food* zu sich und bekam nicht genügend Nährstoffe in Form jener Vitamine und Mineralien, die für die richtigen Stoffwechselprozesse im Gehirn sorgen. Tracy hörte auf, Süßigkeiten, Kuchen und Eis zu essen und nahm hartgekochte Eier, Obst und Vollkornnahrung sowie täglich Vitamin-B-Präparate zu sich. Innerhalb von drei Wochen, berichtet Bland, besserte Tracys Gesundheitszustand sich enorm, und seine »willkürliche Aggressivität verschwand praktisch«.[5]

Während ich mißmutig die möglichen Auswirkungen von Schokolade auf meine Persönlichkeit erörterte, öffnete ich die Büchse der Pandora der Gehirnforschung weiter. Sogleich wünschte ich, ich wäre bei der Schokolade geblieben. Die Liste der Gehirnerkrankungen und Anomalien, von denen angenommen wird, daß sie Wut, Zorn und Ärger hervorrufen, ist lang: Schläfenlappen-Epilepsie, viral bedingte Enzephalitis, Gehirnabszeß, Schlaganfall, Dementia praesenilis, Chorea Huntington, Tumore, Überfunktion der Schilddrüse, Kopfverletzungen ...

Zu Beginn dieses Jahrhunderts wurde das Land zum Beispiel von einer epidemischen Enzephalitis lethargica erfaßt. Sie konnte ein friedliches Kind in einen kreischenden Teufel verwandeln. Ein Arzt, der die erkrankten Opfer behandelte, beschrieb die Auswirkungen bei einer jungen Frau. Er sagte, sie »würde sich plötzlich einer inneren Wallung bewußt werden, einer anscheinend physischen Welle, die ihr Gehirn überflutete und sie veranlaßte, die Fäuste zu ballen, die Zähne zusammenzubeißen und ihre Mutter in wilder Wut anzustarren.« Wenn ihre Mutter während dieser Anfälle irgend etwas gesagt hätte, das sie geärgert hätte, »hätte ich sie umgebracht«, berichtete die Frau. Sie meinte das wörtlich.[6]

Bei dem Phänomen explosiver, plötzlicher, anscheinend unkontrollierbarer Wut und Gewalttätigkeit, die durch geringfügige Provokation ausgelöst wird, steht man vor einem Rätsel. Eine Psychiaterin, Sherwyn M. Woods, beschreibt den Fall von Steve, einem fünfzehnjährigen Jungen, der seine erwachsene Kusine ermordete, weil sie wegen seines schmutzigen Hemdes an ihm herumgenörgelt hatte. Der Junge beschrieb seine Gefühle: »Es ist, als wenn ein innerer Teufel sagen würde, los, pack sie, stich zu, würg sie, bring sie um. Man kämpft mit sich selbst. Es ist, als wenn die Hände einem nicht mehr gehören würden. Als ob ein Magnet einen ziehen würde. Wenn ich einmal anfange, kann ich nicht aufhören, bis es vorbei ist.«[7]

Haben diese Menschen Gehirnschäden, wie einige Forscher meinen, oder leiden sie unter psychischen Problemen, zum Beispiel mangelnder Impulskontrolle? Ein Beweis für Gehirnanomalien bei Kindern und Jugendlichen, die ungewöhnlich gewalttätige Handlungen verübt hatten, wurde 1951 erbracht, als man an ihren EEGs eine Eigentümlichkeit entdeckte (als *»6- and 14-per-second positive spiking«* bezeichnet – steil ansteigende und abfallende Zacken [im Gegensatz zu Wellen]).[8] Bei jüngeren Untersuchungen – wie einer mit 30 gewalttätigen Kindern und einer mit einer Stichprobe von 1000 Jugendlichen – stellte man fest, daß bei der Mehrzahl derjenigen, die gewalttätige, antisoziale Verbrechen verübt hatten (wie Steve), dieses seltsame EEG-Muster zu finden war. Das Problem ist, daß nicht jeder, bei dem diese Anomalie auftritt, Wutausbrüche bekommt, und es ist auch nicht klar, ob die Anomalie die Gewalttätigkeit verursacht oder deren Ergebnis ist.[9]

Bei Menschen jedoch, die seit dem Säuglingsalter oder der frühen Kindheit *regelmäßig* unter Wutanfällen leiden, kann die Ursache häufig auf genetische und andere organische Defekte, auf Geburtstraumen oder infantile Krämpfe zurückgeführt werden. Andere Betroffene sind möglicherweise in der späteren Kindheit oder im Erwachsenenalter verletzt worden, durch Krankheit oder Schläge auf den Kopf. Einige beunruhigende Studien legen nahe, daß viele der aggressiven Teenager Gehirnschäden haben. Wütende, mißhandelnde Eltern können wütende, mißhandelnde Kinder produzieren, nicht nur durch das Beispiel, das sie ihnen geben, sondern auch durch die Verletzungen, die sie ihnen zufügen.

Eine überzeugende Untersuchungsreihe, die von Dorothy Otnow Lewis und ihren Mitarbeitern durchgeführt wurde, belegt diese Theorie. Zuerst verglich Lewis delinquente und nichtdelinquente Jugendliche und stellte fest, daß bei ersteren signifikant mehr Krankenhausaufenthalte, Unfälle und Verletzungen aufgetreten waren als bei letzteren. Dann verglich sie inhaftierte Delinquenten mit solchen, die nicht im Gefängnis waren (ein Maßstab für die Schwere des Verbrechens), und fand heraus, daß die Krankengeschichten der beiden Gruppen sich hinsichtlich der *Zahl* der Unfälle und Verletzungen ähnelten, nicht aber hinsichtlich ihrer *Art*. Von den Inhaftierten hatten 62,3 Prozent schwere Gesichts- oder Kopfverletzungen erlitten, häufig in den ersten beiden Lebensjahren, im Vergleich zu 44,6 Prozent der Delinquenten, die nicht inhaftiert waren; tatsächlich hatten ein Drittel der inhaftierten Jungen so schwere Kopfverletzungen erlitten, daß sie geröntgt werden mußten, im Vergleich zu nur 13,1 Prozent der weniger gewalttätigen Jungen.

Es kommt noch schlimmer. Als nächstes verglich Lewis' Team zwei Gruppen inhaftierter Delinquenten: gewalttätige Jungen (die sehr schwere Körperverletzungen, Mord oder Vergewaltigung begangen hatten) und weniger gewalttätige Jungen (die an Faustkämpfen beteiligt gewesen waren, andere mit Waffen bedroht hatten und ähnliches). Bei der ersten Gruppe entdeckten sie eine viel größere Häufigkeit von Symptomen, die mit Schläfenlappen-Anfällen, neurologischen Beeinträchtigungen (wie Blackouts und Stottern) und paranoidem Denken zusammenhingen, als bei der zweiten. Beinahe alle gewalttätigen Jungen (98,6 Prozent) wiesen mindestens eine neurologische Anomalie auf, und viele mehr als eine im Vergleich zu 66,7 Prozent der weniger gewalttätigen Jungen; fast 30 Prozent der gewalttätigen Delinquenten hatten stark anomale EEGs oder Grand-mal-Epilepsie oder beides, während von den anderen Delinquenten keiner eines der beiden Symptome aufwies. Mehr als Dreiviertel der gewalttätigen Jungen, im Vergleich mit »nur« einem Drittel der anderen, hatten als Kinder Kopfverletzungen erlitten, schwere, langandauernde Krankheiten gehabt und waren von ihren Eltern stark geschlagen worden. Viele waren so schweren Mißhandlungen ausgesetzt gewesen, daß ihr Zentralnervensystem geschädigt worden war. Eine Mutter hatte ihrem Sohn mit einem Besen das Bein gebrochen. Ein Vater hatte seinem Sohn die Finger zerschlagen. Ein anderer Vater hatte seinen Sohn die Treppe hinuntergeworfen, woraufhin der Junge epileptisch geworden war.

Lewis kommt zu dem Schluß, daß ein Kind nicht aufgrund eines einzigen Faktors straffällig oder gewalttätig wird. Gewalttätige Kriminalität wird durch eine Kombination von Mißhandlung in der Kindheit, sozialer Deprivation, Traumen des zentralen Nervensystems und anderer Faktoren hervorgerufen. »Aber«, meint Lewis, »unsere Ergebnisse legen nahe, daß anhaltende physische Traumen mit zunehmend aggressiven Verhaltensweisen korrespondieren.«[10]

Und was sagen diese erschreckenden Untersuchungsergebnisse nun aus über Abläufe im Gehirn, wenn wir wütend sind? Zweifellos können einige physiologische Faktoren – Lebensmittelzusätze, Krankheiten oder Verletzungen – dazu führen, daß ein Mensch aus irrationalen Gründen wütend oder gewalttätig oder, weniger dramatisch, schlechtgelaunt und reizbar wird. Diese Art von Untersuchungen hilft Forschern, jene Bereiche im Gehirn zu ermitteln, die bei Wut und Gewalttätigkeit beteiligt sind: besonders der Hypothalamus (der Teil des Zwischenhirns, der vegetative Prozesse wie Atmung und Herzschlag, Hormonausschüttung und viele emotionale Reaktionen kontrolliert) und die Amygdala (Mandelkerne), die beide Teil des entwicklungsgeschichtlich gesehen alten limbischen Systems sind. Im gesunden Gehirn regulieren hemmende Mechanismen Wut und Aggression; wenn die Gehirnfunktionen gestört sind, können Krankheit oder Verletzung von innen her spontan und dem Anlaß nicht entsprechend die »Wutschaltungen« stimulieren.

Die hirnpathologischen Forschungen klingen so einleuchtend und auf der Höhe der Zeit, aber als Weg zum Verständnis der Wut sind sie in mehrfacher Hinsicht problematisch.

Echte Pathologie ist selten. Nicht alle Fälle von Wutausbrüchen können durch Gehirnschäden erklärt werden, und nicht alle Fälle von Gehirnschäden verursachen Wutausbrüche. Bei 2000 untersuchten Fällen von Kopftraumen wurden zum Beispiel nur zehn Menschen von spontanen »Wutausbrüchen« befallen.[11] Und in den meisten Untersuchungen von Menschen mit Schläfenlappen-Epilepsie haben nur 15 bis 20 Prozent solche Anfälle, und einige Untersuchungen stellen fest, daß die Wahrscheinlichkeit von Wutanfällen bei Epileptikern nicht größer ist als bei Nicht-Epileptikern. (Heutzutage ermöglichen Medikamente Epileptikern, ein normales Leben zu führen.)

Die Pathologie erklärt jedenfalls nicht die Normalität. Mancher Gehirnforschung liegt, implizit oder explizit, die Annahme zugrunde, wir könnten durch das Verständnis anomaler Wutausbrüche zum Verständnis normalen Zorns gelangen. Dieser Glaube ist trügerisch, selbst wenn das in Frage stehende Verhalten oberflächlich betrachtet gleich ist. Viele Leute sind wütend auf Mütter oder auf Kusinen, die wegen schmutziger Hemden an ihnen herumnörgeln, aber wir können daraus nicht ableiten, daß sie anomale Gehirnwellen-Muster haben. Die meisten Arten und Intensitäten von Wut, die wir tagtäglich erleben, resultieren nicht aus Entzündungen eines Wutzentrums oder aus kranken Neuronen. Sie treten nicht spontan auf, während man einem Konzert lauscht. Sie treten in einem sozialen Kontext auf, nach einer Provokation von außen – zum Beispiel wenn das Telefon sechsmal klingelt, während man versucht, sich ein Konzert anzuhören.

Das Problem besteht daher darin, Menschen, die an Gehirnkrankheiten leiden, von solchen zu unterscheiden, die am Leben leiden. Ein jugendlicher Straffälliger kann neurologisch geschädigt sein, Gewalt kann aber auch die einzige Welt sein, die er kennt. Eine Frau, die häufig Wutausbrüche bekommt, hat vielleicht keine Zwiebelallergie, sondern einen Mann, der sie mißbraucht. Als ich einem Freund erzählte, daß man vermutet, ein Zeichen für limbische Gehirnkrankheiten sei irrationales, aggressives Fahren, wurde er nervös und sagte, er würde »jemanden kennen«, der einmal ein Auto von der Straße abgedrängt hätte, weil es ihn geschnitten habe. Soweit ich weiß, hat *jeder* schon die Autofahrerwut gehabt. Wir können aber nicht alle Verletzungen im limbischen System haben.

Weiterhin bedeutet die Aussage, das limbische System enthalte Mechanismen für Ärger, Wut und Aggression, nicht, daß es der *einzige* Ursprung für solche Gefühle und Handlungen ist oder daß alle drei unvermeidlich miteinander zusammenhängen. Die menschliche Fähigkeit zu kalter, vorsätzlicher Rache, zu Gewalttätigkeit um des Profits willen, zu Haß auf Ungerechtigkeit, zu Ärger über Arroganz: diese Arten der Wut haben ihren Ursprung im Neokortex, dem Zentrum für symbolisches Denken, Logik und Vernunft.

Physiologie braucht ein Umfeld. Selbst wenn wir alle Arten der Wut auf ihre entsprechenden Gehirnzentren einschränken wollten, wäre diese Aufgabe nicht durchführbar. Etwas wie einen »Wutschaltkreis«, der nicht auf Umgebung und Lernen reagiert oder unabhängig davon ist, gibt es nicht. Zum Beispiel werden *vorher bereits gewalttätige* Patienten gewalttätig, wenn ihre Mandelkerne elektrisch gereizt werden. *Vorher nicht gewalttätige* Patienten werden es nicht.[12] Inwiefern ist die Amygdala dann ein »Wutzentrum«? Die Physio-Psychologin Leonore Tiefer faßt die Forschungsergebnisse so zusammen: »Verschiedene Amygdalas reagieren in verschiedenen Menschen und in verschiedenen Gesellschaften unterschiedlich auf die Außenwelt. Das Gehirn arbeitet nicht nach der Methode alles oder nichts, an oder aus, ja oder nein; das entspricht der Natur nicht. Soziale Erfahrungen können unsere Physiologie beeinflussen.« Aus diesen Gründen suchen die meisten Forscher, die die Rolle des Gehirns für die Gefühle untersuchen, nicht mehr einfach nach »Wutschaltkreisen« oder »Lustzentren«. Neue Ansätze betonen die *Interaktionen* zwischen Emotion und Erkenntnis in verschiedenen Teilen des Gehirns, wenn die Forscher sich auch über Art und Ausmaß dieser Interaktionen nicht einig sind.[13] Zum Beispiel scheint es, als seien bestimmte Bereiche der linken Hemisphäre auf die Verarbeitung positiver Gefühle wie Freude spezialisiert, wohingegen Bereiche der rechten Hemisphäre mit der Entwicklung negativer Gefühle wie Depression zu tun haben. Patienten, bei denen eine Hemisphäre verletzt ist, verlieren häufig die Fähigkeit, bestimmte Emotionen zu erleben. Bei Schädigungen der linken Hemisphäre treten verstärkt Feindseligkeit, Tränen und Pessimismus auf. »Ja gut«, sagen Sie nun vielleicht, »würde eine Schädigung des Gehirns nicht jeden wütend, traurig und pessimistisch machen?« Aber bei Schädigungen der rechten Hemisphäre kommt es zu großem Glück, Scherzen und Lachen.

Andere Psychologen glauben, es gäbe möglicherweise zwei parallele Informationssysteme im Gehirn, eins für kognitiv-interpretierende Erklärungen und eins für »Gefühl«.[14] Das würde erklären, warum man sagen kann: »Ich habe Angst, obwohl ich weiß, daß ich keinen Grund dazu habe.« Dem Psychologen Daniel Weinberger zufolge hat die Diskrepanz zwischen unserem Wissen und unseren Gefühlen möglicherweise mit unterschiedlichen Aktivitäten in den zerebralen Hemisphären zu tun. Weinberger unterscheidet »Unterdrücker«, Menschen, die sich bewußt entschließen, das Nachdenken über Konflikte oder negative Gefühle aufzuschieben, und »Verdränger«, denen nicht bewußt ist, daß sie negative Emotionen haben. Unterdrücker sagen: »Ich denke lieber nicht daran.« Verdränger sagen: »Da ist nichts, woran ich denken müßte.« Menschen mit verdrängendem Persönlichkeitsstil reden sich ein, sie seien *nicht* aufgeregt, auch wenn ihr Körper aufgeregt reagiert. Weinberger glaubt, daß Verdränger bei der Übermittlung der Information von der rechten an die linke Gehirnhälfte Defizite haben. Vielleicht sind sie aber auch von verdrängenden Eltern aufgezogen worden, die ihnen nicht erlaubt haben, ein negatives Gefühl anzuerkennen, und schon gar nicht, es zu zeigen.

Die derzeitige Diskussion über die Beziehung zwischen Erkennen und »Fühlen« – sind es parallele Spuren oder ein unentwirrbar verwobenes Netz? – wird auch in der großen Debatte über den Gesichtsausdruck von Babys sichtbar. Es hat sich herausgestellt, daß die spezifischen Muskeln, die beim Ausdruck von Wut beteiligt sind, erst mit vier Monaten entwikkelt sind; vor diesem Alter kann ein Baby allgemeines Unbehagen vermitteln. Manche Psychologen betrachten diese Tatsache als Beweis dafür, daß die Leitungen für Wut gelegt sind und daß Wut lange vor der Entwicklung von mentalen Fähigkeiten auftritt. Andere halten dem entgegen, daß das *Zeigen* von Wut nicht notwendigerweise ein inneres *Fühlen* impliziere. Ihrer Ansicht nach fühlen Babys frühestens mit einem Jahr echte Wut, wenn sie nämlich die Fähigkeit entwickelt haben, zu wissen, daß ein Gefühl zu einem selbst gehört.[15]

Sicherlich liegt das erste Ziel des Babys, wenn es Gefühle mit dem Gesicht ausdrückt, darin, sich anderen mitzuteilen (»Mama, dieser Psychologe benimmt sich so komisch; bitte mach, daß er weggeht«). Aber schließlich dient der Gesichtsausdruck auch dazu, die eigenen Gefühle zu regulieren und zu aktivieren. Wenn man Menschen anweist, einen wütenden (oder ärgerlichen) Gesichtsausdruck aufzusetzen, berichten viele, sie würden tatsächlich anfangen, wütend (oder glücklich) zu sein. Man runzelt vielleicht die Stirn, wenn man wütend ist – aber Stirnrunzeln macht einen auch wütend. »So werden die alten Ratschläge ›Lächle, wenn du traurig bist‹ und ›Pfeif ein fröhliches Lied, wenn du Angst hast‹ in gewisser Weise wissenschaftlich untermauert«, meint die Emotionsforscherin Carroll Izard.[16]

Diese neuen Richtungen der Hirnforschung zeigen, daß in unsere Gefühle viel mehr hineinspielt als ein einzelner Punkt im Gehirn, der Wut, Angst, Kummer oder Freude »anschaltet«. Die Energie der Emotion, ihre Intensität, ihr Ausdruck im Gesicht, ihr Grund und ihre Konsequenzen hängen alle von einem komplexen Netzwerk von Gehirn, Körper und Umgebung ab.

Selbstbeherrschung und Temperament: Die genetischen Komponenten

»Er war immer ein sehr aktives, aufgeregtes Kind, schon als Baby«, sagt die Frau. »Ich habe immer gedacht, er würde niemals stillhalten. Ich erinnere mich noch daran, daß ich ihn als Baby nie einfach in den Armen halten konnte, weil er zu beschäftigt war, immer überall hinwollte, immer in Bewegung war.« Wie alle Eltern wissen, zeigt die Persönlichkeit eines Babys sich vom ersten Tag an. Manche Babys gurren und glucksen und schlafen friedlich; andere scheinen besonders empfindlich und schlecht gelaunt zu sein und lassen sich nicht trösten.

Wie viele Partner in gemischten Ehen waren auch Daniel G. Freedman, der Kaukasier ist, und seine chinesische Frau Nina belustigt über die Unterschiede, die sie zwischen ihren Familien beobachteten: Die chinesischen Babys ihrer Verwandten weinten weniger, waren ruhiger und weniger leicht erregbar als die amerikanischen Babys auf seiner Seite. Die Freedmans beschlossen, ihre anekdotischen Beobachtungen genauer zu untersuchen. Durch das Studium von Neugeborenen, die von Erfahrung noch unberührt waren, hofften sie herauszufinden, ob die Temperamentsunterschiede durch Vererbung bedingt waren.[17]

Zusammen mit T. Berry Brazelton, Kinderarzt in Harvard, entwickelten die Freedmans Tests für Reaktionen von Säuglingen, die man mit jedem Neugeborenen machen konnte. Ist das Baby leicht zu beruhigen? Beruhigt es sich von selbst oder muß man es hochnehmen und trösten? Reagiert es auf Gesicht und Stimme des Testenden? Reagiert es stärker auf das Gesicht oder stärker auf die Stimme? Interessiert sich das Baby mehr für Stimmen als für Bälle und Rasseln oder umgekehrt? Ist das Baby sehr aktiv, oder bleibt es still liegen, wo man es hinlegt? Wehrt sich das Baby, wie das Kind meiner Freundin, dagegen, gehalten zu werden, oder liegt es gemütlich bei einem Erwachsenen im Arm?

Die Freedmans machten diesen Test in einem Krankenhaus in San Francisco mit 24 chinesischen und 24 kaukasischen Babys im Alter von etwa 33 Stunden. Sie hielten die Unterschiede zwischen den Eltern möglichst minimal. Die chinesischen Eltern hatten alle kantonesische Vorfahren, die Kaukasier waren alle von nordeuropäischer Herkunft. Die Mütter waren etwa gleich alt, hatten die gleiche Anzahl von älteren Kindern, hatten die gleiche Schwangerschaftsvorsorge gehabt und während der Geburt die gleiche Art und Menge von Medikamenten bekommen. Alle Eltern kamen aus der gleichen Einkommensgruppe und hatten gleiche Bildung.

Freedman entschuldigt sich für seine Bemerkung, er habe vielleicht einen Ursprung dessen gefunden, was Westlern als asiatische Undurchdringlichkeit erscheint, doch genau das fand er. »Kaukasische Babys weinten leichter«, berichtet er, »und wenn sie einmal angefangen hatten, waren sie schwerer zu trösten. Chinesische Babys paßten sich beinahe jeder Stellung an, in der man sie hinlegte; wenn sie zum Beispiel mit dem Gesicht nach unten in ihr Bettchen gelegt wurden, neigten sie dazu, das Gesicht in den Laken vergraben zu halten und es nicht sofort auf eine Seite zu drehen wie die kaukasischen Babys. Bei einem ähnlichen Test (für die von Neurologen so bezeichnete ›Abwehrreaktion‹) drückten wir dem Baby kurz ein Tuch auf die Nase. Die meisten kaukasischen und schwarzen Babys wehren sich gegen diesen Griff, indem sie sich sofort wegdrehen oder mit den Händen das Tuch wegwischen wollen, und das wird in den meisten westlichen Lehrbüchern für Kinderheilkunde als die normale, erwartungsgemäße Reaktion angesehen. Das durchschnittliche chinesische Baby in unserer Untersuchung blieb jedoch einfach auf dem Rücken liegen, atmete durch den Mund weiter und ›akzeptierte‹ das Tuch, ohne zu kämpfen.«

Freedman hat Babys in Nigeria, Kenia, Bali, Italien, Schweden, Indien, Australien und Arizona (Navaho-Babys) untersucht; jede Gruppe, meint er, hat ein typisches Muster. Australische Aborigines wehren sich gegen das Nasentuch, genau wie kaukasische Babys, aber sie sind leicht zu beruhigen und zu trösten, so wie chinesische Babys. Afrikanische und australische Säuglinge haben außergewöhnlich starke Nackenmuskeln. Sie können die Köpfe heben und sich umsehen, was kaukasische Babys erst mit etwa einem Monat können. Die meisten Navaho-Babys akzeptieren ohne Murren, daß sie nach Stammessitte auf ein Wiegenbrett gebunden werden, bis sie etwa sechs Monate alt sind; die wenigen, die protestieren, werden wieder heruntergenommen. Aber wenn kaukasische Mütter, die bei den Navahos lebten, das Wiegenbrett bei ihren eigenen Neugeborenen ausprobierten, weinten und schrien die Babys so hartnäckig, daß die Mütter sie schließlich losbinden mußten, um den allgemeinen Frieden wieder herzustellen.

Einige Forscher sind nach der Beschreibung der Unterschiede noch einen Schritt weitergegangen. Andrew Sostek und Richard J. Wyatt vom National Institute of Mental Health haben zum Beispiel festgestellt, daß ein Enzym, das in Blut und Gehirn zirkuliert, nämlich Monoamin Oxidase (MAO) auch bei Neugeborenen schon mit dem Verhalten zusammenhängt. Babys mit niedrigem MAO-Spiegel neigen dazu, erregbarer und schlechter gelaunt zu sein als Babys mit einem hohen MAO-Spiegel. Der MAO-Spiegel, sagen die Forscher, scheint »biologisch festgelegt« zu sein: Er ist familienbedingt, und die Unterschiede bei Babys sind etwa so groß wie die Unterschiede bei Erwachsenen.[18] Die Höhe des MAO-Gehaltes im Blut hat jedoch nichts mit Geburtsvorgang, Rasse, Geschlecht, Geburtsgewicht oder pränataler medikamentöser Behandlung der Mutter zu tun.

Vielleicht gibt es, wie Freedmans Arbeit so provozierend nahelegt, tatsächlich Temperamentsunterschiede zwischen den menschlichen Rassen, aber außerdem gibt es große Variationen *innerhalb* rassischer Gruppen. Die Psychologen Arnold H. Buss und Robert A. Plomin glauben, daß es mindestens vier Temperamente gibt, die eine starke erbliche Komponente haben und daher stabile Aspekte der Persönlichkeit sind: *Emotionalität* oder Intensität der Reaktion, die sich in »einem heftigen Temperament, Tendenz zu Ängstlichkeit, starken Stimmungsschwankungen oder allen diesen Erscheinungen äußern kann«; *Soziabilität*, ein starker Wunsch, mit anderen zusammenzusein; *Aktivitätsniveau* oder gesamter Energieausstoß; und *Impulsivität*, die Tendenz, auf ein Ereignis sofort zu reagieren, ohne seine Gefühle zu hemmen. Der genetische Faktor bei diesen Charakterzügen wurde zum Teil dadurch nachgewiesen, daß die Werte eineiiger Zwillinge (die genetisch die gleiche Veranlagung haben) bei Tests, die diese Eigenschaften messen, stark korrelieren, während die Werte bei zweieiigen Zwillingen (die nicht mehr Gene gemeinsam haben als normale Geschwister) keine Korrelation aufweisen.[19]

Das ist nun alles sehr interessant, aber niemand auf dem Gebiet der Genetik ist der Ansicht, daß Individuen oder Rassen mit einem Zorn-auf-Ungerechtigkeit- oder einem Wut-bei-Frustration-Gen (oder deren Fehlen) geboren werden. Rassisten, nicht aber angesehene Wissenschaftler, hängen der Vorstellung von einem einzigen Gen an. Nur Rassisten glauben, daß es ein Schlüsselgen gibt, welches einen klug oder dumm, überlegen oder minderwertig macht.[20] Anders als Spinnen, die ein bestimmtes Muster für den Bau ihrer Netze erben, und anders als Lachse, die aus genetischen Gründen wieder nach Hause ziehen, erwerben Menschen ihre Verhaltensweisen in den meisten Fällen durch Lernen. Unsere ererbten Prädispositionen sind diffuser und allgemeiner als die der Tiere; die Gene liefern uns nur den *Rahmen für Reaktionen*, und Umweltereignisse bestimmen dann, an welcher Stelle innerhalb dieses Rahmens das Individuum seinen Platz einnimmt. Gene bestimmen zum Beispiel den Spielraum für die Größe eines Erwachsenen – nehmen wir an, mindestens ein Meter siebenundfünfzig und höchstens ein Meter fünfundsechzig – aber die tatsächliche Größe wird von Wetter, Vitaminen, Körperhaltung, Ernährung, Gesundheit und so weiter abhängen.

Ein Problem bei dieser Frage der genetischen Komponenten besteht darin, daß die »Emotionalität« eines Säuglings, eines Vierjährigen und eines Vierzigjährigen verschiedene Formen annimmt (so hofft man). Die meisten Vierzigjährigen schmeißen sich nicht auf den Fußboden und trommeln mit den Fäusten, wenn sie wütend sind, es sei denn, sie haben eine Urschrei-Therapie mitgemacht. Die Annahme, daß schlecht gelaunte (oder friedliche) Säuglinge zu schlecht gelaunten (oder friedlichen) Erwachsenen heranwachsen, ist zwar verlockend, aber tatsächlich ist es bei manchen so und bei anderen anders. Versuche, nachzuweisen, daß das emotionale Temperament vom Säuglingsalter über die Kindheit bis zum Erwachsenenalter gleichbleibt, führten zu widersprüchlichen und nicht schlüssigen Ergebnissen. In einer Untersuchung zum Beispiel begleiteten die Forscher 136 New Yorker Kinder sechs Jahre lang und testeten ihre Passivität, Anpassungsfähigkeit, Reaktionsbereitschaft, Intensität und Stimmung. Die Forscher konnten *keinen Zusammenhang* zwischen ihren Einschätzungen des Temperaments der Kinder im ersten Lebensjahr und dem Verhalten der Kinder mit fünf Jahren finden. Untersuchungen wie diese und seine eigene Arbeit haben den Psychologen Jerome Kagan davon überzeugt, daß »die Ängste und Freuden des ersten Jahres anscheinend ein Teil des Drehbuches der Natur für die Entwicklung sind, aber weder Vorboten von Angst im Jugendalter noch prophetische Anzeichen für Glück in der Kindheit.«[21]

Diese Verwirrung hat, glaube ich, mit der objektiven Beschreibung des Verhaltens eines Babys und der subjektiven Interpretation dieses Verhaltens zu tun. Eltern sagen über ihren einwöchigen Säugling nicht: »Oh, guck mal! Der kleine Reginald hat Tante Margarets extreme Redseligkeit und ihren Erregungsquotienten geerbt!« Sie sagen: »Der kleine Reginald spielt heute morgen total verrückt.« Eltern suchen in jeder Bewegung des Fäustchens, in jedem kräftigen Weinen nach dessen »emotionaler« Bedeutung, und damit spielen sie die Sitten und Gebräuche ihrer Kultur im Hinblick auf Gefühle durch und bereiten sich darauf vor, sie an ihr Baby weiterzugeben. Säuglinge benehmen sich sicherlich von Anfang an so, als hätten sie Emotionen – ihre Gesichter werden faltig und rot, sie strecken und krümmen den Rücken – und aufmerksame Eltern sind schnell damit bei der Hand, diesen Verhaltensweisen ein inneres Gefühl zuzuschreiben.

Solche Zuschreibungen können mehr oder weniger ernst gemeint sein. »Meine Tochter war von Anfang an wütend«, erzählte eine Frau mir. »Sie hat Vorübergehende angezischt, als ich sie aus dem Krankenhaus nach Hause getragen habe.« Sie meinte das (glaube ich) bildlich, aber manche philosophierenden Psychologen sprechen buchstäblich von der »Wut«, die der Säugling über seine Geburt verspürt, über den Urschmerz der Trennung von der Mutter. Weil solche Spekulationen ganz und gar im Kopf des Beobachters stattfinden und weil niemand das Baby fragen kann, sind sie Glaubenssache. Ich sehe nicht ein, warum es nicht ebenso gut möglich sein soll, daß der Säugling bei der Geburt ein Urglück empfindet – Erleichterung darüber, daß er aus der Enge herauskommt, und Freude darüber, daß er endlich eine bunte Welt zum Anschauen hat.

Möglicherweise trägt also unser genetisches Material zur Auslösung von Gefühlen – jene Aspekte, die als »Emotionalität«, »Erregbarkeit«, »Tempo«, »Stoffwechsel«, »Reizbarkeit« und ähnliches bezeichnet werden – bei. Diesen Begriffen gemeinsam ist die Energiemenge, die der einzelne während einer emotionalen Reaktion aufbringt. Wir wissen, daß Erwachsene sich hinsichtlich ihrer Epinephrin-(Adrenalin-)werte im Ruhezustand, hinsichtlich des Ausstoßes an Epinephrin als Reaktion auf

Reizung und hinsichtlich der Zeit, in der der Epinephrinspiegel wieder auf den Grundwert absinkt, deutlich unterscheiden.[22] Der ganz gesunde Mensch ist, wie ein sehr guter Wagen, gut eingestellt: weder ist er träge noch steht er unter zu starker Spannung, sondern er ist in der Lage, Energiemengen auszustoßen, wenn er dazu aufgefordert wird.

Wie diese Energie jedoch kanalisiert wird, und ob sie eine stabile Persönlichkeit schafft, hängt davon ab, was das Kind lernt und ob es in China, Arizona, Australien oder New York aufwächst. Wie der Psychologe L. Alan Sroufe es einmal ausgedrückt hat: »Ein Kind mit schnellem Tempo kann vor Wut kochen, anderen Kindern gegenüber feindselig sein, unfähig sein, seine Impulse zu beherrschen und voller Gefühle von Wertlosigkeit stecken. Doch ein Kind mit schnellem Tempo kann auch lebhaft, temperamentvoll, tüchtig und anderen eine Freude sein und sich selbst mögen.«[23] Es liegt an der Welt, nicht an den Genen, welche Richtung es einschlägt.

Der Treibstoff der Wut

Denn wenn ich gut schreiben, beten und predigen will, dann muß ich zornig sein; da erfrischt sich mein ganz Geblüt, mein Verstand wird geschärft, und alle Anfechtungen weichen.

Martin Luther[24]

Betty: Sie sind weitergefahren, Herr Petty. Und zwar sehr verärgert.
Petty: Um so besser. Ärger gibt hübschen Teint und spart Schminke.

William Congreve[25]

Du bist schön, wenn du wütend bist.

aufreizende Bemerkung von Männern

Was alle drei Aussagen gemeinsam haben, ist, daß sie die Wirkungen des Epinephrin, das allgemein als »Wuthormon« angesehen wird, anerkennen. Ein Epinephrinstoß, so haben Wissenschaftler schon vor Jahren herausgefunden, bereitet den Körper darauf vor, mit Kampf oder Flucht auf Gefahr zu reagieren. Er muß daher eng mit dem Erlebnis von Wut und Angst verbunden sein.

Dieses Argument erhielt in den späten vierziger Jahren Auftrieb, als man entdeckte, daß das Nebennierenmark zusätzlich zum Epinephrin ein zweites Hormon, das Norepinephrin (Noradrenalin) produziert. Nun erschien die Folgerung logisch, daß jedes Hormon seinen eigenen Bereich habe; vielleicht war das eine für Wut und das andere für Angst verantwortlich. Albert F. Ax, der in den frühen fünfziger Jahren am Boston Psychiatric Hospital arbeitete, führte ein Experiment durch, das diesen Schluß zu beweisen schien. Er war sozusagen der Großvater der Untersuchungen zur Physiologie der Wut, und die Tentakeln seiner Forschung sollten weit in die psychosomatische und klinische Forschung hineinreichen.[26]

Stellen Sie sich vor, Sie befinden sich in Ax' Labor. Sie sind an einen Elektroenzephalographen angeschlossen, der Ihre Herzfrequenz mißt, Ihren Blutdruck, Temperatur von Gesicht und Händen, Leitfähigkeit der Haut und Muskeltonus. (Abgesehen davon ist nichts ungewöhnlich.) Da liegen Sie nun auf einem Tisch und versuchen, sich zu entspannen, während eine Schwester jede Minute Ihren Blutdruck mißt. (Bitte entspannen Sie sich.) Sie haben keine Ahnung, was die Forscher herausfinden wollen, aber Sie sind entgegenkommend gestimmt.

Plötzlich spüren Sie wiederholte Stromschläge in Ihrem kleinen Finger. Sie stammen von einem daran befestigten Draht und sind zwar nicht schmerzhaft, aber deutlich spürbar, und Sie erwähnen sie dem Versuchsleiter gegenüber. Er überprüft die Drähte und drückt auf einen Knopf am Elektroenzephalographen. Funken sprühen, und er gerät in Panik. Plötzlich ruft er: »Wir haben einen gefährlichen Kurzschluß in der Hochspannungsleitung!« Er und die Schwester laufen aufgeregt herum, aber nach einer Weile befestigen sie die Drähte wieder, versichern Ihnen, daß alles ungefährlich und sicher sei, und versuchen, Sie dahin zu bringen, sich so weit zu entspannen, daß es weitergehen kann.

Hätten Sie Angst? Würden Sie sich Sorgen machen wegen des Drahtes, der noch mit Ihrer Hand verbunden ist? Die meisten Ihrer Mitprobanden in diesem Experiment hatten allerdings Angst. »Na, jeder muß schließlich mal abtreten«, sagte einer. »Ich dachte, jetzt wäre meine Zeit gekommen.«

Fünfzehn Minuten vergehen, und allmählich geht es Ihnen wieder besser, ja eigentlich sind Sie verdammt erleichtert, da kommt ein weiterer Angestellter herein. Auf den ersten Blick sehen Sie, daß dieser Kerl ein arroganter Affe ist. Er kommandiert Sie herum und kritisiert Sie, weil Sie sich bewegen und unkooperativ und für die Untersuchung nicht zu gebrauchen seien. (Wo Sie doch gerade einen gefährlichen Kurzschluß überlebt haben!) Er beleidigt die Krankenschwester. Er ist mürrisch, grob und ausfallend. Aber bevor Sie ihn beleidigen oder tätlich angreifen können, ist er fort.

Würden Sie sich durch diese Behandlung beleidigt fühlen? Wenn ja, dann befinden Sie sich in guter Gesellschaft, denn fast alle Teilnehmer an diesem Experiment waren wütend. Einige Männer hätten sich auf den Schimpfenden gestürzt, wenn Ax nicht selbst eingegriffen hätte. »Sagen Sie mal, was ist hier eigentlich los?« sagte ein Mann. »Ich war kurz davor, dem Typen eins auf die Nase zu geben!« (Ich weiß, daß sich das anhört wie ein Dialog in einem Film aus den fünfziger Jahren, aber es war auch tatsächlich 1953.)

Sie wissen es natürlich nicht, aber gerade eben sind Ihre physiologischen Reaktionen bei Angst und bei Wut gemessen worden. Beide Szenarios hatte Ax sich ausgedacht, um die Emotionen hervorzurufen, die er erforschen wollte. Er traf damit ins Schwarze, und 37 von 43 Teilnehmern – Männer und Frauen im Alter von 25 bis 55 – wurden so ängstlich und wütend, daß 14 Vergleiche vorgenommen werden konnten, von denen sieben anscheinend Wut von Angst unterschieden. Die Angstsymptome ähnelten jenen, die durch Injektion von künstlichem Epinephrin hervorgerufen wurden (zu jener Zeit konnte man Hormonwerte noch nicht direkt messen), und die Wutsymptome schienen die gleichen zu sein, die durch eine Kombination von Epinephrin und Norepinephrin verursacht wurden.

Ax' clevere Untersuchungsergebnisse wurden auf ihrem Gebiet bald als Fakten angesehen: Angst = Epinephrin; Wut = Epinephrin + Norepinephrin. Sein Werk wird von seinen Anhängern respektvoll zitiert: »Wie Ax herausfand ...« beginnen sie. Aber es gibt Probleme bei dem, was Ax herausfand. Eins ist, daß bei den Szenarios *Art* und *Intensität* der Emotionen vermengt wurden. Die Angst vor einem lebensgefährlichen Kurzschluß kann von ihrer Intensität her nicht mit einem kurzen Ärger über einen inkompetenten Rüpel gleichgesetzt werden, daher kann man nicht sagen, ob Unterschiede in den Untersuchungsergebnissen wirklich mit den verschiedenen Gefühlen zusammenhängen oder damit, wie stark sie jeweils empfunden wurden.[27]

Am wichtigsten aber ist, daß die Unterschiede zwischen Angst und Wut, die Ax gefunden zu haben glaubte, minimal waren. Alle sieben Meßwerte, die die beiden Emotionen mutmaßlich unterschieden, standen miteinander in Beziehung: Das heißt, *bei Angst und Wut trat die gleiche körperliche Reaktion auf*[28], nur in unterschiedlichem Ausmaß. Außerdem würde man, wenn Wut und Angst jeweils durch ein Muster physiologischer Reaktionen identifizierbar wären, diese Reaktionen zuverlässig zusammen vorfinden; zum Beispiel würden bei Wut die Verringerung der Herzfrequenz und der Anstieg des diastolischen Blutdrucks stark korrelieren. Ax bemerkte jedoch zu seiner Überraschung, daß zwischen den Reaktionen bei den beiden Emotionen allgemein ein *Mangel* an Korrelationen herrschte.

Was Ax erfuhr, ist meiner Meinung nach nicht, daß Wut sich von Angst unterscheidet, sondern daß mit meinem Körper, wenn ich wütend (oder ängstlich) werde, nicht unbedingt das gleiche geschieht wie mit Ihrem. Mein Körper reagiert vielleicht sogar auf verschiedene Weisen, je nachdem, was mich wütend macht. Ax entdeckte genau das, was G. Stanley Hall ein halbes Jahrhundert vorher herausgefunden hatte: Die merkwürdig verschiedenen Ausdrucksformen der Wut.

Natürlich sind Fortschritte gemacht worden. Ax hatte in bezug auf eine Sache recht: Wut fühlt sich physiologisch anders an als zum Beispiel Angst oder Kummer. Bei Wut steigen Hauttemperatur und Pulsfrequenz, weshalb uns »heiß« wird. Bei Traurigkeit und Angst sinkt die Leitfähigkeit der Haut, so daß wir uns »kalt und klamm« fühlen. Unsere Redewendungen im Zusammenhang mit Wut (»Dampf ablassen«, »explodieren«, »rasend vor Wut«, »ihm ging der Hut hoch«, »platzte der Kragen«) passen daher zu unserem physiologischen Erleben. (Die Vergleiche von Wut mit Explosion, Dampf und Hitze sind auch in anderen Sprachen und Kulturen üblich.) Genauere Methoden der Bestimmung von Hormonwerten (Urintest) zeigen jetzt jedoch, daß Epinephrin ein Allzweck-Treibstoff ist.[29] Es ist die Energie hinter den meisten unserer emotionalen Zustände: hinter Angst und Wut, aber auch hinter Aufregung, Sorgen, Eifersucht und Freude. Der Epinephrinwert steigt, wenn man über einen lustigen Film lacht oder ein unterhaltsames Spiel spielt. Kurz, *jedes* nicht vertraute, beeindruckende, spannende Ereignis – auf das man außerdem möglicherweise reagieren muß – regt die Produktion von Epinephrin an und, in unterschiedlichem Ausmaß, auch die von Norepinephrin.

Die Liste der Dinge, von denen man inzwischen weiß, daß sie einen Anstieg dieser beiden Hormonwerte verursachen, liest sich wie ein Katalog des modernen Lebens: Hitze, Kälte, Schmerz, (echte) Hypoglykämie, zu niedriger Blutdruck (Hypotension), Hämorrhagie, Verbrennungen, körperliches Training; Drogen wie Koffein, Nikotin und Alkohol; und »psychosoziale Stimuli« oder was andere einem antun – ein unerwarteter Ellbogenstoß, eine Beleidigung von einem Fremden oder dem Partner, die Zerschlagung der Hoffnungen auf eine Beförderung. Der Epinephrinspiegel steigt nicht nur als Reaktion auf Überstimulierung, sondern auch als Reaktion auf Unterstimulierung. Der Körper muß mit einem erfrischenden Spaziergang in einer dichten, komplexen, fremden, neuen Stadt fertig werden, aber auch mit der Langeweile immer gleicher, ermüdender Pflichten. Die Produktion von Epinephrin ist nicht am niedrigsten, wenn man sich gelangweilt oder überarbeitet fühlt, sondern dann, wenn man einer Beschäftigung nachgeht, die einen ein bißchen in Anspruch nimmt, wie etwa Gitarreüben.

Epinephrin und Norepinephrin sorgen für das *Gefühl* bei einem Gefühl: für Prickeln, Aufregung, Spannung und Energie. Die Nebennierenhormone wirken auf alle Organe des Körpers, die vom Sympathikussystem erreicht werden, und stimulieren das Herz, erweitern die Herzkranzgefäße, ziehen die Blutgefäße im Darm zusammen und schalten die Verdauung ab. Aus diesem Grunde mag man nicht essen, wenn man aufgeregt, verängstigt, wütend oder sehr verliebt ist.

Diese Hormone helfen außerdem dem Gehirn beim Lernen. Wenn die Epinephrin- und Norepinephrinwerte bis zu einem gewissen Punkt ansteigen, werden Gedächtnis, Konzentration und Leistung gesteigert. Wenn der Körper mit Epinephrin überschüttet wird und man *zu* aufgeregt ist, verschlechtern sich Konzentration und Leistung. Kurz, ein wenig Nervosität vor einem Examen oder vor einem Auftritt in einem Oboenduett ist eine gute Sache. Etwas Lampenfieber kommt der Leistung zugute; zuviel, und man friert auf dem Fleck fest wie ein Iglu. Aus diesem Grunde erinnert man sich wahrscheinlich an die Einzelheiten eines mäßig wütenden Streits oder einer kurzen irritierenden Begegnung, hat jedoch Schwierigkeiten, sich an den Inhalt einer wirklich wütenden Auseinandersetzung zu erinnern, bei der nur geschrien und gebrüllt wurde.

Aber die erregende Wirkung des Epinephrin reicht nicht aus, um ein Gefühl zu produzieren. Neue Forschungen auf dem Gebiet der Psychologie und der Neurologie haben herausgefunden, daß »Erregung« verschiedene Formen annehmen kann, und daß diese Formen möglicherweise mit verschiedenen Bereichen des Gehirns und mit verschiedenen Hormonen zu tun haben.[30] Und man kann damit nicht erklären, warum von zwei Menschen, die gleich eine Rede halten müssen, der eine sich aufgeputscht fühlt und der andere nur Angst hat.

Außerdem hängt das Epinephrin nicht einmal direkt mit der Gefühlsintensität zusammen. Wenn man Menschen Ephedrin spritzt, ein starkes

Stimulans, hat das bei Drohung mit Elektroschocks keinen Einfluß auf ihre Angst. Umgekehrt haben Medikamente, die die Herzfrequenz herabsetzen, keine Auswirkung auf die *subjektiven* Berichte von Angstgefühlen. Menschen können sogar intensive Emotionen erleben, ohne das Gefühl von Erregung zu haben. Mehrere Forscher interviewten Menschen mit Rückenmarksverletzungen, Menschen mit anderen Behinderungen und Nichtbehinderte, um das Verhältnis zwischen der Erregung des vegetativen Nervensystems und Emotionen zu untersuchen. Die Menschen mit Rückenmarksverletzungen berichteten von intensiven emotionalen Erlebnissen, und einige sagten, sie hätten jetzt intensivere Gefühle als vor ihrer Verletzung. Ein Mann, der durch eine Verletzung oben an der Halswirbelsäule fast völlig gelähmt war, erklärte, er wäre so wütend auf einen der Versuchsleiter, daß er ihn mit seinem Rollstuhl »ein paarmal überfahren« wollte. Eine Frau, die nach einer Rückenmarksverletzung vom Hals ab völlig empfindungslos geworden war, zeigte ein normales Ausmaß an Freude, Ärger und Kummer.[31]

All das legt nahe, daß die Beziehung zwischen Epinephrin und Emotion bestenfalls unklar ist. Wenn natürlich eine heftige »Kampf- oder Flucht«-Reaktion ausgelöst wird, entsteht tatsächlich die Empfindung, man habe seine Emotionen nicht mehr in der Gewalt. Grundsätzlich betrachtet haben wir sie tatsächlich nicht in der Gewalt, denn ohne tragbare Biofeedback-Geräte oder fortgeschrittenes Yogatraining können wir unsere Herzfrequenz, unseren Blutdruck und die Funktionen von Lunge und Verdauungstrakt nicht bewußt ändern. Doch selbst diese Tatsache impliziert nicht notwendigerweise, daß wir von Gefühlen »beherrscht« werden. Große physiologische Aufregung fühlt sich nicht instinktiv unangenehm an. Manche Menschen lernen, sie mit den positiven Empfindungen von Risiko, Spaß, Dynamik und Kraft zu verbinden; für andere bedeutet der Epinephrinstoß Angst, Gefahr und Machtlosigkeit. Der Unterschied hängt von unterschiedlichen Einstellungen und Erfahrungen ab, nicht von einschießenden Hormonen. Ohne psychische Bewertung hat Epinephrin keine Bedeutung. Es verursacht das flaue Gefühl in der Magengrube oder das nervöse Herzklopfen oder den leichten Schweiß auf der Stirn. Sind Sie dabei wütend oder ängstlich? Ist Ihnen schlecht, oder sind Sie bloß verliebt? Ihr Körper allein sagt es Ihnen nicht.[32]

Nachdenken über Gefühle

Eines Nachmittags während der Rush-hour, als ich gerade aus der U-Bahn kam und müde die Treppe hinauftrottete, spürte ich, wie mir eine Hand über die Kehrseite strich. Die Geste war bei diesem Gedränge nicht eindeutig, daher unternahm ich nichts; aber ich bekam Herzklopfen und wurde rot. Ich spürte eine Mischung aus Aufregung (»Mein erster Perverser in New York! Wenn ich das meinen Leuten erzähle!«) und Zorn (»Wie kann dieser ekelhafte Typ es wagen, mich zu belästigen?«). Die Hand griff wieder zu, dieses Mal war es unverkennbar ein Kneifen. Ich fuhr herum, den Schirm zu einem Stoß erhoben, ... und stand meinem Mann gegenüber. Er sah meinen entgeisterten Gesichtsausdruck und brach in Gelächter aus, was gut war, denn sonst hätte ich ihn vielleicht trotzdem geschlagen.

Dieses Beispiel zeigt, wie schnell ein einziges Urteil – »Dieser Mann ist ein Freund mit einem zweifelhaften Sinn für Humor, kein Perverser« – meine Befürchtungen und meine Wut in Freude verwandelte. Damit Hitzigkeit in Feindseligkeit, Unsicherheit in Furcht, allgemeine Besorgnis in Depression oder Zorn umgewandelt wird, muß es zu einer Provokation kommen, muß etwas als Ungerechtigkeit gedeutet werden oder müssen die Ereignisse interpretiert werden.[33]

Sagen wir einmal, Sie haben etwas geschafft, für das Sie sich seit zehn Jahren anstrengen. Sie haben die Hauptrolle im Theaterstück bekommen, oder Sie sind zum geschäftsführenden Direktor ernannt worden. Wie fühlen Sie sich? Die Antwort hängt davon ab, *warum* Sie es Ihrer Meinung nach geschafft haben. Wenn Sie sich selbst die Verantwortung für Ihr günstiges Geschick zuschreiben, fühlen Sie sich höchstwahrscheinlich stolz, kompetent und befriedigt. Aber wenn Sie glauben, daß Ihr Erfolg Glückssache war, daß er vom richtigen Zeitpunkt, Beziehungen oder von etwas anderem, das Sie nicht in der Hand haben, abhing, wird ihre Stimmung gedämpft sein; Sie werden dazu tendieren, sich dankbar und bescheiden zu fühlen. (Natürlich übernehmen Leute mit besonders hoher Selbsteinschätzung die Verantwortung für jeden glücklichen Zufall, der sie trifft, selbst für einen Lotteriegewinn.)

Und wenn Sie versagen? Welche Gefühle haben Sie? Wenn Sie wiederum die Verantwortung dafür übernehmen, werden Schuldgefühle, Bedauern und Resignation dominieren. Aber wenn Sie jemand anderem die Schuld geben können, einem anderen Menschen oder »dem System«, ist es eher wahrscheinlich, daß Sie – Sie raten es schon – wütend sind.[34]

Oder nehmen wir ein anderes Beispiel. Sie arbeiten in Ihrem Büro an einem Bericht für Ihre Firma, und ein Berater wird hereingeführt, der Ihre Arbeit kontrollieren soll. Er ist grob und arrogant und beleidigt Sie. Sind Sie wütend auf ihn? Warten Sie. Nehmen wir an, ein Freund erzählt Ihnen, der Mann würde unter einer sich verschlimmernden Krankheit leiden, oder seine Frau hätte ihn verlassen und würde ihm das Besuchsrecht für seine Kinder verweigern. Nehmen wir an, der Freund erzählt Ihnen, dieser Mann sei gewohnheitsmäßig unausstehlich und grob – zu jedem, nicht nur zu Ihnen. Oder nehmen wir an, der Freund erzählt Ihnen, der Berater sei ein sehr leistungsorientierter, ehrgeiziger Experte auf seinem Feld, und Ihre Arbeit sei für seinen Erfolg wesentlich. Bei welcher Beschreibung des Mannes würden Sie am wütendsten werden? Die meisten von uns antworten: beim ehrgeizigen Experten. Wir verzeihen Menschen, die wir für krank oder *gewohnheitsmäßig* unangenehm halten mit der Begründung, daß solche Leute nicht anders können. Aber die Beleidigungen des »Experten« halten wir für gezielt und kontrollierbar und unsere Wut daher für legitim. Für die meisten von uns verdient Wut (bei anderen), die durch persönliche Zielsetzungen hervorgerufen wird, Vergeltung und Strafe; Wut dagegen, die aus uneigennützigen Motiven oder aufgrund von Schmerzen zum Ausdruck gebracht wird, verdient keine Strafe. Die meisten Ereignisse, die uns zustoßen, sind vieldeutig, und unsere emotionalen Reaktionen darauf sind abhängig davon, wie wir diese Ereignisse interpretieren: Wollte sie mich absichtlich beleidigen? Ist er unglücklich oder wütend auf mich? Sollte ich mir vielleicht selbst die Schuld geben?[35]

Der Psychoanalytiker Silvano Arieti kritisierte einmal die Bemühungen der Freudschen Theorie, »die Rolle des *Gedankens* als emotionaler Kraft zu minimieren und ihn in einem physischen Sinne zu sehen, als eine Energiemenge.«[36] Unsere Gedanken, so argumentierte er, veranlassen uns dazu, unsere vergangenen und gegenwärtigen Erlebnisse zu interpretieren, und dabei ändern wir unsere emotionalen Assoziationen. Kurz, wir sind unseren unbewußten emotionalen Kräften nicht immer auf Gedeih und Verderb ausgeliefert, weil die Fähigkeit des Denkens, der Symbolisierung und der Auswahl von Interpretationen selbst unsere emotionalen Erlebnisse formt.[37]

Diese kognitive Fähigkeit ist es, die vielleicht Ursache eines der ärgerlichsten Probleme bei der Physiologie der Gefühle ist: nämlich der Vielfalt und Komplexität emotionaler Erfahrungen im Leben des Menschen. Die Psychologin Janet Polivy ging zum Beispiel ihrer Arbeit nach, wie gute Forscher das tun, indem sie versuchte, ihre Studenten im Labor das eine oder andere Gefühl fühlen zu lassen. Das Problem war nur, daß ihre Studenten sich weigerten, das eine oder andere Gefühl zu fühlen. Sie sagten, sie würden das eine *und* das andere fühlen. Sie berichteten, daß sie, wenn sie wütend würden, sich auch besorgt und deprimiert fühlten. Und wenn sie Angst hätten, sagten sie, fühlten sie sich auch deprimiert und feindselig.

Polivy selbst machten diese Ergebnisse gleichzeitig verdutzt und neugierig. Was ging hier vor? War es das Resultat der künstlichen Laborsituation, oder lag es an der Natur der Emotionen? Doch als sie ihre Studenten bat, mehrere Wochen lang Tagebuch zu führen, traten die gleichen Zusammenballungen verschiedener Stimmungen auf. Polivy ist nicht sicher, ob sie ihren Studenten wegen deren »introspektiven Faulheit« die Schuld geben soll oder ob Angst, Wut und Traurigkeit in einem realen, physischen Sinne emotionale Verbündete sind. Sie meint, vielleicht veranlasse Wut, »eine Emotion, die in unserer Gesellschaft nicht gefördert wird, Menschen tatsächlich dazu, sich deprimiert und ängstlich zu fühlen.«[38] Das stimmt, aber bei diesem Gedanken wird die Tatsache übersehen, daß Wut in *keiner* Gesellschaft wahllos gefördert wird und daß Wut in *jeder* Gesellschaft unter bestimmten Bedingungen erlaubt ist. Auch wird damit nicht erklärt, warum Angst Wut und Traurigkeit hervorrufen sollte; wenn jemand Angst hat, wenn er wütend ist, ist er auch wütend darüber, daß er Angst hat! Unsere Sprache unterscheidet Emotionen und impliziert so, daß jede für sich eine Einheit bildet; doch im Gegensatz dazu werden in einigen afrikanischen Sprachen Wut und Traurigkeit durch ein einziges Wort bezeichnet.

Menschen erleben nicht nur mehrere Emotionen zugleich – Wut und Kränkung, Glück und Schuldgefühle – sondern sie unterscheiden sich auch darin, wie intensiv sie ihre Emotionen erleben. Manche scheinen eine beschränkte Zahl von Gefühlen zu spüren – von glücklich bis traurig, und das ist so ungefähr alles. Andere spielen auf einer ganzen Klaviatur von Emotionen – Nostalgie, Melancholie, Trübsinn, Euphorie, Verlegenheit, Eifersucht, was Sie wollen. Für diese große Vielfalt an Emotionen spielen kognitive Unterschiede möglicherweise eine größere Rolle als physiologische.

So berichteten bei einer Untersuchung von Studenten vor und nach einer Prüfung die Betroffenen oft von gemischten Gefühlen, wie »Hoffnung« und »Furcht« vor und »Wut« und »Schuldgefühle« nach dem Examen. Diese emotionalen Mischungen ergaben sich daraus, wie die

Studenten ihre Leistung einschätzten, aus der Bedeutung der Prüfung, ihren eigenen Anstrengungen beim Lernen, dem Grad ihrer Gewißheit hinsichtlich der Qualität ihres Abschneidens und so weiter. Die Studenten, die am wütendsten über ihre schlechten Noten waren, glaubten zum Beispiel, die Prüfung wäre unfair gewesen. Diese Wut war jedoch häufig verbunden mit Schuldgefühlen (»Ich hätte besser lernen sollen«), Angst (»Und wenn ich nicht bestanden habe?«) oder Apathie (»Dieses Seminar ist mir sowieso egal«).[39]

Menschen, die Emotionen intensiv erleben, denken auf typische Weise: Sie *personalisieren* Ereignisse (»Ich habe darüber nachgedacht, wie ich mich fühlen würde, wenn meine Freunde, meine Familie oder ich selbst in der Situation wären«); sie schenken den gefühlsauslösenden Aspekten von Ereignissen *selektive Aufmerksamkeit* (»Ich habe mich auf den schlimmsten Aspekt der Situation konzentriert«); und sie *übergeneralisieren*, indem sie ein einzelnes Ereignis als Zeichen für den allgemeinen Zustand der Welt ansehen. Sie übertreiben, sowohl in positiver als auch in negativer Richtung.[40]

Selbst unsere emotionale Bandbreite scheint stärker mit Wertvorstellungen und Lebensweise als mit dem angeborenen Temperament zusammenzuhängen. Die Psychologen Shula Sommers und Anthony Scioli stellten zum Beispiel fest, daß Männer und Frauen, die eine begrenzte Bandbreite an Gefühlen erleben, dazu neigen, eine Lebensweise hoch einzuschätzen, die auf Vergnügen und Nachgiebigkeit gegen sich selbst beruht, und Werte wie Verantwortung und Loyalität abzulehnen. Außerdem fühlen Frauen mit einer begrenzten Bandbreite sich mit größerer Wahrscheinlichkeit machtlos als andere Frauen und vertrauen ihr Leben dem Schicksal an.[41]

Die psychischen Faktoren, die bei Wut eine Rolle spielen, reichen also von der Bewertung eines Ereignisses an Ort und Stelle bis zur Lebensphilosophie. Wenn Sie glauben, die Kritik eines Freundes sei absichtlich gemein, obwohl Ihr Freund es in Wirklichkeit gut meinte, reagieren Sie vielleicht eher mit Wut als mit Dankbarkeit. Beobachten Sie einmal jemanden, der glaubt, gewinnen sei alles, und es würde überhaupt nicht zählen, wenn man sein Bestes versucht: Solche Menschen fühlen sich elend und deprimiert, wenn sie »nur« Zweite sind. Unsere Gefühle sind von unserem geistigen Leben nicht zu trennen.

Sozialwissenschaftler hat die Trennung zwischen Körper und Geist nicht weniger fasziniert als Philosophen. Sie teilen den Körper nicht am Hals, wie Plato es getan hat; statt dessen teilen sie das Gehirn in Hemisphären ein (die rechte Hälfte für Leidenschaft und Intuition, die linke für Verstand und Intellekt) oder in Teile (das limbische System für primitive Instinkte und Gefühle, der Neokortex für Denken und Rationalität). Physiologen untersuchen, was während eines emotionalen Vorfalls mit dem Körper geschieht; Psychologen versuchen herauszufinden, wie Emotionen sich subjektiv anfühlen und wie jemand entscheidet, welche Emotion er gerade spürt. Forscher und Therapeuten sind über Wut in erhitzte Debatten geraten, weil sie oft über verschiedene Sachen reden: über die Wut, die aus kühlen Gedanken besteht und nicht von Herzklopfen, Feindseligkeit oder Ärger begleitet wird; über die intensive »reflexive« Wut, die durch Gefahr oder Bedrohung ausgelöst wird; über den momentanen Ärger, der das Verhalten dummer, unbelebter Objekte begleitet.

Alle Seiten beginnen nun einzusehen, daß, ganz gleich wie man das Problem oder den Körper aufteilt, die Trennlinien künstlich sind. Um Wut zu verstehen, reicht der dualistische Ansatz, der uns jahrhundertelang lieb und teuer war, nicht aus. Wut und ihr Ausdruck sind das Ergebnis von Biologie *und* Kultur, Geist *und* Körper.

Biologische Politik

In Los Angeles wurde eine Frau freigesprochen, die ihren Säugling getötet hatte. Die Verteidigung machte geltend, sie habe, als sie ihren kleinen Sohn tötete, unter einer Depression *post partum* gelitten. In England wurde eine Frau freigesprochen, die ihren Freund ermordet hatte – sie hatte ihn mit dem Auto gegen einen Pfahl gedrückt – weil sie unter »prämenstruellem Syndrom« gelitten habe. In San Antonio, Texas, gab ein Mann zu, daß er eine Frau dreimal vergewaltigt habe, doch die Geschworenen waren sich einig, er selbst sei eigentlich das Opfer gewesen – Opfer eines hohen Testosteronspiegels. Überall behandeln Kliniker den »sexuell zwanghaften Mann«, der »sein sexuelles Verlangen einfach nicht unter Kontrolle hat« und Paare, die »ihre Wut nicht in der Gewalt haben«. Wir befinden uns mitten in einer Entschuldigungs-Epidemie, in der immer mehr physiologische »Beschwerden« als legitimes Pardon für unmoralisches, ungesetzliches oder ungesundes Verhalten angesehen werden. Für William Lee Wilbanks, Professor für Kriminalrecht an der Florida International University, sind alle diese Entschuldigungen Variationen zu dem gleichen Thema: »Ich kann nichts dafür.« Wilbanks sieht diesen Satz als Angriff auf »die Kernvorstellung von Menschlichkeit« an: daß Menschen einen freien Willen haben und zu Selbstdisziplin und Verantwortung fähig sind. »Es besteht eine zunehmende Tendenz unter Wissenschaftlern, Menschen als Objekte anzusehen, auf die von inneren und äußeren Kräften eingewirkt wird, über die sie keine Gewalt haben«, sagt Wilbanks. »Wir schließen fälschlicherweise, daß Menschen keine Selbstkontrolle ausüben *können*, weil sie keine Selbstkontrolle ausüben.« Wir übersehen die Millionen von Männern mit hohem Testosteronspiegel, die nicht vergewaltigen, die deprimierten Frauen, die ihre Kinder oder Liebhaber nicht ermorden, und die wütenden Paare, die nicht mit Grausamkeiten um sich werfen. »Die Vorstellung, ›man könne nichts dafür‹, überzeugt den Betroffenen nur davon, daß sein Problem hoffnungslos ist und daß er ebensogut aufgeben kann«, sagt Wilbanks. »Damit produziert diese Vorstellung eben die Art von Problemverhalten, die sie zu erklären versucht. Das medizinische Modell des Fehlverhaltens ignoriert völlig die Vorstellung von der moralischen Entscheidungsfreiheit und vom Widerstand gegen Versuchungen.«[42]

Der Psychologe C. R. Snyder, der seit Jahren die Psychologie von Entschuldigungen untersucht, bemerkt, daß »Ausreden – wie ›es ist nicht meine Schuld‹, ›der Hund hat es gefressen‹, ›ich *wollte* ihr doch den Unterkiefer nicht brechen‹ – die Verbindung zwischen dem Selbst und einer unglücklichen oder negativen Handlung aufweichen. Die entschuldigende Ausrede verringert den Grad der eigenen Verantwortlichkeit und reduziert das Schlechte an der Handlung auf ein Minimum. Ausreden schützen unser Selbstwertgefühl, aber außerdem bieten sie rationale Erklärungen für die destruktiven Handlungen, die Menschen begehen.«

Sowohl als Psychotherapeut wie auch als Forscher ist Snyder besonders um jene Menschen besorgt, die vom Gebrauch einer Ausrede dazu übergehen, die Ausrede *zu sein*. »Die Ausrede wird in ihre Identität eingebaut«, sagt Snyder. »Sie sagen: ›Ich konnte nichts dafür; ich bin eben jemand, der vergewaltigt/mißhandelt; ich bin eben deprimiert oder wütend.‹« Untersuchungen haben festgestellt, berichtet Snyder, daß man seine Erwartungen an Menschen, die man für »krank«, »betrunken«, »deprimiert« oder »unbeherrscht« hält, herunterschraubt. So brauchen Menschen mit eingebauten Ausreden sich nicht einmal mehr auf den Gebrauch einer Ausrede vorzubreiten. »Ein Mann, der sein nicht akzeptables Benehmen seiner mangelnden Selbstbeherrschung anlastet«, sagt Snyder, »stellt fest, daß zukünftige Verstöße automatisch diesem Problem zugeschrieben werden. Wir bezeichnen das als Strategie der Selbstbehinderung. Auf kurze Sicht entschuldigt sie sein Verhalten, aber auf lange Sicht untergräbt sie seine Selbstachtung und sein Gefühl, sich in der Gewalt zu haben.«

Snyder bemerkt, es sei leichter, Menschen zu behandeln, die Entschuldigungen abgeben (»Tut mir leid, daß ich wütend geworden bin und das gesagt habe«) als solche, die von Entschuldigungen leben (»Tut mir leid, aber so bin ich eben«). Wenn jemand sich einmal als hilfloser Sklave eines Problems definiert hat, übergibt er die Kontrolle über das Problem anderen. Oder er findet etwas als Ausrede, für das er nichts kann: »Ich kann nichts dafür, daß ich so bin; meine Mutter hat mich so gemacht« (eine allseits beliebte Wahl für Schuldzuweisung). Der Erfolg einer Therapie, sagt Snyder, hängt davon ab, ob man die selbstbetrügerischen, selbstschützenden Ausreden überwinden und die Betroffenen dazu bringen kann, die Verbindung zwischen sich selbst und ihren Handlungen zu sehen.[43]

Sowohl Wilbanks als auch Snyder erkennen an, daß ein humanes Rechtssystem immer vorsehen wird, daß unter bestimmten Bedingungen das gewalttätige Verhalten eines Angeklagten auf legitime Weise entschuldigt wird, zum Beispiel wenn jemand seine Familie oder sich selbst verteidigt oder wenn er eine organische Hirnstörung hat. Der wachsenden Tendenz in Psychologie und Recht, moralische Beurteilungen mit wissenschaftlichen zu verwechseln und erlernte Gewohnheiten wie organische Mängel zu behandeln, stellen sie sich jedoch entgegen.

In der heutigen Welt, in der eifrig Nachrichten über genetische, hormonale und andere organische Erklärungen für Verhaltensweisen konsumiert werden, macht man diesen Fehler leicht. Wenn man einmal anfängt, organische Ursachen für Wut und Zorn zu entdecken, ist die Versuchung, diese Gründe hinter jedem Schimpfen und Schreien zu erkennen, fast unwiderstehlich. Der Neurologe Frank A. Elliott meint, das »Syndrom der Dyskontrolle«, theoretisch Resultat einer Krankheit des limbischen Systems, sei »ein wichtiger Grund für Mißhandlung von Frauen und Kindern, sinnlose Körperverletzungen, Morde ohne Motiv, Selbstverletzungen, gefährliches, aggressives Fahren, häusliches Unglück, Scheidungen und (bei Kindern) Schwierigkeiten in der Schule und im sozialen Bereich«.[44] Einige Lebensmittelallergie-Enthusiasten schreiben die gleichen Symptome Mängeln in der Ernährung, Lebensmittelzusätzen und -allergien zu: Viele hyperaktive Kinder, schlechtgelaunte Erwachsene, streitsüchtige Paare und echte Psychotiker, sagen sie, essen einfach falsch. Richard Mackarness schätzt, daß ein Drittel aller Fälle von Geisteskrankheit durch Lebensmittelallergien hervorgerufen werden, und er zitiert Beispiele von hospitalisierten Patienten, die zu einem normalen Leben zurückkehrten, nachdem sie aufgehört hatten, Kalbfleisch zu essen oder Pulverkaffee zu trinken oder was auch immer.[45] Die Ärzte Paul H. Wender und Donald F. Klein finden in ihrem intelligenten Buch *Mind, Mood and Medicine* die Heilungen, die neue Medikamente bei Stimmungsstörungen bewirkt haben, so aufregend, daß sie fast überall ein biochemisches Ungleichgewicht sehen, obwohl sie zugeben, daß auch die »realen« Probleme des Lebens uns euphorisch, depressiv oder wütend machen können.

Die Anziehungskraft des biologischen Reduktionismus, und auch seine Gefahr, liegen in seinem Einfluß auf die Lösungen. Die gestellte Diagnose legt das Heilverfahren nahe: bei Lebensmittelallergie Diät; bei Gehirnkrankheiten Psychochirurgie; bei chemischem Ungleichgewicht Medikamente; bei sozialen Konflikten soziale Verhandlungen. Vielleicht denken Sie, es sei doch leicht, um nicht zu sagen moralische Pflicht, einem Problem seine Lösung auf den Leib zu schneidern, in der Praxis jedoch herrscht große Inflexibilität. Was zum Beispiel halten Sie von den folgenden Beobachtungen des Psychologen Kenneth E. Moyer?

Ich hatte einmal eine Nachbarin, die nach allen gültigen Kriterien frei von Pathologie war. Man hätte sie sicherlich nicht in eine Anstalt einweisen sollen oder können. Ihre Aggressionsschaltungen standen jedoch schnell unter Strom. Meistens fühlte sie sich feindselig. Sie war aufbrausend und unangenehm im Umgang, und sie berichtete zwar, sie würde sich sehr bemühen, ihr feindseliges Verhalten zu bremsen, stellte aber fest, daß sie ihre Kinder und ihren Mann häufig anschrie. Sicherlich sind die meisten Männer sich einig, daß sie von dieser unvernünftigen Feindseligkeit befreit werden sollte, wenn sich ein Medikament findet, das ihr hilft, sie zu beherrschen.[46]

Die »meisten Männer«? Vielleicht, aber ich wette, daß die meisten Frauen andere Lösungen vorziehen oder diese Frau zumindest fragen würden, *worüber* sie wütend ist. Wenn sie frei von Pathologie ist, woher wissen wir dann, daß ihre Feindseligkeit so »unvernünftig« ist? Und wenn das, was für einen Mann »unvernünftig« ist, nun für eine Frau eine »elementare Notwendigkeit« ist? Werden Medikamente dazu führen, daß sie sich mehr an ihrer Familie freut und ihr Leben besser unter Kontrolle hat, oder werden sie sie fügsamer und apathischer machen? Vor noch nicht langer Zeit schienen chirurgische Eingriffe eine einfache Methode zu sein, um Wut zu reduzieren. Wenn die Elektrode einmal in die erkrankte

Hirnregion eingepflanzt ist, braucht es nur einen kleinen Stromstoß, um die Anomalie zu zerstören. »Die Wildkatze Lynx rufus kann durch Amygdalektomie fügsam und freundlich gemacht werden«, schrieb Moyer. »Wie es wilde Katzen gibt, so gibt es auch wilde Menschen, Menschen, bei denen die Aggressionsschaltungen so oft spontan unter Strom gesetzt werden, daß sie eine ständige Gefahr für alle um sie herum und für sich selbst bedeuten.«[47] Nach solchen leichten Operationen seien Menschen zu ihrem normalen Leben zurückgekehrt, meinte er. Manche konnten zum erstenmal im Leben lächeln. Psychochirurgen erzählen Horrorgeschichten wie die von dem Patienten, der einen Gehirntumor hatte, welcher Kopfschmerzen, Übelkeit und Erbrechen verursachte. Der behandelnde Psychiater, der gegen neurologische Chirurgie war, hatte entschieden, die Symptome des Patienten würden durch »einen Haß auf die Mutter und mangelnde Achtung dem Vater gegenüber« hervorgerufen.[48]

Das klingt überzeugend, ist aber nur die halbe Wahrheit. Denn trotz aller wunderbaren Einblicke, die das Gehirn uns in den letzten Jahrzehnten gewährt hat, ist unser Wissen über seine Arbeitsweise noch recht vage. In einer Gruppe von 25 chronisch feindseligen und gewalttätigen Patienten hatten Läsionen der Amygdala unvorhersehbare Wirkungen: Nur bei vier Patienten wurden die Anfälle völlig ausgeschaltet und bei acht weiteren »deutlich reduziert«; bei den anderen dreizehn änderte sich nichts. Auch konnten die Ärzte nicht vorhersagen, bei welchen Patienten aufgrund der Operation eine Besserung eintreten würde. Moyer selbst, als Anhänger der Psychochirurgie, gab zu, daß einfach nicht bekannt sei, ob es möglich ist, Wut durch chirurgische Eingriffe zu reduzieren, ohne auch Kreativität, Ehrgeiz, Intelligenz oder Widerstand gegen Ungerechtigkeit zu verringern.[49] Er zitierte jedoch einen Patienten, der nach Läsionen des Schläfenlappens sagte, er könnte nicht wütend werden, selbst wenn er es wollte.[50]

Aus diesem Grund bezeichne ich das diagnostische Problem als Problem der biologischen Politik: Werte und Zielvorstellungen bestimmten die Diagnose in gleichem Maße wie »wissenschaftliche« Kriterien. Manche Leute weigern sich zu glauben, daß es überhaupt genetische oder organische Gründe für emotionale Störungen gibt. Sie verbringen lieber nutzlose Jahre mit Therapie oder leiden still vor sich hin (oder verdammen andere zu einer dieser Alternativen). Aber andere greifen zu physiologischen Erklärungen, um sich von jeder Verantwortung freizusprechen: »Es ist nicht *meine* Schuld, Schatz, daß ich dich anschreie; es ist mein niedriger Blutzucker.« – »Deswegen bin ich also so ungeduldig bei der Arbeit – ich bin allergisch gegen Mais.« – »Für diese eifersüchtigen Wutanfälle kann ich einfach nichts; das ist meine geringe Selbstbeherrschung.« Die Heilmittel sind ebenso wenig bedrohlich wie die Gründe: Eine Tablette einzunehmen, die Ernährung umzustellen und ein Vitaminpräparat zu schlucken ist viel leichter, als eine neue Arbeitsstelle anzunehmen, sein Leben umzustellen oder eine bittere Wahrheit zu schlucken. Und natürlich ist es auch leichter, überhaupt nichts zu tun, ein verlockender Weg für jene, die versuchen, ihre ekelhaften Launen mit Genetik oder Trieb zu entschuldigen.

Für welche Diagnose unserer Emotionen wir uns auch entscheiden, die Lehre, die wir aus der biologischen Forschung ziehen können, ist die, daß es so etwas wie »reine« Biologie, unberührt von Wahrnehmung und Kultur, nicht gibt. Die Bemühungen, die Wut im Herzkreislaufsystem, im Darm, in den Muskeln, in Gehirnzentren, im Gesichtsausdruck oder in inneren Organen zu lokalisieren, haben sich aus diesem Grund alle als unzulänglich erwiesen. Weil körperliche Empfindungen eindeutig an Emotionen *beteiligt* sind, fügt er hinzu, schließt man ohne weiteres, aber fälschlicherweise, körperliche Empfindungen *seien* die Emotion.[51]

Um der Gesellschaft und um der vielen Menschen willen, die gelehrt werden, sich als wehrlose Opfer des Lebens oder der Biologie zu betrachten, ist es Zeit, das Vertrauen in unsere Fähigkeiten zur Selbstbeherrschung und Selbstbestimmung wieder herzustellen. Ich glaube, daß biologische Forschung uns dabei hilft, denn sie zeigt, daß Wut zwar ein normaler physiologischer Vorgang ist, daß sie aber auch durch unsere Interpretationen der Welt und der uns zustoßenden Ereignisse erzeugt und reduziert werden kann. Die Forschung zeigt, daß schon allein die Handlung, einen mehrdeutigen emotionalen Zustand als Wut zu definieren, Wut erzeugen kann, auch wenn sie vorher nicht vorhanden war. Sie zeigt, daß wir zwar vielleicht nicht in der Lage sein mögen, die Kampf-oder-Flucht-Reaktion, die uns schützt und verteidigt, zu beherrschen, daß wir aber sehr wohl die Herrschaft darüber haben können, wie wir mit dieser Reaktion umgehen – ob wir sie zum Ausdruck bringen, sie leugnen, ihr widerstehen, sie umwandeln oder sie benutzen. Vor allem aber lehrt die Biologie, daß wir nicht Gefangene unserer Gefühle zu sein brauchen: Ein gewisses Maß an Verantwortung dafür, wie wir auf unsere Gefühle reagieren, wird uns zurückgegeben. Wir können uns nicht darauf berufen, der Teufel (oder irgend jemand anders) habe uns zu etwas gezwungen.

4. Streß, Krankheit und das Herz – Legenden über unterdrückte Wut

Zu den Strategien, Zorn für sich zu behalten, gehören Leugnen und Wut gegen das Selbst [...], möglicherweise von Hypertonie und Erkrankungen der Herzkranzgefäße begleitet. Sich selbst innerlich anzuschreien kann andererseits zu Depression führen, manchmal mit hohem Blutdruck, Migräne und Impotenz als Beigabe.

Fortune[1]

Sehr oft kann das Resultat angestauter Frustrationen, nämlich unterdrückte Wut, sich in zerstörerischer, lähmender Weise nach innen kehren. Sie kann uns davon abhalten, positiv mit Problemen umzugehen oder liebevolle Beziehungen zu anderen zu haben, und sie kann auch zu ernstlichen gesundheitlichen Störungen führen.

Harpers's Bazaar[2]

Diese Zitate aus zwei weit verbreiteten Zeitschriften klingen durchaus logisch. Die meisten von uns kennen das unangenehme Gefühl, sich zurückhalten zu müssen, obwohl man eigentlich diesem Soundso gerne einmal die Meinung sagen würde; wenn der Soundso einen dann hartnäckig weiterärgert und das unangenehme Gefühl schlimmer wird, scheint es vernünftig, wenn man sich Sorgen darüber macht, ob ein Magengeschwür oder etwas Schlimmeres im Anzug sein könnte. Und daraus folgern wir, daß wir, indem wir unsere Gefühle so ausdrücken oder ausagieren, wie wir sie fühlen, psychosomatischen Krankheiten vorbeugen.

Und zwar allen nur denkbaren psychosomatischen Krankheiten. Ein niederländischer Psychiater, J. J. Groen, listete einige der Krankheiten auf, von denen Ärzte und Kliniker meinen, sie würden zum großen Teil durch emotionale Hemmungen verursacht: »Herzrhythmusstörungen und Herzjagen, Raynaud-Syndrom [Durchblutungsstörung der Hände], Migräne und Spannungskopfschmerz, Hyperventilationssyndrom, funktionale Diarrhöe, chronische Verstopfung, Dysmenorrhöe [schmerzhafte Menstruation], vorzeitiger Samenerguß, Vaginismus und Impotenz [...] Magengeschwür, Colitis ulcerosa [Dickdarmentzündung], Bronchialasthma, Magersucht und Fettleibigkeit (Freßsucht).«[3]

Gnade! Dann doch lieber den Vermieter oder den Partner anschreien! In solchen Fällen besteht nach Groen die Vermutung, daß die Patienten ihre Gefühle nicht einfach und direkt ausagieren können, so daß die inneren Entladungen des vegetativen Nervensystems gestört werden; das führe zu klinischen Krankheitsbildern. Aus diesem Glauben heraus raten viele Ärzte ihren Patienten (und viele Therapeuten lehren es ihre Klienten) »in Kontakt mit ihren Gefühlen« zu kommen.

Bei meinen Bemühungen, die Rolle unterdrückter *Wut* bei der Entstehung von Krankheiten und psychosomatischen Beschwerden aufzuspüren, stieß ich jedoch überall auf Hindernisse. Die erste Schwierigkeit war, daß unsere Gefühle sich nicht gut unterscheiden lassen. Wie ich bereits in Kapitel 3 angemerkt habe, treten Gefühle gern zusammen auf, und es kommt nur ganz selten vor, daß ein einzelnes Gefühl allein Probleme bereitet. Groen selbst zum Beispiel studierte einen großen Teil der Forschungsergebnisse über psychosomatische Krankheiten und folgerte, daß »es nur bei relativ wenigen dieser Beschwerden möglich gewesen ist, die relevanten emotionalen Zustände mit einfachen Begriffen, wie Angst, Wut oder Depression, zu bestimmen.«[4] Gefühle würden sich, meint Groen, auf komplizierte Arten miteinander *verbinden*, um so anomale Zustände hervorzurufen.

Ein zweites Hindernis, auf das ich stieß, war die Verwechslung von Krankheits*ursachen* mit deren *Folgen*. Diesen Fehler macht man leicht. Schließlich bekommen Ärzte und Therapeuten die Menschen zu sehen, *nachdem* sie krank geworden sind oder emotionale Probleme bekommen haben. Da sitzen die Patienten, wütend oder deprimiert, weil die Ehe, die Arbeit oder das Magengeschwür nicht besser werden. Zu der Annahme, daß Wut oder Depression das Geschwür oder das emotionale Problem verursacht haben, ist es nun nur noch ein kurzer, allerdings unbegründeter Schritt. Tatsache ist, daß Menschen, wenn sie sich krank fühlen, schon allein deswegen reizbar, ängstlich und unglücklich sein können.

Drittens werden bei einer überraschend großen Anzahl von Untersuchungen, die die Rolle der Gefühle für die Gesundheit erforschen, für die Gesundheit relevante Gewohnheiten nicht berücksichtigt. Bevor man zum Beispiel folgern kann, daß »unterdrückte Wut Krebs verursacht«, müßte man die Möglichkeit ausschließen, daß Menschen, die ihre Wut unterdrücken, häufiger rauchen oder trinken als andere. Viele Untersuchungen ignorieren jedoch nicht nur wichtige Risikofaktoren, sondern übersehen auch die Möglichkeit, daß etwas ganz anderes Wut *und*

Krankheit beeinflussen könnte. Zum Beispiel führt ein überempfindliches Nervensystem möglicherweise häufig zu Wutgefühlen und, unabhängig davon, zu einer Herzkrankheit.

Schließlich und endlich wird die Rolle, die Wut bei Krankheiten spielt, durch die Verwechslung von psychischen und organischen Ursachen für mentale und physische Probleme verdunkelt. Wie Susan Sontag in *Illness as Metaphor* richtig beobachtete, erfindet man, wenn die medizinische Ursache einer Krankheit unbekannt ist, psychologische Erklärungen. Im neunzehnten Jahrhundert, bevor der Tuberkelbazillus entdeckt wurde, führte man Tuberkulose gern auf die »Persönlichkeit« zurück. Der Bösewicht »unterdrückte Wut« ist früher wahllos für Probleme verantwortlich gemacht worden, die heute in der Hauptsache physiologisch oder genetisch bedingt zu sein scheinen (wie Übergewicht und Magengeschwüre), außerdem für vage definierte Beschwerden, die bei verschiedenen Menschen verschiedene Ursachen haben können (wie Depression und Streß), und dazu noch für komplizierte Krankheiten (wie Hypertonie und Herzkrankheiten), bei denen Wut, wenn sie überhaupt eine Rolle spielt, ihren Platz am Ende einer langen Liste von auslösenden Faktoren einnehmen muß.

Ein Wort noch zur Begrifflichkeit. Im allgemeinen Sprachgebrauch werden »unterdrückte« und »verdrängte« Wut oft austauschbar verwendet, um eines der folgenden Wutgefühle zu bezeichnen: Wut, die man fühlt, aber nicht offen und direkt ausdrückt; Wut, die man auf einen anderen haben »sollte«, aber stattdessen gegen sich selbst richtet; und unbewußte Wut, die aus dem Bewußtsein herausgehalten wird, weil sie für das Ich zu bedrohlich ist. Für unsere Zwecke hier möchte ich in der Hauptsache über die ersten beiden Fälle sprechen, die ich als »unterdrückte« Wut bezeichnen werde, um sie von dem psychoanalytischen Konzept der unbewußten Verdrängung zu unterscheiden.

Eßstörungen, Übergewicht und Magengeschwüre

Seit meiner Kindheit bin ich von Essen besessen. Ich war dünn wie eine Bohnenstange und bemühte mich still, Essen herunterzuzwingen, doch innerlich kochte mein Ärger.
Wenn ich mich heute vollfresse, benutze ich Essen als Waffe, mit der ich auf meine Eltern, meinen Mann und mich selbst losschlage. Jeder Keks ist ein Angriff [...] Ich benutze Essen, um Verantwortung aus dem Weg zu gehen, um die inneren Konflikte und emotionalen Bedürfnisse zu befriedigen, mit denen ich allein nicht fertig werde.

Jackie Barrile,
»Confessions of a Closet Eater«[5]

Klingt plausibel, oder? Leider ist diese populäre Psychologisiererei so vage und oberflächlich, daß sie bedeutungslos ist – jedenfalls ist sie nicht verifizierbar. Kliniker füttern damit jedoch ihre übergewichtigen Patienten, die solche Argumente mit Begeisterung schlucken. Wut wird oft als Erklärung mitherangezogen, warum jemand übergewichtig ist oder eine bestimmte Eßstörung hat, wie Magersucht oder Bulimie (Perioden von Heißhunger und Erbrechen). Ähnlich wie Jackie Barrile mit ihrem kochenden Ärger und ihrer Theorie vom Essen als Waffe nimmt man häufig an, daß unter dem Fett – oder der Angst vor dem Fett – unterdrückte Wut begraben liegt.

Viele Jahrzehnte lang haben in der Forschung tätige Psychologen und Psychotherapeuten versucht, einheitliche Gründe für Fettleibigkeit oder einfaches Übergewicht zu finden. Wie der Arzt William Bennett und Joel Gurin, Herausgeber von *American Health*, in ihrem ausgezeichneten Buch *Vom Sinn und Unsinn der Diätkuren* berichten, sind alle Versuche, psychodynamische Erklärungen für Übergewicht zu bestätigen, fehlgeschlagen. Dabei hat man sich wirklich große Mühe gegeben. Bereits 1957 faßten der Psychiater Harold Kaplan und die klinische Psychologin Helen Singer Kaplan bis dahin veröffentlichte angebliche Gründe für übermäßiges Essen zusammen. Essen kann u. a. sein:

- ein Hilfsmittel zur Verringerung von Angst, nervöser Spannung, Sorgen und Unentschlossenheit.
- ein Hilfsmittel, um Freude, Lob, Erfolg zu erzielen.
- ein Hilfsmittel zum Ausdruck von Feindseligkeit, die bewußt oder unbewußt, in Abrede gestellt oder verdrängt sein kann.

- ein Hilfsmittel, sich selber für eine erledigte Aufgabe zu belohnen.
- ein Hilfsmittel zur Verringerung von Schuldgefühlen, die wiederum eine Folge des übermäßigen Essens sein können.[6]

Mit anderen Worten, jeder Frau, die meint, sie esse, wenn sie wütend ist, steht eine andere gegenüber, die ißt, wenn es ihr besonders gut geht (tatsächlich ist es oft die gleiche Person). Jedem Mann, der glaubt, er sei fett, weil seine Eltern ihn nicht genug liebten, steht ein anderer gegenüber, der glaubt, er überfresse sich, weil seine Eltern ihn zu sehr liebten: »Meine Mutter hat mir nie genug zu essen gegeben« steht als Erklärung für Übergewicht direkt neben »Meine Mutter hat mich überfüttert«.

Heutzutage wird Dicksein nicht mehr als Zeichen für eine emotionale Krankheit angesehen; die American Medical Association konnte keinen eindeutigen Zusammenhang zu einem psychischen Syndrom oder einem Verhaltensmuster finden. Tatsächlich hängen die einzigen psychischen Unterschiede zwischen Dünnen und Dicken in der Regel mit dem sozialen Stigma des Übergewichtes zusammen und mit der Geringschätzung, die in unserer Kultur auch den nur etwas dickeren Menschen entgegengebracht wird. Kurz, die meisten psychischen Probleme dicker Menschen sind Resultat des Übergewichts, nicht Ursache. Der Streß, unter dem sie stehen, ist fast nie durch emotionale Konflikte bedingt, ... sondern durch Schlankheitskuren.

Freßanfälle zum Beispiel – Jackie Barriles Problem – stehen nicht in besonderem Zusammenhang zu unterdrückter Wut oder kochendem Ärger, sondern sind in erster Linie eine Reaktion auf *Hunger*. Sie treten typischerweise bei Menschen auf, die eine Diät machen, ob nun als Vier-Wochen-Programm, Nulldiät oder als ständige Bemühung, ihr Eßverhalten unter Kontrolle zu behalten. Beachten Sie, daß es hier um die Diät geht, nicht um das Übergewicht: Viele sehr dünne Menschen, vor allem Frauen, halten sich modisch hager, aber zu einem hohen emotionalen Preis.

Die Psychotherapeutin Hilde Bruch beschreibt in ihrem Buch *Eating Disorders* das Dilemma der »schlanken Dicken« – Menschen mit normalem Gewicht, meistens Frauen, die vom Schlanksein besessen sind. »Viele Frauen«, schreibt Bruch, »machen aus dem Schlanksein einen Fetisch und machen Abmagerungskuren ohne Bewußtsein für oder Rücksicht auf die Tatsache, daß das nur zum Preis ständiger Anstrengung und Anspannung und in gewissem Maße auf Kosten ihrer Gesundheit möglich ist [...] Da sie sich nie erlaubt haben, angemessen zu essen, ist ihnen nicht klar, inwieweit ihre Anspannung, schlechte Verfassung, Reizbarkeit und Unfähigkeit, in Ausbildung oder Beruf zum Ziel zu kommen, das direkte Ergebnis chronischer Unterernährung ist [...] Es ist üblich geworden, ihnen Beruhigungsmittel zu verschreiben; drei ordentliche Mahlzeiten am Tag wären eine vernünftigere Behandlungsmethode.«[7]

Bennett und Gurin schreiben, daß Menschen, die eine Diät machen, häufig reizbar, angespannt und deprimiert seien – wie hungernde Menschen. Chronisches Diäthalten und eingeschränktes Essen machen Menschen jeder Gewichtsklasse hungrig. Der Körper weiß nicht, ob man freiwillig hungert oder nicht. Dicke Menschen (und »schlanke Dicke«) sind angewiesen worden, nach allen möglichen unbewußten Motiven für ihre Eß»probleme« zu suchen. Aber Korpulenz ist, wie Bennett und Gurin überzeugend demonstrieren, in »den meisten Fällen *nicht* die Folge tiefverwurzelter psychologischer Konflikte oder schlecht angepaßter Eßgewohnheiten, sondern lediglich eine biologische Tatsache.«[8]

Jeder glaubt gern, daß Allergien oder *Junk Food* Kinder unleidlich machen und zu aggressiven Ausbrüchen führen können, doch daß Schlankheitskuren auf Erwachsene die gleiche Wirkung haben können, wird anscheinend weniger bereitwillig geglaubt. Stellen Sie sich einmal vor, wie der Reizbarkeitsquotient in unserem Land sinken würde, wenn alle die idiotische Diät aufgeben würden, die sie gerade befolgen (und sich einfach gesund ernähren würden)! Die meisten diäthaltenden Menschen hätten mehr davon, wenn sie, statt über geheimnisvollen Ärger zu spekulieren, den sie als Kind vielleicht mit sich herumgetragen haben, und wütend auf ihre Eltern zu sein, auf eine Gesellschaft wütend würden, die ihnen ihren Körper zum Feind gemacht hat.

Von Übergewicht zu Magengeschwüren scheint es ein weiter Weg zu sein, aber beide haben theoretisch den gleichen Ursprung, möglicherweise auch die gleichen Ergebnisse. Ein Arzt, der 1978 ein Buch über Geschwüre schrieb, stellte es als Tatsache hin, daß »der Patient mit Zwölffingerdarmgeschwür anscheinend in sehr frühem Alter gelernt hat, lieber den Frieden zu wahren, als mit Händen oder Zunge um sich zu schlagen.«[9] Zu jener Zeit kam mir diese Aussage merkwürdig vor, denn meinen wenigen Bekannten mit Magengeschwüren oder verheilten Magengeschwüren bereitete es keine Probleme, mit Händen oder Zunge um sich zu schlagen. Tatsächlich gehörten sie zu den Menschen, die ihre Wut direkt ausdrücken.

Jüngste Ergebnisse haben die Theorie, daß unterdrückte Wut zu Magengeschwüren führt, zum großen Teil widerlegt. Ruhige, entspannte Menschen bekommen ebenso oft Magengeschwüre wie unter Druck stehende, ehrgeizige Leute und Beschäftigte mit niedrigerem Status ebenso oft wie solche mit höherem Status. Magengeschwüre treten bei Busfahrern, Bauern und Bauarbeitern ebenso häufig auf wie bei den Berufsgruppen, die dafür bekannt sind, wie Filmmogule und Manager. Nicht einmal Fluglotsen, die sicherlich unter Druck arbeiten, sind öfter davon betroffen. Magengeschwüre treten bei Menschen auf, die ihre Wut bereitwillig ausdrücken, und bei solchen, die das nicht tun. Das weitverbreitete Bild von der begrabenen Wut, die ihr übles Werk verrichtet, indem sie schmerzhafte Wunden schlägt, ist zwar eine kluge Phantasie, medizinisch aber nicht haltbar.

Der wichtigste Faktor bei der Entstehung von Magengeschwüren ist nicht ein emotionaler Zustand, sondern ein hoher Pepsinogen-I-Wert (ein biochemischer genetischer Marker) im Blutserum. Untersuchungen an Zwillingen zeigen, daß diese Werte genetisch bedingt sind, manche Menschen sind daher offensichtlich anfällig für Magengeschwüre, wenn sie unter Streß sind. Zwölffingerdarmgeschwüre haben die Tendenz, bei engen Verwandten aufzutreten, vor allem bei eineiigen Zwillingen, und sind unter Menschen mit der Blutgruppe Null etwas stärker verbreitet. (Es gibt jedoch verschiedene Arten von Magen-Darm-Geschwüren, und nicht alle haben die gleiche Ursache. In einer Studie hatten ein Drittel der Patienten, die wegen Ulcus duodeni im Krankenhaus lagen, normale Pepsinogen-I-Werte im Blutserum.[10])

Also nur mit der Ruhe. »Um sich zu schlagen« mit Händen oder Zunge schützt nicht vor Magengeschwüren (und hält auch nicht schlank), und auf den Händen zu sitzen oder sich auf die Zunge zu beißen ruft keine Magengeschwüre hervor (noch macht es dick). Und keine der beiden Methoden, mit Wut umzugehen, hilft einem, sein Magengeschwür oder seine überflüssigen Pfunde loszuwerden.

Wut und Depression

Der psychoanalytischen Standardformel zufolge ist Depression nach innen gerichtete Aggression. Dieser Gedanke entstand 1911, als Karl Abraham die Hypothese aufstellte, Groll über den Verlust eines geliebten Menschen würde durch Vereinigung und Identifikation mit dem geliebten Menschen gegen das eigene Selbst gerichtet, und dieser Prozeß führe zur Depression. Freud fügte, in *Trauer und Melancholie* (1916), hinzu, daß Schuldgefühle wegen eines Verlustes ein Bedürfnis nach Leiden schaffen und daraus resultierend einen Verlust an Selbstwertgefühl, wodurch gegen das eigene Selbst gerichtete Feindseligkeit ausgelöst wird. In der Folge stellten die meisten psychoanalytischen Autoren Aggression oder Wut ins Zentrum ihrer Theorie der Depression.

Wenn aber Wut eine bestimmte Energiemenge ist, die in diese oder jene Richtung geschickt werden kann, warum bleibt man dann bei »Depression ist nach innen gerichtete Wut« stehen? Warum argumentiert man nicht, daß Wut nach außen gerichtete Depression sei? Das eine ist doch genauso plausibel wie das andere. Eine Sozialarbeiterin, die ich interviewte, erzählte mir, sie hätte Schwierigkeiten damit, die Wut von Freunden zu ertragen, die Scheidungen oder andere emotionale Trennungen durchmachten. »Ich habe nicht mehr die Geduld wie früher«, sagte sie, »um mir anzuhören, wie die Leute über ihre Exliebhaber herziehen. Einmal bleiben sie dadurch im Sumpf ihrer Wut stecken, und außerdem glaube ich, daß es ihre wahren Gefühle von Verletztheit und Traurigkeit überdeckt.«

»Wahre Gefühle von Verletztheit und Traurigkeit«? Der Fehler bei diesem Spiel mit Richtungen besteht darin, daß eine eindeutige Beziehung zwischen Wut und Depression angenommen wird. Dadurch wird man keinem der beiden Gefühle gerecht. Manchmal ist Depression »nach innen gerichtete Wut«, aber manchmal ist sie nur Depression, was schlimm genug ist. Manchmal ist ein wütender Mensch »in Wirklichkeit« verletzt, traurig oder besorgt, und manchmal ist er oder sie wirklich wütend. Genauso wie es verschiedene Arten von und verschiedene Gründe für Wut gibt, gibt es auch verschiedene Depressionen und verschiedene Beziehungen zwischen den beiden Gefühlen.

Erstens kann Depression die Folge von Wut sein. Wenn es der Wut nicht gelingt, Gefahr abzuwenden oder Hindernisse aus dem Weg zu räumen, wenn sie das Gefühl der Herrschaft über die Umstände nicht wiederherstellt, kann man irgendwann anfangen, teilnahmslos zu werden. Nach der Theorie, daß Depression Hoffnungslosigkeit ist, liegt die Schlüsselvorstellung depressiver Menschen darin, daß niemals etwas Gutes geschehen wird (»Es ist alles hoffnungslos«) und daß sie dieser trostlosen Zukunft wehrlos ausgesetzt sind.[11] Depressive Menschen neigen zu dem Glauben, daß negative Ereignisse innere, dauerhafte und globale Ursachen haben (»Es ist meine Schuld; es wird immer meine Schuld sein; und es wird alles beeinflussen, was ich tue«). In solchen

Fällen von Depression ist es jedoch nicht ganz richtig, zu sagen, daß die Wut »nach innen gerichtet« wurde. Eher wurde sie ausgelöscht.

Zweitens können Wut und Depression vollkommen verschiedene, angelernte Reaktionen auf anhaltenden Streß sein, abhängig von der sozialen Geschichte eines Menschen und möglicherweise auch von genetisch bedingten Unterschieden im Hormonhaushalt.[12] Manche Menschen lernen, daß sie, wenn sie in einer schlimmen Situation mit klugem Zorn reagieren, ihre Lage ändern können; andere, die sich wehrlos und machtlos fühlen, lernen (oder glauben), daß Wut nur auf sie zurückfällt. Mit der Zeit können Wut *oder* Depression gewohnheitsmäßige Strategien der Anpassung an schwierige Umstände sein.

Drittens, und das ist der häufigste Fall, können Wut und Depression gleichzeitig auftreten.[13] Wenn depressive Menschen »Wut nach innen richten«, müßten wir feststellen, daß sie Wut oder Feindseligkeit nicht verbal »nach außen« bringen. Es zeigt sich aber, daß die meisten Depressiven sehr wohl Wut und Feindseligkeit anderen gegenüber äußern. Der Gedanke, sie könnten das nicht, ist wissenschaftlich nicht belegt; er leitet sich in der Hauptsache aus Eingebungen von Klinikern oder persönlichen Beobachtungen her. Doch vielleicht, vermuten die Ärzte Paul Wender und Donald Klein, äußern Depressive Wut nur ihren Therapeuten gegenüber nicht, weil sie nicht jemanden gegen sich aufbringen wollen, der für sie die einzige Hoffnung darstellt. Wender und Klein zitieren eine Langzeitstudie mit depressiven Frauen, bei denen die Feindseligkeit nicht nur während Perioden akuter Depression stärker wurde, sondern auch andauerte, nachdem die Depression vorbei war. Wieder einmal wurde die einfache Gleichsetzung von Depression und »Richtung« der Wut nach innen nicht bestätigt. Wenn Depression nach innen gerichtete Wut wäre, wäre zu erwarten, daß Antidepressiva die Wut »freisetzen« oder »umlenken« würden. Auch das scheint nicht der Fall zu sein. »Depressive Patienten, die positiv auf Antidepressiva reagieren, werden *weniger* reizbar und wütend«, berichten Wender und Klein, »im Gegensatz zu der üblichen psychodynamischen Erklärung.«[14]

Weil bei den meisten von uns ein Durcheinander an Gefühlen herrscht, wenn etwas Beunruhigendes geschehen ist, vereinfacht es das Problem vielleicht etwas, wenn man ein Gefühl hervorhebt und ein anderes ausschließt, man schränkt damit aber auch unsere Wahlfreiheit ein. Therapeuten, die hinter der Maske der Depression Wut sehen, setzen sich vielleicht nur mit einer Seite des Problems auseinander. Aaron Beck, ein abtrünniger Psychoanalytiker, der Freuds Depression-und-Wut-Formel abgelehnt hat, beschreibt das typische Hin und Her zwischen Wut und Traurigkeit im Fall eines Mannes, der von seiner Frau hart kritisiert wurde:

Wenn er daran dachte, wie ungerecht sie ihn kritisiert hatte, empfand er Wut auf sie. Im nächsten Augenblick kam ihm zu Bewußtsein, daß er ihre Zuneigung verloren hatte, und er fühlte sich traurig. Den ganzen Tag pendelten seine Gedanken zwischen den Polen der Anklage gegen seine Frau und des Liebesverlusts hin und her, mit den entsprechenden Fluktuationen zwischen Wut und Traurigkeit.[15]

Beachten Sie, daß die Stimmung des Mannes von seinem Denken beeinflußt wird, nicht von seinen Gefühlen. Diese Beobachtung führte Beck dazu, mit der Tradition zu brechen und einen therapeutischen Ansatz für den Umgang mit Depression zu entwickeln, der die verzerrten *Vorstellungen* betont, die Depressive von sich und der Welt haben. Eine Frau, die von ihrem Mann verlassen wurde, ist vielleicht deprimiert, weil sie sich selbst die Schuld daran gibt, weil sie das Gefühl hat, für Männer jeden Reiz verloren zu haben und weil sie keine Energie mehr für ihre Arbeit hat. Ein junger Student fühlt sich einsam und unsicher und schreibt diese Gefühle ständigem Versagen zu statt seinem vorübergehenden Zustand (nämlich Erstsemester zu sein). Ein Rechtsanwalt glaubt, seine Frau habe ihn mit der Eheschließlung ins Netz gelockt. In jedem Fall helfen Beck und andere Vertreter der kognitiven Therapierichtung dem Klienten oder der Klientin zu verstehen, inwiefern seine oder ihre Einstellungen für die Depression verantwortlich sind, und versuchen, die verzerrten Vorstellungen zurechtzurücken. Kognitive Therapie ist, nach jüngeren Berichten, bei der Veränderung falscher Vorstellungen und der Stärkung eines schwachen Selbstwertgefühls viel erfolgreicher als ausschließlich medikamentöse Therapie (Antidepressiva) oder Psychoanalyse.

Schließlich können Wut und Depression auch überhaupt keine Beziehung zueinander haben. Bei den Forschungen für ihr Buch *Social Origins of Depression* interviewten die Soziologen George W. Brown und Tirril Harris eine Zufallsstichprobe von 458 Frauen in einem englischen Arbeiterviertel und verglichen diese mit mehr als 100 Frauen, die wegen Depression in psychotherapeutischer Behandlung waren.[16] Die Forscher wollten die Lebensbedingungen identifizieren, die bei der Entstehung von Depression eine Rolle spielen, und sie fanden mehrere Faktoren, die, in Kombination mit einem besonders starken streßauslösenden Katalysator, voraussagen ließen, welche Frauen in der Zufallsstichprobe klinisch depressiv werden würden. Diese Faktoren waren das Fehlen einer engen, vertrauensvollen Beziehung zum Ehemann; Verlust der Mutter vor dem Alter von elf Jahren; drei oder mehr Kinder unter vierzehn zu Hause; und Fehlen von einer Beschäftigung außer Haus.

Nun, wer wäre unter solchen Bedingungen nicht deprimiert? Fügen Sie zu den alltäglichen Problemen, denen diese Frauen gegenüberstehen – Isolation, Einsamkeit, Ansprüche vieler kleiner Kinder, Armut – einen letzten Tropfen wie Krankheit, einen Trauerfall oder Gewalttätigkeit hinzu, und stellen Sie sich vor, welche Kraft die Frau dann brauchen würde, um nicht von Hoffnunglosigkeit überwältigt zu werden. Doch inwiefern ist diese Depression »nach innen gerichtete Wut«?

Man könnte natürlich mit Recht argumentieren, daß diese Frauen eigentlich wütend sein sollten. Man könnte triftige Gründe dafür finden, daß sie, wenn sie über die fehlende Unterstützung von seiten ihrer Männer (emotional wie finanziell) oder wegen fehlender Arbeitsstellen und mangelhafter Kinderbetreuung auf die Regierung wütend werden würden, die Energie fänden, ihre Lebensbedingungen zu ändern. Vielleicht sind Sie der Meinung, daß man eher wütend sein sollte als deprimiert, weil zielgerichtete Wut eher Lösungen schafft als Apathie und Tränen. Aber sobald sich ein »sollte« in die Diskussion einschleicht, sind wir bei der Politik und entfernen uns von biologischen oder psychischen Gegebenheiten. Ziel von Reformbewegungen und von einigen Therapierichtungen ist es, die Hoffnungslosen und Entrechteten davon zu überzeugen, daß es praktische Lösungen für sie gibt. Damit diese Überzeugungsarbeit gelingt, müssen die Reformer aus den Kohlen der Depression die Flamme der Wut entfachen. Das aber ist ein sozialer Prozeß, und dabei geht es um Motivierung und neue Wahrnehmung der alten Situation, nicht um Umlenkung von Wut auf ein anderes Ziel.

Ein Grund für die widersprüchlichen Theorien über Wut und Depression ist, daß Depression, wie Wut, mit unterschiedlicher Heftigkeit auftritt und sich etwa als tränenreiche Müdigkeit, chronisch melancholische Stimmung oder als Unfähigkeit, aus dem Bett zu kommen, äußern kann. Außerdem hat Depression, wie Wut, viele Gründe. Die eine leidet vielleicht unter den Nachwirkungen von sexuellem Mißbrauch in der Kindheit; der andere hat möglicherweise eine Prädisposition, auf jede Art von Streß mit Melancholie zu reagieren; ein dritter hat vielleicht einen pessimistischen Persönlichkeitsstil, der depressive Interpretationen von Ereignissen begünstigt. Die Beziehung zwischen Wut und Depression wird in diesen Fällen wahrscheinlich sehr unterschiedlich sein.

Der Psychiater und Essayist Leslie Farber hat einmal bemerkt, daß Depression immer mit etwas zusammenhängt, was im eigenen Leben schiefgegangen ist, daß sie aber jetzt als diagnostische Kategorie statt als verständliche Reaktion auf schwierige Zeiten angesehen wird. »Der Patient kommt nicht mehr in mein Sprechzimmer und erklärt, daß er unter ehelichen Spannungen, Unsicherheiten im Beruf oder Generationskonflikten leide«, sagt er. »Jetzt verkündet er, er sei deprimiert – als wenn das alles erklären würde. Natürlich ist er deprimiert: Eheliche Spannungen oder Unsicherheiten im Beruf oder Generationskonflikte irgendwelcher Art bereiten ihm Kummer; kein Wunder, daß Depression eine Komponente seiner Lebensauffassung ist.«[17]

Das gleiche kann man von Wut sagen, bei der es ebenfalls immer um etwas geht und die häufig eine vorhersehbare Reaktion auf schwierige Zeiten ist. Ob Wut und Depression im konkreten Fall zusammenhängen und welches der beiden Gefühle der Situation angemessen ist, hängt von dem Ereignis ab, das sie hervorgerufen hat – und von unseren Interpretationen dieses Ereignisses.

Wut und Streß

Die Annahme vieler Kliniker, Wut zu ersticken könne psychosomatische Folgen haben, wurde in den späten fünfziger Jahren durch das Buch *Mastery of Stress* unterstützt.[18] Die drei Autoren wollten wissen, ob die Art des Umgangs mit Wut in einem Zusammenhang zu der Fähigkeit steht, Streß abzubauen. Wenn man ein Jahr lang besonders große Frustration und Sorgen zu ertragen hat, ist man dann häufiger wütend als sonst? Oder hat man Angst oder überhaupt ein ganz anderes Gefühl? Was tut man, wenn man wütend ist: Drückt man die Wut aus oder behält man sie für sich? Hat etwas davon Bedeutung für die Fähigkeit des Körpers, sich auf Streß einzustellen?

Zur Beantwortung dieser Fragen testeten die Forscher 125 junge Harvardstudenten, die sich freiwillig für das Projekt gemeldet hatten, mit drei Streßtests (drei Wochen lang ein Test pro Woche). Die Forscher wiederholten die Reihe ein Jahr später, um zu sehen, ob die Männer auf kurze und auf lange Sicht »Streß bewältigten«. Unter »Bewältigung« verstanden sie die physiologische Anpassung des Körpers, das schnelle Absinken von Anzeichen für Spannung (wie hohem Blutdruck) auf normale Werte.

Mir gefielen die Streßtests der Forscher, weil sie den Situationen, die den meisten von uns im täglichen Leben nur allzu oft begegnen, so ähnlich waren. In zwei verschiedenen stressigen Situationen wurden die Versuchspersonen bei ihren Bemühungen, gestellte Aufgaben zu lösen, frustriert. Die Forscher erklärten, ihr Ziel sei gewesen, den jungen Mann zu unterbrechen und dazu sein Selbstwertgefühl anzugreifen, ohne ihn aber an der Arbeit zu hindern. Der Experimentator war gerade so bedrohlich und lästig, daß er die Wut des jungen Mannes rechtfertigte, wenn dieser dazu aufgelegt war, er war jedoch nicht so gemein, daß er als offensichtlicher Grund für die Probleme des Studenten hätte gelten können. Genau wie im wirklichen Leben auch war der Grund für die Schwierigkeiten nicht eindeutig, und die jungen Leute konnten wählen, ob sie sich oder dem Experimentator die Schuld an ihrem Versagen beim Test geben wollten.

Am Ende jeder Streßsitzung befragte der Experimentator den jungen Mann über seine Gefühle und gab ihm die Erlaubnis, zu wüten, zu schimpfen, zu weinen, Witze zu erzählen oder zu machen, was er wollte. Daraufhin konnten die Forscher das *Gefühl* (Wut, Angst, Belustigung und so weiter) und die *Richtung des Gefühls* (nach außen hin dem Experimentator gegenüber ausgedrückt, nach innen gerichtet, von beiden etwas) kategorisieren und, kurz gesagt, von »Hinein-Wut« und und »Heraus-Wut« sprechen. Die Hinein-Wut (Wut zu spüren, sie aber auf sich selbst zu richten) würde wohl, so vermuteten sie, der Bösewicht sein.

Das vermuteten sicherlich auch viele Leser von *Mastery of Stress*. Das Buch war kaum auf ihren Schreibtischen gelandet, als Psychologen und Ärzte in aller Eile Hinein-Wut und Heraus-Wut-Tests konzipierten und sie mit verschiedenen psychosomatischen Beschwerden in Zusammenhang brachten. Hinein-Wut, alias »unterdrückte Feindseligkeit«, paßte sehr schön in die Freudsche Form, und innerhalb weniger Jahre wurde sie zum Bestandteil Dutzender von Krankheiten. Ein bißchen Detektivarbeit enthüllt jedoch, daß einige dieser Forscher voreilig waren. *Mastery of Stress* selbst bewies für die Rolle der Wut beim Streß nicht das, was die Autoren beweisen wollten:

- Wut – hinein, heraus oder in beide Richtungen – war nur für 68 der 125 jungen Männer charakteristisch. Das ist natürlich eine Mehrheit, jedoch keine große, was bedeutet, daß zwischen Wut und Streß nicht unbedingt ein Zusammenhang besteht.
- Die Wut blieb selten bei ihrer ursprünglichen Richtung. Von den

Männern, die zuerst den Experimentator anbrüllten, überlegten einige es sich anders und wurden auf sich selbst wütend, weil sie wütend geworden waren oder weil sie den Experimentator enttäuscht hatten oder aus anderen Gründen. Andere waren besorgt, weil sie ihre Wut ausgedrückt hatten. Manche durchschauten, nachdem sie Wut ausgedrückt hatten, die experimentelle Manipulation und lachten darüber, während andere nur noch wütender wurden, weil sie sich hereingelegt fühlten. Ähnlich gingen manche, die ihre Wut erst nach innen gerichtet hatten, zu Heraus-Wut über, manche gaben sich weiterhin selbst die Schuld und manche taten die ganze Geschichte schließlich mit einem Achselzucken ab.

- Die Richtung der Wut stand in keiner Beziehung zur Fähigkeit, Streß zu bewältigen. Das Hauptargument der Theorie, Hinein-Wut erzeuge Streß, wurde nie bewiesen! Die Forscher hatten geglaubt, daß die Fähigkeit, sich an Streß anzupassen, in Zusammenhang mit dem emotionalen Stil einer Person stehen würde, das aber war nicht ihr Ergebnis. Statt dessen berichteten sie: *»In zwei Untersuchungsjahren wurde kein Zusammenhang gefunden zwischen den akuten Notfallreaktionen der Testpersonen [das heißt Hinein-Wut, Heraus-Wut oder Angst] und ihrer Fähigkeit, Streß zu bewältigen oder ihrem Versagen bei der Streßbewältigung im Lauf der Zeit.«*[19] Mit anderen Worten, die jungen Männer hatten, unabhängig davon, ob sie mit Hinein-Wut, Heraus-Wut oder Angst auf Streß reagierten, gleich große Chancen, sich an physiologischen Streß anzupassen.
- Indem sie Hinein-Wut und Heraus-Wut als ziemlich festgelegte Stile der Streßbewältigung ansahen, ließen die Forscher unberücksichtigt, daß auch Situation und Status die Wut beeinflussen. Gegenüber dem Mann am Bankschalter läßt man seine Wut vielleicht heraus, gegenüber der Schwiegermutter richtet man sie nach innen. Viele Leute lassen zu Hause Wut heraus und behalten sie bei der Arbeit für sich. Die Forscher fanden nicht heraus, wie ihre Harvardstudenten anderen Harvardstudenten, den Eltern oder sonst jemandem gegenüber Wut ausdrückten. Daher konnten sie nicht sagen, ob sie einen Charakterzug identifiziert hatten (der Mann behält seine Wut für sich) oder einen situativ bedingten Zustand (der Mann behält seine Wut auf Experimentatoren für sich).

Um der Frage nachzugehen, ob Wut ein »Zustand« oder ein »Wesenszug« ist, entwickelte Charles Spielberger, Direktor des Center for Research in Behavioral Medicine and Community Psychology an der University of South Florida ein Meßinstrument für charakteristische Wutmuster.[20] Leute, die Wut herauslassen, machen sarkastische Bemerkungen, knallen mit Türen, sagen gemeine Dinge und schlagen nach dem, was sie wütend macht. Leute, die Wut für sich behalten, schmollen, sind eingeschnappt, hegen heimlich Groll, üben »heimlich« Kritik an anderen, »kochen innerlich, aber zeigen es nicht« und gehen Konflikten aus dem Wege. Im Laufe der Jahre beobachtete Spielberger aber, daß manche Menschen eine dritte Strategie anwenden, die er »Wutbeherrschung« nennt. Solche Menschen bleiben ruhig, wenn sie provoziert werden, kontrollieren ihr Verhalten und ihre Wutgefühle, versuchen, geduldig und verständnisvoll zu sein und können sich selbst zurückhalten. Als Ergebnis davon haben sie seltener Wutgefühle und verhalten sich mit geringerer Wahrscheinlichkeit aggressiv als Menschen, die entweder schmollen oder explodieren.

Spielberger fand ebenfalls heraus, daß, obwohl meistens angenommen wird, Hinein-Wut sei das Gegenteil von Heraus-Wut, die beiden tatsächlich unabhängig voneinander sind. Diese Erfahrung und die Entdeckung der Wutbeherrschung legen nahe, daß der *Kontext* der Wut unsere Reaktion bestimmt. Denken Sie einmal einen Augenblick darüber nach, was Sie empfinden und was Sie tun würden, wenn:

- Ihr Chef grundlos seine Wut an Ihnen abläßt
- ein Polizist Sie wegen etwas anschreit, für das Sie nichts können
- ein Hausbesitzer sich wegen Ihrer Rasse oder Religionszugehörigkeit weigert, Ihnen Ihr Traumhaus zu verkaufen.[21]

Würden Sie Ihre Wut zeigen? Wie würden Sie sich dabei fühlen? Würden Sie versuchen, vernünftig mit Ihrem ungerechten Gegner zu sprechen, wenn er oder sie sich beruhigt hat? Wenn Sie Ihre Wut nicht ausdrücken würden, würden Sie dann über Ihren Groll brüten, aber zu große Schuldgefühle haben, um etwas dagegen zu tun? Gibt es einen Zusammenhang zwischen Ihren Antworten und dem Steigen und Sinken Ihres Blutdrucks? Es wäre schön, wenn man diese Frage mit Ja beantworten könnte, aber das Glück haben wir nicht. Der Zusammenhang zwischen Wut (ausgedrückt oder unterdrückt) und hohem Blutdruck hängt von Ihrem Alter, Ihrer Rasse, dem Geschlecht, der sozialen Schicht und vor allem von der Ursache für Ihre Wut ab.

Zum Beispiel sagten in einer Zufallsstichprobe von Männern und Frauen (schwarz und weiß, Mittelschicht und Arbeiterschicht) in Detroit die Mehrzahl der Männer aus der Arbeiterschicht, sie würden einen ungerechten Chef bei der Gewerkschaft oder einem Vorgesetzten melden oder sie würden direkt bei ihm protestieren. Aber dieser lobenswerte, nicht verdrängende Umgang mit Wut stand in Zusammenhang mit den *höchsten* Blutdruckwerten aller Gruppen, besonders bei jungen schwarzen Männern, die in Vierteln lebten, in denen der Streß hoch war (in denen Arbeitslosigkeit, Verbrechen und Scheidungsziffern hoch und Arbeitsmöglichkeiten gering waren). Deren Blutdruck war höher als der ihrer Kollegen, die einem aggressiven Chef einfach aus dem Weg gingen und warteten, bis der Sturm sich gelegt hatte oder die versuchten, vernünftig mit ihm zu reden. Die Forscher, geleitet von Ernest Harburg von der University of Michigan, empfehlen nicht, daß wir uns von unseren Chefs schlecht behandeln lassen sollten. Eher deuten sie an, daß die Handlung, etwas über den Kopf des Chefs hinweg zu unternehmen oder ihn direkt zu konfrontieren, Angst auslöst und selbst gewisse Risiken mit sich bringt.

Doch einem voreingenommenen Hausbesitzer oder einem aufbrausenden Polizisten gegenüber Wut auszudrücken ist etwas anderes. In diesen Situationen wird Wut normalerweise als gerechtfertigt angesehen; man hat das Recht auf seiner Seite, weil es Hausbesitzern und Polizisten per Gesetz untersagt ist, jemanden zu diskriminieren. Daher waren unter diesen Umständen die Leute, die ihre Wut für sich behielten und ein schlechtes Gewissen hatten, wenn sie sie ausdrückten, diejenigen mit dem höchsten Blutdruck. Doch selbst dieser Zusammenhang galt nicht bei allen – nur bei schwarzen Männern der Arbeiterschicht und weißen Männern der Mittelschicht, für die Kultur und Schicht möglicherweise die richtige »männliche« Rolle definiert haben.

In allen drei Situationen gab es jedoch eine Strategie für den Umgang mit Wut, die anscheinend den niedrigsten Blutdruck zur Folge hatte, und diese bestand darin, Wut weder ausschließlich zu unterdrücken noch herauszulassen. Harburg bezeichnet diese Methode als »Reflexion«: Wie bei Spielbergers »Wutbeherrschung« gehört dazu, daß man wartet, bis der Wüterich, der einen beleidigt hat, sich beruhigt hat (und vermutlich auch, bis man sich selbst beruhigt hat) und dann versucht, vernünftig mit ihm oder ihr zu sprechen. Diese Strategie, die bei Frauen aller Rassen und Schichten am beliebtesten ist, kann gelernt werden, mit gesunden Ergebnissen.

Wut und ihr Ausdruck existieren also nicht im leeren Raum. In den verschiedenen Lebensbereichen treffen wir Entscheidungen darüber, wie wir uns benehmen, wann wir sprechen und ob wir Wut zeigen. Unterdrückte Wut kann »schlecht« sein, wenn wir, indem wir unsere Gefühle nicht zeigen, die stressige Situation weiterbestehen lassen; geäußerte Wut kann gleichermaßen »schlecht« sein, wenn wir, indem wir unsere Gefühle zeigen, die stressige Situation noch schlimmer machen und zum Beispiel entlassen werden.

Trotzdem wurden die Bemühungen, vorhersagbare Zusammenhänge zwischen Streß, Krankheit und Wut zu finden, jahrelang fortgesetzt. Ein besonders faszinierendes Rätsel ist essentielle (primäre) Hypertonie, ein chronisch hoher Blutdruck; »essentiell« bedeutet, daß die Ursache unbekannt ist. Kliniker versuchen schon lange, die psychischen Wesenszüge der »hypertonen Persönlichkeit« zu bestimmen, und häufig wird Feindseligkeit als erste Ursache angesehen. Indem sie ihre Wut ständig unterdrücken, so glauben manche Psychologen, halten Hypertoniker ihren Blutdruck hoch. Wenn sie die Wut herausließen, würde der Blutdruck sinken.

Die Forschungsberichte über Hypertonie und Wut zu lesen gleicht dem Auf und Ab auf einer geistigen Wippe. Manche Untersuchungen berichten, Hypertoniker fräßen ihre Wut in sich hinein. Andere berichten, daß Hypertoniker reizbarer und aufbrausender seien als Menschen mit normalem Blutdruck. Wieder andere finden keine Unterschiede. In einem Projekt, bei dem 332 essentielle Hypertoniker mit 335 Menschen mit normalem Blutdruck verglichen wurden, berichteten die Hypertoniker von mehr feindseligen Gefühlen als die Vergleichsgruppe und daß sie nachtragender seien und sich langsamer beruhigten. In einer anderen Untersuchung mit Tausenden von Männern zwischen 30 und 59 Jahren zeigten Hypertoniker jedoch weder ein höheres Maß an Feindseligkeit noch eine größere Tendenz, ihre Wut nach innen zu richten, als Menschen mit normalem Blutdruck.[22] Ein Grund für diese widersprüchlichen Ergebnisse hat, glaube ich, mit dem Auftreten eines zweiten Gefühls zu tun, das regelmäßig bei diesen Forschungen auftaucht und wie ein quengeliges Geschwisterchen hinter der Wut hertrottet. Es ist die Angst.

Fünfundzwanzig Menschen mit mäßiger bis hoher Hypertonie erklärten sich freiwillig bereit, sieben Wochen lang viermal täglich ihren Blutdruck zu messen und jedesmal ihre Angst und Wut einzuschätzen.[23] Was geschah? Die *Angst* hängt stärker mit dem Blutdruck zusammen als die Wut. »Theorien, die behaupten, daß Hypertonie in besonderer Weise mit Wut und Feindseligkeit zusammenhinge«, folgerten die Forscher, »werden durch diese Daten nicht gestützt.«[24] Das ist vorsichtig ausgedrückt: Die Forscher fanden die gleichen eigentümlichen Unterschiede bei ihren Testpersonen. Bei manchen Hypertonikern gingen Wut und Angst Hand in Hand wie ein glückliches Paar – ein Gefühl zeigte sich selten ohne das andere. Bei anderen hingegen benahmen sich die beiden wie entfremdete Partner – wenn ein Gefühl da war, war das andere auf jeden Fall abwesend. Und bei anderen wiederum waren die beiden Gefühle völlig unabhängig voneinander.

Diese Resultate ergeben keinen Sinn, wenn wir versuchen, die Gefühle zu identifizieren, die hohen Blutdruck verursachen. Doch sie ergeben durchaus Sinn, wenn wir die Gefühle als Ergebnisse der Hypertonie betrachten. Wut, Angst und Hypertonie haben bestimmte Schlüsselsymptome physiologischer Erregung gemeinsam, jenes innere Wühlen, das den Körper darauf vorbereitet, mit einer Notsituation fertig zu werden. Doch allein Wut kann konkretisiert werden. Wir sind *über etwas* wütend; Angst und Hypertonie sind beide durch unspezifische Erregung gekennzeichnet. Bei einer Provokation wird ein Hypertoniker möglicherweise leicht wütend; wenn kein Grund für die Erregung besteht, kann dagegen Angst die vorherrschende Empfindung sein. (Übrigens braucht keins von beiden bewußt zu sein. Die meisten Menschen, ob Hypertoniker oder nicht, können nicht sagen, wann ihr Blutdruck erhöht ist, obwohl sie meistens glauben, daß sie das könnten. Stimmungen können jedoch voraussagbar an physiologische Symptome geknüpft sein, selbst wenn man bewußt denkt, sie seien das nicht.[25]) Hypertoniker reagieren schnell physiologisch auf Streß und beruhigen sich, anders als Menschen mit normalem Blutdruck, nur langsam. Aber das liegt, glaube ich, nicht daran, daß sie »ihren Groll länger hegen« oder ihre Wut nicht »loslassen« können, sondern sie tragen Groll länger mit sich herum und können Gefühle nicht loslassen, weil ihre Erregung höher ist als normal und nur langsam abklingt.

Ironischerweise kann Hypertonie für die Betroffenen kurzzeitig als Schutz vor Schmerz von Vorteil sein. In Barry Dworkins Experimenten an der Rockefeller University wichen Ratten mit hohem Blutdruck (verursacht durch ein injiziertes Medikament) schmerzhaften Elektroschocks nicht so schnell aus und waren weniger empfindlich dagegen als Ratten mit normalem Blutdruck. Vielleicht, meint Dworkin, bekommen Menschen auf die gleiche Weise hohen Blutdruck, als Reaktion auf schmerzhafte und anhaltende Schwierigkeiten, über die sie keine Macht haben.[26] Das könnte erklären, warum Schwarze in den USA höhere

Blutdruckwerte haben und viel häufiger an Hypertonie und verwandten Störungen sterben; außerdem leben sie häufiger als Weiße unter Bedingungen, die von ökonomischem Streß (Arbeitslosigkeit, schwere körperliche Arbeit, niedriges Einkommen und Bildungsniveau) und sozialem Streß (hohe Scheidungsrate, Jugendkriminalität und Verbrechen) gekennzeichnet sind.[27]

Was verursacht also erhöhte Blutdruckwerte und die Unfähigkeit des Körpers, sie zu regulieren? Die vollständige Antwort ist nicht bekannt, aber zum Teil hat es offensichtlich mit einer Kombination von ständigem, umgebungsbedingtem Streß und, wie im Fall der Magengeschwüre, genetisch bedingter Anfälligkeit zu tun.

Wut und Herzkrankheiten

Seit langem glaubt man, die »Typ A«-Persönlichkeit, jenes leistungsorientierte, ehrgeizige Wesen, das unter Zeitdruck steht, zu hart arbeitet, ungeduldig über Verzögerungen flucht und bei der kleinsten Unterbrechung gereizt losschimpft, sei anfällig für Herzleiden. Wut, heißt es, sei der Kern des Problems.

Die Western Collaborative Group Study ist ein aufwendiges Forschungsprojekt, bei dem 3154 Männer zwischen 39 und 59 jahrelang begleitet wurden, weil man sehen wollte, wer von ihnen koronare Herzkrankheiten bekommt.[28] Die Forscher identifizierten Typ A in einem direkten, strukturierten Interview: Der Interviewer konnte zum Beispiel notieren, ob ein Mann »viele Anzeichen für Feindseligkeit gegenüber anderen, den Interviewer eingeschlossen« zeigte. Zwei Eigenschaften des Typs A, nämlich Wettbewerbsstreben und Ungeduld, standen mit dem späteren Auftreten von Herzkrankheiten in Zusammenhang. Bei den Männern, bei denen ein Krankheitsrisiko bestand, war es außerdem wahrscheinlicher als bei gesunden Männern, daß sie *ihre Wut nach außen richteten* und *mehr als einmal pro Woche wütend wurden*. Die Forscher schlossen daraus, daß ein hohes Antriebsniveau, gekoppelt mit Ungeduld und Feindseligkeit, typisch ist für den Ehrgeiz und die ständigen Bemühungen des Typs A, seine Welt zu kontrollieren.

Auf der anderen Seite der USA, in Framingham, Massachusetts, ergab eine zweite aufwendige Langzeitstudie ein etwas anderes Bild. *Unterdrückte* Feindseligkeit, nicht die offene Variante, war an Herzkrankheiten beteiligt. Diese Forscher stellten fest, daß Menschen, die koronare

Herzkrankheiten bekamen, auf einem Typ-A-Fragebogen höhere Punktzahlen erreichten *und* mit größerer Wahrscheinlichkeit ihre Wut für sich behielten als jene Erwachsene, die von Herzkrankheiten verschont blieben.[29]

Jetzt fragen Sie: Und was soll man nun machen, wenn man wütend ist? Wird man in jedem Fall krank, ob man Wut nun herausläßt oder wegsteckt? Oder hängt es am Ende davon ab, wo man lebt?

Diese ganze Typ-A-Geschichte war für mich eine recht düstere Neuigkeit und auch für alle meine Bekannten, die (a) unter Termindruck arbeiten, (b) beim Warten auf den Fahrstuhl, auf Verkäufer und Schalterbeamte nervös werden, (c) sich über idiotische Autofahrer ärgern, (d) zu viel zu tun haben und zu wenig Zeit dafür oder (e) in New York leben. Manche meiner Typ-A-Freunde versuchten, sich mit wilder, ehrgeiziger Entschlossenheit in Typ B zu verwandeln, was auch nicht Sinn der Sache war. Anderen erschien der Gedanke, ein B-Typ zu werden, schlimmer als der Tod. Die A-Typen mußten sich entscheiden, ob sie ihre Karrieren, Autos und Städte – also alles, was sie liebten – für ein längeres, langweiligeres Leben aufgeben wollten.

Nun ist es so, daß die meisten von uns sich entspannen können (wenn sie Zeit zum Entspannen haben). »Typ A« ist zwar in der allgemeinen Vorstellung ein mörderischer Persönlichkeitszug, es zeigt sich jedoch, daß er einen nicht unbedingt umbringt. Zugehörigkeit zum Typ A erwies sich zwar tatsächlich als Risikofaktor, trotzdem aber bekommen die meisten A-Typen keine koronaren Herzkrankheiten und manche B-Typen bekommen welche. (Aus diesem Grund ziehen manche Wissenschaftler den Begriff »koronar-anfälliges Verhalten« dem der »Typ-A-Persönlichkeit« vor.)

Die Forschung hat bei der Identifikation der emotionalen Faktoren und der Verhaltensfaktoren, die zu koronaren Herzkrankheiten beitragen, große Fortschritte gemacht. Sie hat sich auf zwei Fragen konzentriert: Welche Eigenschaften des Typ A sind ein Risiko für die Gesundheit? Und: Was schützt die A-Typen, die keine Herzkrankheiten bekommen? Aber sehen Sie sich erst einmal die folgenden Eigenheiten der Herzkrankheiten an:

- Nach einem Höhepunkt in den sechziger Jahren sind Todesfälle aufgrund von Herzkrankheiten bei beiden Geschlechtern stetig zurückgegangen. Der Grund ist nicht bekannt. Bessere Untersuchungen und Tests? Möglich. Eine Verringerung der Risikofaktoren? Nein; die Cholesterinwerte und der Blutdruck haben sich nicht merklich geändert, Rauchen ist bei Männern, nicht aber bei Frauen zurückgegangen, und die Ernährungsgewohnheiten sind nicht nennenswert anders geworden.

- Obwohl ältere Frauen höheren Blutdruck und höhere Cholesterinspiegel als gleichaltrige Männer haben, bekommen sie immer noch mit weniger großer Wahrscheinlichkeit Herzkrankheiten. Was schützt sie?
- Geschwindigkeit von Handlungen, Leistungsstreben und Engagement für die Arbeit stehen *nicht* in Zusammenhang mit Herzkrankheiten. A-Typen muten sich tatsächlich eine hohe Arbeitsgeschwindigkeit und große Arbeitsbelastung zu, aber sie haben es gern so; die meisten von ihnen kommen mit ihrer harten Arbeit besser zurecht als B-Typen mit geringerer Arbeitsbelastung. Tatsächlich ist bei Menschen, die sich sehr für ihre Arbeit engagieren, die Rate der Herzkrankheiten relativ niedrig, selbst wenn sie hart arbeiten. Was schützt sie?
- Unter japanischstämmigen Amerikanern ist bei jenen, die traditionelle japanische Bräuche und Beziehungen beibehalten, die Rate der Herzkrankheiten sehr niedrig, während sich für diejenigen, die eine »amerikanische« Lebensweise annehmen, das Risiko einer Herzkrankheit stark erhöht, obwohl die beiden Gruppen sich hinsichtlich Ernährung, Rauchen, Cholesterinspiegel und Blutdruck nicht voneinander unterscheiden. Was schützt die Traditionalisten?
- Bei Immigranten in Israel tritt die höchste Rate an Herzkrankheiten nicht bei den Männern auf, die ihre Heimat verlassen haben und in das neue Land gezogen sind, sondern bei ihren *Söhnen*, der ersten Generation. Bei den Israelis der zweiten Generation, den Enkeln der ursprünglichen Immigranten, ist die Zahl der Herzkrankheiten am niedrigsten. Zwischen den drei Generationen gibt es keine Unterschiede in der Ernährungsweise oder im Fettverbrauch, und es gibt keine Beziehung zwischen Fettverbrauch und Herzkrankheiten. Was macht die erste Generation so anfällig?[30]

Zwei Forscherinnen, die Epidemiologin Lisa Berkman und die Soziologin Margo MacLeod, meinen, die Antwort auf diese Frage habe etwas damit zu tun, daß starke soziale Bindungen Sicherheit gegen Streß bieten, insbesondere gegen den Streß starken gesellschaftlichen Wandels.[31] Was die geschützten Gruppen alle gemeinsam haben, sind enge Bindungen an eine Gruppe: Familie, Religion, Dorfgemeinschaft, berufliche Netzwerke, Geschlecht oder Generation. Die israelischen Immigranten brachten Kultur und Bräuche ihrer alten Welt mit, die ihnen im neuen

Land Halt boten, doch ihre Kinder spürten den Konflikt zwischen der Lebensweise der Eltern und der neuen Welt. Die nächste Generation, »ganze« Israelis, hatte solche Konflikte nicht. Die Japaner sind eine Nation, die für ihre starken Gruppenbindungen, selbst im Geschäftsleben, bekannt ist. Dem Psychiater T. Doi zufolge ist die soziale Interdependenz für die Japaner so wichtig, daß sie ein besonderes Wort haben, welches das Bedürfnis, geliebt zu werden und abhängig zu sein, bezeichnet: *amaeru*, zu dem es im Englischen (oder Deutschen) keine Entsprechung gibt.[32] Die westliche Vorstellung von Unabhängigkeit dagegen erscheint ihnen nicht reizvoll. Wenn man einen Japaner nach »unabhängigem Handeln« oder »unabhängigem Urteil« fragt, bekommt man eine verblüffte Antwort, bemerken Richard Pascale und Anthony Athos, die Autoren von *The Art of Japanese Management*. »Das Wort Unabhängigkeit existiert zwar, ist aber ungebräuchlich und hat für das Denken eines japanischen Managers keine Bedeutung«, fügen sie hinzu.[33]

Und welches sind nun die Schlüsseleigenschaften des ehrgeizigen A-Typen? Unabhängigkeit und Individualität: andern voraus zu sein, nach Erfolg zu streben. Im amerikanischen Firmensystem bedeutet das oft, Freunde und manchmal auch Familien zurückzulassen; im japanischen Geschäftssystem bedeutet es das nicht. Japanische Geschäftsleute sind nicht weniger ehrgeizig und wettbewerbsorientiert als ihre amerikanischen Gegenspieler, aber diese Eigenschaften stehen, anders als in Amerika, nicht in Zusammenhang mit Herzkrankheiten oder unterdrückter Wut. Wie ein japanischer Psychologe, Y. Matsumoto, ausführt:

> [...] ist es für das Individuum im Westen nicht ungewöhnlich, den größeren Teil seiner Arbeitsstunden mit Personen zu verbringen, denen es sich normalerweise nicht anvertrauen oder von denen es wenig Unterstützung erwarten kann. Der Japaner ist jedoch in seiner persönlichen Ingroup mit ihren sozialen Techniken und Strategien zum Abbau von Spannungen geborgen.[34]

Der Unterschied zwischen Japanern und Amerikanern läßt sich in ihren gegenteiligen Reaktionen auf das Sprichwort »Ein rollender Stein setzt kein Moos an«, das in beiden Nationen bekannt ist, zusammenfassen. Der Epidemiologe S. Leonard Syme bemerkt, daß Moos für die Japaner etwas Schönes, Wertvolles ist; der Wert eines Steines wird durch Moos erhöht; ein Mensch, der sich ständig bewegt und verändert, gelangt also nie in den Genuß der Schönheit und des Nutzens der Stabilität. Für die Amerikaner jedoch ist das Sprichwort eine Ermahnung, in Bewegung zu bleiben und sich nicht mit Bindungen zu belasten.[35]

Und bei welchen Frauen besteht das Risiko von Herzkrankheiten? Bei jenen, die traditionelle soziale Netzwerke verloren haben: Hausfrauen, die isoliert in Vorstädten leben und bei denen die Gefahrensignale für Herzkrankheiten nicht Wut und Reizbarkeit, sondern Anspannung, Depression und Angst sind. (Das legt nahe, daß sie unter ebenso großem Druck und Streß stehen wie berufstätige Frauen, aber keine identifizierbaren Ziele wie etwa einen Chef haben, auf die sie ihre Wut konzentrieren können.) Unter berufstätigen Frauen ist das Risiko einer Herzkrankheit nicht für erfolgreiche, leistungsstarke Managerinnen am größten – wie das neue Klischee vermuten ließe –, sondern für Büropersonal; vor allem für Büroangestellte, die verheiratet sind oder waren, Kinder haben, in schlecht bezahlten Jobs mit geringen Aufstiegschancen festhängen und für Chefs arbeiten, die sie ihrer Meinung nach wenig unterstützen. Wie die deprimierten Hausfrauen in den oben erwähnten englischen Arbeiterdörfern müssen sie nicht nur mit einem Packen an Problemen fertigwerden, sondern auch mit sozialer Isolation – sie können sich bei niemandem beklagen, der sie unterstützt oder ihnen hilft, Probleme zu lösen. Schließlich gibt es noch einige Typ-A-Frauen, berufstätig oder nicht berufstätig, die den Individualismus, die Ungeduld und den Ehrgeiz des typischen Typ-A-Mannes angenommen haben.[36]

Die spezifischen Eigenschaften von Typ A, die weiterhin mit Herzkrankheiten in Zusammenhang stehen, sind Feindseligkeit, aufbrausende Reaktionen, Wettbewerbsstreben, Ungeduld und Reizbarkeit. »Mit einem Wort: Wut«, sagt Spielberger. »Wut in allen ihren Formen ist das Bindeglied zwischen dem Typ-A-Muster und einem Verhalten, das zu koronaren Erkrankungen führen kann.«

Tatsächlich hat der Psychiater Redford B. Williams am Duke University Medical Center mehrere Untersuchungen zusammengetragen, die nahelegen, daß Feindseligkeit und Individualismus interagieren und die Gesundheit beeinträchtigen.[37] Ständige, chronische Wutgefühle, Feindseligkeit und Aggression lassen das Risiko von Arteriosklerose und koronaren Herzerkrankungen auf das Fünffache des normalen Wertes ansteigen. In einer Untersuchung begleiteten Forscher 255 Ärzte, die 25 Jahre vorher als Medizinstudenten Persönlichkeitstests mitgemacht hatten, wobei unter anderem auch die Feindseligkeit anderen gegenüber gemessen wurde. Die chronisch feindseligen Ärzte litten viel häufiger unter koronaren Herzerkrankungen oder waren daran gestorben als die nicht-feindseligen Ärzte: 15 Prozent zu 3 Prozent. Und eine andere Studie verfolgte 1877 Männer mittleren Alters, die zwischen 1957 und

1958 interviewt worden waren und zu der Zeit keine Herzleiden hatten. Zwanzig Jahre später stellten die Forscher fest, daß Feindseligkeit deutlich auf frühere Sterblichkeit schließen ließ – wobei alle Todesursachen auftraten.

Forscher gehen sogar der Frage nach, welche Art von Feindseligkeit die Gesundheit gefährdet. Den Psychologen Theodore Dembroski und Paul T. Costa zufolge sind manche Aspekte der Feinseligkeit »giftiger« als andere.[38] »Neurotische« Feindseligkeit, die typisch für grantige, mürrische Menschen mit der Einstellung »Mir kann es keiner recht machen« ist, scheint Teil eines umfassenderen neurotischen Persönlichkeitszuges zu sein. Obwohl es kein großes Vergnügen ist, damit zu leben, gibt es keine Hinweise darauf, daß diese Eigenschaft einen umbringen kann. »Feindliche« Feindseligkeit hingegen ist aggressiv, gereizt und leicht aufbrausend. Diese Art der Feindseligkeit kann aus zwei Gründen zur Entstehung von Krankheit beitragen. Erstens treibt sie den Blutdruck in die Höhe und bewirkt, daß er hoch bleibt. Feindliche Menschen, die ihre Mitmenschen als unehrlich, unmoralisch, gemein und nicht vertrauenswürdig ansehen, sind geneigt, beim geringsten Anschein von Provokation zu explodieren. Zweitens hält ihr feindliches Verhalten andere Menschen auf Distanz (der feindselige Mensch sieht das natürlich als weiteren Beweis für die menschliche Gemeinheit an). Es schafft eine Barriere zwischen dem Individuum und den engen Beziehungen, die, wie Syme gezeigt hat, eine Art soziales Vitamin sind, das vor Streß und Krankheit schützt.

Wir könnten die Ergebnisse folgendermaßen zusammenfassen: Harte Arbeit und Termine sind in Ordnung; deswegen ein Hitzkopf zu sein, ist es nicht. Hart zu arbeiten, um so gut zu sein, wie man kann, ist in Ordnung; hart zu arbeiten, um sich am Chef zu rächen, weil er so ein Blödmann und ein Schwein ist, ist es nicht. Sich über langsame Fahrstühle zu ärgern ist in Ordnung; den Fahrstuhl zu treten und sich dabei den Fuß zu brechen ist es nicht. Wütend zu sein, wenn jemand einem reinfährt, ist in Ordnung; diesen Wagen von der Straße zu jagen und zu versuchen, den Fahrer umzubringen, ist es nicht.

Auf die Frage »Welche A-Typen sind nicht anfällig für Herzkrankheiten?« scheint die Antwort zu sein: die, die ehrgeizig und energiegeladen sind und deren Motivation in Herausforderungen und innerer Befriedigung besteht, nicht aber in äußerem Druck und Wut. Sie haben eher das Gefühl, ihre Arbeit zu beherrschen, statt von ihr beherrscht zu werden, doch sie wissen auch, wann sie das Unvermeidliche akzeptieren müssen.

Sie haben enge Freunde und gute Beziehungen. Die durch koronare Erkrankungen gefährdeten Aspekte des Typs A dagegen sind chronische, heftige Wut, soziale Isolation und ein fortdauerndes Gefühl von Frustration und Wut über Ereignisse, die man nicht beherrscht.

Trotzdem wäre es ein Fehler, die Zugehörigkeit zum Typ A als unveränderlich und genetisch bedingt wie die Blutgruppenzugehörigkeit anzusehen. Jeder, der Opfer eines Verbrechens war oder eine zermürbende Scheidung durchgemacht hat, kennt den vorübergehenden Wahnsinn, der selbst B-Typen mit den sanftesten Umgangsformen ergreifen kann – die chronische Wut, das Gefühl der Machtlosigkeit und Gefühle der Isolation. Und viele scheinbare A-Typen beruhigen sich und legen ihre Reizbarkeit ab, wenn sie zum Beispiel von einer deprimierenden Arbeitsstelle ohne Aufstiegschancen zu einer interessanteren überwechseln.

Es scheint mir daher unwahrscheinlich, daß unterdrückte Wut selbst zu Herzkrankheiten beiträgt; wenn überhaupt ein Zusammenhang besteht, dann sind solche Menschen am meisten gefährdet, die ihre Wut übermäßig zum Ausdruck bringen. Wiederum scheint Wut ein Symptom und nicht die Ursache des Problems zu sein. Wichtiger ist, warum Menschen wütend sind und ob sie das Gefühl haben, etwas dagegen tun zu können. Wird ihnen vielleicht gekündigt, wenn sie Wut ausdrücken? Haben sie das Gefühl, daß sie Kontrolle über diejenigen haben, die sie wütend machen? Haben sie Freunde, eine Gewerkschaft, ein unterstützendes familiäres Netzwerk, denen sie vertrauen und mit denen sie sprechen können? Die Antworten der berufstätigen Männer und Frauen, die für Herzkrankheiten anfällig sind, auf diese Fragen lauten: Ja, nein und nein.

Überlegungen

Der weitverbreitete Glaube, unterdrückte Wut könnte verheerende Folgen für Körper und Kreislauf haben, ist über jedes realistische Maß hinausgewachsen. Unterdrückte Wut macht uns, auf vorhersehbare, beständige Weise weder deprimiert noch verursacht sie Magengeschwüre oder Hypertonie, Freßanfälle oder Herzinfarkte. Ich sage nicht, daß ständige, extreme Wutgefühle gesund sind; ständige Angst oder Depression sind auch nicht gesund. Aber das ist etwas anderes, als wenn man behauptet, *unterdrückte Wut* sei für alle unsere Leiden verantwortlich.

Wie *Mastery of Stress* zeigte, entwickeln die meisten von uns gewohnheitsmäßige Reaktionen auf Streß, die uns erlauben, ihn erfolgreich zu bewältigen und das Gefühl der Kontrolle über eine herausfordernde oder schwierige Situation wiederzugewinnen und körperliche Erregung abzubauen. Für einen selbst mag eine dieser Reaktionen in ausgelebter Wut bestehen; für den Nachbarn führt vielleicht unterdrückte Wut zum gewünschten Ergebnis. Klinisch gesehen pathologische, psychosomatische oder selbstzerstörerische Angewohnheiten können jedoch erworben werden, wenn *nichts, was man tut*, Streß und Erregung zum Abklingen bringt; wenn die Situation oder der Mensch, der die Zwangslage verursacht, jeder Handlung mit anderen oder kontrollierenden Reaktionen begegnet. Krankheit kann mit negativen Gefühlen zusammenhängen, aber, wie ich zu Beginn dieses Kapitels bemerkt habe, nur in ganz allgemeiner Weise; bestimmte Gefühle sind nicht an bestimmten Krankheiten schuld. Howard S. Friedman und Stephanie Booth-Kewley wählten mehrere Gefühle aus, die mit Krankheiten zusammenhängen (Wut, Feindseligkeit, Depression, Introversion und Angst), und fünf Krankheiten, von denen man glaubt, daß sie psychische Komponenten haben (Asthma, Arthritis, Magengeschwüre, Kopfschmerzen und Herzkrankheiten).[39] Die Forscher wendeten eine ausgeklügelte statistische Methode an, um die Ergebnisse von 101 Untersuchungen zu kombinieren.

Friedman und Booth-Kewley fanden *keine* mit Anfälligkeit für spezifische Krankheiten gekoppelten Charakterzüge, wie die »arthritische Persönlichkeit«, die »durch koronare Erkrankungen gefährdete Persönlichkeit« oder die wütende, »magengeschwürgefährdete Persönlichkeit«. Hingegen fanden die Forscher Beweise für ein »allgemein krankheitsanfälliges« Individuum, welches chronisch deprimiert, wütend und feindselig und ängstlich ist. An vier von den fünf Krankheiten (außer an Magengeschwüren) war Depression am stärksten beteiligt, und Depression und Angst standen unabhängig voneinander in Beziehung zu koronaren Herzerkrankungen, zusammen mit Wut.

»Persönlichkeit kann wie Ernährung wirken«, folgerten Friedman und Booth-Kewley. »Unausgewogenheiten können Prädispositionen für alle möglichen Krankheiten schaffen.« Sie beobachteten, daß psychische Störungen allgemein das Immunsystem schwächen. Das Auftreten einer bestimmten Krankheit hängt dann aber von anderen Faktoren ab, zum Beispiel davon, ob jemand stark trinkt oder raucht, von der genetischen Veranlagung und der Biologie der Krankheit selbst.

Ich möchte damit nicht sagen, daß unterdrückte Gefühle keine Risiken bergen. Es gibt faszinierende Beweise dafür, daß ständiges Verdrängen von Gedanken und Gefühlen physische Anstrengung erfordert, die für den Körper mit Streß verbunden ist. Wenn Menschen versuchen, Gedanken und Gefühle, die sie wütend, beschämt oder deprimiert machen, zurückzuhalten, verursacht diese Anstrengung anhaltenden Streß und kann auf lange Sicht zu Gesundheitsproblemen führen. In vielen Untersuchungen zeigt sich, daß solche Menschen einem größeren Krankheitsrisiko ausgesetzt sind als Menschen, die über ihre Tragödien sprechen können, selbst wenn Enthüllungen traumatischer Ereignisse zunächst oft schmerzhaft und unangenehm sind. (Im nächsten Kapitel werde ich diese Forschungsergebnisse ausführlicher besprechen, zusammen mit den Unterschieden zwischen Mitteilen und Ausagieren von Wut, zwischen Geständnis und Besessensein.)

Ein Grund für die widersprüchlichen Ergebnisse zu Wut und Krankheit ist, glaube ich, daß die Forscher nur selten gefragt haben, worüber die Menschen in ihren Untersuchungen wütend waren, und nicht ein einziges Mal, was »unterdrückte« Wut für sie bedeutete. Es ist eine Sache, der Reizbarkeit und Wut nachzugehen, die weiße Männer der Mittelschicht zeigen, wenn sie auf ihrem Weg zum Erfolg auf Straßensperren und Pfützen stoßen. Etwas anderes ist es, den Auswirkungen von Wut auf schwarze Männern der Arbeiterschicht nachzugehen, die mit Armut, Diskriminierung und Instabilität von Gemeinschaften umgehen müssen. Und noch etwas anderes ist es, von der unterdrückten Wut weiblicher Büroangestellter zu sprechen, die doppelt berufstätig sind, im Büro und zu Hause, ohne daß sich das für sie in Einkommen oder Befriedigung niederschlagen würde.

Unterdrückte Wut hat wahrscheinlich keine medizinischen Konsequenzen, wenn wir das Gefühl haben, die Situation, die Wut hervorruft, zu beherrschen, wenn wir die Wut als Äußerung über einen Mißstand ansehen, der zu beheben ist, und nicht als Zeichen für ein Gefühl, das mißmutig geschützt werden muß, und wenn wir uns für unsere Arbeit und für die Menschen in unserem Leben engagieren. Für jene, die nicht in dieser beneidenswerten Position sind, reicht es jedoch nicht, sich einfach aus schlechten Arbeitsbedingungen »herauszudenken«. Wie Anne Hill, Gewerkschaftlerin und Büroangestellte, es ausdrückte: »Letztendlich ist der einzige Weg, an die echten Wurzeln des Stresses heranzukommen – Dinge wie zu große Arbeitsbelastung, Belästigung und willkürliche Behandlung durch männliche Vorgesetzte –, sich zu organisieren.«[40]

In vielen populärpsychologischen Diskussionen über die Gefahren von unterdrückter Wut wird der Inhalt der Wut für weniger wichtig gehalten, als das, was damit geschieht. Diese falsche Gewichtung ignoriert die Lehren der Geschichte, der Anthropologie und Freuds, die alle zeigen, daß unterdrückte Wut in manchen Fällen Sozialleben ermöglicht. Die Vorstellung, sie sei grundsätzlich gesundheitsschädlich, hat leider zu einigen merkwürdigen Schlußfolgerungen geführt, die eher zu emotionaler Tyrannei als zu emotionaler Gesundheit führen. Ein Mann zum Beispiel rechtfertigte die Wutanfälle seines zwölfjährigen Sohnes mir gegenüber, indem er sagte, sie würden spätere Geschwüre und Herzinfarkte abwehren. (Er nimmt an, daß der Junge unbeschadet das Erwachsenenalter erreicht.) Die Gültigkeit solcher Rechtfertigungen anzuzweifeln heißt nicht, lassen Sie mich das wiederholen, zu leugnen, daß Wut legitim und nützlich ist. »Was wir heute brauchen«, schreibt Walter Kiechel, »ist nicht der unbeherrschte Schwall roher Gefühle, sondern eine neue Höflichkeit, die dem Ausdruck wütender Gefühle Rechnung trägt.«[41]

5. »Heraus damit« – Legenden über zum Ausdruck gebrachte Wut

[...] Der Grund, warum wir in unseren Familien soviel Mißbrauch haben, ist der, daß wir in unseren Familien keine Wut zulassen. Wenn Wut herauskommen kann, kann sie sich verbrauchen und ist dann erledigt [...] Nicht der zum Ausdruck gebrachte Haß ist das Problem, sondern der heruntergeschluckte Haß.

John Bradshaw in Lear's[1]

Wenn man in der Psychotherapie Wut richtig herauslockt und richtig auf sie reagiert, liegt der Nutzen unter anderem in der Befreiung von psychosomatischen Symptomen, Feindseligkeit und jener Depression, die durch unterdrückte oder gegen das eigene Selbst gerichtete Wut hervorgerufen wird.

Nolan Saltzman, Direktor des Bio Psychotherapy Institute, New York[2]

I was angry with my friend:
I told my wrath, my wrath did end.
I was angry with my foe:
I hid my wrath, my wrath did grow.
(Ich war wütend auf meinen Freund:
Ich verriet meinem Zorn, mein Zorn hörte auf.
Ich war wütend auf meinen Feind:
Ich versteckte meinen Zorn, mein Zorn wuchs.)

William Blake

William Blake war kein Wissenschaftler. Vielleicht hatte er den vernünftigen Hinweis im Sinn, man solle nicht nachtragend sein, tatsächlich aber verwechselte er das Objekt des Zorns (Freund oder Feind) mit der Reaktion auf die Wut (Schweigen oder Offenbarung). Zwei weitere logische Möglichkeiten ließ er außer acht: Was ist, wenn man seine Wut vor einem Freund verbirgt und einem Feind gegenüber ausdrückt? Vielleicht würde sich im ersten Fall der Zorn in Nichts auflösen und man würde zu dem Ergebnis kommen, daß die Sache sowieso nicht so wichtig war. Und wenn man dem Feind gegenüber Wut ausdrücken würde, würde der Kerl dann (weil er ja schließlich ein Feind ist) auch wütend werden und einen nun zusätzlich zur ursprünglichen Beleidigung auch noch verletzen? Wenn Blake glaubte, daß das Offenbaren der Wut Freunde freundlich gesinnt hält, während ihr Unterdrücken Feinde noch wütender macht, dann schätzte er weder die menschliche Geschichte noch Freundschaften richtig ein.

Die Ansicht der Ventilationisten, daß es immer wichtig sei, Wut auszudrücken, damit sie nicht die Arterien oder die Freundschaft verstopfe, und daß Wut dadurch reduziert werde, unterliegt dem gleichen Irrtum wie Blake. Sie neigt dazu, den sozialen Kontext und die Konsequenzen der Wut zu übersehen. Wenn ein Wutausbruch dazu führt, daß man erschossen wird, hat man gar nichts davon, daß man mit gesunden Arterien stirbt.

»Es gibt einen weitverbreiteten Glauben, daß jemand, wenn man ihn überredet, ihm erlaubt oder ihm hilft, seine Gefühle auszudrücken, in irgendeiner Weise einen Nutzen davon hat«, schreibt der Psychiater John R. Marshall, der zu den ersten gehörte, die diesen Glauben in Frage stellten. »Diese Überzeugung existiert in der Psychologie auf allen Ebenen. Sie ist in irgendeiner Form immer gegenwärtig und nimmt in fast allen Psychotherapien eine zentrale Stellung ein [...] Auch in der Öffentlichkeit herrscht der Glaube, daß die Entladung von Gefühlen Nutzen bringe. Freunde werden ermuntert, sich ›etwas von der Seele zu reden‹, man hilft ihnen, ›Dampf abzulassen‹ oder ermutigt sie, ›alles herauszulassen‹. Sport oder anstrengende körperliche Aktivitäten werden als Mittel angepriesen, Gefühle ›abzuarbeiten‹, vor allem Feindseligkeit, und es wird allgemein anerkannt, daß es einen Wert hat, etwas zu schlagen, zu werfen oder zu zerschlagen, wenn man frustriert ist.«[3]

Aber stimmt das? Mir scheint, daß die wichtigste Nebenwirkung des ventilationistischen Ansatzes darin besteht, daß der allgemeine Lärmpegel gestiegen ist, nicht aber darin, daß unsere Probleme weniger geworden sind. Ich sehe, daß Menschen, die stark dazu neigen, ihrem Zorn Luft zu machen, wütender werden, nicht weniger wütend. Und bei den Adressaten dieses Zorns beobachte ich eine Menge Gekränktheit. Ich kann die typischen Stadien eines Ehestreits, in dem Wut »herausgelassen« wird, vorhersagen: Anlaß, Wutausbruch, gebrüllte Gegenbeschuldigungen, Schreien oder Weinen, Höhepunkt der Wut (manchmal von Tätlichkeiten begleitet), Erschöpfung, mißmutige Entschuldigung oder einfach Mißmut. Dieser Ablauf wird am nächsten Tag oder in der nächsten Woche wiederholt. Was ist an diesem Szenario »kathartisch«? Das Schreien? Das Töpfewerfen? Führt eine der Handlungen dazu, daß die

Wut verschwindet oder der wütende Partner sich besser fühlt? Ich sehe das nicht.

Die Diskussion über Wesen und Wert der Katharsis, die zwar unterschiedlich definiert, aber im allgemeinen als eine Art emotionaler Befreiung verstanden wird, wird schon seit Jahrhunderten geführt. Platon hätte in seinem idealen Staat das tragische Drama zensiert, weil er glaubte, es würde die Leidenschaften des formbaren Publikums schüren und so die geistigen Ideale des Staates untergraben. Im Gegensatz dazu glaubte Aristoteles, das Drama würde bei den Zuschauern eine Katharsis hervorrufen, indem es sie durch Mitleid und Schrecken reinigte. Reinigung durch Wut und Rache erwähnte er jedoch nicht, anders als einige moderne Autoren, wenn sie von der mutmaßlich kathartischen Wirkung der Gewalt in Filmen und Theaterstücken sprechen; und ich bezweifle, daß Aristoteles viel mit Therapeuten gemein hätte, die ihre Klienten mit Schaumstoffschlägern aufeinander losgehen lassen.

Heutzutage konzentrieren sich die meisten ventilationistischen Theorien darauf, was man tun sollte, um die wütende Erregung zu senken, um die Spannung zu reduzieren. Aber für den Körper gilt das gleiche wie für Pfeile: Was aufsteigt, muß wieder herunterkommen. Jede emotionale Erregung klingt mit der Zeit ab, wenn man nur lange genug wartet; wobei allerdings manche Leute länger warten müssen als andere. Aus diesem Grunde hat der klassische Ratschlag zur Beherrschung von Wut – bis zehn zu zählen – jahrhundertelang überdauert, wenn auch mit Abweichungen:

Wenn du wütend bist, zähle bis zehn, bevor du sprichst; wenn du sehr wütend bist, bis hundert.

Thomas Jefferson

Wenn du wütend bist, zähle bis vier; wenn du sehr wütend bist, fluche.

Mark Twain

Einige Ventilationisten glauben jedoch, Zählen und Fluchen seien nicht genug. Sie behaupten, bestimmte, vor allem aggressive Handlungen würden die Erregung *schneller* auf ein normales Maß senken als einfaches Warten, ja würden sogar dazu führen, daß man die Wut »loswird«; außerdem glauben sie, daß die wütende Energie innerlich Schaden anrichtet, wenn sie nicht aggressiv herausgelassen wird.

Doch vielleicht mißbilligen Sie Aggression bereits, selbst wenn sie in

Sport »verlagert« wird, und sind stattdessen der gemäßigten Ansicht, daß man, wenn man wütend ist, »Dampf ablassen« sollte, indem man seine Gefühle ausspricht. Aber selbst dieser anscheinend vernünftige Ansatz hat, wie ich festgestellt habe, unvorhergesehene Konsequenzen.

Wenn wir uns ansehen, was physisch und psychisch geschieht, wenn Wut »herausgelassen« wird, können wir erkennen, daß die Art, wie wir Wut ausdrücken, beeinflußt, wie wir uns fühlen. Die Entscheidung darüber, ob man Wut ausdrückt oder nicht, hängt davon ab, was man mitteilen will und was man zu erreichen hofft, und beides harmoniert nicht unbedingt miteinander. Vielleicht möchte man Wut zur Vergeltung einsetzen oder um eine schlimme Situation zu verbessern oder um seine Rechte durchzusetzen. Die Ziele bestimmen, wie man mit seiner Wut umgehen »sollte«.

Betrachten Sie insbesondere drei weitverbreitete Ansichten über Wut, nämlich daß Aggression die instinktive Katharsis für Wut sei, daß das Aussprechen von Wut die Wutgefühle reduziere und daß Wutanfälle gesund und nützlich seien. »Dampf ablassen« ist eine wunderbare Metapher, die scheinbar genau beschreibt, wie Wutausbrüche funktionieren. Menschen sind jedoch keine Dampfmaschinen.

Legende 1: Aggression ist die instinktive Katharsis für Wut

Wer seinem Zorn keine Nahrung gibt, bringt ihn zum Verstummen. Diese treffende und genaue Beobachtung Plutarchs ertrank in der Staubecken-Theorie der Katharsis. Viele Kliniker wandten, in der Nachfolge Freuds, ihre Aufmerksamkeit dem Problem der Leerung dieses Staubeckens zu. Welche Handlung reduziert die Erregung der Wut wirksam und schnell? Wodurch hört der Kopf auf zu pochen und beruhigt sich das Herz? Ist dazu Aggression, physische oder verbale, notwendig?

Jack Hokanson, ein wahrer Sherlock Holmes der psychologischen Detektivarbeit, spürt seit Jahren Theorien zur Katharsis nach, wobei er aus den Ergebnissen eines Experiments die Fragen an das nächste herleitet.[4] In den frühen sechziger Jahren fand Hokanson zum Beispiel heraus, daß Aggression tatsächlich kathartische Wirkung hatte: Wenn wütende Schüler sich an demjenigen, der sie in Wut gebracht hatte, rächen konnten, fiel ihr Blutdruck schneller auf den Grundwert zurück, als wenn sie diese Möglichkeit nicht hatten. Doch dann bemerkte er, daß das nur galt, wenn derjenige, der sie geärgert hatte, ein Mitschüler war; bei einem Lehrer hatte die Vergeltung keinen kathartischen Effekt. Natürlich nicht. Zu jener Zeit wurden Lehrer noch als Autoritäten angesehen, und man schimpfte nicht einfach unbekümmert zurück. Einem Vorgesetzten gegenüber Wut zu zeigen war und ist selbst eine erregende, angsterzeugende Handlung (wie auch die in Kapitel 4 besprochenen Untersuchungen herausfanden), ganz gleich, wie sehr man seine Wut für gerechtfertigt hält. Sie wird dadurch in keiner Weise reduziert, sondern nur verkompliziert.

So erschien nach einer Reihe von Untersuchungen über das *Ziel* der Katharsis die erste Modifizierung der Katharsis-Theorie: Aggression kann nur kathartisch wirken, wenn sie gegen Gleichrangige und Untergebene gerichtet ist, nicht aber, wenn das Ziel der Chef, eine andere Autoritätsperson oder ein unschuldiger Zuschauer ist. Wenn das Modell des Energie-Staubeckens jedoch richtig wäre, müßte das Ablassen von Wut immer die Spannung reduzieren, ganz gleich, gegen wen oder was es gerichtet ist. Das tut es aber nicht.

Dann bemerkte Hokanson etwas, das die meisten seiner Kollegen in den sechziger Jahren übersahen: Frauen. Sie benahmen sich nicht wie die Männer. Wenn man sie beleidigte, wurden sie nicht aggressiv, sondern im allgemeinen sagten sie etwas Freundliches, um einen zu beruhigen. Als Hokanson sie an einen physiologischen Monitor anschloß, um zu sehen, ob sie heimlich vor Wut kochten, entdeckte er, daß der Männer Freud der Frauen Leid war. Für Männer hatte Aggression kathartische Wirkung, wenn sie wütend waren; für Frauen hatte *Freundlichkeit* kathartische Wirkung! Für sie war jede Aggression, selbst einer Klassenkameradin gegenüber, so erregend und aufwühlend wie für Männer die Aggression einer Autoritätsperson gegenüber.

Dieser Unterschied brachte Hokanson auf die Idee, daß aggressive Katharsis eine gelernte Reaktion auf Wut ist, keine instinktive. Er folgerte, daß Menschen charakteristische Methoden entwickeln, um mit unausstehlichen Mitmenschen fertig zu werden. Was funktioniert, fühlt sich gut an, weil es zu einer Entfernung der Bedrohung und einem Gefühl der Entspannung führt. Bei Männern und Frauen hängt es stark von der Geschlechterrolle ab, ob etwas »funktioniert«. Indem Frauen auf Angriffe oder Bedrohungen mit Lächeln, Freundlichkeit und beschwichtigenden Gesten reagieren, besänftigen sie auf traditionelle Weise die Wut des anderen (oft jedoch auf Kosten ihrer eigenen Rechte). Wenn sie wütend und aggressiv handeln, provozieren sie eine kritische Reaktion von anderen (»So eine blöde Ziege«), die wiederum ihre Erregung und

Angst verstärkt. Bei Männern gilt das Gegenteil: Aggression und Wut führen zu Respekt und dem gewünschten Ergebnis, während freundliche Beschwichtigung ein Zeichen von Kapitulation ist (»So ein Schwächling.«)

Doch Geschlechterrollen sind keine Zwangsjacken, und Hokansons nächstes Experiment war eine Vorausdeutung auf die Frauenbewegung.

Stellen Sie sich vor, sie sitzen vor einem Kontrollpult mit einer Menge beeindruckender Geräte und Schalter. Ihr Partner, ein Kommilitone gleichen Alters und gleichen Geschlechts, sitzt in der Nähe an einem identischen Kontrollpult. Sie werden kommunizieren, indem sie einen der beiden Knöpfe drücken, unter denen »Schock« und »Belohnung« steht. Sie sind wahrscheinlich in freundlicher Stimmung – nur eine Stunde, denken Sie sich, und ich habe mein Soll in Psychologie erfüllt – als plötzlich *Zack!* Ihr Partner Ihnen einen unangenehmen Schock herüberschickt.

Wenn Sie ein Mann sind, sind Sie sofort gereizt. »Warum zum Teufel hat der Idiot das gemacht?« brummen Sie. »Dem werde ich zeigen, daß er das mit mir nicht machen kann.« Also drücken Sie den Schock-Knopf, um es ihm mit gleicher Münze heimzuzahlen. Sie fühlen sich erleichtert.

Wenn Sie eine Frau sind, sind Sie sofort verblüfft. »Warum sie das wohl getan hat?« murmeln Sie. »Vielleicht hat sie den falschen Knopf gedrückt. Vielleicht hat sie eine schlechte Note im Eingangstest bekommen. Ich bin lieber freundlich zu ihr.« Daher drücken Sie Ihren Belohnungs-Knopf, was ihr einen Punkt in dem geheimnisvollen Spiel gibt, das die Experimentatoren sich ausgedacht haben. Sie fühlen sich wegen Ihrer verzeihenden Reaktion so gut, daß Sie erleichtert sind.

Diese mechanische Unterhaltung zwischen Ihnen und Ihrem Partner zieht sich über 32 Runden hin, und der Partner reagiert auf alles, was Sie tun, gleich oft mit Schocks wie mit Belohnungen. Wenn Sie ein Mann sind, beachten Sie die Schocks. Was, das Schwein, sagen Sie sich, er greift mich immer wieder an. Wenn Sie eine Frau sind, beachten Sie die Belohnungen. Sie muß sich besser fühlen, denken Sie, sie schickt mir nicht mehr so viele Schocks. In jedem Fall ist Ihr Blutdruck niedrig und Ihre Laune gut.

Sie können nicht wissen, daß diese 32 Runden nur dazu dienen, die Experimentatoren über Ihre typischen Reaktionen zu informieren. Nun kommen 60 Runden mit neuen Regeln. Wenn Sie ein Mann sind, belohnt Ihr Partner Sie jedesmal, wenn Sie auf seinen Schock freundlich reagieren. Wenn Sie eine Frau sind, belohnt Ihre Partnerin Sie jedesmal, wenn

Sie auf ihren Schock aggressiv reagieren. Kurz, eine Frau konnte mit Aggressivität Schikane oder unfaires Verhalten abstellen, und ein Mann konnte den Rüpel durch Freundlichkeit erschüttern.

Hokanson und seine Mitarbeiter beobachteten als Ergebnis dieser neuen Situation zwei Dinge. Erstens lernten die Frauen schnell, welcher Wert in der Aggression lag, und wurden daher als Reaktion auf einen Schock häufiger aggressiv, während die Männer den Wert einer großzügigen Reaktion auf eine Beleidigung lernten. Zweitens war die traditionelle Form der Katharsis für die Geschlechter nun umgekehrt. Bei Frauen zeigte sich ein katharsisähnliches Sinken des Blutdrucks, wenn sie aggressiv reagierten, und eine nur langsame Entspannung der Blutgefäße, wenn sie freundlich waren. Bei den Männern war das Gegenteil der Fall: Die kathartische Reaktion folgte jetzt auf Freundlichkeit, nicht mehr auf Aggression.

Doch Hokanson war immer noch nicht zufrieden. Um zu zeigen, wie stark die Katharsis von Lernprozessen abhängt, erfand er eine geniale Variante des Schock/Belohnung-Experimentes. Dieses Mal lernten die Teilnehmer, daß sie, indem sie *sich selbst* einen Schock versetzten, einen stärkeren Schock vom Partner abwenden konnten. Wenn Selbstbestrafung das kleinere Übel war, reduzierte sie die Erregung und fühlte sich kathartisch an. Hokanson demonstrierte, daß jeder in dem Bemühen, Feindseligkeit oder Verletzungen durch andere zu vermeiden, gegen sich selbst gerichtete, sogar sich selbst schädigende Reaktionen erlernen kann. Mit einem Wort, er schaffte in seinem Labor Masochismus und zeigte, daß sogar Masochismus physiologisch Erleichterung bieten kann.

Der angelernte Aspekt der Katharsis funktioniert, so scheint es jetzt, folgendermaßen: Man ist aufgeregt. Etwas irritiert oder ärgert einen und provoziert einen schließlich so sehr, daß man sich nicht mehr beherrschen kann. Nun handelt man: Man schlägt um sich oder übt Strawinsky auf dem Klavier. Ergebnis ist, daß die unangenehme Erregung und das Gefühl der Wut abnehmen und man sich besser fühlt. Man möchte nicht mehr um sich schlagen und geht zu einem friedlichen Prélude von Chopin über. Alle diese Reaktionen auf Wut können kathartisch sein, das heißt, sie können die physiologische Erregung und das damit zusammenhängende Gefühl, daß das Blut kocht, verringern. *Gleichzeitig nimmt man damit eine kathartische Gewohnheit an.* Diese Gewohnheit bedeutet nicht, daß man in Zukunft weniger wütend sein wird, sondern daß man, wenn man wütend ist, wahrscheinlich das tut, was schon einmal funktioniert hat: laut fluchen, einen Brief schreiben, ein paar Gläschen trinken, Musik hören, den, der einen geärgert hat, boxen. Wie ein junger Mann in G. Stanley Halls Untersuchung von 1899 sich erinnert:

Einmal, als ich ungefähr dreizehn war, ging ich bei einem Wutanfall aus dem Haus und schwor mir, daß ich niemals wiederkommen würde. Es war ein herrlicher Sommertag, und ich wanderte weit schöne Feldwege entlang, bis allmählich die Stille und die Schönheit mich beruhigten und besänftigten, und nach einigen Stunden kehrte ich reumütig und fast zerflossen zurück. Seit dieser Zeit tue ich das nach Möglichkeit, wenn [ich] wütend [bin], und ich finde, daß es das beste Heilmittel ist.[5]

Zwischen Wut und aggressive Katharsis schalten sich also Persönlichkeit und persönliches Erleben. Die Menschen, für die Aggression nicht kathartisch ist, neigen dazu, beim Ausdruck von Feindseligkeit ein schlechtes Gewissen zu haben; sie haben ein starkes Bedürfnis nach Zustimmung von anderen; und auf Streß reagieren sie wahrscheinlich eher mit Leugnen als mit direkter Auseinandersetzung. Diese Eigenschaften sind nicht unbedingt geschlechtsspezifisch. Manche Männer sind aufgrund ihres Temperaments und ihrer Geschichte weniger aggressiv als andere, und das spiegelt sich in ihren kathartischen Mustern. In einer Gruppe männlicher Inhaftierter zum Beispiel reagierten einige auf die Androhung von Gewalt mit charakteristisch aggressiver Vergeltung, andere jedoch reagierten passiv oder unterwürfig. Diese Männer spürten nur dann eine Katharsis, das heißt, die vaskuläre Reduktion des Blutdrucks fand bei ihnen nur dann schneller statt, wenn sie auf Aggression mit ihrem gewohnten Pazifismus reagieren durften. Wenn sie vom Experimentator aufgefordert wurden, aggressiv zu reagieren, ging ihre vaskuläre Erholung sehr langsam vonstatten.[6]

Einige Therapierichtungen, wie Alexander Lowens Bioenergetik, empfehlen jede Form der Entladung aggressiver Wut, die einem in den Sinn oder in den Fuß kommt: Schreien, Beißen, Heulen, Treten oder Schlagen (alles außer tätlichem Angriff und Körperverletzung). Derartige Aggression soll uns »in Kontakt« mit unseren Gefühlen bringen. Aber Aggression hat oft genau die entgegengesetzte Wirkung wie eine Katharsis: Statt die Wut auszutreiben, kann sie sie entflammen.

Eine der ersten Untersuchungen, deren Ergebnis der Position der freudianischen Ventilationisten widersprach, wurde 1956 von Seymour Feshbach durchgeführt. Feshbach brachte eine Gruppe kleiner Jungen zusammen, die weder aggressiv noch destruktiv waren, und ermunterte sie während einer Reihe freier Spielstunden, mit Kriegsspielzeug zu spielen, gegen die Möbel zu treten und auf andere Weise Amok zu laufen.

Diese Freiheit ließ die »instinkive Aggression« oder »aufgestaute« Wut der Jungen nicht »abfließen«. Sie verringerte aber ihre Zurückhaltung gegenüber Aggression. Bei späteren Gelegenheiten benahmen die Jungen sich viel feindseliger und destruktiver, als sie das vorher getan hatten.[7]

Wenn man Kindern erlaubt, aggressiv zu spielen, werden sie nicht weniger aggressiv, wie die Katharsistheorie vorhersagen würde, sondern sie werden aggressiver. Tatsächlich hat aggressives Spiel überhaupt keinen kathartischen Wert. In einer Untersuchung, in der Drittkläßler von einem anderen Kind (das die Experimentatoren zur Mitarbeit herangezogen hatten) frustriert und irritiert wurden, bekamen die Kinder drei Möglichkeiten, mit ihrer Wut umzugehen: Einigen wurde erlaubt, mit den erwachsenen Experimentatoren darüber zu sprechen; einigen wurde erlaubt, zur »kathartischen Befreiung« oder zur »Abrechnung« mit dem frustrierenden Kind mit Pistolen zu spielen; und einige bekamen von den Erwachsenen eine vernünftige Erklärung für das Verhalten des Kindes. Was reduzierte die Wut der Kinder? Nicht das Sprechen darüber. Nicht das Spielen mit Pistolen; das machte sie noch feindseliger und außerdem aggressiv. Die erfolgreichste Methode, die Wut zu vertreiben, bestand darin, zu verstehen, warum die Klassenkameradin sich so verhalten hatte (sie war müde, aufgeregt, fühlte sich nicht wohl).[8]

Für Erwachsene gelten in bezug auf Wut und Aggression die gleichen Prinzipien. Murray Straus, Soziologe auf dem Gebiet der Gewalttätigkeit in Familien, stellt fest, daß Partner, die einander anschreien, danach nicht weniger wütend, sondern noch wütender sind.[9] Entgegen der weitverbreiteten Ansicht, die zu Beginn dieses Kapitels zitiert wurde – daß »ausgedrückter Haß« Gewalt in Familien reduziert – besteht zwischen verbaler und physischer Aggression eine hohe Korrelation, das heißt, der Schritt von bitteren Vorwürfen zu Ohrfeigen ist klein.

Leonard Berkowitz, der seit vielen Jahren die sozialen Ursachen für Aggression untersucht, stellte ebenso fest, daß das Schreien keinen Einfluß auf das Abklingen der Wut hat. »Wenn wir jemandem sagen, daß wir ihn hassen, soll das angeblich von aufgestauten aggressiven Neigungen befreien und ›die Luft reinigen‹, bemerkte er. «Häufig aber stacheln wir uns, wenn wir jemanden beschimpfen, nur selbst zu weiterer oder sogar stärkerer Aggression an.»[10] Aus diesem Grunde kann ein unbedeutender Ärger, wenn er in feindseliger Sprache oder feindseligem Verhalten zum Ausdruck gebracht wird, in einen hitzigen Streit ausarten. Dampf abzulassen kann die Atmosphäre sehr heiß und feucht machen.

»In der Vorstellung von der Katharsis liegt ein Körnchen Wahrheit«, sagt Straus, »nicht aber im gängigen Gedanken der physiologischen Befreiung. Wenn ein Paar sich nicht mit dem Grund für seine Wut auseinandersetzt, bleibt die Wut bestehen oder wird schlimmer. Leider wissen die meisten Menschen nicht, wie sie Wut ausdrücken können, ohne den anderen anzugreifen oder herunterzumachen.«[11] Viele Psychologen unterscheiden daher *verbale Aggression* (»Du Miststück« oder »Ich bring' dich um!«) vom *Mitteilen der Wut* (»Ich bin unheimlich sauer«). Thomas Gordon, Vater der Elternschule, bezeichnet das als den Unterschied zwischen Ich-Botschaften und Du-Botschaften: Eine Ich-Botschaft ist »Ich fühle mich verletzt und bin ängstlich, wenn ich auf Partys allein gelassen werde«, und die Du-Botschaft wäre zum Beispiel »Du Scheißkerl, wie kannst du es wagen, mich den ganzen Abend lang wie Dreck zu behandeln!«

Verbale Aggression versagt normalerweise, weil sie den anderen ärgert und ihn oder sie geneigt macht, zurückzuschlagen, während die Beschreibung des eigenen Zustandes weniger einen Angriff darstellt und den anderen zur Wiedergutmachung anregt.[12] Menschen, die brüllen und schreien, wenn sie wütend sind, erreichen also normalerweise nicht die Ergebnisse, auf die sie hoffen (nämlich Entschuldigungen und verändertes Verhalten des Angebrüllten), so daß sie beim nächsten Mal noch lauter schreien, wenn sie wütend sind. Das Objekt ihres Zorns geht entweder zum Gegenangriff über oder ignoriert sie, wie die Kinder mancher Eltern es tun. »Schreien führt zu nichts«, sagt eine Frau in Suzanne K. Steinmetz' Untersuchung von Familien. »Die Nachbarn denken dann, man wäre verrückt. Die Kinder stellen sich taub, wenn man schreit. Schließlich sagen sie dann: ›Jetzt legt sie wieder los!‹«[13] Meine Mutter hat einmal einen Vetter gefragt, wie er die wütenden Maßregelungen seiner Mutter aushalten könnte. »Wäre es nicht leichter, einfach zu tun, was sie will?« wollte meine Mutter wissen. »Nein«, sagte der Vetter, »ich schalte einfach ab. Ich höre kein Wort von dem, was sie sagt.« Man kann sich leicht vorstellen, wie dieses Verhalten sich auf die Wut der Mutter auswirkt.

Mit brüllenden Familienmitgliedern zusammenzuleben ist anstrengend für das Nervensystem. Manche Leute lernen abzuschalten, aber andere werden aggressiv oder depressiv. Auf Video aufgenommene Experimente mit kleinen Kindern, die friedlich zusammen spielen, zeigen, daß diese, wenn sie auch nur im Hintergrund einen wütenden elterlichen Streit hören, anfangen, sich gegenseitig zu schlagen, und andere Anzeichen für Erregung zeigen. Bei Erwachsenen, die unter Depressionen (oder Schizophrenie) leiden, ist die Rückfallhäufigkeit höher, wenn sie nach der Behandlung in Familien zurückkehren, die häufig und laut negative Gefühle, Kritik und Feindseligkeit ausdrücken.[14]

Der Punkt ist, daß Aggression, in welcher Form auch immer, eine erworbene Strategie für den Umgang mit Wut ist, keine biologische Unabänderlichkeit. Es hat keinen Sinn, gelassenen, friedliebenden und vernünftigen Menschen zu erzählen, sie sollten »loslassen« und ihre Wut in einem gewalttätigen Schauspiel herauslassen, mit Pfannen werfen oder in Kissen beißen. Sie werden sich nur noch schlechter fühlen, wenn sie das tun. Etwas anderes ist es natürlich, wenn man ihnen garantieren kann, daß Aggression ihnen das gewünschte Ergebnis bringt.

Legende 2: Wenn man über Wut spricht, wird man sie los

Es tut gut, bei einem mitfühlenden Menschen sein Leid zu klagen. Es ist erfrischend. Irgendwie macht es euphorisch, wenn man Unterstützung bekommt. Diese Unterstützung bekommt man nicht, wenn man einfach wartet, bis die Stimmung vorbei ist.

achtunddreißigjähriger Berichterstatter

Wer würde da nicht zustimmen? Wie die meisten meiner Bekannten habe auch ich immer fest an die Strategie des Sichaussprechens geglaubt. Wenn man die Sachen bespricht, geht es einem besser. Dafür sind Freunde da. Dafür sind Therapeuten da. Dafür sind Barkeeper da. Die Forschung jedoch zeigt etwas anderes. Indem man ein Gefühl ausdiskutiert, schwächt man es nicht ab, sondern *übt es ein*.

Wut wird oft gesellschaftlich geschaffen. Das Gespräch mit Freunden ist eine Möglichkeit zu bestimmen, ob man zum Beispiel nicht gekränkt, sondern wütend ist, oder eher traurig als eifersüchtig. Mitfühlende Freunde, die der Eigendiagnose zustimmen oder eine Diagnose liefern, wenn man selbst keine hat, unterstützen den Prozeß der Definition von Gefühlen.

Der Glaube, daß das Sprechen über ein Gefühl kathartisch wirkt, setzt voraus, daß es um die Freisetzung eines einzelnen Gefühls geht. Wie jedoch in den vorangegangenen Kapiteln besprochen wurde, findet man selten »reine« Emotionen. Die meisten sind Kombinationen, die die Komplexität des Problems und unseres Lebens widerspiegeln: Gekränktheit und Eifersucht, Zorn und Angst, Traurigkeit und Sehnsucht, Freude und Schuldgefühle. Eine einzelne Komponente dieser Mischung herauszulassen heißt daher, sie hervorzuheben. Wenn man sich über seinen Partner aufgeregt hat und mit einem Freund einen trinken geht, um sich die Sache durch den Kopf gehen zu lassen, kommt man beim Durchsprechen der Situation vielleicht zu dem Ergebnis, daß man eigentlich doch richtig wütend ist. Man läßt die Wut nicht nur heraus; man übt sich darin.

Drei Psychologen führten ein Feldexperiment durch, das genau zeigte, wie dieser Prozeß abläuft.[15] Ebbe Ebbesen, Birt Duncan und Vladimir Konečni arbeiteten gerade in San Diego, als die örtliche Raumfahrtindustrie viele Ingenieure und Techniker entlassen mußte. Es war der richtige Zeitpunkt, um Wut zu studieren. Die Angestellten waren zornig, und das mit Recht, denn ihnen war ein Vertrag für drei Jahre versprochen worden, und die Entlassungen kamen schon nach einem Jahr. Wenn Ihnen das passieren würde, auf wen wären Sie dann wütend? Auf das Schicksal? Auf die Wirtschaft? Auf Ihre Firma? Ihren Vorgesetzten? Oder auf sich selbst?

Die Forscher ergriffen die Gelegenheit, um 100 der entlassenen Ingenieure zu interviewen und mit 48 anderen zu vergleichen, die die Firma zur gleichen Zeit freiwillig verließen. Birt Duncan führte mit jedem Mann ein Interview, in dessen Verlauf er seine Fragen – und die feindseligen Äußerungen des Mannes – in eine von drei Richtungen lenkte: auf die Firma (»Inwiefern war die Firma Ihnen gegenüber ungerecht?«; »Gibt es Aspekte an der Firma, die Ihnen nicht gefallen?«) oder auf die leitenden Angestellten der Firma (»Was hätte Ihr Vorgesetzter unternehmen können, um Sie vor der Kündigung zu schützen?«; »Gibt es etwas an Ihrem Vorgesetzen, das Ihnen nicht gefällt?«) oder auf den Befragten selbst (»Gibt es etwas an Ihnen, das Ihren Vorgesetzten dazu brachte, Ihnen keine bessere Leistungsbeurteilung zu geben?«; »Was hätte an Ihren Leistungen verbessert werden können?«) Manche Männer wurden nur nach neutralen Dingen gefragt, zum Beispiel nach ihrer Meinung über die technische Bibliothek.

Beachten Sie, daß Duncan den Männern nicht sagte, über was sie wütend sein *sollten*, sondern daß er sie fragte, über was sie tatsächlich wütend waren. Wenn das Interview vorbei war, bat er den Befragten, einen Fragebogen auszufüllen, unter anderem mit Fragen dazu, was der Betreffende nun über die Firma, die Vorgesetzten oder sich selbst dachte. *»Herauslassen« der Wut während des Interviews fungierte in keiner*

Weise als Katharsis. Im Gegenteil, die Männer wurden ihrer Firma oder ihren Vorgesetzten gegenüber noch feindseliger, wenn sie im Gespräch öffentlich eine wütende Haltung eingenommen hatten. Und nur ihre Wut auf den Grund, über den sie gesprochen hatten, wurde stärker. Die Männer allerdings, die sich selbst kritisieren sollten, gaben sich später nicht noch mehr Schuld; dieses Ergebnis sah ich mit Freuden, denn die Fähigkeiten der Ingenieure waren bei den Entlassungen kein Kriterium gewesen, und das wußten die Männer. Doch die Selbst-Kritisierer wurden weder auf die Firma noch auf ihre Vorgesetzten so wütend wie die Männer, die offen diese Gründe verantwortlich gemacht hatten.

Die einfache Handlung, den Grund der Wut genau festzulegen, bringt einen mit größerer Wahrscheinlichkeit dazu, diese Erklärung beizubehalten, selbst wenn man dabei ein Risiko eingeht (in diesem Falle: nicht wieder eingestellt zu werden). Während man seine Kümmernisse aufsagt, wird die emotionale Erregung wieder aufgebaut und führt dazu, daß man genauso wütend ist wie zu dem Zeitpunkt, als das ärgerliche Ereignis eintrat, und außerdem wird die Ansicht über den Grund für die Wut bestärkt. Freunde und Therapeuten tun natürlich oft genau das, was Birt Duncan mit den entlassenen Ingenieuren machte: Sie stellen sondierende Fragen, absichtlich oder nicht, die uns zu einer bestimmten Erklärung für unsere Gefühle führen (»Inwiefern war Sheila ungerecht gegen dich?«; »Hättest du etwas tun können, um Herbert davon abzuhalten, dich zu verlassen?«). Ich sage nicht, daß wir die Interpretationen anderer immer akzeptieren; mich interessiert die Art, wie wir zu einer Interpretation kommen, und was als Folge davon mit Wutgefühlen geschieht.

In den Untersuchungen, die ich finden konnte, sind diese Folgen eindeutig: Reden kann eine feindselige Disposition festlegen.[16] Das gilt für Kinder, Teenager und Erwachsene gleichermaßen. In dem bereits erwähnten Experiment mit den Drittkläßlern mochten die Kinder, die ermutigt wurden, ihre Wut auf das Kind, das sie frustriert hatte, auszudrücken, das Kind später weniger gern als die Kinder, denen *nicht erlaubt wurde*, ihre Wut auszudrücken! Das zeigte sich auch in einer Untersuchung an Studenten. Wenn ihnen eine Katharsis ihrer Wutgefühle erlaubt wurde, waren sie wütender auf jemanden, der sie gereizt hatte und mochten ihn weniger gern, als wenn das nicht der Fall war.[17]

Die Psychologin Mary K. Biaggio teilte die Vermutung ihrer Kollegen, daß Menschen, die ihre Wut *unter*drücken, in schlechterer psychischer Verfassung seien als die, die sie *aus*drücken. Sie unterzog 150 ihrer Studenten einer Testreihe, um das zu beweisen. Stattdessen aber stellte sie fest, daß die Studenten, die ihre Wut schnell ausdrückten, weniger selbstbeherrscht, tolerant und flexibel waren als Studenten, die ihre Wut in Schach hielten. Sie schienen, sagte sie überrascht, »die Dinge ernst und persönlich zu nehmen und gleichzeitig wenig Zurückhaltung in bezug auf wütende Gefühle und Impulse zu üben.«[18] Die Studenten, die langsam wütend wurden, hatten, anders als sie vorausgesagt hatte, keine Sorgen oder Beschwerden, weil sie die Wut zurückhielten. Sie waren zwar angepaßter und mehr darauf bedacht, einen guten Eindruck zu machen als die, die Wut ausdrückten, aber sie waren auch verläßlicher und sozial reifer.

Edward J. Murray, ein Psychologe, der viele experimentelle Untersuchungen zur Wut durchgeführt und besprochen hat, berichtet, daß Menschen, die erniedrigt und kritisiert wurden, im allgemeinen wütender werden, wenn sie die Möglichkeit bekommen, ihren Ärger auszudrükken. »Der Ausdruck feindseliger Gefühle ist *keine* hinreichende Bedingung für den Abbau von Wut«, folgert Murray; der Ausdruck selbst läßt die Wut »überraschend konsistent« ansteigen.[19] (Psychologen sind fast einheitlich überrascht, wenn sie diese Ergebnisse bekommen, so stark ist der Mythos von der Katharsis in unserer Kultur.)

Nun soll dies alles nicht als Argument dafür dienen, daß man still hält, wenn man wütend ist – wie manche Leute anscheinend glauben, wenn ich über diese Forschungsergebnisse spreche. Wichtig ist, daß man versteht, was geschieht, wenn man seine Wut tatsächlich ausdrückt, und daß man erkennt, wie unsere Vorstellungen über den Grund der Wut einfach dadurch, daß man darüber spricht und sich für eine Interpretation entscheidet, beeinflußt werden können. Jeder von uns muß für sich selbst den richtigen Kompromiß finden: Man sollte nicht ständig über seine Wut reden und jedes kleine Ärgernis ausdrücken, aber auch nicht immer den Mund halten und die Ungerechtigkeiten, die man wahrnimmt, passiv akzeptieren. Über seine Wut zu sprechen kann zu praktischen Lösungen führen, es kann aber auch zur Folge haben, daß man sich wie besessen und sinnlos im Kreis dreht. Ständiges Beschweren und Zanken kann ein Zeichen für Kapitulation vor dem Elend sein, oder aber, wie bei vielen Patienten mit schweren Krankheiten oder Behinderungen, ein Zeichen für die Entschlossenheit, zu leben und um das Leben zu kämpfen.

Zusammengenommen unterstützen diese Studien gute alte mütterliche Ratschläge: Wenn du über jemanden nichts Nettes sagen kannst, dann sage gar nichts – zumindest, wenn du möchtest, daß deine Wut verschwindet und deine Assoziationen angenehm bleiben. Aber wenn du wütend bleiben willst, wenn du deine Wut *nutzen* willst, dann sprich weiter.

Legende 3: Wutanfälle sind gesund.

Ein richtiger Wutanfall ist ein beeindruckendes Ereignis. Das Kind schreit (oder hält den Atem an), tritt wild um sich (oder spannt den ganzen Körper an), wirft sich auf den Fußboden und schlägt mit den Fäusten (oder mit dem Kopf). Es scheint völlig die Beherrschung verloren zu haben.[20]

In manchen psychoanalytischen Kreisen herrscht der Glaube, daß der Wutanfall eines Kindes ein Zeichen für eine »kindliche Neurose« sei, die durch verdrängte Wut im Kleinkindalter verursacht wurde. Einer meiner Gesprächspartner hatte seinen kleinen Jungen aus lauter Verzweiflung zu einem Psychoanalytiker gebracht:

Als mein Sohn ganz klein war, ungefähr zur Zeit, als er trocken wurde, fing er an, gewaltige Wutausbrüche zu bekommen, fast wie Anfälle. Er machte uns wahnsinnig. Wir hätten ihn am liebsten aus dem Fenster geworfen. Also brachten wir ihn in dieses psychiatrische Zentrum, wo man uns erklärte, er hätte eine Neurose. Wenn sie die zwischen zwei und sechs Jahren bekommen können, ist es anscheinend leichter, sie wieder herauszukriegen. Je länger sie drin bleibt, desto schwerer wird es, sie freizusetzen.

Der Analytiker entschied, die Wut des kleinen Jungen habe etwas damit zu tun, daß seine Mutter in den ersten Monaten nach seiner Geburt krank war und ihm nicht die ganze Aufmerksamkeit schenken konnte, die er brauchte. So kam seine Wut auf sie in Form der Wutausbrüche »an die Oberfläche«.

Der Analytiker empfahl Therapie, viermal in der Woche, in der der Junge seine Wut herauslassen konnte. Schließlich, erklärte der Analytiker, geschah der Durchbruch: Der Junge übertrug die Wut auf seine Mutter auf den Therapeuten. »Er wütete und schrie und weinte«, sagte der Vater, »und brachte es alles heraus.« Der kleine Junge wütete und schrie und weinte in der Therapie ein Jahr lang, dann ließen seine Wutanfälle allmählich nach. Im Kindergarten benahm er sich in diesem Jahr ganz wunderbar.

Untersuchungen zur Entwicklung im Kindesalter und anthropologische Studien lassen Zweifel an der Richtigkeit der Diagnose des Analytikers aufkommen. Im Gegenteil, sie legen nahe, daß das Kind auch im normalen Prozeß des Erwachsenwerdens »alles herausgebracht hätte«. Die Forschung zeigt, daß:

- Wutanfälle zum erstenmal im zweiten Lebensjahr eines Kindes auftreten, ihren Höhepunkt im Alter zwischen zwei und drei haben und im Alter von vier Jahren abklingen. Typischerweise findet dieser Vorgang innerhalb eines Jahres statt.
- manche Wutanfälle von organischen Störungen herrühren, die meisten aber sind das natürliche Ergebnis von großer Energie und geringer Selbstbeherrschung. Sie finden in einem voraussagbaren Stadium der Entwicklung des Kindes statt, wenn das Kind ein Selbstgefühl entwikkelt: Es ist jetzt alt genug, ein Gefühl für »ich« und »ich will« zu haben, aber noch zu jung, um zu wissen, wie man bekommt, was man will.
- es schwer zu sagen ist, ob ein zweijähriges Kind aus noch früherer Zeit Groll gegen seine Mutter hegen kann, da die neurologischen Pfade des Langzeitgedächtnisses bei Kindern erst mit zwei bis drei Jahren voll entwickelt sind. Erwachsene haben Vorstellungen davon, wie Mütter für ihre Neugeborenen sorgen sollten, und Erwachsene haben Erinnerungen daran, wie ihre Neugeborenen sich verhielten, Babys aber haben das nicht.
- die meisten Kinder nur an einem bestimmten Ort Wutanfälle bekommen (zum Beispiel im Kindergarten oder zu Hause, nicht aber an beiden Orten) und zusammen mit einer bestimmten Person (bei der Mutter, aber nicht beim Vater oder umgekehrt). Wutanfälle sind also normalerweise eine öffentliche Vorstellung, eine Reaktion darauf, daß jemand dem Kind sagt, daß es etwas nicht darf, was es gerne möchte. Sie hören auf der Stelle auf, wenn das Kind seinen Willen bekommt, und können genauso schnell angestellt werden, wenn das nicht der Fall ist. Einer von G. Stanley Halls Beobachtern schrieb:

Ein dreijähriges Mädchen mit heftigem Temperament, das einmal bestraft wurde, indem es auf einen Ausflug nicht mitdurfte, brach in scheinbar unkontrollierbares Schluchzen aus. Plötzlich hielt die Kleine inne und fragte ganz ruhig, ob Papa zu Hause sei. Als das verneint wurde und sie erkannte, daß sie von dieser Seite keine Einschränkungen zu erwarten hatte, nahm sie ihr Schluchzen wieder auf.[21]

Ein Vater beobachtete, wie seine drei Kinder die Trotzphase durchmachten. Inzwischen ist er überzeugt, daß Wutanfälle aus reiner Berechnung und gezielt auf einen Elternteil gerichtet produziert werden:

Du versuchst, aus dem Haus zu kommen, um ins Kino zu gehen, und sie hängen sich an dich wie Schimpansen – in doppelter Umklammerung, Arme *und* Beine um dich gewickelt. Du mußt die Kinder abschälen. Dann stöhnen und brüllen sie, als wenn du sie bei King Kong lassen würdest und nicht bei ihrem vertrauten Babysitter. Natürlich kehrt eine Sekunde, nachdem du weg bist (erzählt der Babysitter später), Ruhe ein, und sie stellen die Tränen ab.

Eines Abends, nachdem ich einen schlimmen Tag mit meiner Tochter Andy gehabt hatte, sagte meine Frau zu ihr: »Ich höre, daß du heute zu Maria [der Haushälterin] und Daddy ganz schlimm warst.« – »Oh nein«, sagt Andy, »ich war nur zu Daddy schlimm.«

Der unmittelbare Ausgang des Wutanfalls hängt von der Energie des Kindes und der Geduld der Eltern ab. Weil ein Wutanfall selten Ausdruck echter Wut ist, sondern vielmehr Ausdruck des Wunsches, länger aufzubleiben, einen Keks zu bekommen, keine Schuhe anzuziehen und die vielen Frustrationen, denen man mit erst zweieinhalb Jahren ausgeliefert ist, nicht ertragen zu müssen, lernt das Kind jedesmal, wenn die Eltern nachgeben, daß Wutanfälle funktionieren. Wie einer von Halls offenherzigen Erwachsenen sich erinnerte: »Meine Wutanfälle waren so entsetzlich, daß mir ganz egal war, was es kostete, es mußte sein. Als Kind habe ich geschrien, getreten, bin auf Sachen losgegangen und habe Gegenstände ins Feuer oder aus dem Fenster geworfen, wenn ich meinen Willen nicht bekam. Wenn ich ins Bett gebracht wurde, geriet das ganze Haus in Aufruhr, so daß mein Kindermädchen mir normalerweise nachgab. Jeder Punkt für mich machte mich noch schlimmer.«[22]

Der Psychiater John Bowlby, Autor des dreibändigen Werkes *Attachment and Loss*, bemerkt, daß die Wut eines Kindes von Anfang an einem sozialen Zweck dient. Anstatt Wut als Teil eines Aggressionsinstinktes zu postulieren, stellt Bowlby die nützlichere Frage: Wozu ist Wut gut? Warum sind kleine Kinder anscheinend so oft wütend, wenn ihre Eltern für einen Abend ausgegangen sind oder einen kurzen Urlaub gemacht haben und zurückkehren? Bowlby stellt die Hypothese auf, daß, insofern als menschliches Überleben von unserer Bindung an andere abhängt, ein integraler Bestandteil unserer Anlagen in dem Potential besteht, bei der Trennung von ihnen Kummer und bei der Aussicht auf Trennung Angst zu fühlen. Bei Babys zeigt sich Unbehagen als Geschrei, doch bis zum Alter von zwei Jahren differenziert es sich aus zu Traurigkeit, Angst oder Wut. Die erste Emotion, die bei Babys und anderen Primatensäuglingen auftritt, ist Angst – vor Verlust, vor dem Unbekannten, vor Fremden –, doch Wut entwickelt sich zusammen mit den geistigen Fähigkeiten des Kindes und mit der Erkenntnis, daß sie eine Wirkung hat. Bowlby betrachtet die meisten wütenden Äußerungen bei kleinen Kindern als »Wut der Hoffnung«. Vorwurfsvolle Reaktionen, so denkt das Kind anscheinend, sind eine deutliche Mahnung an die Eltern. Ein kleines Mädchen, das während eines Tornados von seinem Vater getrennt worden war, schlug, wie Bowlby berichtet, wütend auf ihn ein, als sie wieder zusammenkamen, und warf ihm vor, er hätte es verlassen. Bowlby schreibt: »Wenn eine Trennung, wie in der Mehrzahl der Fälle, nur vorübergehend ist, hat Wut die folgenden beiden Funktionen: Erstens kann sie helfen, Hindernisse zu überwinden, die sich einer Wiedervereinigung in den Weg stellen, und zweitens kann sie die geliebte Person daran hindern, erneut fortzugehen.«[23]

In extremen und pathologischen Situationen, hält Bowlby fest, können Kinder eine »Wut der Verzweiflung« entwickeln: Wenn Kinder wiederholten, lange andauernden Trennungen ausgesetzt sind, von denen jede einzelne ein bedeutsamer Verlust ist, oder wenn ihnen ständig mit Verlassenwerden gedroht wird, dann werden sie wütend auf den Menschen, der ihnen durch sein Fortgehen solche starken Schmerzen zufügt. Auch aus anderen Gründen können Kinder die Wut der Verzweiflung entwickeln, zum Beispiel wenn ihre Eltern sie mißhandeln. Wenn der Elternteil oder der geliebte Mensch nicht wiederkommt, verwandelt sich die Verzweiflung schließlich in Ablösung und Teilnahmslosigkeit. Diese Abfolge, vom Protest über die Verzweiflung zur Ablösung, kennzeichnet die Reaktionen auf Trennung während des ganzen Lebens, selbst wenn es um Menschen geht, die man nicht mehr liebt. (Die gleiche Abfolge findet zum Beispiel auch meistens nach Scheidungen statt.[24])

Bowlbys Argumentation lenkt unsere Aufmerksamkeit auf den Unterschied zwischen *Form* und *Inhalt* kindlicher Wut. Alle Kinder sind, genau wie Erwachsene, gelegentlich wütend, unglücklich, ärgerlich oder frustriert, aber sie müssen lernen, welche Form des emotionalen Ausdrucks angemessen ist und toleriert wird. »Wut auszudrücken« ist nicht das gleiche wie »aggressiv zu handeln«, viele Eltern ermutigen allerdings in ihrem Eifer, die Form nicht zu blockieren, das letztere. Wenn man einem Kind jedoch erlaubt, zu schreien, zu treten oder Gegenstände zu zerschlagen, verringert man seine Wut nicht, sondern steigert seine Aggressivität. Man lehrt es eine kathartische Angewohnheit.

Eine Konsequenz des ventilationistischen Ansatzes besteht also darin, daß Wutanfälle über ihre normale Lebensdauer hinaus weitergeführt werden. Wenn man der kleinen Helene erlaubt, »es herauszulassen«, tritt oft der mißliche Nebeneffekt ein, daß man die kleine Helene lehrt, wie sie Wutanfälle als Waffe einsetzen kann. Wenn Therapeuten kleine Kinder ermuntern, Pfeile zu werfen, Puppen zu zerschneiden und auf dem schönen Teppichboden Schweinereien zu veranstalten, dann lernen die Kinder nicht, ihre Gefühle zu beherrschen oder das ihnen zugrundeliegende Problem zu lösen, sondern wo sie sie ausdrücken können. (Ich vermute, daß die Therapie am meisten den erschöpften Eltern hilft, die währenddessen eine Stunde Ruhe haben; aber das löst *ihre* Probleme auch nicht.) Ähnlich beachtet ein Vater die Form der Wut und übersieht dabei ihren legitimen Grund, wenn er zu seinem fünfjährigen Sohn sagt: »Ach du Teufelchen, du bist wohl wütend auf mich, weil ich dich die ganze Nacht in deinem Zimmer eingesperrt habe, was? Los, tritt gegen das Sofa. Raus damit!« Dieses Ausweichmanöver bewirkt, daß das Kind immer noch wütend, nun aber noch dazu ein eingefleischter Sofatreter ist. Umgekehrt ziehen Eltern, die ihr Kind ständig dafür bestrafen oder zurückweisen, daß es Wut irgendwelcher Art ausdrückt, wahrscheinlich einen Menschen heran, der sich, wenn er wütend ist, in mürrischen Groll zurückzieht.

Natürlich ist für manche Kinder, genau wie für manche Erwachsene, ein Wutanfall die einzige Möglichkeit, sich verständlich zu machen. Vor einigen Jahrzehnten bat die Psychologin Florence Goodenough 45 Frauen, ein Tagebuch über die Wutanfälle ihrer Kinder zu führen.[25] Auch sie beobachtete, daß die Wutanfälle im zweiten Lebensjahr des Kindes ihren Höhepunkt erreichen und dann von reiferen oder hinterhältigeren Kommunikationsmethoden abgelöst werden. Sie gehörte jedoch zu den ersten, die bemerkten, daß Kinder, wie Erwachsene auch, aus einem bestimmten Grund wütend werden. Ein Grund ist der »selbstgerechte Muttertypus, der das Kind ständig durch eine Art süßlicher Nörgelei reizt«. Der Fragebogen einer dieser Mütter über ihren sechsjährigen Sohn war mit Bemerkungen gespickt, die zeigen sollten, wie rücksichtsvoll sie und wie undankbar ihr Sohn war: »Ich sprach sanft mit ihm«, »Ich erkundigte mich beiläufig, warum er so spät käme«, »Ich erinnerte ihn höflich daran, daß das Mittagessen bald fertig sei« und so weiter.

Goodenoughs Kommentar zu diesem Fall werde ich ewig lieben. »Die Reaktion des Kindes fordert unser Mitgefühl«, schrieb sie. »Der Junge trat, knurrte und schrie seine Mutter an: ›Rede nicht! Rede nicht!‹«

Jedenfalls sind die Gefühle den Lerngesetzen ebenso unterworfen wie jedes andere Verhalten. Man sollte Eltern darauf hinweisen, daß die Art der Wut, auf die sie bei ihren Kindern reagieren, die Art ist, mit der sie leben müssen. Diejenigen, die glauben, Aggression sei nötig und gesund, sollten sich die Erfahrungen in Boys Town ansehen, einem Dorf, in dem etwa 400 männliche Jugendliche leben. Diese Jungen sind entweder Waisen oder haben Eltern, die nicht für sie sorgen können, und wenn sie im Dorf ankommen, sind sie meistens wütend, rebellisch und antisozial eingestellt. 1975 übernahmen die Psychologen Dean Fixsen, Elery Phillips und ihre Mitarbeiter Boys Town, trugen viele Schichten hinderlicher Bürokratie ab, gründeten Familieneinheiten anstelle der institutionellen Wohnheime und stellten einige neue Verhaltensregeln für die Jungen auf.

Man hatte den Teenagern bis dahin viele Dummheiten und zerstörerisches Verhalten durchgehen lassen. Die neuen Leiter ließen das nicht zu. Die Mitarbeiter, so bemerkten sie, »halfen den Jungen nicht damit, daß sie übermäßig tolerant waren, nicht urteilten und nicht werteten. Wenn zwei Jungen eine Prügelei anfingen, mußten sie vielleicht einfach ›aufgestaute Gefühle herauslassen‹. Leider kann ein derartiges Herauslassen in der richtigen Welt einen Mann ins Gefängnis bringen. Wenn ein Junge zur Arbeit oder zum Unterricht zu spät kam, ›hatte er es vielleicht in letzter Zeit schwer gehabt und sollte verständnisvoll behandelt werden‹. Leider kann eine derartige Verspätung bei einer richtigen Arbeit den Mann seine Stelle kosten.«[26]

Die wohlmeinenden Mitarbeiter hatten die Jungen früher zwar ermahnt, »sich zu benehmen«, aber indem sie ihre gewalttätigen Auseinandersetzungen »verstanden«, billigten sie sie stillschweigend. Fixsen und seine Mitarbeiter verboten den Jungen, sich zu streiten, wütend zu toben, zu schmollen, sich zu schlagen, zu fluchen und sich gegenseitig zu schikanieren. Diese Handlungen werden unter Erwachsenen normalerweise nicht akzeptiert. Warum sollten Erwachsene bei Kindern ertragen, was sie bei anderen Erwachsenen ablehnen? Das neue System in Boys Town belohnt die Jungen für erwünschtes Verhalten, wie zum Beispiel friedliche Beilegung von Streits und gewaltlose Auflösung wütender Gefühle, es lehrt sie, *wie* man sich gut benimmt und bestraft sie für die nicht akzeptierbaren Handlungen mit Entzug von Privilegien. Beide Schritte sind übrigens wesentlich. Nur für das bestraft zu werden, was man falsch macht, lehrt einen nicht, wie man es richtig macht.

Das Ergebnis des Experiments in Boys Town ist eine Gesellschaft von Teenagern, die weniger wütend, weniger gewalttätig und glücklicher sind als vorher unter den nachsichtigen Mitarbeitern, die, mit besten Absichten, genau das problematische Verhalten verstärkten, das sie abzustellen hofften.

Freundliche Eltern machen es oft genauso. Sehen Sie sich das Beispiel von Ellie Seif an, deren beide Töchter, die sechsjährige Debbie und die neunjährige Karen, Lehrbuchfälle für die Funktionen der Wut hätten sein können. Die Kinder brachten mit ihren ständigen Wutanfällen alle zur Verzweiflung. »Mit Karen fertigzuwerden wurde immer schwieriger für mich«, sagte die junge Mutter. »Sie war wütend, feindselig, unglücklich, unsicher und anspruchsvoll. Und ich war das auch.« Der Morgen im Haushalt der Seifs war unerträglich geworden. »Wenn ich die Mädchen weckte, war Karens Reaktion, daß sie knurrte: ›Du hast mich zu spät geweckt.‹ Dann fragte sie: ›Was gibt es zum Frühstück? Wo sind meine Schuhe?‹ Schließlich befahl sie ihrer sechsjährigen Schwester: ›Debbie, geh aus meinem Zimmer!‹ Zu dem Zeitpunkt war mein Magen schon ein einziger Knoten. An vielen Tagen schrie ich die Mädchen entweder an oder versuchte, meine Wut zu unterdrücken. An anderen Morgen war ich in Tränen aufgelöst.«[27]

Soweit ein Haushalt wie viele andere auch, besonders an Schultagen. Aber Familie Seif hatte das Glück, einen vernünftigen Therapeuten zu finden, der die ganze Familie behandelte, nicht nur die scheinbaren »Neurosen« der Kinder, und der beobachtete, daß die Probleme durch das übermäßige Engagement der Eltern für ihre Kinder verursacht wurden, nicht durch mangelndes Engagement. Die Mädchen waren völlig abhängig davon geworden, daß die Eltern ihre Konflikte lösten und ihr Leben organisierten, und jeder Fall von Fehlverhalten – brüllen, jammern und weinen – war ein Appell an die Eltern, das Problem zu lösen. Der erste Schritt bestand daher darin, daß jedes Mädchen einen Wecker bekam und nun selbst dafür verantwortlich war, aufzustehen und sich für die Schule fertig zu machen. »Erstaunlicherweise«, sagte die Mutter, »wurden die Morgen in unserem Haushalt um 100 Prozent besser.«

Als nächstes wurde das Problem der Geschwisterrivalität angegangen. Debbie und Karen zankten sich die ganze Zeit. Es gab Tage, an denen sie kein einziges vernünftiges Wort miteinander wechselten. Der Therapeut beobachtete, daß Mrs. Seif immer in ihre Streits mit einbezogen war, manchmal, indem sie versuchte, die Sache beizulegen, immer aber, indem sie psychisch »bei ihnen« war. Sie wurde angewiesen, sich herauszuhalten und die Mädchen ihre Differenzen unter sich ausmachen zu lassen.

Nun, wenn Sie ein Kind wären, das mit seinen Wutanfällen und Beschwerden immer die Aufmerksamkeit der Mutter gewonnen hätte, was würden Sie dann tun, wenn ihre Aufmerksamkeit plötzlich abgestellt wäre? Zuerst würden Sie bestimmt noch mehr toben und sich noch mehr beschweren. (Vielleicht hat die Mutter es ja nicht gehört.) Die Seifs wurden davor gewarnt, daß jede Veränderung in ihren gewohnten Reaktionen auf die Zankereien der Töchter zu einem Aufstand führen würde.

»Zum großen Teil eskalierte das negative Verhalten der Mädchen«, sagte Mrs. Seif, »die Wut, die Forderungen nach besonderer Aufmerksamkeit, die Geschwisterrivalität, die Feindseligkeit, Gejammer und Abhängigkeit. Dr. Beck sagte, es wäre, als wenn ich einen unsichtbaren roten Knopf auf der Brust hätte, auf dem stehen würde ›Drücken‹. Die Kinder wußten, wie man diesen Knopf drückt – durch Zanken, Jammern, Weinen und so weiter. Und ihn zu drücken bedeutete, mich an einem Aspekt ihres Lebens zu beteiligen. Als wir anfingen, uns herauszuziehen, wurde der Knopf stärker und häufiger gedrückt. Lauteres Geschrei, heftigerer Zank, mehr Jammern und Weinen – alles sollte die alten Muster der Überabhängigkeit wiederherstellen.«

Nach einigen stürmischen Wochen hörten die Mädchen auf, ihre Mutter zu testen und zu bedrängen und fingen an, selbst für sich zu sorgen. Das Ergebnis war jedoch nicht, daß sie ihre Wut aufeinander »in sich hineinfraßen«, *sondern daß ihre Wut sich auflöste*. Die Erkenntnis, daß sie selbst die Verantwortung für ihre Probleme übernehmen und selbst Beschäftigungen für sich finden konnten, stärkte ihr Selbstbewußtsein enorm. Das allein verringerte die Wut. Karen, so berichtete Mrs. Seif, weinte weniger, fühlte sich weniger bedroht und wurde gesprächiger und sicherer. »Im Alltag nahm Karen jetzt Ereignisse, die früher zu einem Wutausbruch oder einer Depression geführt hätten, fast sachlich hin«, fügte sie hinzu. »Und weil Debbie jetzt verstanden hat, daß ihr schlimmes Benehmen ihr die alte Aufmerksamkeit nicht wiederbringt, ist auch sie ausgeglichener, glücklicher und gelassener geworden.«[28]

Natürlich sind sich nicht alle Kulturen und Generationen darüber einig, ob Wutanfälle und andere kindliche Wutausbrüche normal und wünschenswert sind. Manche Eltern haben Angst, ihr Kind zu verwöhnen, andere haben Angst, eine kindliche Neurose hervorzurufen, und diese Sorgen kommen darin zum Ausdruck, wie sie ihre Kinder behandeln und welche Verhaltensweisen sie akzeptieren. Im großen und ganzen neigen amerikanische Eltern dazu, ein großes Ausmaß an Feindseligkeit und Aggression bei ihren Kindern zu dulden. Allerdings gehen sie nicht so weit wie die Sirionó in Bolivien, die die Kinder aktiv zu ihren Ausbrüchen ermutigen:

Ein kleines Kind darf bei einem Wutanfall seinen Vater und seine Mutter normalerweise so hart schlagen, wie es kann, und sie lachen nur darüber. Wenn Kinder von ihren Eltern übersehen oder geneckt werden, nehmen sich die Kinder oft einen Stock und schlagen auf die Eltern ein, ohne daß sie dafür bestraft werden. Ich habe sogar gehört, wie Väter ihre kleinen Söhne ermunterten, ihre Mütter zu schlagen. Eantándu [ein Sirionó-Häuptling] erzählte mir [dem Anthropologen Allan R. Holmberg], ein solcher Ausdruck von Wut bei einem Kind sei ein Zeichen dafür, daß es zu einem kühnen Erwachsenen heranwachsen würde.[29]

Die Utku-Eskimo dulden die Wutausbrüche ihrer kleinen Kinder ebenfalls, aber nicht, weil sie glauben, daß diese Anfälle etwas mit dem zukünftigen Charakter des Erwachsenen zu tun hätten. Im Gegenteil. Die Eskimo akzeptieren kindliche Ausbrüche, weil sie wissen, daß Babys und Kleinkinder kein *ihuma* (Verstand, Denken) besitzen. Von jedem Menschen mit Verstand wird jedoch erwartet, daß er seine Wut beherrscht, Kinder über drei oder vier Jahre eingeschlossen. Die einzigen Erwachsenen, für die diese Erwartung nicht gilt, sind Idioten, Geisteskranke, Schwerkranke und ... *kaplunas*, Weiße.[30]

Die Bedingungen für eine Katharsis

Unsere Streits enden normalerweise mit totaler Frustration und einem ganz leeren Gefühl. Den ganzen nächsten Tag oder so fühle ich mich einfach scheußlich. Ich bin versucht, mich völlig zu erniedrigen, nur um das Gefühl loszuwerden, diese entsetzliche Leere. Wir haben bei unseren Streits überhaupt keine Verbindung, und wenn sie vorbei sind, fühle ich mich so tot, so einsam. Wie konnten wir uns nur so total mißverstehen?

Margie B.

Ich sagte ihm, er sei einfach ein Scheißkerl ... und was er bloß glaubte, wer er wäre, er war abgehauen, als wir Kinder waren, und wußte nie, was wir machten oder auf welchen Schulen wir waren oder sonstwas. Ich schrie ihn an. Er sagte nicht viel ... Aber am nächsten Tag, das werde ich nie vergessen, hatte ich das Gefühl, nur ein halbes Pfund zu wiegen. Ich fühlte mich so leicht und so glücklich, weil ich ihn konfrontiert hatte. Es war vielleicht die befreiendste Handlung, die ich je in meinem Leben vollbracht habe.

Alison K.

Was ist der Grund für die so unterschiedlichen Erfahrungen von Margie und Alison? Die herrschende Meinung über Wut betont die nützlichen Seiten des Herauslassens, unter anderem:

- verbesserte Kommunikation mit dem Ziel der Wut (z. B. dem Partner)
- ein größeres Gefühl der Nähe zur Zielperson
- physiologische Erleichterung/Katharsis
- Steigerung der Selbstachtung
- Lösung von Problemen statt Brüten darüber
- »Loswerden« der Wut
- ein glücklicher Mensch werden
- die Zielperson zum gewünschten Verhalten bewegen

Doch das, was ich in den vorausgegangenen Kapiteln geschildert habe und was Margie Ihnen erzählen könnte, deutet genau auf die gegenteilige Wirkung hin:

- verschlechterte Kommunikation mit der Zielperson
- Gefühl der Distanz zur Zielperson
- physiologische Erregung: höherer Blutdruck
- sich scheußlich fühlen; verringerte Selbstachtung
- Verschlimmerung des Problems
- »Einüben« der Wut
- ein feindseliger Mensch werden
- die Zielperson wütend auf einen selbst machen

Die Frage ist nicht: »Welche Liste an Konsequenzen ist richtig?«, denn beide sind richtig – unter entsprechenden Bedingungen. Die Frage ist »Unter welchen Bedingungen ist das Ausdrücken von Wut nützlich, und wann ist es schädlich?« Die Frage ist nicht: »Sollte ich meine Wut ausdrücken oder unterdrücken?«, sondern: »Was kann ich tun, um die nützlichen Ergebnisse auf der ersten Liste zu erzielen und die Probleme auf der zweiten Liste zu vermeiden?«

Nach einer Sichtung der Forschungsergebnisse und Interviews mit Klinikern und Forschern glaube ich, daß das Ausdrücken von Wut unter folgenden fünf Bedingungen am wirksamsten ist:

Erstens muß die Wut direkt auf das Ziel der Wut gerichtet sein. Wenn man auf Ludwig wütend ist, werden alle Gespräche der Welt mit der besten Freundin das Problem nicht lösen. Wenn die Gespräche die eigene Wahrnehmung von Ludwig nicht ändern (»Oh, mir war nicht klar, daß er mich nicht mit Absicht beleidigt hat«), werden sie wahrscheinlich die eigenen Interpretationen bestärken, mit dem Ergebnis, daß man seine Wut einübt, statt sich ihrer zu entledigen. Wenn man seine Wut verlagert, indem man auf Kissen herumboxt, sich rachsüchtige Szenarios ausdenkt, böse Witze erzählt oder sein Kind schlägt, wird die Wut weder geringer noch wirkt die Verlagerung kathartisch. Das liegt daran, daß der *Grund* für die Wut unverändert bestehen bleibt.

Zweitens muß das Ausdrücken von Wut das Gefühl der Kontrolle über die Situation wiederherstellen und den Gerechtigkeitssinn befriedigen; der andere muß eine angemesse Strafe erhalten. Manche Erfahrungen emotionaler Befreiung tun ausgesprochen gut. Mit jemandem zu schimpfen, von dem man meint, er hätte einen schlecht behandelt, ist besonders befriedigend. Die wahre Geschichte zu veröffentlichen, wie einem von hohen Tieren übel mitgespielt wurde, gibt einem das Gefühl, rehabilitiert zu sein, vor allem wenn die hohen Tiere dadurch vor Gericht gebracht oder von der Öffentlichkeit verurteilt werden. Zu beobachten, wie ein Bösewicht seine Quittung bekommt, ist eine Genugtuung, die uns heute allzu oft versagt bleibt. Diese kathartischen Erfahrungen tun nicht deswegen gut, weil sie irgend ein physiologisches Energiestaubecken leeren, sondern weil sie ein soziales Ziel erreichen: ausgleichende Gerechtigkeit, Bestätigung der sozialen Ordnung.

Damit der Gerechtigkeitssinn zufriedengestellt wird, muß man allerdings eine Entsprechung zwischen der Schwere des dem anderen angelasteten Vergehens und der eigenen Vergeltung erkennen. Wenn Ihr Kind aus Versehen etwas verschüttet hat und Sie überreagieren, brüllen und schreien, Ihr Kind sei ein blöder Trottel, wird Ihnen das wahrscheinlich später peinlich sein. Ihre Selbstachtung wird sinken (und die Ihres Kindes auch). Wenn dagegen Ihr Vater Ihr ganzes Leben lang rachsüchtig und unnahbar war und Sie ihm eines Tages zuflüstern, sein Verhalten habe Ihnen, hm, nun ja, »zu schaffen« gemacht, dann haben Sie wahrscheinlich nicht das Gefühl, Ihnen sei Gerechtigkeit zuteil geworden. Seine Strafe entsprach nicht seinem Vergehen.

Beachten Sie, daß hier das Ziel darin besteht, die Gerechtigkeit wiederherzustellen. Alles andere, womit man dieses Ziel erreichen kann, wird einem ebenfalls helfen, seine Wut abzubauen. Wenn man sieht, daß die Zielperson ihre Quittung von jemand anderem bekommt – wenn zum Beispiel der Chef, der einem gekündigt hat, selbst fristlos entlassen wird –, wird die eigene Wut sich wahrscheinlich legen.

Drittens muß das Ausdrücken von Wut das Verhalten der Zielperson ändern oder einem selbst neue Einsichten vermitteln. Häufig bringt das Ausdrücken von Gefühlen den Nutzen, daß wir erfahren, daß wir das Verhalten eines anderen falsch wahrgenommen haben. Manchmal schafft das Aufschreiben von feindseligen Gefühlen oder das Sprechen darüber neue Einsichten in das eigene Verhalten und das Verhalten der Zielperson. Dieses veränderte Bewußtsein ist entscheidend. Manche Menschen machen jahrelang Therapie und bringen ihre Wut auf ihre Eltern, das Leben oder was auch immer »heraus«. Ohne erhellende Einsichten wirken solche wiederholten Äußerungen nicht kathartisch.

Viertens muß man selbst die gleiche Wutsprache sprechen wie die Zielperson. Wut ist, wie ich wiederholt betont habe, eine Form der Kommunikation; ob sie funktioniert, hängt davon ab, ob ihre Botschaft ankommt. Ruhiges, nicht aggressives Sprechen über die Wut (jene »Ich-Botschaften«, die so viele Psychologen mit Recht empfehlen) ist die freundlichste Art, Wut auszudrücken, und normalerweise auch die wirksamste. Doch selbst diese Methode ist vom Kontext abhängig. Eine Frau erzählte mir, sie habe zu ihrer Bestürzung erkennen müssen, daß sie ihren Mann nur mit wütenden Beschimpfungen davon überzeugen könne, daß sie *wirklich* wütend sei. Ruhige Gespräche über ihre Gefühle, sagte sie, seien zwar vielleicht die bevorzugte Art der Mittelschicht, sie aber erreiche damit nichts.

Am nächsten Tag [nach einem wütenden Streit] lief er herum und mähte den Rasen, reinigte die Dachrinnen und putzte den Küchenfußboden. Und er sagte, es täte ihm leid, daß er so faul sei. Dann sagte er: »Du wirst mich nie dazu kriegen, etwas zu tun, wenn du nicht anfängst zu toben, so wie gestern«, was mich in eine merkwürdige Position brachte, denn ich hasse es, wütend zu werden.

Wie dieses Beispiel zeigt, ist »Dampf ablassen« nur dann kathartisch (und wirksam), wenn der Empfänger des Dampfes aufhorcht und richtig reagiert; das gleiche gilt für das vernünftige Besprechen der Angelegenheit. Daher gibt es keine einfachen Regeln, die bestimmen, wann Sprechen besser ist als Brüllen. Das hängt vom Empfänger der Botschaft ebenso ab wie vom Sender. Viele von uns wissen das intuitiv und schneiden ihre Mitteilungen auf den gewünschten Zweck zu. Ein zweiundvierzigjähriger Geschäftsmann, Jay S., schilderte, wie ihm ein Licht aufging, als er eines Nachmittags zufällig seinen normalerweise ausgeglichenen Chef am Telephon hörte:

Ich habe ihn noch nie so wütend gehört. Er tobte. Sein Gesicht war rot, und an seinem Hals traten die Adern hervor. Ich versuchte, ihn auf mich aufmerksam zu machen, um ihn zu beruhigen, aber er winkte ungeduldig ab. Sobald das Telefonat vorbei war, wandte er sich mir zu und lächelte. »So«, sagte er, »das müßte reichen«. Wenn er mich so angeschrien hätte, hätte es mir tatsächlich gereicht, das kann ich Ihnen sagen. Aber es war alles gespielt.

Wenn man Wut »herausläßt«, landet sie normalerweise bei einem anderen Menschen, und wie man sich dann fühlt – erleichtert, wütender, deprimiert – hängt davon ab, was der andere tut.

Fünftens darf es keine wütende Vergeltung von seiten der Zielperson geben. Wenn Sie Ihrem Partner oder Ihrer Partnerin gegenüber Wut ausdrücken und zur Antwort bekommen: »Du meine Güte – ich hatte ja gar keine Ahnung, daß du so wütend auf mich bist! Ich bin schockiert! Ich bin erschrocken! Was kann ich nur tun, um das wiedergutzumachen?«, dann werden Sie hoch erfreut sein, daß Sie Ihre Wut gezeigt haben. Sie werden sich fragen, warum Sie so lange dazu gebraucht haben. Leider ist es selten, daß jemand einfach stillhält, ganz gleich, wie sehr man selbst im Recht zu sein glaubt. »Ach ja?« antwortet das Gegenüber normalerweise, »also, jetzt will ich dir mal sagen, warum ich so wütend auf *dich* bin ...«

Man sagt, daß es so gesund sei, Wut herauszulassen, so gesund für alle Beteiligten, aber ich glaube überhaupt nicht, daß es gesunde Auswirkungen hat. Meine Therapeutin hat immer gesagt: »Können sie nicht einfach in ruhigem, aber wütendem Tonfall sagen: ›Weißt du, es macht mich verrückt, daß du das tust?‹« Aber ich habe nie festgestellt, daß dieser Tonfall etwas Gutes bewirkt oder das Eis bricht. Entweder ignorieren die Leute einen, oder man wird ein bißchen zu wütend, und sie werden auch wütend auf einen, und man gerät in einen Riesenkrach, der nichts löst.

Daß kein Gegenschlag erfolgt, ist, glaube ich, der Grund dafür, daß wütende Leserbriefe oder anonyme Haßbriefe anscheinend kathartische Wirkung haben. Zeitungen zahlen selten mit gleicher Münze heim, und anonymen Absendern kann man nicht mit Beleidigungen antworten. (Wenn sie solche Antworten bekämen, würden sie es sich vielleicht noch einmal überlegen, solche unverschämten, üblen Briefe abzuschicken.) Aber Briefe zu schreiben (und nicht abzuschicken) oder Tagebuch kann auch Menschen helfen, die das Bedürfnis haben, ihre Gefühle Zielpersonen gegenüber zu zeigen, die nicht erreichbar sind, wie Eltern, die emotional gestört oder gestorben sind.

Diese fünf Bedingungen tragen offenbar dazu bei, den Erfolg von Heilungsritualen zu erklären, bei denen Menschen Wut ein für allemal ausdrücken, so daß sie sie hinter sich lassen können. Die Wut wird der Zielperson gegenüber ausgedrückt; auf eine Weise, die Gerechtigkeit und Gleichgewicht wieder herstellt; daraus folgen neue Einsichten über das eigene Verhalten oder das der Zielperson; es gibt keine wütende Reaktion der Zielperson.

Alison K.'s »Katharsis«, die ich bereits zitiert habe, erfüllt alle diese Kriterien. Alisons Vater hatte die Familie verlassen, als Alison und ihr Bruder noch klein waren. Er tauchte zwar ab und zu auf und besuchte seine Kinder, zeigte aber nie anhaltendes Interesse oder unterstützte sie. In einem Jahr, als Alison etwa zwanzig war, wurden sie und ihr Bruder herbeizitiert, um ihn im Haus der Großmutter zu besuchen. »Es war einer der seltenen Auftritte, die er uns zu gewähren geruhte«, erinnert sie sich. »Ich fühlte mich nicht wohl und ging ins Schlafzimmer, um mich hinzulegen. Meine Großmutter fragte: ›Was hat Alison?‹, und ich hörte, wie mein Vater sagte: ›Weiß ich nicht. Mit Alison habe ich es einfach aufgegeben. Ich weiß nicht, was ich mit ihr machen soll.‹ Ich hörte das – ›Mit Alison habe ich es einfach aufgegeben‹ – und stürzte ins Wohnzimmer und sagte ihm die Meinung.«

Alisons Wut auf ihren Vater zeigte Wirkung, weil sie ihm endlich genau das sagte, was sie ihm sagen wollte, statt sich bei ihrem Bruder oder Freunden über ihn zu beklagen; weil sie ihm genau das gab, was er ihrer Meinung nach verdiente; und weil er da stand und es annahm, ohne Gegenangriff. Hätte er etwas gesagt wie: »Wenn du nicht so ein unangenehmes, böses kleines Mädchen gewesen wärst, wäre ich gerne mehr mit dir zusammengewesen«, dann hätte Alison, da bin ich sicher, wieder ganz von vorn anfangen müssen. Alisons Ausdrücken der Wut führte sie außerdem zu einer neuen Einsicht: »Meine Angst war immer gewesen, daß Konfrontationen Zurückweisung bedeuten würden. In Wirklichkeit aber hatte er mich vor Jahren schon zurückgewiesen.«

Ein weiterer typischer Fall ist eine Frau, die ich Marian S. nennen werde. Um die Wut zu vertreiben, die sie nach ihrer Scheidung empfand (ihr langjähriger Ehemann verließ sie, als sie zweiundfünfzig war), ging sie mit einem zur Keule zusammengerollten Handtuch durch alle Zimmer ihres Hauses. »Fünf oder sechs Stunden lang«, erinnert sie sich »durchlebte ich alle unsere alten, ungelösten Streits noch einmal. Ich schrie und brüllte und schlug gegen die Wände, und als ich fertig war, zündete ich Kerzen an, öffnete die Fenster und ließ die alten Dämonen alle hinaus, ein für allemal. Ich fühlte mich gereinigt.« Mit dieser Handlung setzte Marian S. ein Zeichen für das Ende ihrer Wut und der Fähigkeit ihres Exmannes, sie auszulösen. Sie sagte, was sie sagen mußte; er war nicht da, um zu antworten; sie hatte das Gefühl, der Gerechtigkeit sei Genüge getan; Ergebnis war, daß sie aufhörte, ihm Vorwürfe zu machen. (Über Wut und Scheidung werde ich in Kapitel 10 noch mehr zu sagen haben.)

Am wichtigsten ist vielleicht, daß diese fünf Bedingungen der Katharsis, wie ich glaube, den Unterschied zwischen dem gesunden Nutzen des *Geständnisses* und den ungesunden Konsequenzen des *Besessenseins* erklären. In Kapitel 4 habe ich darauf hingewiesen, daß das Verdrängen wichtiger, traumatischer Ereignisse für den Körper einen ständigen Streß bedeutet. An etwas Belastendes *nicht* zu denken erfordert beträchtliche Anstrengung. James Pennebaker, ein Psychologe, der die Auswirkungen von Geheimhaltung und Geständnis ausführlich untersucht hat, fand heraus, daß Menschen, die keine Traumen erlitten haben, am wenigsten krank sind.[31] An nächster Stelle stehen diejenigen, die ein Trauma erlitten haben, sich aber anderen anvertrauen konnten. Menschen jedoch, die ein Trauma erlitten haben und darüber mit niemandem gesprochen haben, leiden am häufigsten unter Krankheiten.

Um welche Art verborgener Traumen geht es? Pennebaker hat Überlebende des Holocaust interviewt, von denen die meisten, anders als man eigentlich annehmen würde, nie mit einem Menschen außerhalb des Lagers über ihre Erlebnisse gesprochen hatten – obwohl sie ständig daran dachten. Pennebaker hat auch mit Hunderten anderer Erwachsener und Studenten gearbeitet, die traurigerweise von allzu vielen Traumen zu berichten haben: sexueller Mißbrauch, Verlassenwerden, Erniedrigungen, Schläge, Geheimnisse aller Art.

»Viele aufwühlenden Ereignisse, wie der Tod der Eltern oder eine Entlassung, sind gesellschaftlich akzeptabel«, sagt Pennebaker. »Man kann mit Freunden darüber sprechen. Über andere Erlebnisse kann man nicht so leicht sprechen, oder sie sind nicht akzeptabel – Vergewaltigung, Kriegsdienst in Vietnam, eine verbotene Beziehung, Erniedrigungen. In diesen Fällen kann durch die Tatsache, daß man das Ereignis nicht mit einem anderen Menschen bespricht oder sich niemandem anvertraut, größerer Schaden entstehen als durch die Erfahrung selbst. Der Grund scheint zu sein, daß Geheimhaltung über lange Zeit hinweg die physiologische Reaktivität erhöht, die wiederum mit Streßkrankheiten in Zusammenhang steht.« Pennebaker bat seine Versuchspersonen daher, ihre

»tiefsten Gedanken und Gefühle« über ihre Erlebnisse zu offenbaren, manchmal durch Niederschreiben, manchmal durch Besprechen eines Tonbandes oder Gespräch mit einem anonymen Zuhörer. (Eine Kontrollgruppe vergleichbarer Personen sprach nur über nebensächliche Ereignisse.) Seine bemerkenswerten Ergebnisse zeigen einen überraschenden Zusammenhang zwischen Geständnis und besserem Gesundheitszustand. Bei einer Folgeuntersuchung nach 14 Monaten stellte Pennebaker zum Beispiel fest, daß die Überlebenden des Holocaust umso weniger Arztbesuche und Krankheiten angaben, je mehr sie vorher über ihre Erlebnisse mitgeteilt hatten. Je mehr trauernde Personen über den Tod ihres Partners gesprochen hatten, desto weniger gesundheitliche Probleme hatten sie im folgenden Jahr. Je mehr Studenten über frühe Traumen und selbst ihre normalen (aber heimlichen) Gefühle von Heimweh und Schulangst geschrieben hatten, desto seltener gingen sie anschließend zum Arzt, und desto geringer war die Wahrscheinlichkeit, daß sie sich Drogen zuwandten.

Warum macht es einen Unterschied, ob man über ein Trauma spricht oder schreibt oder darüber nachdenkt und davon besessen ist? Zwanghafte Gedanken, sagt Pennebaker, sind schlecht organisiert und unvollständig. Sie treten als vage, bruchstückhafte Bilder auf, als alptraumhafte Erinnerungsfetzen. Wenn man gezwungen ist, seine Gedanken aufzuschreiben oder auszusprechen, gibt man dem Ereignis Gestalt, ein Zentrum und Struktur. Je mehr trauernde Hinterbliebene in Pennebakers Untersuchungen zum Beispiel über den Tod ihres Partners nachgrübelten, desto *mehr* gesundheitliche Probleme hatten sie; aber je offener sie mit anderen sprachen, desto weniger grübelten sie. Nun gesteht hier natürlich nicht jeder Wutgefühle. Doch selbst wenn es um Wut geht, sind Pennebaker und ich uns einig, besteht ein himmelweiter Unterschied zwischen Geständnis und wiederholtem Austoben über längere Zeit hinweg. »Alle kathartischen Wirkungen des Geständnisses beruhen auf Einsicht, nicht auf physischer ›Befreiung‹«, sagt Pennebaker. »Sich jemandem anzuvertrauen oder bewußt die mit einem Trauma verbundenen Wahrnehmungen und Gefühle zu konfrontieren erlaubt die Integration oder die kognitive Reorganisation des Ereignisses.«

Mit anderen Worten, der entscheidende Wert des Geständnisses liegt darin, das Ereignis neu zusammenzusetzen oder neu zu deuten, einen Sinn darin zu finden und es hinter sich zu lassen. Pennebaker glaubt, daß man, wenn man »versäumt, sich mit einem Trauma auseinanderzusetzen, gezwungen ist, in unbewältigter Form damit zu leben.« Darüber zu schreiben oder zu sprechen unterstützt die Betroffenen dabei, die Tragödie einzuordnen und innerlich damit abzuschließen. Außerdem hilft es, heimliche Schamgefühle zu verlieren.

Zum Beispiel gewannen Pennebakers Studenten, die an vier Tagen hintereinander über das gleiche Ereignis schrieben, allmählich Einsichten darüber und Distanz dazu. Eine junge Frau, die mit neun Jahren von einem einige Jahre älteren Jungen sexuell belästigt worden war, schrieb zuerst über ihr Gefühl von Peinlichkeit und ihre Schuldgefühle. Am dritten Tag schrieb sie darüber, wie wütend sie auf den Jungen war. Am letzten Tag hatte sie begonnen, das ganze Ereignis anders zu sehen; er war schließlich auch ein Kind gewesen. Nach dem Experiment sagte sie: »Früher habe ich mich selbst belogen, wenn ich darüber nachgedacht habe... Jetzt habe ich das Gefühl, daß ich nicht einmal mehr darüber nachdenken muß, denn ich bin es los. Ich habe endlich akzeptiert, daß es geschehen ist.«

Doch die »tiefsten Gedanken und Gefühle« zu enthüllen wirkt nicht therapeutisch, wenn man sie immer wieder aufsagt und endlos jedem gesteht, der zuhört. Es wirkt nicht therapeutisch, wenn man auf halbem Wege steckenbleibt, wütend und außer sich oder deprimiert und beschämt, und nicht darüber hinausgelangt. Meine Kollegin und Freundin Carole Wade lud einmal eine Studentin ein, in ihrem Seminar über menschliche Sexualität darüber zu sprechen, wie sie sexuell mißbraucht worden war. Während die Studentin sprach, begann sie zu weinen, und alle Seminarteilnehmer waren tief bewegt. »Ich lade die Studentin jedes Semester wieder ein«, erzählt Carole, »und jedesmal gibt sie die gleiche Vorstellung. Inzwischen erscheint es mir eher beunruhigend als bewegend. Sie hat sich als verletztes Opfer definiert, und das verschafft ihr eine Menge Mitgefühl. Sie kommt über ihr Opfersein nicht hinaus.«

Meistens, so können wir schlußfolgern, macht das Ausdrücken von Wut Menschen noch wütender, festigt eine wütende Haltung und begründet eine feindselige Angewohnheit. Wenn man sich bei momentanem Ärger still verhält und sich mit einer angenehmen Tätigkeit ablenkt, bis die Wut sich legt, besteht die Wahrscheinlichkeit, daß man sich besser fühlt und schneller besser fühlt, als wenn man sich in einem lautstarken Streit gehen läßt. Wenn man seine Kinder anschreien will, seinen Partner beschimpfen oder seine Wut an einem machtlosen Fräulein vom Amt auslassen will, kann man sich zur Rechtfertigung solcher Handlungen nicht auf Medizin oder Psychologie berufen.

Diese Schlußfolgerungen sollen nicht zu moralischer Passivität raten. Manchmal ist es moralisch und gesellschaftlich gesehen notwendig, seine Wut zum Ausdruck zu bringen. Bürokratien, Krankenhäuser und andere große Institutionen lassen die Wut falsch beratener Klienten »abkühlen«, indem sie ihnen daß Gefühl geben, daß sie, die falsch beratenen Kunden, verrückt, falsch informiert oder dumm seien. Menschen, die unter solchen Umständen ihre Wut aufrechterhalten, wählen oft einen einsamen, aber heldenhaften Weg.

Und diese Schlußfolgerungen sollen auch nicht zum Brüten und Grollen raten. Schweigendes Schmollen ist eine widerliche, tödliche Waffe. Wenige Menschen sind so großherzig, daß sie niemals jemandem böse oder niemals nachtragend sind oder ihre Wut nie auf hinterhältige Weise ausdrücken – zum Beispiel, indem sie etwas »vergessen«, das sie versprochen haben, sich sexuell verweigern oder eingeschnappt und reizbar sind. Ich behaupte jedoch, daß das keine Beispiele für Schweigen sind, sondern Beispiele für Selbstgespräche. Man weiß, daß man wütend ist, aber man setzt die Maske der Großmut oder der Selbstgerechtigkeit auf oder hat Angst, seine Gefühle zu zeigen, und tut, als wäre alles in Ordnung. Währenddessen murmelt man Verwünschungen vor sich hin und führt im Kopf ausführliche Zwiegespräche. Das baut jedoch die Wutgefühle nicht ab.

Menschen, die im Umgang mit Wut ängstlich und verkrampft sind, kann mit Therapien geholfen werden, die wissen, daß es ein Unterschied ist, ob man das Vorhandensein von Wut zugibt oder ob man Wut ausagiert. Man kann lernen, bestimmter aufzutreten und zu sagen, was man wirklich fühlt, statt jemandem ärgerlich etwas übel zu nehmen; man kann lernen, sich einzugestehen, was einen wütend macht, und wie man so über diese Wut sprechen kann, daß die Zielperson nicht beleidigt ist und daß kein Streit entsteht. (Mehr über therapeutische Interventionen siehe Kapitel 10.) Wie Leonard Berkowitz anmerkt: »Ich glaube nicht, daß es nötig ist, seine Feindseligkeit *auszuagieren*, um diesen Nutzen zu erlangen [...] Wir können über Gefühle sprechen und unsere emotionalen Reaktionen beschreiben, ohne andere verbal oder physisch, direkt oder in der Phantasie anzugreifen.«[32]

Letztendlich besteht die Funktion der Wut darin, sich über etwas zu beschweren, und wenn das Gegenüber sich nicht mit der Beschwerde befaßt, ist es gleichgültig, ob die Wut zurückgehalten oder herausgelassen oder mit roten Schleifchen verziert ins Meer geworfen wird. Aber um die Gefahren des Herauslassens zu wissen birgt einen unerwarteten Nutzen:

Es kann helfen, mit Leuten auszukommen, die ihre Wut an einem selbst auslassen.

Ein Freund des Drehbuchschreibers und Humoristen Larry Gelbart war erzürnt, weil sein tyrannischer Chef ihn wieder einmal wegen irgendeiner nichtigen Sache zur Schnecke gemacht hatte. »Ich lasse mich nicht behandeln wie ein Wurm«, tobte er vor Gelbart. »Nächstes Mal, wenn er mich so anschreit, haue ich ihm eins auf die Nase. Wie kann er es wagen – «

»Warte mal«, sagte Gelbart. »Ich glaube, ich sehe das Problem. Du bist kein Jude, oder?«

»Was hat das denn damit zu tun?« entgegnete sein Freund gereizt. »Wir reden hier von allgemein üblicher Höflichkeit.«

»Hör mal zu«, sagte Gelbart, »reg dich nicht auf. Jeder Jude wüßte, daß dein Chef nicht dich anbrüllt, sondern für sich selbst brüllt. Wenn er dich nächstes Mal anschreit, mußt du folgendes machen. Du lehnst dich in deinem Stuhl zurück, verschränkst die Arme und läßt sein Geschrei an dir ablaufen. Sag dir: ›Oh, wie gut ihm das tut, daß alles rauskommt!‹«

Der Freund sagt, dieser Ratschlag wirke Wunder. Dem Filmmogul geht es wegen seines Gebrülls nicht besser (wie wir wissen, geht es ihm wahrscheinlich eher schlechter) – aber Gelbarts Freund geht es besser, weil er glaubt, daß es seinem Chef besser ginge.[33]

6. »Rot sehen«

[Wenn die Vernunft] schläft, springt das wilde Tier in uns auf, und nachdem es den Schlaf abgeschüttelt hat, beginnt es, seine Wünsche zu befriedigen; und es gibt keine denkbare Torheit und kein Verbrechen, das es nicht begeht.

nach Platon

• Es ist ein herrlicher Frühlingstag in New York, ein Tag, der den Trübsinn des Winters verscheucht. Heiter und glücklich kommen mein Mann und ich am späten Nachmittag aus dem Museum of Modern Art. Da merken wir, daß wir uns zum verabredeten Essen mit Freunden verspäten werden. Die Telefonzellen in der Straße sind alle besetzt. Wir gehen durch mehrere Straßen, aber offensichtlich wird ganz New York zum Essen zu spät kommen. Wir sehen ein junges Paar bei zwei öffentlichen Telefonen stehen, und als die Frau ein Gespräch beendet und gerade ein weiteres beginnen will, frage ich sie höflich, ob ich eben einen ganz kurzen Anruf machen dürfte. Plötzlich fährt der junge Mann, ein schicker Kerl im Anzug und mit Goldkettchen, herum und zischt uns Obszönitäten ins Gesicht. Er ist so böse, und seine Wut kommt so unerwartet, daß wir uns körperlich verletzt fühlen.

• Ein sechsunddreißigjähriger Zahnarzt schildert ein peinliches Erlebnis. Nach einem harten Training im Rakett ging er, wie üblich, in den Abwärmraum, um Gewichte zu heben. Ein anderer Mann lief aus Versehen in ihn hinein. »Warum guckst du nicht, wo du hinläufst, du Arschloch?« brüllte der Zahnarzt. »Die Gewichte hätten auf mich runterfallen können!« Natürlich fühlte das Arschloch sich zur Gegenrede verpflichtet. Heftigere Worte folgten und führten schließlich zu einem Prozeß. Der Zahnarzt ist jetzt nicht mehr wütend und wünscht, er könnte aussteigen. »Ich glaube, ich habe überreagiert«, sagt er.

• Ein Freund von mir überquert bei Grün eine Straße in Manhattan. Plötzlich biegt ein Auto scharf ab und überfährt ihn fast. Mein Freund, mit Herzklopfen, weil es so knapp war, und außer sich über die Unvorsichtigkeit des Fahrers schlägt mit der flachen Hand mit voller Kraft auf den Kofferraumdeckel. Das Auto kommt quietschend zum Stehen. Der Fahrer springt heraus, mit einer Waffe in der Hand, und geht in Stellung. »Laß deine Scheißpfoten von meinem Auto, du Scheißkerl!« brüllt er.

(Mein Freund nahm sich nicht die Zeit, auf das begrenzte und phantasielose Vokabular des Fahrers einzugehen.)

Derartige Wutausbrüche sind für die meisten von uns in diesen schweren und feindseligen Zeiten nur allzu vertraute Erfahrungen des Stadtlebens. Niemand hat anscheinend die Zauberformel gelernt oder kann sich noch darauf besinnen, die Menschen beruhigt, wenn sie Angst haben oder sich bedroht fühlen: »Tut mir leid; ich habe Sie nicht gesehen; ist Ihnen etwas passiert?« Nach meinen Beobachtungen geht die Unfähigkeit, diese Worte auszusprechen, mit einem Hang zu hirnlosen Beleidigungen einher. Natürlich gibt es eine ganze Reihe von Ereignissen im modernen Leben, die uns wütend machen – Bedrohungen, Überfälle, Morde, Ungerechtigkeiten – doch in diesem Kapitel möchte ich auf etwas anderes eingehen, nämlich auf welche Weise Provokationen sich mit dem Hintergrundlärm unseres geschäftigen Lebens kreuzen. Der Streß des Stadtlebens an sich ist sehr stimulierend. Wenn wir den Druck dieses Stresses übersehen und uns nur auf die Provokationen konzentrieren, die ihn hervorrufen, lassen wir eine wesentliche Komponente für das Verständnis von Wut in der Stadt außer acht.

Stellen Sie sich zum Beispiel einmal vor, ein Paar geht in einen Pornofilm und wird davon erregt. Stellen Sie sich nun vor, die beiden fangen auf dem Heimweg an, sich über Geldangelegenheiten zu streiten. Ihre erhöhte emotionale Erregung nach dem Film wird ihren Streit wahrscheinlich noch anheizen, so daß sie wütender aufeinander sind, als wenn sie den Film vorher nicht gesehen hätten. Aber was ist, wenn sie sich auf dem Weg zum Kino streiten? Dann wird der Film wahrscheinlich als Ablenkung dienen und ihre wütende Erregung in sexuelle Erregtheit umlenken. (Drei Psychologen, Edward und Marcia Donnerstein und R. Evans, haben dieses Experiment tatsächlich durchgeführt.[1])

Die Antwort auf Fragen wie »Wie beeinflußt Pornographie den Betrachter?« ist natürlich kompliziert. Das gilt auch für »Welche Provokationen machen Sie wütend?«, weil Wut oft davon abhängt, ob die physiologische Erregung vor oder nach der Provokation auftritt. Wut hängt von Dingen ab, die einem bewußt sind (wie der unverschämte junge Mann vor dem öffentlichen Telefon) und von solchen, die einem nicht bewußt sind (wie Herzfrequenz und Epinephrinspiegel). Daher machen Ereignisse, die man am Dienstag lustig findet, einen am Freitag vielleicht wütend, oder gehen einem die Eigenheiten geliebter Menschen, die man normalerweise reizend findet, heute auf die Nerven.

Wenn man ein paar Ratten in einen kleinen Käfig zusammensperrt, kann man leicht Umstände schaffen, die dazu führen, daß sie sich bald an die Kehlen gehen.[2] Man kann sie mit lautem, ständigem Lärm beschallen. Man kann sie zusammenpferchen wie Pendler während der Rush-hour. Man kann das Ratten-Äquivalent für einen langen, heißen Sommer herstellen. Ratten sind, physiologisch gesehen, menschlich, daher werden sie verwendet, um zu testen, ob unsere Nahrungmittel Krebs und unser Streß Krankheiten auslösen. Doch Menschen unterscheiden sich von Ratten in (mindestens) einer Hinsicht: Was eine Ratte aufregt, ärgert einen Menschen nur unter bestimmten psychischen Bedingungen.

Im konservativen Klima unserer Tage, wo große Anstrengungen unternommen werden, um die genetischen (und in der Schlußfolge unabänderlichen) Komponenten menschlichen Verhaltens nachzuweisen, ist der Versuch, diese psychischen Bedingungen zu spezifizieren, meiner Ansicht nach besonders wichtig. Wenn Frustration gefährlich ist, sollten wir lieber aufpassen, daß wir unseren Kindern, Liebhabern, Freunden oder Kollegen keine Hindernisse in den Weg legen; und wir sollten auch sicherstellen, daß unsere eigenen Frustrationen sich nicht auftürmen. Wenn Lärm und Menschenmengen Aggressionen schaffen, hat es wenig Sinn, zu versuchen, die Bedingungen des Stadtlebens zu verändern, denn dann macht das Stadtleben selbst uns elend. Wenn Aggression im Sport zumindest eine Möglichkeit ist, unsere durch Stadtleben ausgelösten Wutausbrüche aufzufangen, dann sollten wir jene Eishockey- und Tennisspieler unterstützen, die Gewalt verherrlichen. Wenn betrunkene Menschen nicht für ihre Handlungen verantwortlich sind, dann können wir und unsere Gesetze Autofahrern, gewalttätigen Partnern und Personen, die Körperverletzungen begehen, auch weiterhin vergeben, wenn sie »nur einen über den Durst getrunken haben«. In den folgenden Beispielen wird ein Muster deutlich. Frustration, Lärm, Menschenmengen, Alkohol und Sport produzieren nicht automatisch Wut oder »setzen sie frei«, sondern schaffen physische Erregung, die, gekoppelt mit einer psychischen Provokation, zu Wut *werden* kann. Daß die Zusammenhänge zwischen Erregung, Einstellung und Aggression nicht verstanden worden sind, hat zu einer ganzen Reihe von Mißverständnissen in unseren Gesetzen, Vergnügungen, Liebesbeziehungen und im Alltagsleben geführt.

Frustration

1988 berichtete das *Journal of the American Medical Association* von einem neuen medizinischen Problem, das wir als Automatenwut bezeichnen könnten. Der Verfasser des Artikels schilderte fünfzehn schwere Verletzungen, drei davon tödlich, die zornige Männer sich zufügten, als sie gegen Getränkeautomten traten oder daran rüttelten, weil diese ihr Geld geschluckt hatten, ohne das Getränk herzugeben. (In den tödlichen Fällen rüttelten die Männer den Automaten so hart, daß er umkippte und sie erdrückte.) »Verletzungen durch Getränkeautomaten können solange komisch wirken, bis die Kosten [...] aufgeführt werden«, schrieb der Verfasser des Artikels. In der Tat. Der Versuch, sich mit einem Getränkeautomaten zu streiten, erinnert mich an Sancho Panzas Bemerkung, daß es, ob der Stein nun gegen den Krug schlägt oder der Krug gegen den Stein, in jedem Fall für den Krug schlecht ausgeht.

Das Problem mit Getränkeautomaten scheint ein klassisches Beispiel für die Frustrations-Aggressions-Hypothese zu sein, die zuerst 1939 von John Dollard und seinen Mitarbeitern aufgestellt wurde.[3] Frustration, sagten sie, macht immer wütend. Wenn ein Ziel verstellt wird (Frustration), wird der Aggressiontrieb aktiviert (Wut), der wiederum dazu führt, daß man sich aggressiv verhält (vor allem gegenüber dem Hindernis auf dem Weg zum Ziel). Frustration führe *immer* zu Aggression, behaupten diese Psychologen, und der Aggression gehe immer Frustration voraus. Dieser überprüfbare Gedanke ließ Hunderte von Forschern in ihre Labore eilen, wo sie prompt feststellten, daß manche Frustrationen einen wütend machen, viele andere das aber nicht tun. Wenn man die gewünschte Arbeit oder den ersehnten Liebhaber nicht bekommt, ist man mit ebenso großer Wahrscheinlichkeit enttäuscht oder deprimiert wie wütend, und man kann sogar erleichtert sein. Frustrationen führen zu vielen Reaktionen, einschließlich einem Heißhunger auf Eis oder dem Bedürfnis, einen albernen Film zu sehen.

Zwischen Frustration und Wut liegen, ebenso wie zwischen Wut und Aggression, der Verstand und die Kultur. Frustrationen, die viele Amerikaner wütend machen würden, rufen in nicht so stark zielorientierten Gesellschaften nur Gleichgültigkeit hervor. Vor vielen Jahren beobachtete der Anthropologe Gregory Bateson, daß die Balinesen nichts dagegen haben, wenn man sie bei der Arbeit oder beim Spiel unterbricht; sie sind nicht wütend, wenn man ihnen in die Quere kommt.[4] Sie werden allerdings wütend, wenn man eine Kuh stiehlt oder von einer Wette zurücktritt, doch Frustration an sich ärgert sie nicht sonderlich. In unserer eigenen Kultur erlegen manche Gruppen sich ständig selbst Frustrationen auf: Asketen und Akademiker zum Beispiel frustrieren sich im Augenblick, in dem sie sich Vergnügen versagen, um längerfristig Belohnungen zu erhalten – das Heil oder eine feste Anstellung.

Ob Frustration wütend macht oder nicht, hängt von verschiedenen erlernten Einstellungen ab: Wie hat man gelernt, damit umzugehen, daß etwas nicht nach dem eigenen Willen geht? Gibt es mildernde Umstände, die die Frustration legitim oder zumindest erträglich erscheinen lassen? Ist man Perfektionist? Welche grundlegenden Vorstellungen hat man vom Funktionieren der Welt? Eine Rechtsanwältin mittleren Alters sagt, sie läßt nicht einmal die kleinen Frustrationen zu:

Ich schalte sie einfach ab. Ich bin für den Krieg geschaffen, ich meine, ich mag ein bestimmtes Maß an Anarchie – sie bestätigt meine schreckliche Ansicht über die Welt, daß diese Sachen *natürlich* andauernd geschehen, und ich werde spielend damit fertig. Zum Beispiel laufe ich nie, um einen Zug, einen Bus oder ein Taxi zu bekommen. Wenn ich ihn verpasse, verpasse ich ihn eben; es gibt immer einen nächsten. Diese Haltung schützt mich vor Enttäuschungen und Wutausbrüchen. Und es macht mir großen Spaß, zu sehen, wie andere Leute bei solchen kleinen Frustrationen an die Decke gehen.

Ein Freund aus dem Süden sagt, Frustration mache ihm nichts aus, wenn die jeweilige Aufgabe nicht wichtig ist oder er darin sowieso nicht gut ist. Man kann ihn bei irgendeiner unwichtigen Sache unterbrechen und spürt nur seine natürliche Fröhlichkeit. Was ihn aber kochen läßt vor Wut, ist die Frustration, die er empfindet, wenn er etwas nicht kann, was er seiner Meinung nach können müßte.

Die einst klare Linie der Frustrations-Aggressions-Hypothese wird inzwischen von Ausnahmen und Abänderungen verwischt.[5] Auf der Liste der Dinge, die die meisten Menschen wütend machen, muß Frustration jetzt hinter Angriffen auf das Selbstwertgefühl, Kritik an Kleidung, Freunden und Persönlichkeit, direkter Beleidigung und der seit Jahrhunderten ständig wiederholten Klage über ungerechte Behandlung ihren Platz einnehmen. Weiterhin stellt sich heraus, daß Frustration normalerweise nicht dazu führt, daß jemand sich aggressiv verhält, es sei denn, er glaubt, daß er die Frustration durch die Aggression los wird – ein weiteres Argument für die Behauptung, daß Aggression eine Strategie ist, kein Trieb. Und schließlich macht nicht einfach irgendeine Frustration, sondern der Glaube, die Frustration sei *ungerechtfertigt*, wütend.

Vielen von uns sind diese Voraussetzungen intuitiv klar. Wenn Sie versuchen, eine Vase zusammenzukleben, und die blöde Klebetube nicht mitmacht, ist das frustrierend; wütend werden Sie aber wahrscheinlich erst, wenn Ihr Liebster oder Ihre Liebste sie beobachtet und eine witzige Bemerkung über Ihre manuelle Geschicklichkeit macht. Wenn Krieg herrscht und jeder gleichermaßen Sprit- und Lebensmittelrationierungen hinnehmen muß, ist zwar die Frustration groß, nicht aber die Wut über die Rationierung. Wenn es aussieht, als würden die Rationen willkürlich und ungleich verteilt, wenn manche Leute soviel Sprit haben, wie sie wollen, und man selbst für zehn Liter stundenlang warten muß, wenn man das Gefühl hat, etwas, das einem zusteht, wird einem vorenthalten, *dann* macht Frustration einen aller Wahrscheinlichkeit nach wütend. Weil schon das Wort »Frustration« eine negative Konnotation hat, sprechen einige Psychologen, wie George Mandler, lieber von »Unterbrechung« – der Störung einer Handlung, eines Gedankens oder einer Erwartung, die positiv oder negativ sein kann.[6] Sagen wir einmal, Sie haben sich nach einem anstrengenden Tag gerade zum Abendessen hingesetzt. Das Telefon, dieser verfluchte Segen der Zivilisation, klingelt. Mürrisch gehen Sie dran. Wenn es ein Vertreter ist, der Ihnen etwas über Enzyklopädien vorquasselt, ärgern Sie sich wahrscheinlich. Wenn es ein lange vermißter Freund ist, der nach fünf Jahren aus Kanada zurückgekehrt ist, werden Sie sich wahrscheinlich freuen. Die gleiche Unterbrechung Ihres Abendessens, aber völlig verschiedene Gefühle. (Mandlers Interpretation meines Telefonzellen-Erlebnisses ist übrigens, daß der schimpfende junge Mann vor meiner harmlosen Frage bereits mehrere Male unterbrochen wurde, und daß etwas an dem Anruf, den er selbst vorhatte, ihn beunruhigte.)

Ganz gleich, ob wir von Frustrationen oder von Unterbrechungen sprechen, beide wirken physiologisch erregend. Das heißt, sie führen zu einem momentanen Anstieg der Nebennierenhormone. Der Tag ist voll davon, obwohl die meisten dieser Ereignisse unwichtig sind – etwa eine Milchtüte, die sich nicht sauber öffnen lassen will. Die sie begleitende Erregung steigt und fällt fast sofort, wie ein Nießen. Die Frustration dauert ein paar Sekunden und ist schnell wieder vergessen. Aber stellen Sie sich dagegen vor, was bei wiederholten Unterbrechungen geschieht. Sagen wir mal, eine stark beschäftigte Mutter entdeckt eine freie Dreiviertelstunde in ihrem hektischen Vormittag, so daß sie sich mit einem neuen Roman in ihrem Lieblingssessel entspannen kann. Und jetzt nehmen wir an, sie wird alle fünf Minuten von ihren Kindern unterbrochen:

»Mama! Was gibt es zum Mittagessen?«
»Mama, kann ich Jenny zum Mittagessen einladen?«
»Kann ich ein Pflaumenmusbrot haben?«
»Können wir auf der Terrasse Softball spielen?«
»Kann ich Wurst statt Pflaumenmus haben?«
»Mama! Jenny hat mich mit dem Schläger gehauen!«

Man kann wohl sagen, daß jede Unterbrechung beim Lesen sie frustriert, aber trotzdem wird sie nicht wütend sein, wenn sie mit den Störungen durch ihre Kinder rechnet, sie begrüßt oder lustig findet. Wieder ist es ihre Einstellung, die zwischen die Erregung durch die Unterbrechung und ihre emotionale Reaktion tritt.

Der vielleicht beste Beweis dafür, daß Frustration nicht automatisch Wut hervorruft, stammt jedoch unbeabsichtigterweise von den Psychologen selbst. Wenn sie ihre Versuchspersonen wütend machen wollen, um die Auswirkungen von Wut zu untersuchen, greifen sie kaum noch zu Frustrationen, sondern beleidigen sie.

Lärm

Unsere Städte sind laut. Sie sind voller Geräusche von Bohrern und Autohupen und Sirenen von Rettungswagen, Ausrufern und Sängern und Musikern, plärrenden Radios und gellenden Streits. Ein New Yorker, den ich kenne, inhaliert den Klang der Sirenen wie den Duft von Magnolienblüten. »Ich liebe diesen Krach«, sagt er. »Er bedeutet, daß Rettung angerast kommt. Er bedeutet Hilfe. Er bedeutet, daß die Stadt funktioniert.« – »Ich hasse Sirenen«, sagt seine Frau, »dieses Aou-a, Aou-a, so unerträglich laut und durchdringend. Eine Sirene ist ein Schrei, der wieder eine Katastrophe bedeutet.«

Ob Lärm wütend macht, hängt also sehr davon ab, für was der Lärm steht. Viele Leute, die laute Straßenmusik und deren Eindringen in ihre privaten Träumereien hassen, haben zu Hause eine ausgezeichnete Stereoanlage auf der sie in höchster Lautstärke ihre Lieblingsstücke aus Rock, Jazz oder Klassik spielen.

Laute Geräusche wirken erregend. Sie bewirken ein Ansteigen des Epinephrinspiegels, das unangenehm sein kann. (»Bei den lauten Wagneropern meines Vaters hatte meine Mutter das Gefühl, sie müßte anfangen zu weinen«, erzählte mir eine Frau. »Er hat ihr das jedoch nie geglaubt. Er dachte einfach, sie sei darauf aus, ihm eine seiner wenigen großen Freuden zu nehmen.«) Die Erregung durch Lärm allein macht Menschen noch nicht wütend oder aggressiv, aber Lärm *erhöht die Wahrscheinlichkeit* für Wut, wenn ein Katalysator hinzukommt.[7]

Um die Auswirkungen von Lärm von den Auswirkungen menschlicher Unverschämtheit zu unterscheiden, bat Vladimir Konečni 120 junge Frauen und Männer, an einem Experiment teilzunehmen.[8] Sie nahmen an, es ginge um Lernen. Jeder Student bearbeitete einen Anagramm-Test, und zwar zusammen mit einem Mitarbeiter Konečnis, der entweder dauernd beleidigende und irritierende Sprüche machte oder sich gut benahm und still an den Anagrammen arbeitete. In der nächsten Phase der Untersuchung las jeder Student dem Mitarbeiter fünfzig Wörter vor. Dieser mußte darauf mit einem frei assoziierten Wort reagieren. Wenn der Student die Antwort für »kreativ« hielt, drückte er einen Knopf, auf dem *gut* stand. Andernfalls drückte er einen Knopf, der dem Mitarbeiter angeblich einen Schock versetzte.

Während dieses ganzen »Lern«vorgangs trugen die Studenten Kopfhörer und hörten ständig Musik. Nun, genaugenommen war es keine Musik. Weil Konečni Komplexität und Lautstärke des Geräusches genau kontrollieren wollte, ohne daß diese Faktoren von den musikalischen Vorlieben der Studenten beeinflußt wurden, programmierte er einen Computer auf Tonerzeugung. Die »Musik« reichte in der Komplexität von Kinderliedchen bis zu sehr avantgardistischer Musik und in der Lautstärke von leise (etwa 73 Dezibel) bis laut (etwa 97 Dezibel). So hörten manche Studenten Computerkompositionen, die laut und einfach waren (etwa wie Discomusik), andere bekamen eine leise und einfache Variante (wie Berieselungsmusik), andere eine laute und komplexe Variante (wie Jazz) und wieder andere eine leise und komplexe Variante (analog etwa einer Bachschen Fuge). Eine Kontrollgruppe hörte während des Experiments überhaupt keine Geräusche.

Konečni stellte fest, daß Menschen, anders als Ratten, mehr Lärm brauchen, damit Aggression provoziert wird. Die Studenten, die von dem Helfer nicht beleidigt worden waren, ließen sich durch das Geräusch überhaupt nicht beeinflussen. Sie teilten durchschnittlich elf bis dreizehn Schocks aus, ob sie nun laute und komplizierte Geräusche, leise und angenehme Geräusche oder überhaupt keine Geräusche hörten. Die Studenten, die beleidigt, aber von der Musik nicht erregt worden waren, verteilten etwa fünfzehn Schocks, nicht wesentlich mehr als die nicht beleidigten Studenten. Aber bei lauter *oder* komplexer Musik, und besonders bei lauter *und* komplexer Musik bildeten die beleidigten Studenten die wütendste Gruppe und ergriffen die Gelegenheit, es ihrem Beleidiger heimzuzahlen. Sie gaben ihm im Durchschnitt fünf Schocks mehr als die anderen.

Unbeabsichtigterweise entdeckte Konečni den Wahrheitsgehalt eines Klischees, fügte aber eine moderne Abwandlung hinzu. Die Studenten, die die einfachen, ruhigen Töne hörten, ließen sich mit der geringsten Wahrscheinlichkeit von ihrem beleidigenden Partner provozieren. Sie vergalten es ihm nicht wütend, als sie die Gelegenheit hatten. Sie ließen sich nicht ködern. Offensichtlich beruhigt nicht einfach irgendwelche Musik die wilde Brust, sondern leichte Unterhaltungsmusik!

Allein die Dezibel in unserer Umgebung reichen nicht aus, um uns schlecht gelaunt, reizbar oder aggressiv zu machen.[9] (Der Lärmpegel kann jedoch unsere geistige und körperliche Gesundheit beeinträchtigen, was ein anderes Thema ist.) Nehmen wir an, in der Nähe Ihres Hauses wurde eine neue Autobahn gebaut, und Sie müssen sich den ganzen Tag mit dem Rumpeln und Dröhnen des Verkehrs abfinden. Ärgert Sie der Lärm? Der Forschung zufolge lautet die Antwort nein, wenn Sie überzeugt sind, daß die Straße Ihrer Gemeinde ökonomische Vorteile – Arbeitsplätze und Dienstleistungen – bringt und also den Wert Ihres Hauses erhöht hat. Die Antwort lautet ja, wenn Sie glauben, daß der Wert Ihres Besitzes verringert wurde, und wenn Sie das Haus vor allem gekauft haben, weil Sie an einem abgelegenen Ort wohnen wollen. Selbst Menschen, die neben ohrenbetäubend lauten Landebahnen wohnen, fühlen sich durch den Lärm der Flugzeuge nicht gestört, wenn Sie glauben, daß der Flughafen für ihre eigene ökonomische Sicherheit wichtig und nützlich ist. Wieder hängt Wut davon ab, was der Lärm für den Betroffenen bedeutet.

Babys haben zwar auf den ersten Blick mit Flughäfen nicht viel gemeinsam, aber auch an ihnen läßt sich der Unterschied zwischen Erregung, die durch Lärm in uns hervorgerufen wird, und den Einstellungen, die Wut produzieren können, aufzeigen. Babygeschrei führt (bei jedem, der es hört) dazu, daß Leitfähigkeit der Haut und diastolischer Blutdruck in die Höhe schnellen. Das ist ein irritierendes Gefühl, selbst für frischgebackene, aufopferungsvolle Eltern. Ein lächelndes, gurrendes Baby kann bewirken, daß ein Erwachsener zurücklächelt und sich wieder seiner Beschäftigung zuwendet, es tritt aber keine besondere physiologische Erregung auf. Dieses System ist von der Natur sehr klug erdacht. Es ist im Interesse des Babys, daß Erwachsene durch sein Geschrei irritiert werden, denn dann werden Sie versuchen, seine gute Laune wiederherzustellen, zum Beispiel durch Füttern. Umgekehrt sind Erwachsene höchst erfreut und erleichtert, wenn sie ein schreiendes Baby beruhigen können, und viel von dieser Erleichterung ist einfach physiologisch: Die Erregung nimmt sofort ab, und das ist eine entspannende und belohnende Empfindung. Übrigens unterscheiden Mütter und Väter sich in ihren physiologischen Reaktionen auf schreiende Säuglinge nicht. Sie unterscheiden sich vielleicht hinsichtlich ihres Wissens darum, was man mit einem unglücklichen Baby anfängt, aber das ist eine erlernte Angelegenheit.[10]

Trotzdem wird die durch Babygeschrei hervorgerufene Erregung kaum als Ärger oder direkte Wut empfunden, es sei denn, zwei Dinge treten auf: Das Baby schreit unaufhörlich und ist schwer zu trösten, selbst wenn man es aufnimmt und füttert, und die Eltern denken allmählich, daß das Kind mit Absicht schreit. Diese verzerrte Wahrnehmung findet man häufig bei Menschen, die ihre Kinder mißhandeln. Sie klagen typischerweise, wie eine Mutter es getan hat: »Als das Baby geboren wurde, dachte ich, es würde mich lieben, aber als es die ganze Zeit geschrien hat, hieß das, daß es mich nicht liebte, also habe ich es geschlagen.«[11] Alle Eltern spüren anhaltende Aufregung, wenn ein Kind ständig schreit. Die tatsächliche Wut rührt daher, daß man mißversteht, warum man sich aufregt, und dem Kind die Schuld gibt.

Menschenmengen

Vor noch nicht langer Zeit war die Bevölkerungsdichte eine beliebte Erklärung für Gewalt in Städten. Einige Beobachter verglichen Menschenansammlungen mit gefangenen Ratten und behaupteten, übervölkerte Stadtzentren würden zu städtischen Gossen werden. Sie stellten Statistiken auf, die Bevölkerungsdichte (zum Beispiel die Anzahl der Bewohner pro Hektar oder die durchschnittliche Zahl von Personen pro Zimmer) mit Jugendkriminalität, Säuglingssterblichkeit, Geschlechtskrankheiten, Verbrechen und anderen Arten sozialer Pathologie verglichen. Die Beweislage sah zuerst gut aus, aber dann geriet die Theorie in Verruf. Der Zusammenhang zwischen Bevölkerungsdichte und Pathologie zerfällt, wenn Einkommen, Bildungsstand und ethnische Zugehörigkeit berücksichtigt werden. In Tokio, wo die Bevölkerungsdichte größer ist als in irgendeiner Stadt in den USA, wird sie nicht mit sozialer Pathologie in Zusammenhang gebracht. Im weitläufigen Los Angeles, wo man mehrere Blocks weit fahren kann, ohne einen Fußgänger zu sehen, ist die Kriminalitätsrate höher als in New York.

Außerdem sind manche Menschenmengen herrlich, ja sogar wesentlicher Teil des Vergnügens, zum Beispiel bei Baseballspielen, Volksfesten, bei Sommerkonzerten im Freien, in Jazz-Clubs und in Bars. Hundert verstreute Fans in einem Fußballstadion wirken auf Zuschauer und Spieler gleichermaßen deprimierend, und kaum jemand möchte in einem Restaurant essen, in dem nur drei von zwanzig Tischen besetzt sind. Bei den Immigranten, die sich mit der Überfahrt nach Amerika ihren Lebenstraum erfüllten, lösten die beengten Verhältnisse im Zwischendeck nicht die gleiche Wut aus wie bei Gefängnisinsassen.

Es ist also nicht das Gedränge selbst, das Wut verursacht, sondern die eigene Einstellung zur Menge. Gibt eine Menschenmenge Ihnen das Gefühl, gefangen zu sein, oder können Sie sich trotzdem bewegen? Haben Sie sich zur Menge gesellt oder sie sich zu Ihnen? Ist das Gedränge vorübergehend oder ständig? Was haben Ihre Erfahrung und Ihre Kultur Sie über Mengen gelehrt? Und vor allem, haben Sie in einer Menschenmenge Kontrolle über Ihre Handlungen, oder hält einfach die Macht der Zahl Sie davon ab, zu tun, was Sie wollen?[12]

Allein die Gegenwart vieler anderer Menschen wirkt erregend – in geringerem Maße auch die Anwesenheit eines einzigen Menschen – aber ob diese Erregung in Vergnügen oder Wut transformiert wird, hängt nicht so sehr davon ab, ob man sich in beengten Verhältnissen befindet, sondern ob man sich beengt *fühlt*. Die Dichte selbst macht einen nicht wütend, solange sie nicht das Gefühl von Freiheit und Selbstkontrolle beschneidet. Wenn Menschen zum Beispiel in einem Raum dicht an dicht effektiv und ungestört arbeiten können, fühlen Sie sich weniger beengt, als wenn sie im gleichen Raum mit weniger Menschen zusammen arbeiten, aber dabei gestört werden. Die gleiche Anzahl von Menschen pro Quadratmeter ist in einer gemütlichen Kneipe angenehm und in einer steckengebliebenen U-Bahn beängstigend. Das Mißlingen von Wohnungsbauprojekten wie Pruitt-Igoe, das von seinen Bewohnern fast zerstört wurde, bevor die Stadt St. Louis es niederriß, war nicht das Ergebnis von Überbevölkerung, sondern von schlechter Planung. Kalte, unpersönliche, entfremdende Strukturen können dazu führen, daß die Menschen, die darin wohnen oder arbeiten, sich unglücklich fühlen, vor allem wenn keine Möglichkeiten für regelmäßige soziale Kontakte vorgesehen sind. Dieser falsche Umgang mit der Menschendichte ist es, der das Problem schafft, nicht die Dichte selbst.

An der oberen Grenze der Menschendichte, wie bei Verkehrsstaus oder Rockkonzerten, sind Gedränge und Kontrollverlust natürlich synonym. Im alltäglichen Leben jedoch lernt man, mit seiner eigenen Menge umzugehen. Nur fremde Mengen sind beunruhigend. Wohnverhältnisse, die in Japan normal sind, wären für einen Bewohner Chicagos sehr beengt, und Chicagos Dichte wäre für Menschen in Nebraska unerträglich.

Erregung durch Menschenmengen kann zu Wut werden, wenn die üblichen Regeln, die eine Menge regieren, verletzt werden. Araber und Lateinamerikaner stehen bei Unterhaltungen näher beisammen als Amerikaner, dabei beobachten sie genau Gesichtsausdruck und Gesten. Ein Amerikaner, der das nicht weiß, fühlt sich wahrscheinlich »bedrängt« und ärgert sich, wenn ein Araber unangenehm dicht neben ihm steht. Er mißdeutet die Haltung des Arabers als Provokation. Im großen und ganzen brauchen Amerikaner der Mittelschicht mehr Abstand und Privatheit als viele andere Gruppen. Das ist ein angelerntes, soziales Bedürfnis, kein biologisches. Viele Amerikaner, die nach China fahren, können nicht verstehen, wie die Chinesen mehrere Generationen in kleine Unterkünfte drängen können. Die Chinesen sind gleichermaßen erstaunt, wenn sie hören, daß amerikanische Eltern, die häufig jedem Kind ein eigenes Zimmer geben, sich beengt fühlen würden, wenn Großeltern und andere Verwandte bei ihnen lebten. Chinesen und Amerikaner haben völlig verschiedene Familienstrukturen, Werte und Vorstellungen von Beengtheit.[13]

Ob man über beengte Verhältnisse wütend ist, hängt auch davon ab, was man im Vergleich zu vorher hat, wie eine berühmte alte jüdische Geschichte lehrt.

Ein alter Mann beklagte sich bei seinem Rabbi über die Beengtheit in seinem Haus: Eine Frau, fünf Kinder, eine Schwiegermutter und ein Untermieter machten ihn wahnsinnig. Der Rabbi hörte zu und gab ihm den Rat: »Hole deine Ziege ins Haus.« – »Meine Ziege?« – »Deine Ziege.«

Eine Woche später kam der arme Mann wieder und beklagte sich, daß Gestank und Schmutz der Ziege nun zu dem Gedränge in seinem Haus noch hinzukämen. Der Rabbi sagte: »Hole deine Hühner ins Haus.« – »Oy, Rabbi, meine Hühner?« – »Deine Hühner.«

Eine Woche später war der arme Mann ein Nervenwrack. »Rabbi«, jammerte er, »Ihr müßt mir helfen.« Der Rabbi hörte zu. »Bringe die Ziege hinaus.« – »Nur die Ziege?« – »Nur die Ziege.«

Der arme Mann tat, wie ihm gesagt wurde, und kam nach ein paar

Tagen wieder zum Rabbi. »Es ist besser, Rabbi«, sagte er, »aber ein Haus mit neun Leuten und drei Hühnern ...« – »Bringe die Hühner hinaus«, sagte der Rabbi.

Eine Woche später kam der Mann wieder. »Rabbi, Ihr seid ein Genie!« sagte er. »Jetzt ist mein Haus so geräumig wie eine Villa!«

Autofahrer und Bummler

- In Los Angeles rammte der fünfundzwanzigjährige Fahrer eines Sattelschleppers absichtlich 24 Autos. Er sagte der Polizei, er hätte Verkehrsstaus satt: »Weil sie [die Autos] mir keinen Platz gemacht haben, bin ich dagegengefahren.«
- In East Rutherford, New Jersey, berührte ein Lastwagen nur eben die Stoßstange eines Mercedes. Die beiden Fahrer stiegen aus. Nach einem heftigen Wortwechsel versetzte der Autofahrer dem Lastwagenfahrer einen Fausthieb auf den Mund, so daß dessen Lippe blutete. Der Lastwagenfahrer zog daraufhin eine halbautomatische Handfeuerwaffe und tötete den Autofahrer mit einem einzigen Schuß.
- Meine Mutter, zu der Zeit 82 Jahre alt, bog nach rechts auf eine Vorfahrtsstraße ab, so daß ein herannahender Wagen seine Geschwindigkeit um, oh, höchstens ein Zehntel Meile pro Stunde verringern mußte. An der nächsten Ampel stieg der Fahrer wutentbrannt aus, ging hinüber zum Autofenster meiner Mutter, griff in ihren Wagen, schaltete den Motor aus und warf die Schlüssel quer über die Straße. (Zwei freundliche Passanten brachten sie wieder.)

»Verkehrswut« wird zunehmend zum Problem. Allein zwischen November 1987 und August 1988 gab es in Kalifornien 1183 Gewalttaten auf der Autobahn.[14] Bei Untersuchungen mit 268 Studenten und 183 Personen, die die Verkehrsregeln verletzt hatten, stellte der Psychologe Ray Novaco fest, daß 28 Prozent einen anderen Fahrer gejagt hatten, 10 Prozent mit Gegenständen nach einem Auto geworfen hatten, 16 Prozent mindestens einmal pro Woche einen Wagen angebrüllt hatten und 6 Prozent vor Wut in andere Wagen hineingefahren waren. Wenn man diese Prozentzahlen auf die Millionen Autofahrer auf unseren Straßen überträgt, bekommt man Tausende von Menschen, die, wenn sie wütend sind, verrückte und gefährliche Dinge tun.

Selbst Menschen, die es besser wissen. Joe Kaplan, Leiter des Greater

Los Angeles Chapter of the National Safety Council, erzählte einem Reporter: »Ich würde wahrscheinlich immer noch aufstehen und einer Dame meinen Platz anbieten. Aber wenn ich an eine Kreuzung komme, ich schäme mich, Ihnen das zu erzählen, will ich als erster da sein.«[15] Warum müssen Kaplan und andere »als erster da sein«? Warum werden Menschen, die zu ihren Familien und Haustieren freundlich sind, zu unhöflichen, arroganten und gefährlichen Autofahrern? Was geschieht mit Menschen, wenn sie sich hinter das Steuer setzen?

Zu diesem Problem tragen mehrere Faktoren bei. Ein Faktor ist der Zustrom von Fremden, deren Verkehrsregeln sich von denen der Einheimischen unterscheiden. Jede Stadt hat ihre ungeschriebenen Gesetze zu Geschwindigkeit und Rhythmen, und Besucher verletzen sie auf eigene Gefahr. Die Einheimischen von Los Angeles waren früher bekannt für ihre Höflichkeit und ihr gesetzestreues Autofahren. Jetzt gibt es Millionen neuer Ankömmlinge aus den von einem Reporter so bezeichneten »Quietsch-und-Schepper-Fahrschulen«, was viele Einheimische veranlaßt hat, ihre guten Sitten zum Teufel zu jagen. Autofahrer aus New Jersey sind berühmt dafür, daß sie New Yorker Fahrer zur Weißglut bringen, denn sie fahren langsamer.

Zweitens verursachen die zunehmende Verkehrsdichte und Staus physiologische Erregung – erhöhten Blutdruck und Pulsschlag, Zeichen von Anspannung. Fahrer fühlen sich eingeengt, unfähig, Geschwindigkeit und Bewegung selbst zu bestimmen und ans Ziel zu kommen, was ihre Ungeduld steigert. Wenn sie noch dazu früher schneller ans Ziel gekommen sind – wenn sie sich an die »gute alte Zeit« erinnern – leiden sie unter dem psychischen Druck der heruntergeschraubten Erwartungen, was an sich schon ärgerlich ist. »Es ist nicht gerecht«, klagen Autofahrer, »daß ich früher von der A-Straße zum Z-Platz eine Viertelstunde gebraucht habe und daß es jetzt eine Dreiviertelstunde dauert.«

Drittens führen die Autofahrer ein »mentales Skript« auf, in dem sie das Verhalten anderer Fahrer als absichtlich unverschämt oder beleidigend interpretieren. »Man kann nie sagen, daß die Fahrweise eines anderen Fahrers Wut oder Aggression *verursache*«, sagt Arnold Goldstein, Direktor des Center for Research on Aggression an der Syracuse University. »Wichtig ist, wie man den anderen Fahrer wahrnimmt. Wenn jemand mir zum Beispiel in der Nähe eines Krankenhauses davorfährt, könnte ich mir denken, daß er krank ist, und dann werde ich nicht wütend. Wenn ich es aber als absichtlich aggressive Handlung interpretiere, neige ich dazu, auf gleiche Weise zu antworten.«[16]

Ein vierter Faktor sind die Unsichtbarkeit anderer Fahrer und die eigene Anonymität. Wenn man im Fahrstuhl aus Versehen jemandem auf den Fuß tritt, sagt man wahrscheinlich »Entschuldigung.« Leider ist es aber eine psychologische Tatsache, daß Rücksichtnahme, Höflichkeit und Mitgefühl mit zunehmender Distanz abnehmen, je weiter wir von anderen entfernt sind und je anonymer sie für uns oder wir für sie sind. Der Mann, der sich meiner Mutter gegenüber so erschreckend benahm, sagte sich nicht: »Da fährt eine kleine, zweiundachtzigjährige Frau, die mich an meine Großmutter erinnert; sie hat mich wahrscheinlich nicht kommen sehen.« Er sah überhaupt keinen Menschen, sondern ein Auto, das ihm in die Quere gekommen war – ein Ding, ein Hindernis. Außerdem wäre es ihm, wenn er meine Mutter beim Näherkommen erkannt hätte, viel zu peinlich gewesen, sich so schlecht zu benehmen, wie er es tat. Sie hätte es schließlich jemandem erzählen können

Roger Brown, Sozialpsychologe in Harvard, schildert ein Erlebnis, das wir alle kennen: Anonymität wird zu Erkennen. »Ich bog mit meinem Wagen in ein Ende eines schmalen Sträßchens in Cambridge ein«, schreibt er; »und im gleichen Moment bog jemand mit seinem Wagen vom anderen Ende her in das Sträßchen ein. Wir kamen aufeinander zu wie zwei kämpferische Hunde und wurden immer wütender, bis ich aus unmittelbarer Nähe einen Kollegen erkannte. Wir schalteten beide auf Lächeln um, und jeder erbot sich, zurückzusetzen, um dem anderen Platz zu machen.« Es ist gleichzeitig ermutigend und bestürzend, daß Experten die Regeln für Gefühle verstehen können und ihnen trotzdem unterworfen sind.

Autofahrer sind nicht die einzigen Menschen, die durch konkurrierende Rhythmen und Regeln gereizt werden, die daran gehindert werden, zu ihrem Ziel zu gelangen, und die vermeintlichen Provokationen ausgesetzt sind. Bummler, die den Eiligen in die Quere kommen, gedankenlose Flegel, die die Überholspur blockieren (auf Autobahnen oder Bürgersteigen), Verrückte, die rücksichtslos kreuz und quer durch Menschenmengen jagen und jeden umrennen, der ihnen im Weg ist: Solche Typen sind für Fußgänger und Autofahrer gleichermaßen ein Ärgernis. Und für Rollschuhfahrer, wie Sara Davidson es in ihrer Schilderung der Szene auf dem Bürgersteig in Santa Monica beschrieb. Als eine achtundsechzigjährige Frau von einem fünfundzwanzigjährigen Radfahrer umgefahren und getötet wurde (»Sie ist mir davorgelaufen«, sagte er), versammelte sich der Stadtrat von Los Angeles, um über die Situation zu beraten.

Auf dem Bürgersteig herrschte Krieg auf Rädern. Rollschuhfahrer, Radfahrer, Jogger und ältere Bürger kämpften schreiend und schubsend um die Vorfahrt. Die Rollschuhfahrer waren in der Überzahl und gewannen jeden Tag an Boden. Man fuhr auf Rollschuhen zur Bank, zum Waschsalon, in Restaurants und wenn man den Hund ausführte.

Der Stadtrat stimmte dafür, Rollschuhfahren auf Teilen des Bürgersteigs zu verbieten, aber die Leute gehorchten nicht.

»Rollschuhlaufen ist auf dem Bürgersteig verboten!«

»Leck mich doch, Blödmann!«

Eine zweiundneunzigjährige Frau schlug einen Rollschuhfahrer mit dem Spazierstock, als er sie anfuhr. »Ich wohne hier seit fünfundzwanzig Jahren«, rief sie. »Du solltest dich schämen!«[18]

»Sie ist mir davorgelaufen«? »Er ist ihr vorgefahren«? Wir haben es hier mit einem Phänomen zu tun, das nicht nur beim Autofahren auftritt, sondern ein besonderer Fall der Gedränge-und-Wut-Frage ist, eine Kategorie der Störung auf dem Weg zum Ziel. Autobahnen, enge Straßen und Bürgersteige in Stadtzentren können bestimmte Vorbedingungen für Wut erfüllen: Eine so hohe Menschendichte, daß das Gefühl der Kontrolle über die eigenen Bewegungen beeinträchtigt wird; ein Zusammenprall verschiedener Kulturen (ob das nun Generationen, ethnische Gruppen oder Fahrgewohnheiten sind), von denen jede ihre eigenen Verhaltensregeln befolgt; und ein hoher Epinephrinspiegel, der durch Fortbewegung und Umgebung erzeugt wird. Die Erregung ist vorhanden, und damit auch der Eindruck, daß man provoziert wird.

Autofahren wirkt stimulierend, besonders bei starkem Verkehr, weil es ständige Aufmerksamkeit und Entscheidungen in Sekundenbruchteilen erfordert; eine Straße in der Stadt zu passieren wirkt stimulierend, weil Menschenmengen und Lärm Erregung verursachen; Rollschuhlaufen und Skateboardfahren sind stark stimulierende Sportarten, die selbst von meisterhaften Fahrern nicht vollkommen beherrscht werden. Diese mangelnde Beherrschung und die Geschwindigkeit sind ein Gefahrenmoment für die eigene Fortbewegung: Rollschuhläufer sind einfach eine Gefahr für zweiundneunzigjährige alte Damen, und für andere Lebewesen auch; Autofahrer, die plötzlich die Spur wechseln oder ohne Blinkzeichen abbiegen, sind einfach eine Bedrohung für die Gesundheit. Die hohe Erregung, die Rollschuhfahrer und Raser aufregend finden, kann sich allerdings schnell in Wut verwandeln (und sogar in heftige Wut), wenn ihre Fortbewegung durch etwas blockiert wird, auf das sie schimpfen können. »Leck mich doch, du Blödmann!« zu brüllen oder laut zu hupen sind

Versuche, die Kontrolle wiederzugewinnen, das Gefühl der Gefahr abzubauen und sich an dem Menschen, der im Weg ist, zu rächen.[19]

Natürlich bauen derartige Reaktionen die Wut nicht ab, sondern verstärken sie, indem sie sowohl den eigenen Blutdruck hochtreiben als auch das Ziel des Zorns zum Zurückbrüllen veranlassen, was einen selbst wiederum noch wütender macht. Jene zweiundneunzigjährige Frau auf dem Bürgersteig erinnert sich sicherlich noch an zivilisiertere Zeiten, als kleine Würstchen auf Rollschuhen sich geschämt hätten, eine alte Frau umzufahren, und sich bei ihr entschuldigt hätten, wenn es doch geschehen wäre – eine Geste, die beide Seiten beruhigt hätte.

Alkohol

Alkohol lockert, so wird weithin angenommen, die sozialen Zügel, die Menschen unter Kontrolle halten. Weil so viele Gewaltverbrechen begangen werden, nachdem die Beteiligten getrunken haben, und weil so viele Ehestreits beim Alkoholkonsum ausgetragen werden, nimmt man oft an, Alkohol setze Wut und Aggression frei. Wie einer meiner Interviewpartner, ein fünfundvierzigjähriger Computervertreter, sagte:

Alkohol hat mich früher rasend gemacht. Manchmal, nicht jedesmal, hat er irgendeine schreckliche Wut wachgerufen, die in mir hockte, normalerweise mit dem Ergebnis, daß ich auf meine Frau wütend wurde. Sie sagte dann: »Da ist irgendwas Schreckliches in dir eingesperrt, das der Alkohol herausbringt, und ich kriege es ab.«

Die Beispiele von Menschen, die trinken, um Wut zu *vermeiden*, erscheinen jedoch selten in Zeitungen oder wissenschaftlichen Untersuchungen. Auf solche Menschen wirkt Alkohol eher beruhigend als aufheizend; sie trinken, um ihre Sorgen zu ertränken und ihre Wut zu vergessen, nicht um eine Entschuldigung dafür zu haben, daß sie sie äußern.

Große Mengen Alkohol wirken beruhigend, doch in kleinen Mengen ist Alkohol anregend. Ein oder zwei Drinks, und man kommt in Schwung, die Herzfrequenz steigt. Mit dem Anstieg der Alkoholkonzentration im Blut sinkt die Herzfrequenz wieder, und man wird schläfrig. Aber selbst diese Veränderungen sind nicht genau zu bestimmen. Sie sind abhängig vom anfänglichen Erregungszustand – trinkt man, um nach einem anstrengenden Tag wieder auf die Beine zu kommen oder um sich nach einem Streit mit den Eltern zu beruhigen? – und außerdem von den Trinkgewohnheiten, von der Alkoholmenge, die man verträgt, und vom Körpergewicht. Die Stimmung während des Trinkens hängt auch von den inneren Einstellungen ab – von der Erwartung, wie man sich nach dem Alkoholkonsum fühlen wird, von den Gründen für das Trinken, ob man etwas tun oder sagen möchte, das der Alkohol rechtfertigen wird – und von den äußeren Umständen: eine kleine Gruppe Freunde, eine ungemütliche Bar, allein zu Hause. Wenn ich nach einem anstrengenden Tag anderthalb Glas Wein zum Abendessen trinke, könnte ich umfallen, aber vier Gläser Wein auf einer Dinnerparty können mich richtig in Schwung bringen.

Forscher, die versuchen, die physiologischen Reaktionen auf Alkohol und seine Beziehung zur Wut herauszufinden, vergessen oft, innere Einstellungen und äußere Umgebung zu berücksichtigen. Sie bekommen dann widersprüchliche Ergebnisse und wundern sich. Zwei Experimentatoren ließen zum Beispiel ihre freiwilligen Versuchspersonen soviel Bourbon trinken, wie sie wollten, und beobachteten ihre Reaktionen.[20] Die meisten Trinker wurden wütend, deprimiert, müde, verwirrt und unfreundlich. Offensichtlich kam es den Forschern erst zu spät in den Sinn, daß Leute auch wütend, deprimiert, müde, verwirrt und unfreundlich werden können, weil man sie bittet, morgens um neun in einem kahlen Krankenhauszimmer Bourbon zu trinken. »Es ist eine unnatürliche Umgebung für das Trinken«, bemerkten die Experimentatoren schließlich, »und unsere Testpersonen wirkten nicht gerade so, als ob es ihnen besonders gut ginge.«[21] Manchmal mache ich mir Sorgen um den gesunden Menschenverstand unserer Wissenschaftler.

Um die Sache noch komplizierter zu machen, reagiert keiner von uns immer genauso auf Alkohol, unabhängig von der Stimmung, in der wir uns befinden, wenn wir zu trinken anfangen. Das gilt sogar für Alkoholiker. David M. Rioch schildert den Fall eines Alkoholikers,

> der gelegentlich zu einer Party ging, nett und freundlich und unterhaltsam war und ein Dutzend oder mehr Whiskey Sodas trinken konnte, ohne das leiseste Anzeichen eines Rausches. Häufiger jedoch wurde er nach ein oder zwei Drinks feindselig, kritisch und sarkastisch, zog sich nach drei oder vier zurück und taumelte und war aggressiv, wenn er fünf getrunken hatte [...] Seine Reaktion auf die Alkoholaufnahme korrelierte mit seiner vorherrschenden Stimmung vor dem Trinken. Diese war wiederum eine Funktion seiner Beziehungen mit mehreren Menschen, die ihm wichtig waren.[22]

Der Zusammenhang zwischen Alkohol und Wut besteht also auf sozialer, nicht auf physiologischer Ebene. Alkohol wird so eingesetzt wie

Wut: Als Genehmigung, irgend etwas zu tun, was man tun möchte. Der Psychologe G. Alan Marlatt hat das sehr geschickt demonstriert. Er verglich nämlich, wie Leute sich fühlen, wenn sie *tatsächlich* Alkohol (Wodka und Tonic) trinken und wenn sie *glauben*, daß sie Alkohol (Tonic und Limonensaft) trinken.[23] Es zeigte sich, daß der Glaube wichtiger ist als das Trinken. Männer verhalten sich aggressiver, wenn sie *glauben*, daß sie Wodka trinken, als wenn sie ihn wirklich trinken, aber glauben, es sei nur Tonic. Sowohl Männer als auch Frauen berichten, daß sie sich sexuell erregt fühlen, wenn sie *glauben*, sie seien angetrunken. Und Alkoholiker, die ein paar Gläser Tonic getrunken haben, in der Annahme, es sei Wodka, bekommen »großen Durst« nach mehr Alkohol. Offensichtlich löst Alkohol weder irgendeinen physiologisch abhängig machenden Mechanismus aus noch betätigt er einen »Enthemmungs«-Schalter. Stattdessen gestattet er Menschen, sich in stereotypisierter Weise in Übereinstimmung mit ihren Zielen und Gewohnheiten zu verhalten.

Marlatt folgert daher, daß Alkohol selbst »anscheinend wenig mehr hervorruft als eine unbestimmte oder vieldeutige physiologische Reaktion, einen unstrukturierten Stimmungswandel, zumindest in den Dosierungen, an die die meisten sozialen Trinker gewöhnt sind«. Was nach dieser »vieldeutigen Reaktion« geschieht, hängt von unseren Vorstellungen über die Wirkung des Alkohls ab, von der Umgebung, in der man trinkt, und, fügt Marlatt hinzu, von dem »persönlichen Nutzen«, den man sich davon verspricht.

In zahlreichen Untersuchungen über Familienleben ist das Muster deprimierend ähnlich: Leute trinken und werden dann gewalttätig, manchmal körperlich, häufiger verbal. Aber, bemerkt der Soziologe Richard Gelles in *Family Violence*, der Zusammenhang zwischen Trinken und Aggression ist nicht mehr existent, wenn die Leute *glauben, daß sie für ihre Handlungen verantwortlich gemacht werden*, wenn sie betrunken sind.

Ein Therapeut sprach mit einem Ehepaar, bei dem der Mann die Frau schlug. Er fragte den Mann: »Warum schlagen Sie Ihre Frau zusammen?« Der Mann antwortete: »Ich kann mich nicht beherrschen. Ich verliere einfach die Beherrschung.« Der Therapeut, ein sehr weiser Mann, fragte: »Warum schießen Sie dann nicht auf Ihre Frau oder stechen auf sie ein?« Darauf wußte der Ehemann keine Antwort, denn die einzige Antwort, die er hätte geben können, wäre gewesen »Ich kann nicht auf meine Frau schießen oder auf sie einstechen, ich könnte sie ja verlezten.« Er wußte sehr wohl, was er tat.[24]

»Die Forschung zeigt«, sagt Gelles, »daß die Leute sich tatsächlich betrinken und ihre Frauen und Kinder schlagen, daß ihnen aber vollkommen bewußt ist, was sie da tun. Es ist ihnen so sehr bewußt, daß sie trinken, weil sie wissen, daß ihr Rausch ihnen eine Entschuldigung für ihre Gewalttätigkeit liefert.«

Das Gleiche kann man von Wut sagen. Im weiteren Verlauf des Gesprächs mit dem Mann, der meinte, Alkohol würde ihn rasend machen, stellte sich zum Beispiel heraus, daß der Mann gute Gründe hatte, wütend zu sein. Er war überraschend entlassen worden, war monatelang arbeitslos gewesen und hatte dann eine Arbeit angenommen, die ihm nicht gefiel. Seine Frau, die sich als unschuldiges Opfer seiner betrunkenen Wutausbrüche darstellte, hatte ihn gedrängt, seine Musikinstrumente zu verkaufen, weil sie meinte, er »brauche sie nicht«, während sie ihm Freude machten und seinen Seelenfrieden bewahrten; überhaupt fühlte er sich von ihr schikaniert, aber gleichzeitig nicht in der Lage, ihr das zu sagen. Die »paar Schluck Whiskey« gaben ihm Kraft, indem sie ihn von der Verantwortung für seine Worte oder Handlungen freisprachen. Aber der Grund für die Wut existierte schon vor dem ersten Drink.

In den meisten Experimenten erhöht Alkohol die Wahrscheinlichkeit, daß jemand wütend wird, nur dann, wenn derjenige provoziert wird oder bereits Groll mit sich herumträgt: genau das gleiche Muster, das in den Untersuchungen über Lärm und Gedränge zutage tritt. Alkohol kann entspannen und albern und freundlich machen oder aber gewalttätig, weinerlich und finster.

Während der Kolonialzeit dagegen glaubte man in Amerika, Alkohol erzeuge ausschließlich angenehme Gefühle und entspanne. (Der puritanische Geistliche Cotton Mather [1663–1728] nannte Alkohol »das gute Geschöpf Gottes«.) Wenn jemand unter Alkoholeinfluß ein Verbrechen beging oder feindselig und aggressiv wurde, gaben die Kolonisten nicht dem Alkohol die Schuld, sondern demjenigen, der ihn getrunken hatte. Sie glaubten, die Neigungen eines Menschen würden sowohl zur Trunkenheit als auch zum Verbrechen verleiten.[25]

Unsere heutige Kultur akzeptiert Alkohol als Entschuldigung für das Herauslassen von Emotionen, die sonst bedrohlich oder unangenehm sein könnten, wie sexuelles Verlangen, Liebe – und Wut. Und wenn jemand zu wütend oder zu betrunken ist, läßt das Gesetz ihm, in der Annahme, die Leidenschaft mache ihn blind, sogar Mord durchgehen.

Bewegung und Sport

Wir sind einfach aneinandergeraten, wie man eben aneinandergerät. Ich weiß nicht, ob Cliff [Johnson] besonders schlechte Laune hatte oder was. Aber er hat angefangen. Ich war im Waschraum, und er nahm meinen Kopf und gab ihm einen Stoß. Er machte keinen Spaß; er lächelte nicht [...] Man sagt, man sollte bei solchen Sachen einfach weggehen, aber was soll man denn machen? Es ist eine instinktive Geschichte.

Baseballspieler Goose Gossage[26]

Verlassen Sie sich darauf, daß Psychologen diese zufällige Geschichte ins Labor holen und dort Umkleideräume und Turnhallen nachbauen. Die hohe Erregung, die durch anstrengenden Sport erzeugt wird, macht Gefühle wahrscheinlicher – von der Euphorie bis zur Wut, abhängig von dem, was die Menschen um einen herum tun, von den Spielregeln und von der Provokation. Ein Rippenstoß, der vor einem Spiel als lustig angesehen wird, wirkt nach dem Spiel todernst.

Norepinephrin ist Teil des kardiovaskulären Reaktionssystems, welches die Reaktionen auf Muskelarbeit reguliert, und es steigt an, sobald man sich physisch anstrengt. Wenn die physischen Unternehmungen mühsam und schwierig werden, steigt auch der Epinephrinspiegel an. Anscheinend steht Epinephrin in Verbindung mit der emotionalen Qualität der physischen Aktivität, während Norepinephrin mit dem Grad der physischen Anstrengung zusammenhängt.[27] Der nächste Schritt, nämlich zu zeigen, wie diese Hormone mit einer Emotion verbunden werden, wurde von dem Psychologen Dolf Zillmann und seinen Mitarbeitern unternommen. Sie erforschten die Auswirkungen von körperlicher Bewegung auf Wut. Ganz gleich, ob die Beleidigung der Bewegung voranging oder ihr folgte, in den Untersuchungen wurden diejenigen Menschen wütend, die sowohl erregt waren als auch provoziert worden waren. Dann aber fragte Zillmann sich, ob Menschen, die wissen, *warum* sie erregt sind, sich mit gleich großer Wahrscheinlichkeit provozieren lassen wie Menschen, die sich über die Ursache ihrer Gefühle nicht im klaren sind. Wenn ich weiß, daß es Bewegung ist, nicht Wut, die bei mir Herzklopfen und Magenflattern verursacht, nehme ich Beleidigungen, ob sie nun absichtlich geschahen oder nicht, dann noch so ernst? Die Antwort lautet nein.

Menschen, die physisch fit sind, erholen sich schnell von Anstrengungen: Ihr Puls und ihre Herzfrequenz sinken viel schneller wieder auf den

Ausgangswert als die Werte von Menschen, die nicht so fit sind. Daher müßte es folgerichtig sein, daß Menschen mit ausgezeichneter physischer Kondition, bei denen die Erregung durch Bewegung schnell abfällt, nach einer sechsminütigen Ruhephase mit weniger großer Wahrscheinlichkeit Erregung durch Bewegung mit Wut durch Provokation verwechseln. Und genau das stellte Zillmann fest.[28]

Experimente wie dieses deuten darauf hin, daß das Maß, in dem Erregung die Wahrscheinlichkeit für Wut steigert, davon abhängt, ob ein eindeutiger Grund für die Erregung besteht oder nicht. Im wirklichen Leben ist natürlich Mehrdeutigkeit die Regel. Dem Zahnarzt, der zu Beginn dieses Kapitels erwähnt wurde, war nicht bewußt, wie hoch seine Erregung im Abwärmraum war – er trainierte dort ja noch –, mit dem Ergebnis, daß seine Wut mit einem unbedeutenden Katalysator leicht entfacht war. Auch die Erregung in Umkleideräumen nach Mannschaftsspielen bleibt meistens hoch, weil die Spieler ihre glänzenden Erfolge und (unfreiwillig) ihre peinlichen Patzer noch einmal durchleben.

Ein gutes Beispiel für die Beziehung zwischen Erregung und Emotion ist das Laufen, weil es normalerweise »rein« und privat und nicht als Teamwettbewerb geschieht. Selbst von 15000 Marathonläufern laufen nur 8 um den Weltrekord, 14992 laufen, um ihren eigenen Rekord zu brechen – oder einfach, um anzukommen. Ich habe mitangehört, wie Jogger in der Stadt und Jogger auf dem Land gleichermaßen geklagt haben, daß sie sich so sehr über Hunde ärgern, die sie während des Laufens anspringen, über langsame Läufer, die ihr Tempo stören, über Fußgänger und andere Unterbrechungen ihres einsamen Vergnügens; keine davon wäre so schlimm oder würde sie so wütend machen, wenn sie nicht durch das Laufen aufgeladen wären. Umgekehrt aber, wenn alles gut geht, wenn die Läufer ihre eigenen Rekorde brechen, von freundlichen Zuschauern angefeuert werden oder andere Gründe zur Fröhlichkeit haben, dann ist ihr Glücksgefühl intensiver, als wenn sie nicht durch das Laufen aufgeladen wären.

Das spezifische Gefühl eines Athleten hängt also von den Begleitumständen seines Sports ab. Ich glaube, beim Laufen ist die Atmosphäre so schön, sowohl für die Läufer als auch für die Zuschauer, weil diese Sportart (bis vor kurzem) noch nicht vom großen Geschäft, dem großen Wettbewerb und dem großen Geld verseucht war. Sie steht für einen altmodischen Gedanken: Sport zum Vergnügen, nicht um des Sieges willen. Wenn Millionen Zuschauer den Hausfrauen, Studenten, Tierärzten, Busfahrern, Lehrern, Bankern und anderen wagemutigen Menschen, die einen Marathon versuchen, zujubeln, jubeln sie allen zu. Keiner wird ausgebuht. Und auch die Läufer selbst schimpfen auf niemanden, denn alle gewinnen. Kein Wunder, daß die Stimmung bei den meisten Marathonläufen so vergnügt ist.

Bei einigen unserer Sportarten jedoch, bei denen Aggression das Ziel und Wut das Mittel dazu ist, ist das nicht immer der Fall. Psychoanalytisch orientierte Autoren haben gute Arbeit geleistet, als sie ihr Publikum überzeugten, daß Aggression durch Anschauen von oder Mitmachen bei Wettbewerbssportarten verlagert werden kann. »Wettspiele bieten ein ungewöhnlich befriedigendes soziales Ventil für den Aggressionstrieb«, schrieb Karl Menninger.[29] Und Anthony Storr meinte: »Es ist offensichtlich, daß die Anregung durch den Wettstreit auf allen möglichen Gebieten die Art von Feindseligkeit, die zu Krieg führt, eher abbaut als steigert [...] Rivalitäten zwischen Nationen auf sportlichem Gebiet können nur Gutes bewirken.«[30]

Im Widerspruch zu dieser hübschen Theorie werden Kriege aber leider aus politischen und ökonomischen Gründen geführt, nicht einfach als Ventil für gewalttätige Impulse; die Olympischen Spiele 1936 in Berlin nahmen Hitler weiß Gott nichts von seiner aggressiven Tendenz. Es gibt keine Anhaltspunkte dafür, daß sportliche Wettkämpfe die »aggressive Energie« von Nationen oder einzelnen Menschen verlagern. Im Gegenteil. Der Anthropologe Richard Sipes wählte eine Zufallsstichprobe von Kulturen der ganzen Welt aus und schätzte sie ein nach der Häufigkeit von Kriegen und dem Vorhandensein oder Nichtvorhandensein von Kampfsportarten (Sportarten, die Körperkontakt, tatsächliches oder symbolisches Erobern von Territorium und jede »kriegsähnliche« Handlung beinhalten).[31] Wenn die Verlagerungstheorie richtig wäre, müßten die Gesellschaften, die am heftigsten spielen, am wenigsten kämpfen, da ihre ganze Aggression auf dem Spielfeld sublimiert würde. Statt dessen führen die Gesellschaften, die in ihren Sportarten Gewalttätigkeit fördern, die meisten Kriege. Im Zeitraum zwischen 1920 und 1970 wuchs in den Vereinigten Staaten das Interesse an Fußball und Jagd in den Jahren des Zweiten Weltkriegs und des Koreakrieges; zu Kriegszeiten nahm die Begeisterung für Baseball ab, und nach dem Krieg stieg sie wieder an, so auch nach dem Vietnamkrieg. Dieses Muster unterstützt die »Aggressionsentladungs«-Theorie in keiner Weise. (Das bedeutet nicht, daß aggressive Sportarten Kriege verursachen oder umgekehrt. Wahrscheinlicher ist, daß der Grad der Gewalttätigkeit in solchen Gesellschaften bereits hoch ist und in Kampfspielen *und* Krieg zum Ausdruck kommt.)

Im Sport gelten die gleichen Lerngesetze wie bei der Kindererziehung, bei Ehestreits und bei Wutanfällen: Wenn ein Gefühl gefördert wird und die Regeln es erlauben, wird es aufrechterhalten, nicht »abgelassen«. Weit davon entfernt, die aggressiven Energien der Zuschauer zu verlagern, macht Gewalt im Sport für Fans Schule:

- Willkürlich ausgewählte junge Männer wurden vor und nach einem Fußballspiel *Army* gegen *Navy* interviewt. (Als Vergleichsgruppe wurden Zuschauer vor und nach einem Turnwettkampf interviewt.) Die Fußballfans waren nach dem Spiel feindseliger gesinnt als vorher, selbst wenn ihre Mannschaft gewonnen hatte. Turnwettkämpfe zu beobachten hatte auf die Feindseligkeit der Zuschauer keinen Einfluß.
- Eine zufällige Auswahl junger Männer und Frauen sollte sich ein Eishockeyspiel, einen Ringkampf oder einen Schwimmwettbewerb ansehen. Die Feindseligkeit der Zuschauer stieg nach Eishockey und nach Ringen an, nicht aber nach dem Schwimmwettbewerb.
- Sportler an weiterführenden Schulen und Hochschulen, die aggressive Sportarten betreiben, lassen sich leichter in Wut versetzen, sowohl auf dem Spielfeld als auch anderswo, als Nichtsportler und Sportler, die nicht aggressive Sportarten betreiben. Außerdem reagieren sie auf Frustration mit größerer Aggression.
- Wenn die Fußballmannschaft »Cowboys« ein Spiel verliert, steigt die Kriminalitätsrate in Dallas an.
- Feindseligkeit und Aggressivität bei Berufssportlern in aggressiven Sportarten nehmen im Laufe einer Saison zu, nicht ab, und in der spielfreien Saison sind diese Sportler feindseliger als Sportler in nicht aggressiven Sportarten und Nichtsportler.
- Gewalttätigkeit von Spielern und öffentliche Wutausbrüche »verlagern« derartige Neigungen bei Fans nicht, sondern zeigen ihnen, wie man sich verhält. In fast drei Vierteln aller Fälle von Gewalttätigkeit bei Fans geht Aggression von Spielern voraus.

Jeffrey Goldstein, Psychologe an der Temple University, hat viele Jahre lang die Wirkung von Wut und Gewalttätigkeit im Sport untersucht. »Die herrschende Meinung über Sport ist, daß er ein konstruktiver und gesunder Ausdruck von Energie, einschließlich aggressiver Energie, ist«, sagt er. »Es heißt, er wirke charakterbildend, fördere Respekt vor Autoritäten, Disziplin und Ausdauer. Diese Ansicht wird von Trainern, Sponsoren von Berufs- und Amateurmannschaften und Sportlern selbst vertreten. In allen diesen Fällen dient sie zum Selbstzweck. Und größtenteils ist sie unrichtig.«[32]

Goldstein ist weder gegen Aggressivität an sich im Sport, da manche Spiele schließlich Angriffslust und Ehrgeiz erfordern, noch meint er, das Anschauen eines spannenden Fußballspiels müsse schon dazu führen, daß man die Katze treten oder das Fernsehgerät zerschlagen möchte. Die Aggressivität hängt in beträchtlichem Maße vom Zuschauer selbst ab und davon, ob er Gewalttätigkeit genießt oder verabscheut. Eishockeyfans zum Beispiel, die dafür sind, daß »Prügeleien nicht bestraft werden sollten, weil sie ein wichtiger Teil des Spiels sind«[33], werden nach einem Spiel feindseliger und wütender als Fans, die Gewalt im Eishockey nicht mögen. Fans, die glauben, Boxer seien darauf aus, sich gegenseitig auf unfaire Weise zu verletzen, werden nach einem Kampf aggressiver als Zuschauer, die glauben, daß Boxer sich einfach professionell verhalten, um zu gewinnen. Im Gegensatz dazu werden Karateschüler – die zusammen mit ihren todbringenden Fertigkeiten eine Philosophie der Passivität und der Friedfertigkeit erwerben – mit zunehmendem Training *weniger* aggressiv. »Nicht die Aggression selbst ist es, die die Leute aggressiver macht«, sagt Goldstein, »sondern der Geist, in dem das Spiel gespielt wird.«

»Es besteht wenig Zweifel daran, daß viele Menschen Vergnügen daran finden, andere kämpfen zu sehen«, fügt Leonard Berkowitz hinzu. »Was ich aber bezweifle ist, daß dieses Vergnügen notwendigerweise die Langzeitreduktion irgendeines Aggressionstriebes anzeigt. Manchmal rührt das Vergnügen vom Auf und Ab der Erregung her; das Spiel ist einfach ein aufregendes Ereignis, das Vergnügen bereitet, weil es innere Spannung aufbaut und abfallen läßt.«[34] Wir sollten die Bedeutung von Wut und Aggression als Quellen der *Erregung* für Zuschauer beim Sport nicht unterschätzen. In ihrem Essay »The Quest for Excitement in Unexciting Societies« argumentieren Norbert Elias und Eric Dunning, daß in den industriellen Fortschrittsgesellschaften von heute »Gelegenheiten, bei denen starke Erregung offen ausgedrückt wird«, selten sind.[35] Aber zu behaupten, daß Menschen Aufregung lieben oder sich manchmal einfach gerne vorübergehend von ihren Problemen und Sorgen ablenken lassen, heißt nicht, daß Sport zur »Entladung aggressiver Energie« führt.

Außerdem gehören einige Spielarten von Wut beim Sport dazu. Man könnte behaupten, daß es nicht *echte* Wut ist, wenn man den Schiedsrichter bei einem Baseballspiel anbrüllt, sondern *rituelle* Wut. Auch daß der Mannschaftsführer aufs Spielfeld stürmt und mit den Armen eindrucksvoll vor dem stoischen Schiedsrichter herumfuchtelt, hat Tradition.

Manche Mannschaftsführer geben eine richtige Vorstellung, stampfen auf dem Boden herum, schleudern ihre Mütze aufs Spielfeld und brüllen. Dieses Ritual bringt den Schiedsrichter nie dazu, seine Entscheidung rückgängig zu machen, aber es hat eine andere wichtige Funktion. Der Mannschaftsführer handelt für seine Mannschaft und für die Fans, die nun das Gefühl haben, daß ihre Klagen gehört wurden, daß gegen diese verdammt unfaire Entscheidung Protest eingelegt wurde und daß die andere Seite gewarnt wurde. Jetzt kann das Spiel weitergehen.

In den letzten dreißig Jahren hat die rituelle Wut jedoch ihre Grenzen überschritten. Wutausbrüche, Zertrümmern von Schlägern, Beleidigungen, physische Angriffe und eine allgemeine Philosophie der emotionalen Befreiung beherrschen inzwischen viele unserer Sportarten. Einige Fans beklagen diese Veränderung, andere feiern sie als »ehrlicher«, aufregender, unterhaltsamer und psychisch gesünder. »Meine Gefühle zu unterdrücken würde wehtun«, sagt ein Läufer. »Ich sehe keine Gewalttätigkeit darin, wenn zwei Spieler ihre Handschuhe hinwerfen und etwas Dampf ablassen«, sagt ein Eishockeyspieler, »wenn Prügeleien nicht erlaubt sind, dann kommt es zu einer anderen Gewalttat.« (Einer *anderen* Gewalttat?)

Die herrschende Meinung, daß es »wehtut«, Wut zu unterdrücken, und »instinktiv und gesund« sei, sie herauszulassen, verwechselt zwei Dinge miteinander: den physischen Zustand von hoher Energie und Aufregung, der durch viele aggressive Spiele erzeugt wird, und das, was die Spieler mit dieser Energie tun. John Ziegler, der Präsident der National Hockey League, rechtfertigte Gewalt beim Eishockey so: »Wir stellen Männer aufs Eis, die mit Höchstgeschwindigkeit fahren; der Einsatz des Körpers ist ein wichtiges Element des Spiels; die Spieler sind mit einem Panzer umgeben und spielen auf dem Eis mit einer Intensität, die in keiner anderen Sportart verlangt wird. Ich finde es in einem Spiel, in dem ständig Frustration herrscht, nicht unakzeptabel, daß die Männer ihre Schläger und Handschuhe hinwerfen und sich schlagen. Ich glaube, daß diese Art von Ventil für unsere Spieler wichtig ist.«[36]

Ziegler hat halb recht: Die Intensität des Eishockeys ist groß. Aber diese Intensität kann beherrscht und in viele Richtungen, positive und negative, gelenkt werden. Kein Instinkt koppelt Energie mit Gewalttätigkeit, und die Spieler haben viele »Ventile«, die nicht erfordern, daß sie sich schlagen; zum Beispiel könnten sie spielen. Gewalt im Eishockey hängt eher davon ab, was die Regeln (und die Fans) erlauben und fördern, als von »natürlicher« Aggression.

Wir sind Zeugen davon, wie Wut und Aggression im Sport zunehmen, und zwar nicht, weil sie vom Instinkt gesteuert, sondern weil sie belohnt werden. In vielen Fällen waren Wutausbrüche ein gutes Geschäft für das Management und eine erfolgreiche Strategie für die Spieler. Zum Beispiel wurde der amerikanische Spieler John Sadri einmal zu einer Strafe von 250 Dollar verurteilt, weil er obszöne Gesten und Sprache benutzt und einen Eiskasten mit seinem Schläger zertrümmert hatte. Einige Beobachter protestierten, die Strafe sei zu niedrig. Der Tennisverband stimmte zu, daß Sadris Aufführung eine »schockierende Demonstration von Temperament« gewesen sei, fügte dann aber hinzu: »Dem Berufskodex zufolge soll man nicht bestrafen, sondern auf einen besseren Verhaltensstandard hinarbeiten.«[37] Leider erfüllte die Disziplinarmaßnahme keineswegs ihre Absicht, sondern garantierte fast, daß Sadri seine »schockierenden Demonstrationen« beibehalten würde. Ähnlich haben Tennisstars wie Ilie Nastase und John McEnroe Wutanfälle gehabt, die manche Zuschauer unterhalten und andere entsetzen, doch diese Mätzchen werden eben deshalb weiter aufgeführt, weil sie soviel Aufmerksamkeit erregen oder Toleranz nötig machen. Andere Tennisspieler, wie Björn Borg und Arthur Ashe, beherrschen ihre Gefühle wunderbar.

Björn Borgs Selbstbeherrschung ist jedoch erworben, nicht angeboren. »Früher war ich wie John [McEnroe]«, erinnerte er sich einem Reporter gegenüber. »Noch schlimmer. Ich habe geflucht und Schläger geworfen. Echt schlechte Laune. Sie können jeden fragen, der mich zu der Zeit in Schweden gekannt hat, vor 10 oder 11 Jahren. Dann, als ich 13 war, hat mein Verein mich für sechs Monate gesperrt. Meine Eltern haben meinen Schläger sechs Monate lang im Schrank eingeschlossen. Ich konnte ein halbes Jahr nicht spielen. Es war entsetzlich. Aber es war mir eine sehr gute Lehre. Ich habe auf dem Platz nie wieder den Mund aufgemacht. Ich werde immer noch richtig wütend, aber ich behalte meine Gefühle für mich.«

Und auch McEnroes berühmte Wutausbrüche sind nicht die spontanen, unkontrollierbaren Handlungen, als die er sie rechtfertigen will. Er behält sie bei, weil sie für ihn funktionieren – sie geben ihm Energie gegen Gegenspieler und bringen ihm große Aufmerksamkeit und Publicity ein (für einen Star hat selbst kritische Aufmerksamkeit einen Wert). Aber McEnroe kann sich auch sehr wohl beherrschen: »Gegen Borg werde ich mich immer benehmen«, sagte er. »Das muß ich. Ja, es ist nicht nur mein Respekt vor Björn. Ich weiß, daß ich es mir einfach nicht leisten kann, das kleinste bißchen Energie zu verschwenden, wenn ich gegen ihn spiele.

Das habe ich im Kopf. Ich weiß, daß ich mich dann über nichts aufrege.« Kurz, McEnroe weiß, wie er seine Wutausbrüche zu seinem Vorteil einsetzen oder sich beherrschen kann, wenn das für ihn von Vorteil ist.

Es liegen jedoch Anzeichen für Veränderung in der Luft. Die Nick Bollettieri Tennis Academy, die viele Stars trainiert hat, darunter auch Andre Agassi und Jimmy Arias, legt Wert auf Selbstbeherrschung. Jim E. Loehr, der Leiter der Sportpsychologie an der Akademie, meint, daß Spieler bei Wettkämpfen meistens auf eine von vier möglichen Arten auf Herausforderungen reagieren. Manche ziehen Gefühle und Energie zurück und geben auf. Andere kämpfen mit so viel negativem Gefühl weiter, daß sie wütend und uneffektiv werden. (McEnroe, sagt Loehr, sei einer der wenigen Spieler, die Wut zu ihrem Vorteil einsetzen können.) Manche werden nervös, was sie zumindest dazu anspornen kann, sich stärker anzustrengen. Die ideale »Reaktion auf eine Herausforderung« besteht, nach Loehr, darin, sich selbst hundertprozentig zurück ins Spiel zu geben und die Gefühle in konzentrierter Form einzusetzen.[39]

Allen Fox, Psychologe und früherer Tennisstar an der University of California, Los Angeles, jetzt Trainer des Männerteams in Pepperdine, betont seinen Spielern gegenüber, wie wichtig es ist, daß sie aus ihren negativen emotionalen Reaktionsmustern auf Mißerfolge und Niederlagen ausbrechen. »Ich muß [Spieler] während des Trainings, sogar während der Spiele, immer wieder auf *negative mentale Zustände* aufmerksam machen«, sagt er. »Beim Training haben wir ein Strafsystem: Wenn jemand flucht oder mit dem Schläger wirft, kostet das einen Dollar.«[40]

Es funktioniert. Und höchst interessant ist, daß die Fähigkeit, Wut zu beherrschen, dazu führt, daß die Spieler *weniger* wütend sind, nicht wütender. Sie werden besser, sind nicht mehr so impulsiv. (Denken Sie an die Geschichte der reizbaren Seif-Kinder in Kapitel 5). William Wilbanks, Juraprofesser, der kritisch über die Ausrede: »Ich konnte nichts dafür« geschrieben hat, heilte sich selbst von seiner Wut und seiner Angewohnheit, mit dem Schläger zu werfen. »Diese Gewohnheit ist verschwunden«, sagt er. »Weil ich glaube, daß ich mich beherrschen kann, tue ich es jetzt auch. Ich habe mich früher dafür gehaßt, daß ich wütend wurde, und das machte mich noch wütender. Ich habe Freunde verloren, weil ich so unbeherrscht war, und ich habe wirklich gedacht, ich könnte nichts dafür.«

Der beste Beweis dafür, daß es einen noch wütender macht, wenn man Wut ausdrückt – daß es einen eher aufheizt als abkühlt – stammt aus den Sportarten, bei denen es nachteilig für die Spieler wäre, wenn sie ihre Wut äußern würden, weil es die Konzentration stören und zu schlechter Leistung statt zu erneuter Anstrengung führen würde. Bei Golf, Bowling und Schach sieht man selten Wutanfälle (jedenfalls nicht während des Spiels). Golfer, die sich erlauben, ärgerlich zu werden, wenn ihr Ball daneben geht, sind beim nächsten Schlag nicht gut; 1984 verlor Payne Stewart beim Andy Williams Open die Beherrschung – und das Spiel. Die Spieler mit der höchsten Selbstdisziplin sind es, die gewinnen.

Der Sinn von Sportregeln besteht, wie der Sinn von guten Sitten, darin, das Spiel über den einzelnen zu stellen. Doch allmählich werden wir zu einer Nation, die das Individuum höher bewertet als das Ziel, die Emotion höher als ihre Beherrschung, das Verletzen von Regeln höher als die Regeln, und den Wettkampf höher als die Zusammenarbeit. Diese Werte werden in den Sportarten sichtbar, die am beliebtesten sind, und bei den Spielern, die wir am besten bezahlen. Ja, und Leute, die solche Praktiken in Frage stellen, nennen wir sogar »Spielverderber«.

Unsere Regeln für Gefühle und Fairneß sind nicht in Granit gemeißelt, aber sie entsprechen den Werten und Praktiken unserer Kultur. Englische Regeln begünstigen Understatement und Beherrschtheit. Amerikanische Regeln fördern Übertreibung und das Ausleben von Gefühlen. Der Vergleich der BBC-Berichterstattung vom Tennis in Wimbledon mit dem amerikanischen Kommentar bietet die kulturellen Unterschiede in nuce. »Die neun Kommentatoren von der BBC«, berichtete die *New York Times*, »alle wohlgesittet, gut unterrichtet und direkt, sprechen während der Aufschläge so wenig wie möglich und sparen sich ihre Bemerkungen für die Seitenwechsel.« Diese Eigenschaften und diese Strategie kommen im Lande des Medienrummels nicht gut an.

Geoff Mason, Produzent bei NBC [National Broadcasting Company], die mehr als dreizehn Stunden Wimbledon überträgt, nannte die britischen Übertragungen »ein bißchen zu steril für unser Publikum. Wir müssen uns auf Emotionen konzentrieren, superaggressiv sein und dichter an das Geschehen herangehen«, sagte er. »Reserviertheit und Respekt sind nicht unsere Methode.«[41]

Überlegungen

Und die Moral von der Geschichte ist: Wenn du dich provoziert fühlst, zähle bis zehn; und wenn dir außerdem gerade heiß ist, du Hunger hast, Sport treibst, eine laute Straße entlang gehst, in einem überfüllten Stadion den Gegner auspfeifst, mit dem Auto zur Arbeit fährst oder von der Arbeit kommst oder zum fünfundvierzigsten Mal bei der Arbeit gestört wirst und morgen einen Termin hast, dann zähle bis hundert. Die meisten von uns merken nicht, wie oft sie von den Hintergrundreizen ihres Lebens erregt werden. Normalerweise tritt eine Provokation mit einiger Verzögerung nach dem Grund der Erregung ein, und je größer die Verzögerung ist, desto mehr Erklärungen sind möglich. Wie die Forschung zeigt, stellt man, wenn man die Wahl zwischen verschiedenen Interpretationen hat (»Diese Wut muß meine Anspannung beim Sprechen sein« oder »Carola ist wirklich unmöglich«), mit großer Wahrscheinlichkeit die Provokation von seiten eines Menschen über den physischen Zustand. Wenn man jedoch weiß, daß der Epinephrinspiegel bei Lärm, Hitze, körperlicher Bewegung, Hunger, Frustration und Gedränge abrupt in die Höhe geht, kann man seine körperlichen Empfindungen besser interpretieren und ist weniger anfällig für Provokationen als jemand, der nicht weiß, warum er so nervös ist.[42] Wissen ist Macht – die in diesem Fall darin besteht, entscheiden zu können, ob man einen ruhigen Abend für sich braucht oder ein Gespräch mit Carola. Und es legt nahe, daß man, wenn man sich für das Gespräch entscheiden sollte, damit nicht im Abwärmraum nach einem wilden Tennisspiel beginnt, weil man die Auseinandersetzung dann anheizen würde.

Wenn wir nicht von Instinkten zur Wut getrieben werden, so wie Ratten zu Aggression getrieben werden können, dann haben wir bessere Chancen, unsere Emotionen zu beherrschen. Mit der Beherrschung kommt die Verantwortung. Man kann Fragen zum Ausmaß von Wut und Gewalttätigkeit im Sport nicht achselzuckend abtun mit »Na ja, das ist eine gute Katharsis für Spieler und Zuschauer«, und aggressiven Betrunkenen kann man »Mensch, das war nicht ich, das war der Alkohol« nicht durchgehen lassen. Wir können weiterhin Wut oder die Ausreden für Wut als Methode benutzen, das zu bekommen, was wir wollen. Aber wie schön ist es, zumindest ab und zu sagen zu können, daß Reserviertheit und Respekt unsere Methode waren, mit diesem oder jenem Ereignis umzugehen.

7. Brüllen, schmollen, meckern und schimpfen – welches Geschlecht hat die Probleme mit der Wut?

»Geh mir, du Wespe! du bist allzu böse! –«

Shakespeare, Der Widerspenstigen Zähmung, II, 1, Petruchio zu Katharina

»O du tollköpfiger Affe!
Ein Wiesel hat so viele Grillen nicht,
Als die dich plagen ...«

Shakespeare, König Heinrich der Vierte, 1. Teil, II, 3, Lady Percy zu Hotspur

Auf einer Psychologietagung in New York verbrachte ich einen Vormittag in einer Veranstaltung mit dem Titel »Frauen und Wut«. Das Thema war beliebt, und der Raum war voll, wobei fast ebensoviele Männer anwesend waren wie Frauen. Die beiden Therapeutinnen, die die Veranstaltung leiteten, brachten die Sache in Gang, indem sie die Frauen im Publikum baten, den Satz: »Ich werde wütend, wenn andere ...« zu vervollständigen. Die Zuhörerinnen warfen fröhlich Beispiele in den Raum, und die Leiterinnen schrieben sie auf eine große Tafel:

- nicht zuhören
- mich runtermachen
- mir keine Anerkennung schenken
- mir sagen, ich würde mich genauso verhalten wie ein Mann
- mich auf ein Podest stellen
- mir sagen, was ich zu tun habe
- in meine Privatsphäre eindringen
- mich manipulieren
- mir sagen, wie ich mich fühle
- mich nicht ernst nehmen
- mir für die gleiche Arbeit weniger Geld geben als einem Mann

Als nächstes baten die Leiterinnen die anwesenden Frauen, einen zweiten Satz zu vervollständigen: »Wenn ich mir vorstelle, daß ich meine Wut zeige, habe ich Angst davor, daß ... «, und sie erhielten folgende Ergänzungen:

- ich die Beherrschung verliere
- ich meine Stelle verliere
- mich keiner mag
- ich jemanden erschrecke oder kränke
- ich physisch verletzt werde
- ich meine Glaubwürdigkeit verliere
- man mich schwach nennt
- es heißt, ich wolle mich immer rechtfertigen
- über mich gelacht wird
- ich ein schlechtes Gewissen bekomme
- ich für zu gefühlsbetont oder unprofessionell gehalten werde

Gerade als sich unter den Frauen im Raum eine lachende Kumpelhaftigkeit entwickelte, erhob sich ein Mann mittleren Alters. »Mit nur ganz wenigen Ausnahmen«, sagte er, »könnten die Männer in diesem Saal die gleiche Liste aufstellen. Ich habe Angst, die Beherrschung zu verlieren, wenn ich wütend werde, und ich habe allerdings Angst, meine Stelle zu verlieren.« – »Ich arbeite im öffentlichen Schulsystem, und ich bin die ganze Zeit wütend«, sagte ein anderer Mann, »aber ich kann immer noch nicht damit umgehen.« Nun sprach ein dritter Mann: »Ich hasse es, wütend zu werden«, sagte er, »weil ich dann so blöd aussehe. Ich stelle es so ungeschickt an.« Die Gegenrevolution breitete sich aus. »Glaubt Ihr Frauen denn, daß Ihr das Patent darauf habt, keine Anerkennung zu bekommen?« fragte ein Mann aus den hinteren Reihen. »Ich arbeite jeden Tag meines Lebens verdammt hart, und meine Frau glaubt, nur sie allein hätte das Recht auf Verständnis und Wut, weil sie eben Hausfrau ist. Sie ist wütend auf mich, weil ich ihre Arbeit nicht anerkenne, aber glauben Sie, daß sie auch nur im geringsten daran denkt, meine anzuerkennen?«

Erregtes Gemurmel und Diskussionen wurden im Saal laut, bis die Leiterinnen sich schließlich wieder Gehör verschaffen konnten. »Die Männer haben einige wichtige Beobachtungen gemacht«, sagte die eine, »die bei der Planung zukünftiger Tagungen berücksichtigt werden sollten. Da unser heutiges Thema jedoch *Frauen* und Wut lautet, meinen wir, daß wir uns an das vorgesehene Programm halten sollten.«

Dieses Programm enthielt eine Analyse der Geschlechtsunterschiede, die mittlerweile so häufig wiederholt worden ist, daß sie wie eine Ansammlung von Binsenwahrheiten erscheint. Männer sind wütend; Frauen sind deprimiert. Männer bringen Wut offen zum Ausdruck; Frauen schmollen und schießen sarkastische verbale Pfeile ab. Männer dürfen wütend sein, sie werden sogar dazu ermuntert, weil das Teil der männlichen Rolle ist; von Frauen verlangt man, daß sie ihre Wut unterdrücken, weil es nicht damenhaft ist, sich in aller Öffentlichkeit aufzuregen. Frauen haben mehr Angst, Wut zu zeigen, als Männer. (Der zweite Satz der Veranstaltungsleiterinnen »Wenn ich mir vorstelle, daß ich meine Wut zeige, habe ich Angst davor, daß ...« setzte das als gegeben voraus. Die Frauen bekamen nicht die Gelegenheit, den Satz »Wenn ich mir vorstelle, daß ich meine Wut zeige, freue ich mich darüber, daß ... « zu vervollständigen.)

Die Vorstellungen, die hinter dem Symposium über Frauen und Wut standen, waren typisch für Argumente, die viele Psychologen im letzten Jahrzehnt vorgebracht haben: Frauen hätten besondere Schwierigkeiten, wenn es darum gehe, Wut wirksam und direkt auszudrücken. Die klinische Psychologin Harriet Lerner schreibt:

Im Gegensatz zu unseren glorifizierten männlichen Helden, die für ihre Überzeugungen kämpfen und sogar sterben, werden Frauen schon für den Versuch einer unblutigen, humanen Revolution für ihre eigenen Rechte in Grund und Boden verdammt. Die direkte Äußerung von Zorn, besonders Männern gegenüber, ist nicht damenhaft; sie macht uns unweiblich und unattraktiv.[1]

Die Therapeutin Celia Halas meint:

[Wut] ist ein Gefühl, das Frauen viel seltener ausdrücken als Männer. Tatsächlich fühlen Männer sich im allgemeinen mit Wut recht wohl, bringen sie frei zum Ausdruck und machen sich nicht zu viele Gedanken, welche Probleme das für andere Leute mit sich bringt [...] Frauen haben im allgemeinen Angst, ihre Wut auszudrücken. Ihnen ist beigebracht worden, daß das so gar nicht damenhaft ist. Sie haben Angst vor der Reaktion, die sie erfahren, wenn ihre Wut hervorbricht.[2]

Und die Therapeutin Elizabeth Friar Williams berichtet über eine Patientin:

Peggy hatte wie viele Frauen gelernt, sich »damenhaft« zu benehmen. Als Kind hatte man ihr verboten, ihren Eltern gegenüber offen Wut auszudrükken oder sie zu kritisieren.[3]

Auch ich stimmte früher diesen Thesen zu, ohne sie genauer zu hinterfragen: Von welchen Frauen sprechen wir? Von allen Frauen? Von Frauen aus der Mittelschicht? Von Frauen in Therapie? Und ich bemühte mich auch nicht, meine Vorstellungen von den geschlechtsspezifischen Unterschieden mit meiner tatsächlichen Erfahrung in Einklang zu bringen, obwohl danach »zivilisierte« Wut bei Dinnerpartys, »vulgäre« Wut in Treppenhäusern und an Bushaltestellen und Wutausbrüche gegen Kinder und Ehepartner bei einem Geschlecht nicht nennenswert häufiger auftraten als beim anderen.

Als ich auf Herb Goldbergs Buch *Der verunsicherte Mann* stieß, dämmerte es mir allmählich, daß jedes Geschlecht meint, das andere hätte die Wut für sich gepachtet. Goldberg, der klinischer Psychologe ist, steht auf dem Standpunkt, daß, wenn Frauen überhaupt Probleme mit unterdrückter Wut haben, diese Probleme heutzutage äußerst selten auftreten. »Überall haben die Frauen nun begonnen, ihre unterdrückte Wut gegen ihre Rolle selbst zu erleben und herauszuschleudern«, schreibt er.[4] »Während es den Frauen nicht schwerfällt, ihren Ärger gegenüber den Männern auszudrücken, sind die Männer im umgekehrten Fall – insbesondere, wo es um den Verlust der Führungsrolle geht – weitgehend blockiert.«[5]

Goldberg stützt diese Behauptungen mit Beobachtungen an Menschen in Therapie – Therapie nach seiner Art. Er arbeitet mit »Aggressionstraining« und läßt dabei häufig ein Ritual ausführen, das er als »Geschlechterklub« bezeichnet. Dabei »ermuntere ich Männer und Frauen, ledig oder verheiratet, einander abwechselnd die Haßgefühle gegen das andere Geschlecht ins Gesicht zu schleudern«.[6] Offensichtlich haben Männer bei dieser Übung größere Schwierigkeiten als Frauen, denn »regelmäßig stelle ich fest«, schreibt Goldberg, »daß die angeblich so aggressionsgehemmten und passiven Frauen dazu sehr gut in der Lage sind, während die Männer kaum etwas zustande bringen. Es ist einfach ›unmännlich‹, offen seine Verletzlichkeit und Wut einzugestehen. Oft kommt noch die Angst dazu, als Maulheld betrachtet zu werden, und deshalb zeigt sich sein Ärger über die Situation nur indirekt«.[7]

Was ist denn das? *Männer* leiden unter nicht ausgedrückter Wut? Ja, denn wie Goldberg erläutert: »Schon sehr früh im Leben lernt der Mann, daß er bei jeder Konfrontation mit der Frau psychologisch gesehen den kürzeren zieht, denn ob er gewinnt oder verliert, ein Flegel ist er allemal.«[8] Und: »Zorn und Aggression, die er verleugnet und gegen die er sich zu verteidigen versucht, werden schließlich auf zahllosen verborgenen Wegen wieder an die Oberfläche dringen, als Distanzierung, in psychosomatischen Beschwerden und allerlei anderen Formen passiver Aggression.«[9]

Was ist denn das? Jetzt sind es die Männer, die unter psychosomatischen Symptomen leiden? Die Männer, die in passive Aggression verfallen? Ist das nicht die Domäne der Frauen? Nicht mehr, sagt Goldberg, der sogar die Überzeugung der Feministinnen auf Männer ummünzt, daß Frauen Probleme mit Wut haben, weil sie in der Kindheit darauf konditioniert wurden, nett, lieb und niemals wütend zu sein. Unsinn, meint Goldberg. Für ein Mädchen sei das Erwachsenwerden ein Zuckerschlekken, für den Jungen jedoch schmerzhaft und schwierig. »Während seine Eltern und die Altersgenossen von ihm erwarten, daß er sich jungenhaft benimmt, sind die typischen Klassenzimmertugenden deutlich weiblicher Art: Höflichkeit, Ordentlichkeit, Fügsamkeit, Reinlichkeit. Da bleibt dem Jungen wenig Raum, seine Muskeln spielen zu lassen«, schreibt er.[10] Goldberg ist der Ansicht, daß die Gefühle des Jungen von früher Kindheit an von anderen und daher auch von ihm selbst unterdrückt werden und daß er ständig auf zahllose Weisen dahingehend konditioniert wird, seine Gefühle und Bedürfnisse nicht offen auszudrücken.

Was ist denn das? Männer, deren Gefühle unterdrückt werden und die eine schwere Kindheit durchgemacht haben? Ja, glaubt man den Mitgliedern der Männerbewegung wie Jack Nichols. Sie behaupten, Frauen könnten jedes Gefühl offen zeigen, die verklemmten Männer dagegen litten oft unter »einer lähmenden Unfähigkeit, nicht ausdrücken zu können, was sie fühlen«, und dazu gehört auch Wut. Nichols erklärt:

> Ein Psychologe hat mir einmal erzählt, er habe in seiner Praxis bemerkt, daß viele Männer anscheinend überhaupt nichts fühlen. Bei einer Gelegenheit habe er einen Patienten gefragt, wie es ihm mit bestimmten Aspekten der Seitensprünge seiner Frau ginge.
>
> »Welche Gefühle löst das bei Ihnen aus?« fragte er den Mann.
>
> Es kam keine Antwort. Peinliches Schweigen herrschte... bis der Mann benommen zugab, daß er überhaupt nicht viele Gefühle habe.[11]

Wenn Sie ein Mann sind, besonders einer, der gerade mit einer Frau eine schwere Zeit durchmacht, halten Sie es wahrscheinlich mit der Analyse der Männer. Wenn Sie eine Frau sind, besonders eine, die sich von ihrem Chef oder ihrem Mann bevormundet fühlt, halten Sie es wahrscheinlich mit der Sichtweise der Frauen. Persönliche Erfahrung ist jedoch nicht die richtige Methode, um den Streit zu entscheiden. Jeder und jede scheint wunderbar Gefühle herauslassen zu können, wenn es um persönliche Erfahrung geht, selbst wenn dieses Herauslassen eine Klage über die eigenen unterdrückten Gefühle ist. Was meinen Sie zum Beispiel, welche dieser Bemerkungen von Frauen gemacht wurden?

Es hat lange gedauert, bis mir klar wurde, daß ich manchmal einfach wütend werden muß. Jahrelang habe ich gebraucht, bis ich gelernt hatte, daß man manchmal einfach brüllen und dann alle wissen lassen muß, daß es vorbei ist, und Schluß. Vorher war ich immer eingeschnappt. Ich habe versucht, nicht eingeschnappt zu sein, aber ich war eben eingeschnappt. Oder manchmal habe ich auch versucht, versöhnlich zu sein: »Hör mal, ich muß wirklich mit dir darüber reden.«

Meine Angst bei Wut ist, daß ich dich zerstören könnte, wenn ich sie herauslasse. Das macht mir Angst.

Ich habe Angst, wütend zu werden, weil mich dann niemand mag.

Alle meine [Geschwister] und ich haben als Kinder eine Unfähigkeit entwikkelt, Wut auszudrücken, aufgrund der Theorie, daß es für alle besser ist, wenn man seine Wut beherrschen kann. Wir haben unseren Eltern nie Widerworte gegeben; es kam uns nie in den Sinn. Mich beunruhigt es sehr, wenn ich wütend werde. Ich vermeide es lieber. Wenn ich einen Wutanfall habe, drücke ich mich nicht sehr gut aus und verwickle mich in Widersprüche.

Meistens bin ich nicht besonders impulsiv und werde nicht leicht wütend. Und wenn ich wütend werde, bringe ich das nicht sehr gut zum Ausdruck. Ich neige dazu, zu stark zu verbalisieren. Ich werde gemein.

Diese Aussagen stammen alle von Männern, die ich interviewt habe, sie entsprechen jedoch ganz und gar dem weiblichen Stereotyp. Die Männer und Frauen, mit denen ich sprach, unterschieden sich im Hinblick auf das, was sie als Kinder über Wut gelernt hatten, was sie wütend machte, und darin, wie wohl sie sich mit ihrer Wut fühlten; diese Unterschiede hingen aber nicht mit dem Geschlecht zusammen.

Von den vielen Untersuchungen, die Arten und Ursachen von Wut erforscht haben, entdeckten tatsächlich nur sehr, sehr wenige überhaupt geschlechtsspezifische Unterschiede; normalerweise macht der überraschte Verfasser eine diesbezügliche Fußnote und betrachtet die Ergebnisse für Männer und Frauen zusammen. Es ist merkwürdig, daß trotz dieses durchgängigen Musters nur wenige Untersuchungen speziell zu geschlechtsspezifischen Unterschieden bei Wut durchgeführt wurden.

Anscheinend ist nur wenigen Psychologen der Gedanke gekommen, die grundlegende Überzeugung, daß Männer eher zu Wut neigen als Frauen, zu hinterfragen. Doch die vorliegenden Forschungsergebnisse zeigen, daß die diesbezüglichen Vorstellungen der Kliniker, gleich ob männlich oder weiblich, einfach nicht haltbar sind.

Das heißt: Kein Geschlecht hat »besondere Schwierigkeiten« damit, Wut auszudrücken. Vielen Mädchen wird tatsächlich verboten, Wut offen auszudrücken, vor allem den Eltern gegenüber, vielen Jungen aber geht es ganz genauso. Es mag vielleicht nicht »damenhaft« sein, wenn eine Frau die Beherrschung verliert, aber es ist auch »unmännlich«, wenn ein Mann das tut. Eine Frau hat tatsächlich Schwierigkeiten, ihrem Chef gegenüber Wut direkt auszudrücken, aber das geht einem Mann genauso, und wenn Sie das bezweifeln, sollten Sie sich einmal nach der Arbeit die Gespräche in irgendeiner Kneipe anhören. Menschen, die das Gefühl haben, sie würden zu leicht wütend, wünschen sich, daß sie sich beherrschen könnten; Menschen, die nicht wütend werden, glauben sehr oft, daß sie eigentlich wütend werden sollten; und beide Menschentypen finden sich bei beiden Geschlechtern.

Im folgenden soll es nur um Wut gehen. Die Geschlechter unterscheiden sich tatsächlich darin, mit welcher Wahrscheinlichkeit sie andere Gefühle, vor allem Angst und Traurigkeit ausdrücken, und zwar offensichtlich deswegen, weil Frauen sich nicht an die für Männer geltenden Normen des Stoizismus halten müssen; und die Geschlechter unterscheiden sich beträchtlich hinsichtlich ihrer Bereitschaft, über ihre Gefühle zu *sprechen*.[12] (Erinnern Sie sich daran, daß die sozialen Netzwerke und die dem Spannungsabbau dienenden Gespräche von Frauen ein bedeutender Faktor für den Schutz der Gesundheit der Frauen sind.) Weder Männer noch Frauen sind jedoch, wie ich gleich darlegen werde, insofern im Vorteil, als sie Wut »identifizieren« könnten, wenn sie sie spüren, oder sie freisetzen könnten, wenn sie sie einmal fühlen. Beide Geschlechter haben Probleme mit der Wut, und das ist verständlich, denn Wut ist ein problematisches Gefühl.

Das Stereotyp unter der Lupe

Bitte geben Sie bei jeder dieser elf Aussagen an, ob sie für Sie zutrifft oder nicht:

1. Ich werde leicht wütend, komme aber schnell darüber hinweg.

2. Ich habe immer Geduld mit anderen.
3. Ich bin viel häufiger gereizt, als den anderen klar ist.
4. Ich fange innerlich an zu kochen, wenn jemand sich über mich lustig macht.
5. Wenn jemand mich nicht richtig behandelt, rege ich mich darüber nicht auf.
6. Manchmal stört es mich schon, wenn jemand einfach nur in der Nähe ist.
7. Ich fühle mich oft wie ein Pulverfaß vor der Explosion.
8. Ich fühle mich manchmal angegriffen.
9. Ich kann nichts dafür, daß ich zu Leuten, die ich nicht mag, ein bißchen grob bin.
10. Unwichtige Dinge regen mich nicht auf.
11. In letzter Zeit hatte ich irgendwie schlechte Laune.

Soeben sind Sie die »Reizbarkeits«-Skala des Fragebogens von Buss-Durkee durchgegangen. Sie würden doch zustimmen, daß sicherlich eher Männer als Frauen aussagen, sie wären innerlich kochende, schlechtgelaunte Pulverfässer, die sich angegriffen fühlen, und daß Frauen sich eher als geduldige Griseldis erweisen ... die vielleicht häufiger gereizt sind, als »den anderen klar ist«. Arnold H. Buss zufolge sind aber bis jetzt bei Befragungen von Studenten und Psychiatrie-Patienten tatsächlich keine geschlechtsspezifischen Unterschiede zum Vorschein gekommen.[13]

Auch in großangelegten Untersuchungen mit Erwachsenen haben sich keine Unterschiede zwischen den Geschlechtern gezeigt. In Charles Spielbergers Studien zu »Hinein-Wut« und »Heraus-Wut« – die auf seinem *State/Trait Anger Expression Inventory* (Zustand/Wesenszug-Wutausdrucks-Fragebogen) beruhen, der Tausenden von Versuchspersonen aller Altersstufen zur Bearbeitung gegeben wurde – *haben Männer höhere Punktzahlen als Frauen bei der Hinein-Wut* (schmollen und eingeschnappt sein, nachtragend sein, andere heimlich kritisieren, Dinge für sich behalten, »wütender sein, als ich zugeben möchte«). *Bei der Heraus-Wut* (Bereitschaft, Wut auszudrücken, um sich schlagen, sarkastische Bemerkungen und so weiter) hat Spielberger *keine Unterschiede zwischen den Geschlechtern* gefunden.[14]

Selbst unter Menschen, bei denen Wut eher ein Wesenszug ist als ein gelegentlicher, vorübergehender Zustand, sind Frauen ebenso häufig anzutreffen wie Männer. Jerry Deffenbacher, klinischer Psychologe und Forscher an der Colorado State University, hat eine erfolgreiche Therapie für Menschen, die unter chronischer Wut leiden, entwickelt – und das betrifft ebenso viele Frauen wie Männer. Deffenbacher behandelt Männer und Frauen, die »von sich sagen, sie hätten ein starkes persönliches Problem im Umgang mit Wut und wünschten Hilfe deswegen.« Männer und Frauen werden in gleichen Situationen und in gleichem Ausmaß wütend, berichtet Deffenbacher, und sie sprechen in gleicher Weise auf die Behandlung an.[15]

Andere Wissenschaftler sind aus ihren Labors in die Welt hinausgezogen, um Erwachsene in ihrer natürlichen Umgebung zu befragen. Zum Beispiel haben zwei Forscher 80 Männern und Frauen zwischen 21 und 60 Jahren direkte Fragen zu einem tatsächlichen Erlebnis mit Wut gestellt, das sie in der vergangenen Woche hatten. Hier gab es keine Selbsttäuschungen darüber, ob man geduldig oder schlecht gelaunt war; die Befragten mußten genau erzählen, was geschehen war und wem und was sie taten und fühlten. Anschließend verglichen die Forscher die Antworten von Männern und Frauen auf insgesamt 128 Fragen. Dabei traten, wie sie berichteten, »erstaunlich wenig [Unterschiede] auf, vor allem im Hinblick auf die weitverbreitete Annahme, daß Frauen besondere Schwierigkeiten haben, Wut zu erleben und auszudrücken.«[16] Einige Ergebnisse betrafen:

Zielpersonen. Man nimmt zwar an, daß Frauen größere Schwierigkeiten haben, ihren Männern, Liebhabern oder Eltern gegenüber Wut auszudrücken, doch sie wurden, genauso wie Männer, am ehesten geliebten Menschen gegenüber wütend. An zweiter Stelle standen Menschen, die sie kannten und nicht mochten.

Rechtfertigung. Man nimmt zwar an, daß Frauen selbst dann Probleme mit Wut haben, wenn sie meinen, sie sei gerechtfertigt, doch Männer und Frauen berichteten gleichermaßen, ihre Wut sei legitim gewesen. Beide Geschlechter gaben an, sie fühlten sich berechtigt, Wut auszudrücken, weil der Bösewicht wußte, was er oder sie tat, aber »nicht das Recht dazu« hatte, oder weil das wutauslösende Ereignis hätte vermieden werden können, wenn der oder die Schuldige besser aufgepaßt oder mehr nachgedacht hätte.

Gründe. Männer und Frauen sind sogar aus den gleichen Anlässen wütend, wie enttäuschte Erwartungen, durchkreuzte Pläne oder nicht erfüllte Wünsche, Angriffe auf das Selbstwertgefühl und »schlechtes« Benehmen anderer.

Reaktionen. Wenn die befragten Männer und Frauen wütend sind, verhalten sie sich ähnlich. Die meisten (57,5 Prozent) sagten, sie ließen ihre Wut verbal heraus, und zwar nicht gerade in sanften Tönen. Ein kleinerer Prozentsatz (12,5 Prozent) wird aggressiv: Sie schlagen oder werfen mit Gegenständen. Die Wahrscheinlichkeit, daß sie Wut an einem Dritten auslassen, daß sie versuchen, sich im Stillen zu beruhigen oder daß sie den Vorfall mit dem Schuldigen besprechen, war bei Männern und Frauen gleich hoch.

Funktionen. Es wird zwar angenommen, daß Frauen die positiven Folgen der Wut ignorieren und nur deren negative Aspekte sehen, daß Wut jedoch soziale Funktionen hat, war ihnen ebenso bewußt wie den Männern. Beide Geschlechter gaben die gleichen Gründe dafür an, daß sie Wut ausdrückten: um ihre Autorität geltend zu machen; um die Beziehung zu dem Schuldigen zu festigen – oder um sie abzubrechen; um das Verhalten des Schuldigen in irgendeiner Weise zu verändern; um bei allen möglichen Frustrationen »Dampf abzulassen«; um Mißfallen am Objekt ihrer Wut auszudrücken; und um über »vergangenes Unrecht« abzurechnen.

Nachwirkungen. Selbst wenn Frauen sich erlauben sollten, ihre Wut zu zeigen, haben sie, so sagt man, anschließend ein schlechtes Gewissen deswegen und schämen sich ihres unweiblichen Verhaltens. Nun, die meisten Frauen fühlen sich nach einem Wutusbruch tatsächlich scheußlich. Die meisten Männer allerdings auch. Wie die Forschungsergebnisse zur Katharsis erwarten lassen, behalten viele Menschen beiderlei Geschlechts nach einem wütenden Zwischenfall einen bitteren Nachgeschmack zurück. Etwa zwei Drittel der befragten Männer und Frauen gaben zum Beispiel an, sie würden sich dann gereizt, feindselig oder ärgerlich fühlen. Etwa die Hälfte gab an, unglücklich, deprimiert, trübsinnig, besorgt, nervös oder aufgeregt zu sein. (Soviel dazu, daß man mit offener Wut angeblich Depressionen oder Reizbarkeit »loswird«.) Etwa ein Drittel der Befragten berichteten, sie fühlten sich nach ihrem Wutanfall erleichtert und befriedigt. Nur 10 Prozent äußerten, sie fühlten sich »siegreich, selbstbewußt und dominant«.[17]

Doch es gab auch einige Unterschiede. Mehr Frauen als Männer sagten, sie würden oft weinen, wenn sie wütend seien, und sie würden dem Objekt ihrer Wut »gewohnte Dienstleistungen« verweigern. (Beispiele für diese »gewohnten Dienstleistungen« wurden nicht genannt, aber ich stelle mir vor, daß damit unter anderem kulinarische und sexuelle Aktivitäten gemeint sind. Das ist die Methode, Wut durch »Ich bin sauer auf dich, deswegen backe ich deinen Lieblings-Apfelkuchen nicht« auszudrücken, und Frauen sind hier leicht überlegen.) Insgesamt gesehen aber, faßten die Forscher zusammen, »erlebten und äußerten die Frauen in dieser Stichprobe ihre Wut fast auf die gleiche Weise wie die Männer.«

Nun denken Sie einen Augenblick daran, wie Sie das letzte Mal wütend waren, aber den Mund hielten. Der Mensch, der sie wütend machte, war vielleicht Ihr Arbeitgeber? Oder ein Nachbar? Oder das freche Kind Ihrer besten Freundin?

Versuchen Sie als nächstes, sich daran zu erinnern, wie Sie das letzte Mal wütend waren und offen mit dem Menschen gesprochen haben, der Sie so geärgert hat. Haben Sie das?

Erinnern Sie sich nun drittens daran, wie Sie einmal so wütend waren, daß Sie glaubten, Sie müßten vor Wut platzen, und das herausließen, indem Sie den Schuldigen anbrüllten. War es vielleicht Ihr Partner? Ein Kind? Die Eltern?

Und schließlich: Wann waren Sie das letzte Mal so wütend, daß Sie die Wut physisch an der Zielperson ausließen, zum Beispiel durch Schlagen, Fortstoßen oder Werfen mit einem Gegenstand?

Diese Fragen waren Teil der Methode, mit der der Psychologe Don Fitz Wut untersuchte. Diese Methode ergibt viel detailliertere Ergebnisse, als wenn man nur nach einem einzigen Ereignis fragt. Auch Fitz interessierte sich für die Wut von Männern und Frauen in Situationen des wirklichen Lebens, und in einer seiner Untersuchungen wollte er von 337 Erwachsenen im Alter von 17 bis 62, verheiratet und ledig, berufstätig und arbeitslos, Einzelheiten zu vier verschiedenen, kürzlich aufgetretenen Formen der Wut wissen, von stillschweigender bis gewalttätiger Wut.[18]

Vielleicht glauben Sie nun, die meisten Befragten hätten Schwierigkeiten gehabt, für alle vier Formen ein Beispiel zu finden. Vielleicht glauben Sie auch, daß Frauen eher zu »stillschweigender« und Männer eher zu »gewalttätiger« Wut neigten. Das aber war nicht der Fall. Praktisch jede Versuchsperson konnte zu jeder Art von Wut eine Geschichte erzählen (sechs Frauen und acht Männer konnten sich jedoch an keinen Vorfall erinnern, bei dem sie wütend gebrüllt hätten). Fitz fand in seiner großangelegten, komplizierten Untersuchung nur sehr wenige geschlechtsspezifische Unterschiede. Im großen und ganzen, sagte er, würden Männer und Frauen gleich oft den Mund halten, wenn sie wütend sind, oder darüber sprechen oder ihre Wut herausbrüllen oder sogar gewalttätig werden; was sie im Einzelfall tun, hängt davon ab, wer sie wütend macht und wo sie sind, wenn sie wütend werden. Es hängt aber weder vom Geschlecht noch von der Persönlichkeit ab.

Fitz war auf die kluge Idee gekommen, die Befragten um Angabe des jeweiligen *Ortes*, an dem sie die verschiedenen Formen der Wut erlebten, zu bitten – war es auf der Straße? im Büro? zu Hause? in der Wohnung von Freunden? – und er wurde fündig. Mit dieser einfachen Frage entdeckte er eine der grundlegenden Einschränkungen, die Menschen sich auferlegen, wenn sie wütend sind, und einen der Gründe dafür, daß der Glaube an die geschlechtsspezifischen Unterschiede im Umgang mit Wut sich hartnäckig hält.

Im Berufsleben muß man seine Wut »ersticken« oder »in sich hineinfressen«, ganz ohne Rücksicht auf die Geschlechtszugehörigkeit. Männer und Frauen mit Ganztagsbeschäftigungen nannten als Beispiele, bei denen sie wütend waren, aber schwiegen, doppelt so oft Situationen am Arbeitsplatz wie andere Situationen. Weder Männer noch Frauen schikken den Chef so einfach zum Teufel, und sei es auf noch so freundliche Art. Umgekehrt ist der beliebteste Ort für lautstark ausgetragene Streits und physische Gewalt – wie zu erwarten – das Zuhause, und zwar, wie Fitz feststellte, besonders für Hausfrauen, die zu Hause häufiger wütend waren als berufstätige Frauen oder Männer.

In der Öffentlichkeit drücken Männer häufiger Wut aus als Frauen, ohne dabei allerdings auch häufiger wütend zu sein. Beide Geschlechter ärgern sich vielleicht über einen unverschämten Betrunkenen in einer Kneipe, über einen arroganten Oberkellner, einen frechen Kerl, der sich in der Kinoschlange vordrängelt oder einen Taxifahrer, der einen zu hohen Fahrpreis verlangt, Männer sind jedoch eher bereit, etwas dagegen zu sagen oder zu tun. (Allerdings nicht alle. Mehrere Männer, die ich interviewte, sagten, früher hätten sie unverschämten Fremden die Meinung gesagt, aber heute sei die Welt so verrückt, daß sie Angst hätten, der freche Unbekannte würde auf sie schießen.)

Diese geschlechtsspezifischen Unterschiede sorgen mit dafür, daß Selbstbehauptungs-Training für Frauen so beliebt ist. Die Teilnehmerinnen lernen dabei, ihre Rechte gegenüber Schuhverkäufern, Lieferanten, neugierigen Nachbarn und Kellnern durchzusetzen. Selbstbehauptung zu Hause ist dagegen anscheinend etwas anderes. Eine meiner Interviewpartnerinnen illustrierte diesen Punkt ausgezeichnet. Bei der Arbeit zögert sie, Mißfallen oder Wut zu zeigen:

Die Sekretärin in meinem Büro gehörte zu der Sorte von Sekretärinnen, die einem eine Telefonnummer geben, bei der die letzte Ziffer fehlt. Sie sagt »Herr HmmJmm hat angerufen«, und ich frage dann: »Wer bitte?«, und sie sagt: »Ich habe seinen Namen nicht ganz verstanden, aber hier ist die Nummer –«, und die ist dann 83462. Ich frage: »Von wo ruft er denn an, aus China?« – »Ach, den Rest habe ich nicht ganz mitgekriegt.« Das macht mich allerdings wütend, aber ich denke nicht im Traum daran, ihr das zu sagen.

Wenn diese Frau aber im privaten Umfeld der Familie wütend wird, weint sie, schreit, wirft mit Gegenständen und schlägt. »Ich werde nie auf jemanden wütend«, erklärte sie, »außer auf meinen Mann, mein Kind, meine Schwester oder meine Mutter. Ich werde *nie* auf Freunde oder Fremde wütend. Sie könnten mich dann nicht mehr mögen!« Vor öffentlicher Mißbilligung hat sie Angst. Vor privater nicht.

Geschlechtsspezifische Unterschiede zwischen den Reaktionen in der Öffentlichkeit und im Privatleben sind der Grund für eine irreführende Erscheinung, die in Laboruntersuchungen zur Aggression häufig auftritt. In einem typischen Experiment unterscheiden Männer und Frauen sich kaum in ihrer *Bereitschaft, wütend zu werden*; sie unterscheiden sich aber in ihrer *Bereitschaft, die Wut aggressiv auszudrücken* (zum Beispiel, indem sie ihrem Partner im Experiment einen elektrischen Schock versetzen oder ihn oder sie mit einem Schaumstoffschläger schlagen). Fitz bemerkte jedoch, daß diese Laboruntersuchungen häufig an Studenten vorgenommen werden, die sich zum erstenmal begegnen, daß sie also nicht einfach geschlechtsspezifische Unterschiede in der Aggressivität messen, sondern geschlechtsspezifische Unterschiede in der Aggressivität gegenüber Fremden. Um das zu beweisen, führte Fitz ein weiteres Standardexperiment zur Aggression durch, diesmal aber mit Eheleuten. Und was geschah? Die angeblichen geschlechtsspezifischen Unterschiede verschwanden. Die Ehefrauen waren ebenso bereit wie ihre Männer, den Partner zu schikanieren.[19]

Schließlich wandte Fitz seine Aufmerksamkeit der Frage der Persönlichkeit zu. Reagieren bestimmte Persönlichkeitstypen in charakteristischer Weise auf Wut? Gibt es zu den vier Methoden, mit Wut umzugehen – sie zu unterdrücken, darüber zu sprechen, zu brüllen und zu schreien, physische Gewalt anzuwenden – vier entsprechende Persönlichkeitstypen, zum Beispiel »Grübler«, »konstruktive Problemlöser«, »Schreihälse« und »Schläger«? Wenn das der Fall wäre, überlegte Fitz, müßte man erwarten, daß Menschen, die häufig zu einer Kategorie gehören, nur selten in die anderen Kategorien hineinpassen. Außerdem müßten, der weitverbreiteten Annahme zufolge, Frauen eher Grüblerinnen sein und Männer eher Schläger.[20]

Aber es ist nicht leicht, Menschen in Typenschubladen zu stecken. Sie halten sich zwar selbst für beständig, sind das in Wirklichkeit aber nicht. Die vier Methoden, mit Wut umzugehen, stehen für eine Vielfalt an Lösungsmöglichkeiten, und welche dieser Möglichkeiten man jeweils wählt, hängt davon ab, warum man wütend ist und über wen und wie die äußeren Umstände sind. Manchmal schweigt man lieber zum eigenen Besten. Manchmal versucht man, über das Problem zu sprechen, welches die Wut verursacht hat, und es zu lösen. Manchmal, wenn rationale Diskussion versagt, wie bei zweijährigen Kindern oder bei zweiundvierzigjährigen Kindern, dreht man die Lautstärke auf. Und bei ganz besonders großem Zorn ist man zu physischer Gewalt fähig. Immer wieder erzählten meine eigentlich friedfertigen Gesprächspartner davon, wie sie an diese Schwelle gelangten:

Ich bin kein feuriger Mensch. Ich gehöre zu denen, die nicht so leicht die Beherrschung verlieren. Bis ich heiratete. Ich bin nie so wütend auf jemanden gewesen wie auf Mike und die Kinder. Bei ihnen kann ich total die Beherrschung verlieren, vier- oder sechsmal am Tag, während ich früher jahrelang kein einziges Mal wütend wurde. Wenn Kevin mein einziges Kind wäre, könnte ich Kindesmißhandlung überhaupt nicht verstehen. Aber David bringt mich zur Weißglut. Er ist penetrant. Einmal, mit ungefähr zwei Jahren, wollte er unbedingt Weizenbrei. Er verlangte immer und immer wieder danach, bis ich ihm den Brei schließlich kochte. Und dann saß er in seinem Hochstuhl, und ich stellte den Teller vor ihn hin, und er drehte den Kopf weg – das hieß, daß er nicht essen wollte. Ich nahm den Teller und schüttete ihm den Brei ins Gesicht. Ich dachte nicht einmal daran, daß er heiß sein könnte.

In meiner ersten Ehe war ich sehr selten wütend, vielleicht, weil mein Wort Gesetz war. Wir hatten ab und zu Unstimmigkeiten, aber der Streit dauerte nie lange. Meine Wut auf meine zweite Frau nimmt jedoch ungekannte Ausmaße und Dimensionen an. Sie kann mich schneller auf die Palme bringen als irgend jemand sonst.

Jetzt bitte ich Sie um Geduld für einen allerletzten Beweis, einen sehr umfangreichen und erhellenden Bericht, der 72 Untersuchungen über Aggression bei Erwachsenen zusammenfaßt. Die Verfasserinnen, Ann Frodi, Jacqueline Macaulay und Pauline Thome, folgerten: »Üblicherweise aufgestellte Hypothesen, daß Männer fast immer eher physisch aggressiv sind als Frauen und daß Frauen eher indirekte oder verlagerte Aggression zeigen, wurden nicht gestützt.« In den 72 Untersuchungen, die alle einen Test zum tatsächlichen aggressiven Verhalten enthielten, waren bei 61 Prozent die erwarteten geschlechtsspezifischen Unterschiede nicht nachzuweisen.

In diesen Untersuchungen ging es natürlich um Aggressivität – die Bereitschaft eines Menschen, einen anderen zu verletzen, manchmal physisch, manchmal verbal. Wut stand dabei zwar nicht im Mittelpunkt, war aber ein wichtiger Teilaspekt der meisten Untersuchungen. Um zu erkennen, welche Unterschiede, wenn überhaupt, diesbezüglich zwischen Männern und Frauen existieren, teilten Frodi und ihre Mitarbeiterinnen die Untersuchungen folgendermaßen in verschiedene Kategorien ein:[21]

- Denken Sie an einen Vorfall, bei dem Sie das Objekt Ihres Zorns physisch verletzten oder zu verletzen suchten. Haben Sie jemals mit Brei nach jemandem geworfen? Oder Ihren Partner oder Ihre Partnerin geohrfeigt? Wenn ja, gehört das in die Kategorie »direkte physische Aggression, wenn die Beteiligten wütend sind«, und nur in wenigen Experimenten dieser Kategorie wurden Unterschiede zwischen den Geschlechtern gefunden. Ehegatten sind sich in dieser Hinsicht besonders ähnlich. In einer Untersuchung an 2 143 amerikanischen Familien hatten 12 Prozent der Eheleute sich im vergangenen Jahr gegenseitig physisch angegriffen. In der Hälfte dieser gewalttätigen Familien hatten beide Partner den anderen mit gleicher Häufigkeit angegriffen; in einem Viertel mißhandelte nur der Mann und in einem weiteren Viertel nur die Frau. Die Mißhandlung von Frauen erfordert jedoch aus wichtigen Gründen die Aufmerksamkeit von Medizin und Gesellschaft: Männliche Gewalttäter verursachen häufiger Verletzungen als weibliche, vor allem, weil Männer zum Gebrauch von Fäusten, Pistolen und Messern neigen, während Frauen ohrfeigen, mit den Fäusten schlagen oder etwas werfen. Hier geht es jedoch darum, daß wütende Frauen nicht »von Natur aus« weniger aggressiv sind als wütende Männer, vor allem nicht im häuslichen Bereich.[22]
- Versuchen Sie, sich an einen Vorfall zu erinnern, bei dem Sie jemanden körperlich angegriffen haben, obwohl Sie zu dem Zeitpunkt *nicht* wütend waren. Haben sie sich vielleicht verpflichtet gefühlt, Ihre Ehre oder die eines geliebten Menschen zu schützen, obwohl Sie die ganze Geschichte für albern hielten? Haben Sie jemals einem Rüpel einen Hieb auf die Nase versetzt, nur um der Genugtuung willen? Das wird als »direkte physische Aggression, bei der die Beteiligten nicht wütend sind«, bezeichnet, und hier liegen die Männer deutlich in Führung. So wie Fitz herausfand, daß Männer eher dazu neigen, Fremden gegenüber Wut zu zeigen, so stellten Frodi und ihre Mitarbeiterinnen fest, daß Männer sich Fremden

gegenüber eher aggressiv verhalten. Viele Verfasser haben sich zu der stereotypisierten Natur männlicher Aggressivität geäußert.[23] Wenn Männer untereinander von aggressiven Handlungen sprechen, erwähnen sie zum Beispiel meistens ein vorangegangenes Ereignis (»Er hat mir den Finger gezeigt«; »Er hat mir ein Schimpfwort nachgerufen«), welches eindeutig eine aggressive Reaktion *erforderlich* machte, und übergehen praktisch die eigenen Gefühle. Dieser Unterschied zwischen den Geschlechtern hängt aber eher mit Aspekten der männlichen Rolle als mit »naturgegebenen« Unterschieden in bezug auf Wut zusammen.

• Wie war das, als Sie letztesmal das Objekt Ihres Zorns verbal attackierten? Haben Sie ihm oder ihr Beleidigungen entgegengeschleudert? Abfällige Bemerkungen? Verbale Dumdum-Geschosse? Das ist »direkte verbale Aggression«, und Frauen behaupten sich dabei, sogar bei Beleidigungen von Angesicht zu Angesicht. Den Frauen in diesen Experimenten fehlte weder der Mut noch das Selbstbewußtsein. »Es wurde nicht gezeigt«, folgerten die Forscherinnen milde, »daß wütende erwachsene Frauen verbal eindeutig mehr oder weniger aggressiv sind als Männer.«

• Und wenn Sie Ihre Wut nun an einem unschuldigen Zuschauer auslassen? An dem netten Kollegen, der kurz in Ihr Büro kam, um Hallo zu sagen, nachdem Ihr Chef gegen die beste Idee, die Sie seit Jahren hatten, sein Veto eingelegt hatte? Oder wenn Sie die Kinder anbrüllen, obwohl Sie eigentlich auf Ihren Partner oder Ihre Partnerin wütend sind? Wenn Sie sich selbst schelten, obwohl eigentlich Freund oder Freundin die Sache vermasselt hat? Von Frauen nimmt man an, Sie seien Künstler auf dem Gebiet der Indirektheit und der Selbstbeschimpfung. In dieser Kategorie der »indirekten verbalen Aggression« zeigten jedoch acht Untersuchungen, daß Männer häufiger indirekt aggressiv waren als Frauen, und weitere neun Untersuchungen zeigten gar keine Unterschiede. Die Forscherinnen folgerten, daß diese Experimente »wenig Unterstützung für die Hypothese boten, daß bei Frauen ebenso häufig oder häufiger als bei Männern indirekte oder verlagerte Aggression auftritt.«

• Wie steht es mit Persönlichkeitsunterschieden zwischen den Gechlechtern? Kann man sagen, daß ein Geschlecht von seiner Veranlagung her wütender ist als das andere? Wenn man dem Glauben schenkte, was Leute über sich sagen, müßte man schließen, daß Männer mißmutiger sind als Frauen. Bei projektiven Tests, in Träumen, in eigenen Berichten über ihre Absichten und ihr übliches Verhalten sieht es so aus, als brausten Männer leicht auf und wären schnell mit der Faust dabei. Wenn man aber danach geht, was die Betreffenden *tun*, stellt man keine großen Unterschiede zwischen Männern und Frauen fest. Und wenn die Geschlechter von ihren aggressiven oder feindseligen Gefühlen, ihrem üblichen Maß an Feindseligkeit, ihrem Bewußtsein von unterdrückter Feindseligkeit oder »nach innen gerichteter Feindseligkeit« sprechen, treten gar keine Unterschiede auf. »Die Einheitlichkeit dieser Ergebnisse«, schlossen die Verfasserinnen mit typischem Understatement, »ist bemerkenswert«.

Ein Grund für den Unterschied zwischen Vorstellung und Wirklichkeit hängt vielleicht damit zusammen, daß sich die Regeln über das Herauslassen von Wut für Frauen verändern. Francesca Cancian und Steven Gordon haben für fast ein Jahrhundert (von 1900 bis 1979) die Expertenratschläge zu Liebe und Wut in Frauenzeitschriften analysiert. Die Experten haben Frauen ständig belehrt, wie die Gefühle der Liebe und der Wut zu definieren sind, wann, wie und wo sie diese Gefühle zu äußern haben, und welche Konsequenzen diese Äußerungen haben können. Die Lektionen wandelten sich jedoch mit der Veränderung der Frauenrolle.[24]

Zum Beispiel betrachteten die »traditionellen« Ratschläge, die um die Jahrhundertwende und während der dreißiger, fünfziger und sechziger Jahre dieses Jahrhunderts üblich waren, Liebe als Gefühl, das Aufopferung und Kompromisse verlangt. Sex, so meinten die Experten, sei für die wahre Liebe unwichtig, und die Sehnsucht nach Romantik und Leidenschaft sei ein Zeichen von Unreife. Das galt auch für den Ausdruck von Wut. Ehefrauen wurde geraten, ihre Wut zu unterdrücken und ihre Interessen der ehelichen Harmonie zu opfern, indem sie um jeden Preis eine fröhliche, harmonische Fassade aufrechterhielten. »Sie dürfen Ihren Mann niemals kritisieren«, mahnte ein typischer Artikel aus der Zeit der Weltwirtschaftskrise. »Er muß draußen in der Welt schon genug harte Schläge einstecken, ohne daß auch Sie noch auf ihm herumhacken.« (»Die ›harten Schläge‹, die Frauen während der Wirtschaftskrise auszuhalten hatten, wurden nicht erwähnt«, fügen Cancian und Gordon hinzu.)

Die »moderne« Sichtweise, die in den zwanziger und den siebziger Jahren entstand, betrachtet Liebe als eine Form des Selbstausdrucks und der Individualität; sie legt Wert auf Leidenschaft und Impulsivität, auf Vergnügen und Neues; und sie hält guten Sex für einen wesentlichen Teil der wahren Liebe. Den Frauen wurde geraten, Wut und abweichende Ansichten zu äußern und sich mit Problemen direkt auseinanderzusetzen. Diese Veränderungen waren kein Zufall, sondern sie gingen parallel mit der Wandlung der Frauenrolle auf ein stärker egalitäres Idealbild hin. »Gefühlsnormen hängen mit den Wellen politischer und kultureller Befreiung beziehungsweise Unterdrückung zusammen«, sagen Cancian und Gordon. »Während der zwanziger und der späten sechziger Jahre, als die Autorität der Regierung und anderer bedeutender Institutionen in Frage gestellt wurde, begannen die Gefühlsnormen, die Autorität des Ehemannes seiner Frau gegenüber in Frage zu stellen.« Der Übergang von der Selbstaufopferung zum Selbstausdruck, zusammen mit den neuen Ratschlägen, Unstimmigkeiten und Wutgefühle offen zu äußern, konnte nur auf dem Hintergrund der wachsenden ökonomischen und häuslichen Macht der Ehefrauen geschehen.

Vielleicht besteht der hartnäckige Glaube, daß Frauen Wut nicht gut ausdrücken, trotz der Ergebnisse, daß sie in dieser Hinsicht Männern nur allzu sehr gleichen, weiterhin, weil viele Frauen in einer Zeitverschiebung zwischen traditionellen *Vorstellungen* (»sei nett; unterdrücke deine Gefühle um deines Mannes willen«) und modernem *Verhalten* (»sag' deine Meinung; äußere deine Gefühle um deiner Beziehung willen«) gefangen sind. Während immer mehr Frauen sich bei Wutausbrüchen wie Männer verhalten, nehmen viele Experten weiterhin an, dies sei nicht der Fall.

Die Hartnäckigkeit des Mythos

Ich habe den Standpunkt vertreten, daß es Frauen genauso leicht oder schwer fällt wie Männern, Wut zu erkennen und auszudrücken, wenn sie sie spüren. Der entscheidende Punkt hierbei ist jedoch, »wenn sie sie spüren«, denn Männer und Frauen sind nicht immer über die gleichen Anlässe wütend. Sie werden wütend über die gleichen *Kategorien* von Anlässen – hauptsächlich über herablassende Behandlung, Ungerechtigkeit und Angriffe auf das Selbstwertgefühl – aber ihre Ansichten darüber, was nun herablassend, ungerecht oder beleidigend ist, gehen häufig auseinander. Jeder, der die letzten zwanzig Jahre bewußt miterlebt hat, kann ein Lied davon singen. Männer und Frauen waren verdutzt und wurden wütend, als die Definitionen dessen, was eine gerechte Arbeitsteilung im häuslichen und beruflichen Bereich ausmacht, sich gemeinsam mit der Definition der Geschlechterrollen veränderten. Symptomatische Fragen entfachten Großbrände (Ist es ein Zeichen von Höflichkeit oder von Herablassung, wenn man im Büro eine Bemerkung über das Aussehen einer Frau macht?) und tiefgreifende Fragen ebenso (Wie kann er es wagen, mir das Recht auf gleiche Chancen und ökonomische Sicherheit zu verweigern? Wie kann sie es wagen, sich der Verantworung für mich und die Kinder zu entziehen?). Die eindeutige Schlußfolgerung ist jedoch, daß Männer und Frauen im Umgang mit der Wut auf eine wichtige Stütze ihres Selbstwertgefühls gleichermaßen Probleme haben: nämlich mit der Wut aufeinander.

Hier ist nicht der Ort, die Klagen aufzulisten, die jedes Geschlecht gegen das andere vorbringt. Ich glaube jedoch, daß es wichtig ist, ideologische Bewertungen von psychischen Prozessen zu unterscheiden, wenn der Wissenschaft oder der sozialen Gerechtigkeit gedient werden soll. Die Verwechslung zwischen den beiden hat zu einer Vorstellung von geschlechtsspezifischen Unterschieden geführt, wo keine existieren, und hat die Bedeutung der existierenden Unterschiede verwischt.

Die Psychotherapeutin Teresa Bernardez-Bonesatti schreibt zum Beispiel:

Wut auf Männer, eine der am häufigsten anzutreffenden Erfahrungen bei Frauen, wird also gegen das eigene Selbst oder das eigene Geschlecht umgelenkt, auf weniger machtvolle Personen verlagert (Kinder) oder in schädlicher oder ohnmächtiger Weise herausgelassen. Diese Alternativen werden dem Risiko vorgezogen, männliche Unterstützung und Anerkennung und das damit zusammengehende Selbstwertgefühl und den Schätzwert zu verlieren.[25]

Ich glaube, daß diese Aussage völlig richtig ist – und daß sie genauso richtig wäre, wenn man das Wort »Frauen« durch »Männer« ersetzen würde und umgekehrt. Wut auf Frauen ist sicherlich eine häufige Erfahrung bei Männern, und viele Männer haben Angst, ihre Wut der Partnerin gegenüber zu zeigen, weil sie nicht riskieren wollen, ihr zu mißfallen. Der Psychotherapeut Bernie Zilbergeld hat mir erzählt, daß bei den Paaren, die zur Eheberatung zu ihm kommen, die Männer es sind, die Probleme haben, ihre Wut auf ihre Frauen zuzugeben.

Obwohl Männer und Frauen aber auf die üblichen Provokationen gleichermaßen mit Wut reagieren, scheinen sie doch im Durchschnitt unterschiedlich auf »Ego-Beleidigungen«, zum Beispiel Kritik, zu reagieren. Der Psychologin Mary Kay Biaggio zufolge neigen Männer dazu, wütend zu werden, während Frauen eher gekränkt sind. Frauen geben sich auch häufiger als Männer selbst die Schuld, und sie haben zum Ausdrücken von Wut ambivalente Gefühle (selbst wenn sie es tun).

Männer konzentrieren sich eher auf ihre feindseligen Gefühle (als auf Gekränktheit) und geben eher dem anderen die Schuld, weil der sich schlecht benommen hat (und nicht sie selbst).[26]

Manche Kliniker betrachten diese Unterschiede als Problem für die Frauen. Sie möchten, daß Frauen das männliche Modell für den Umgang mit Wut übernehmen: Weg mit der Ambivalenz, hört auf, gekränkt zu sein und Euch selbst die Schuld zu geben und sagt dem Objekt Eures Zorns die Meinung! Ich gebe zu, daß das manchmal die beste Strategie ist, aber warum hat jedermann es so eilig, das männliche Ideal zu bewundern? Was ist daran so nachahmenswert? Warum versuchen wir nicht, Männer dazu zu bringen, das weibliche Muster zu übernehmen und weniger aggressiv, feindselig und provozierend zu handeln? Mir scheint, daß es besser wäre, wenn viele Leute eher mehr ambivalente Gefühle zum Ausdrücken von Wut hätten, nicht weniger, und wenn sie nicht so schnell dem anderen die Schuld geben würden, sondern eine Weile über ihre eigene Rolle bei Konflikten und Auseinandersetzungen nachdenken würden. Halten Sie sich außerdem vor Augen, welche unterschiedlichen Konsequenzen es hat, ob man jemandem sagt, man sei »wütend«, oder ob man sagt, man sei »gekränkt«. Die Eröffnung, man sei wütend, führt wahrscheinlich zu einer Verteidigungshaltung und möglicherweise zum Gegenangriff. Zu sagen, man sei gekränkt, ruft eher Mitgefühl hervor und die Bereitschaft, das Problem gemeinsam zu lösen.

Eine derartige Parteinahme für die »ideale« oder »beste« Methode, mit Wut umzugehen, beeinflußt auch andere Einschätzungen des Verhaltens. Eine Therapeutin, die meint, daß eine Klientin wütend auf ihren Mann statt auf sich selbst sein sollte, oder die beschließt, daß die Klientin unbewußt auf ihren Mann wütend ist, übersieht vielleicht die tatsächliche Aussage der Klientin über das, was sie wütend macht, und überzeugt sie von ihrer eigenen Interpretation. Auf diese Weise entsteht die Vorstellung, daß Frauen größere Probleme haben, Wut zu identifizieren und zu erleben als Männer. Die Vermischung von objektiver und subjektiver Interpretation ist in der folgenden kurzen Passage zu sehen, die von einer herausragenden Psychoanalytikerin, Jean Baker Miller, verfaßt wurde:

Ein weiterer Aspekt von Beatrices Problem war die große Wut, die sich in ihr anstaute. Wie vielen anderen Frauen fiel es ihr schwer, sich zur Bewältigung des Problems den eigenen Zorn einzugestehen, geschweige denn ihn auszudrücken. Dennoch wurde sie sofort wütend, wenn die Partnerperson irgend etwas tat, was eine Änderung der Bindung anzudrohen schien.[27]

Diese beiden Sätze widersprechen einander völlig. Der erste enthält die Annahme, Beatrice hat, wie viele Frauen, Schwierigkeiten, ihre Wut zu erkennen und auszudrücken. Der zweite schildert die tatsächliche Situation: Beatrice hat keine Schwierigkeiten, wütend zu werden, und wird es aus einem verständlichen Grund, um sich nämlich selbst zu schützen. Die Autorin fährt fort:

Es ist einleuchtend, daß eine solche innere Situation sehr leicht zu Zornausbrüchen führen kann. Wie sollte sie auch nicht auf jene andere Person wütend werden, der sie so viel Kontrolle über das eigene Leben eingeräumt hatte?[28]

In der Tat, wie sollte sie auch nicht? Doch Beatrice ist wirklich wütend und drückt das aus, wenn auch nicht auf konstruktive Art. Die Psychoanalytikerin, Beatrice und ich sind uns vielleicht einig, daß Beatrice sich nicht wie ein Fußabtreter behandeln lassen und die Herrschaft über ihr Leben abgeben sollte. Und ich wette, daß wir alle es gern sähen, wenn Beatrice ihre Wut *einsetzen* würde, um ihre mißliche Lage zu verändern oder sich daraus zu befreien. Das ist aber etwas anderes, als wenn man behauptet, Beatrice könne Wut nicht erkennen und nicht ausdrücken.

Miller stellt uns ganz offen einen Ausschnitt aus einem Dialog zwischen ihr und einer anderen Klientin vor; diese Klientin kannte allerdings den Unterschied zwischen dem, was sie wirklich fühlte, und dem, was sie nach Meinung der Therapeutin fühlte:

»Und wie fühlten Sie sich dabei?«
»Voller Angst. Ganz voller Angst.«
»Angst wovor?«
»Vor seinem Zorn.«
»Das ist alles?«
»Ich weiß, was Sie von mir erwarten: Angst vor meinem eigenen Zorn. Aber ich glaube, da haben Sie unrecht. Ich weiß ziemlich gut, wann ich wütend bin. Deshalb kann ich Ihnen sagen, ich hatte einfach ganz schlicht Angst vor seinem Zorn.[29]

Manche Therapeuten stiften noch mehr Verwirrung, indem sie eine Norm dafür aufstellen, wie Wut idealerweise auszudrücken sei, und damit implizieren, daß alle anderen Methoden falsch, indirekt oder ungesund seien. Wenn ihnen die *Art*, wie Frauen (ihrer Meinung nach) Wut ausdrücken, nicht paßt, folgern sie unter Umständen, daß Frauen ihre »wirkliche« Wut verlagern oder leugnen. Zwei feministische Therapeutinnen haben einmal aufgelistet, was sie als typische Formen »indirekter« Wut bei Frauen ansahen: »Schmollen, jammern, Wutausbrüche, Manipulationsversuche, lästern, Klatsch, Sarkasmus und Wut auf andere *Frauen* sind klassische Arten, wie Frauen Wut auf Männer ausdrücken.«[30]

Ich stimme völlig zu, daß das nicht sehr feine Arten sind, sich zu benehmen, und daß viele Frauen dazu Zuflucht nehmen. Aber welches sind, bitte schön, die klassischen Arten der Männer, ihre Wut auf Frauen auszudrücken? Schmollen und Jammern gehören dazu, das versichere ich Ihnen, und ganz bestimmt auch Wutausbrüche, Lästern und Manipulationsversuche. Wenn irgend jemand glaubt, Männer wären über Klatsch und Sarkasmus als Mittel, Wut auf Frauen auszudrücken, erhaben, soll er sich die Reaktionen von Männern auf Frauen anhören, die in traditionell männliche Bastionen wie Männerklubs, Unternehmensführungen oder den Kongreß eindringen. Herb Goldberg erklärt uns, der Mann verspüre Impulse des Zorns auf Frauen (weil er sich von ihnen preisgegeben, frustriert und in Zwängen gefangen fühlt), »die er alle nicht frei äußern kann«.[31] Daher läßt er seine Wut dann vermutlich an sich selbst, an anderen Männern, an den Kindern und am Hund aus.

Therapeuten wünschen sich vielleicht, daß alle Männer und Frauen Wut auf direkte, rücksichtsvolle und reife Art ausdrücken. Sie sollten aber nicht dem Irrtum verfallen, daß ein Geschlecht dem anderen in bezug auf Unreife oder Manipulationsversuche überlegen sei.

Wie die Forschung reichlich belegt, drücken Männer und Frauen Wut auf vielerlei Weisen aus, auf direkte und indirekte, je nach dem Ziel ihrer Wut und den jeweiligen Umständen. Wenn daher eine Frau nicht den Mut aufbringt, ihrem Chef zu sagen, daß seine herablassenden Bemerkungen sie beleidigen und wütend machen, denkt sie wahrscheinlich, ihre Sanftmut sei ein »typisch weibliches« Problem. Sie vergißt leicht, daß sie anderen Männern gegenüber, die das gleiche tun, ihre Wut ausdrücken kann und daß sie ihren Kindern sagen kann, wenn sie wütend auf sie ist. Sie übersieht die Tatsache, daß viele Männer ebenfalls im Stillen wütend auf ihren Chef sind.

Therapeuten und Sozialreformer, die selbst wütend über die Ungerechtigkeiten im Leben ihrer Klienten und Wähler sind, neigen dazu, Handlungen, die sie mißbilligen, als Symptome für Wut zu betrachten. Claudeen Cline-Naffziger bemerkt: »Zu den besten Orten, um wütende Frauen zu entdecken, gehören die üblichen stereotypen Positionen.«

Hausfrauen, die Ehemänner und Kinder manipulieren, um indirekt am Leben teilzuhaben, Sekretärinnen, deren Ablagesystem so kompliziert ist, daß nur sie die Schriftstücke wiederfinden können, Lehrerinnen, die Schüler mit dem Lineal schlagen oder beschimpfen, und nicht zuletzt Geliebte, die passiv und teilnahmslos sind. Die meisten deprimierten, gelangweilten, selbstdestruktiven und abhängigen Frauen sind wütend.[32]

Nein. Genauer müßte es heißen, daß Cline-Naffziger es gern hätte, wenn deprimierte, gelangweilte, selbstdestruktive und abhängige Frauen wütend wären, denn, wie sie selbst schreibt: »Wut zeigt, daß gehandelt werden muß.« Ihre Hausfrauen, Sekretärinnen, Lehrerinnen und Geliebten haben vielleicht ihre Machtlosigkeit, aber nicht unbedingt Wutgefühle gemeinsam. Und diese beiden sind keineswegs immer miteinander verbunden. Wut als Reaktion auf Machtlosigkeit ist ein erworbenes Muster.

Die negativen Stereotypen, die den Glauben an geschlechtsspezifische Unterschiede fördern, sind jedoch allgegenwärtig. Einen wütenden Mann hält man für selbstbewußt und stark. Eine wütende Frau wird als zänkisch und herrschsüchtig angesehen. Beide Geschlechter erklären, wenn man sie fragt, daß die armen schwachen Frauen weder Opfer noch Auslöser von Wut oder Aggression sein sollten. Sollten diese armen, schwachen Wesen aber aus der Rolle fallen, werden sie mit einem Schwall gemeiner Ausdrücke bombardiert. Allein die Tatsache, daß es so viele häßliche Wörter zur Beschreibung wütender Frauen gibt (Drachen, Mannweib, Fuchtel, Fischweib, Xanthippe) und nur ein paar milde Ausdrücke, die speziell auf chronisch wütende oder ärgerliche Männer angewandt werden können (Hitzkopf, Meckerfritze) ist schon ein beunruhigender Beweis für das Stereotyp, welches Frauen anscheinend nur die Wahl läßt zwischen Sanftmut und Boshaftigkeit.

Diese Stereotypen lenken unsere Aufmerksamkeit auf die Bereiche des Lebens, in denen die *Konsequenzen* der Wut für Männer und Frauen so unterschiedlich sind: Mißhandlung von Frauen in Beziehungen; sexuelle Belästigungen und sexueller Mißbrauch; Diskriminierung. Unter solchen Umständen ist die Lage für Frauen ausweglos. Wenn sie Wut ausdrücken, riskieren sie physische oder ökonomische Schäden und werden als »Xanthippen« beschimpft. Wenn sie ihre Klagen herunterschlucken, riskieren sie ständigen Mißbrauch und ständige Not und den Vorwurf, sie seien zu passiv, selbstzerstörerisch oder schwach.

Die beleidigenden Wörter und das Stereotyp der Geschlechtsunterschiede spiegeln jedoch nicht einen tatsächlichen Unterschied zwischen Männern und Frauen im Spüren oder Ausdrücken von Wut, sondern einen *Status*unterschied. Weil Frauen im Durchschnitt die niedrigeren Sprossen in der sozialen und ökonomischen Hierarchie besetzt halten, finden sie sich häufiger als Männer in Situationen wieder, in denen beide Geschlechter Probleme mit Wut haben könnten. Die meisten Menschen haben Schwierigkeiten, Wut gegenüber Personen mit höherem Status auszudrücken, besonders wenn diese die Macht haben, Gehaltserhöhungen, Strafzettel oder Vorladungen wegen Mißachtung der Würde des Gerichts zu verteilen. Wenn man Sekretärinnen von Rechtsanwälten mit Rechtsanwälten vergleicht, könnte man den Eindruck gewinnen, daß Frauen das Ausdrücken von Wut größere Schwierigkeiten bereitet als Männern. Wenn man jedoch Rechtsanwältinnen mit Rechtsanwälten vergleicht, werden diese Unterschiede wahrscheinlich unter einer Flut von anstehenden Prozessen begraben.[33]

Eine Methode, die Auswirkungen der Geschlechtszugehörigkeit von den Auswirkungen der Statuszugehörigkeit zu unterscheiden, besteht darin, sich anzusehen, was geschieht, wenn jemand vom Untergebenen zum Chef wird. Ein von mir interviewter Mann, Paul S., beschrieb zwei Erfahrungen von Wut bei der Arbeit: zuerst Wut auf seinen Chef, anschließend auf eine Untergebene:

Mein Chef (bei meiner alten Stelle) war ein ganz gemeiner, schmieriger, taktierender Typ. Ich habe den Kerl wirklich gehaßt. Eines Nachmittags, nach einer ziemlich alkoholischen Mittagspause, machte ich mit meiner Sekretärin Witze über ihn. Er kam in mein Büro und hörte gerade noch, wie ich ihn als Affenarsch bezeichnete. Damit fing ein Streit an, der bestimmt drei Stunden dauerte. Das Ergebnis war, daß er sagte, wenn ich noch einmal so über ihn reden würde, würde er mich feuern.

Verstehen Sie, ich hasse es zu brüllen. Ich werde ganz nervös, wenn ich herumschreien muß. Aber als ich Herausgeber [einer Zeitschrift] war, mußte ich mich mit fast jeder irgendwann herumschlagen – jede war eine Primadonna, die ich einmal zusammenbrüllen mußte. Ich erinnere mich an eine Frau, die den Redakteur kritisierte, indem sie einen offenen Rundbrief herumschickte. Ich ging in ihr Büro und stauchte sie zusammen. Ich habe sie wirklich fertiggemacht. Ich weiß noch, wie stolz ich war, daß ich mich nicht verhaspelte.

Als Don Fitz feststellte, daß der Ort oder der »Platz« beim Ausdrücken von Wut eine so große Rolle spielt, entging ihm vielleicht die doppelte Bedeutung des Wortes. Männer und Frauen kennen tatsächlich ihren Platz – Zuhause, Straße, Büro – und neigen dazu, zu Hause gleich laut und bei der Arbeit gleich zahm zu sein (wenn sie keine Machtpositionen innehaben). Erst wenn jemand seinen »Platz« in der sozialen Hierarchie verläßt, beginnen die Probleme. Wenn jemand beginnt, anmaßend und widerspenstig zu werden, ruft er den Zorn der Selbstzufriedenen und der Mächtigen hervor.

Zwei Kulturen

Ich bin einundzwanzig, frischgebackene College-Absolventin, und meine Zimmergenossin und ich feiern das mit einer Reise nach Mexiko. Sie ist blond, zurückhaltend, sehr weiblich. Wir lernen zwei Männer kennen: einen Wirtschaftsprüfer, der für die Emanzipation der Frau ist (er entscheidet sich für mich), und einen arbeitslosen Stierkämpfer, der nicht dafür ist (er wählt meine Freundin). Wir vier gehen essen, tanzen, erzählen Geschichten, lachen; anschließend macht der Stierkämpfer eine Rundfahrt durch die Stadt mit uns. Alle sind glücklich, bis der Stierkämpfer meiner Freundin sagt, er würde sie lieben und verzweifelt begehren. Sie weist ihn höflich ab. Sein Benehmen ändert sich auf der Stelle: Der sanfte, drollige Kerl wird zu einem Wahnsinnigen. Er fängt an, wie ein Wilder zu rasen, schreit das Objekt seiner Begierde dabei die ganze Zeit an und fährt mit uns aufs Land hinaus. Keiner von uns, nicht einmal sein Freund, kann ihn bremsen.

Plötzlich hält er den Wagen an und zieht meine Freundin am Arm heraus. Als sie zitternd draußen steht, läßt er seine Hosen herunter und entblößt seine ganze Ausstattung. »Sieh mich an!« verlangt er. »Kannst du meiner Männlichkeit immer noch widerstehen?« Irgendwie kann sie das. Nach einigen spannungsgeladenen Minuten schiebt der Stierkämpfer sie ins Auto zurück und bringt uns nach Hause.

Am nächsten Tag ruft der Wirtschaftsprüfer an, um sich bei mir zu entschuldigen. »Das ist das Problem mit Mexikanern«, sagt er traurig. »Wir müssen unseren Jungen beibringen, richtige Männer zu werden, nicht solche brutalen Machos. Gehst du mit mir essen?« Er ist so geknickt, daß ich zusage.

Der Stierkämpfer ruft an, um sich bei meiner Freundin zu entschuldigen. Wenn sie seine sexuellen Avancen zurückweise, müsse sie eine echte Jungfrau sein. Er bittet sie, ihn zu heiraten oder wenigstens mit ihm einen trinken zu gehen. Sie sagt nicht zu.

PS: Ich gehe mit dem Wirtschaftsprüfer essen. Auf dem Rückweg zu meinem Hotel wird er auf der Straße handgreiflich, und ich muß ihm das Gesicht zerkratzen, um mich loszumachen. Ich kann ihm entkommen und sehe seine Augen, die von Abscheu und Wut erfüllt sind.

Frauen brauchen für ein Erlebnis dieser Art nicht nach Mexiko zu fahren. Die Kluft zwischen männlicher und weiblicher Kommunikation vertieft sich hier zu einem Abgrund und verursacht unzählige Mißverständnisse und Streitigkeiten. Selbst innerhalb der gleichen ethnischen Gruppe unterscheiden Männer und Frauen sich durch eine Vielzahl unbewußter und nonverbaler Verhaltensweisen, an denen man den Unterschied zwischen ihren beiden »Kulturen« so deutlich sehen kann wie Balinesen und Eskimos.

Sie sagt zum Beispiel, sie wolle nicht mit ihm ins Bett gehen, aber sie kommt auf ein Glas Wein mit in seine Wohnung. Damit meint sie: Ich möchte gern noch länger mit dir zusammen sein; ich möchte gern ein Glas Wein; wer weiß, was passiert, wenn ich dir einmal vertraue und dich besser kenne? Er denkt sich: Schließlich ist sie jetzt in meiner Wohnung; sie kennt das Spiel, sie ist ja kein Kind mehr; ihr Kleid ist sexy; sie möchte bestimmt, daß ich es bei ihr probiere. Also tut er das. Sie weist ihn zurück, freundlich. Er bleibt hartnäckig. Sie weist ihn zurück, diesmal bestimmt. Er ist sauer: Was soll dieses Getue plötzlich, diese zickige Jungfrau? Und sie ist auch sauer: Sie hat ihm doch gesagt, sie wolle erstmal keinen Sex; wie kommt er dazu, sein Versprechen zu brechen? Jetzt sind beide wütend und fühlen sich vom anderen betrogen, aber beide haben getreulich die ungeschriebenen Gebote ihres Geschlechts befolgt.

Stellen Sie sich nun einmal vor, welche Konsequenzen Wut in einer derartig heiklen Situation haben kann. Da ist der Mann, sowohl sexuell als auch von seinem gerechten Zorn erregt. Wenn die Frau glaubt, daß er wirklich erzürnt ist, wenn sie sich Vorwürfe macht, daß sie ihn an der Nase herumgeführt hat (wie er hartnäckig behauptet), wenn sie die Beziehung aufrechterhalten will, ... dann bekommt er vielleicht, was er will. (In vielen Fällen hat sie vielleicht außerdem Angst, daß er gewalttätig werden könnte.) Die Frau ist bemüht, das Ego des Mannes nicht zu verletzen, denn sie hat gelernt, daß es ein armes, zerbrechliches Ding ist, und so sagt sie vielleicht schließlich ja, obwohl sie ursprünglich nein meinte. Ihr Einverständis hat zwei Konsequenzen. Es bestätigt ihn in seinem Zorn, denn es macht Zorn zu einer wirksamen Reaktion auf sexuelle Frustration und daher zu einer Reaktion, die er wahrscheinlich wieder einsetzen wird. Und es überzeugt ihn, daß ihr ursprüngliches Nein in Wirklichkeit ja bedeutete, daß Frauen sexuell unentschlossene Wesen sind, deren Weigerungen man ignorieren muß. (Nur um die Sache noch komplizierter zu machen, manche Frauen sind tatsächlich unentschlossen auf sexuellem Gebiet, denn sie haben gelernt, daß nein zu sagen, wenn man ja meint, eine Möglichkeit ist, den Ruf zu wahren und trotzdem zu tun, was man will.) Auf diese Weise wird eine Verbindung zwischen Sexualität und Wut geschaffen.

Selbst in die Sprachgewohnheiten von Frauen und Männern sind bereits Kommunikationsprobleme eingebaut. Stellen Sie sich folgende Situation vor: Ein Mann und eine Frau lernen sich auf einer Cocktailparty kennen und fühlen sich zueinander hingezogen. Sie plaudern zwanzig Minuten lang, und währenddessen verschwindet die Anziehungskraft des anderen. Obwohl sie über beiderseitige Interessen gesprochen haben – die Höhe der Mieten, gute italienische Restaurants, schlechte Filme – wendet er sich ab in der Meinung, sie sei ein quasselnder, aufdringlicher Dummkopf, und sie wendet sich ab in dem Glauben, er sei ein arroganter, chauvinistischer, brutaler Kerl.

Was ist schiefgegangen? Die beiden suchen vielleicht nach Gründen für diese beiderseitige Irritation, ohne auf die eigentliche Ursache zu stoßen: den Zusammenprall verschiedener Konversationsregeln. Wenn Frauen mit Frauen sprechen, stellen sie mehr Fragen, füllen öfter Zwischenpausen und fügen häufiger »hmhm« oder gemurmelte Wörter ein als Männer. Wenn Männer mit Männern sprechen, neigen beide Parteien dazu, jede Unterbrechung als Provokation des Sprechers anzusehen, der sein Wort dann abgeben oder aber lauter sprechen kann, um es zu behalten. Wenn Frauen mit Männern sprechen, können die jeweiligen Sprachregelungen Mißverständnisse schaffen. Er hält ihr ermunterndes Gemurmel für ein Zeichen der Zustimmung, nicht der Aufmerksamkeit, und fühlt sich durch ihre Unterbrechungen irritiert. Sie fragt sich, warum er ihr keine Aufmerksamkeit schenkt und anscheinend das, was sie sagt, nie bestätigt.[34]

Es gibt also durchaus Unterschiede zwischen den Geschlechtern. Nur ist es so, daß diese Unterschiede weniger mit angeborenen und auch nicht mit erlernten Arten, Wut auszudrücken, zu tun haben, sondern eher mit den komplizierten Unterschieden zwischen den Subkulturen und den Lebensumständen der Geschlechter. Das läßt sich, glaube ich, an einem Schauplatz erkennen, an dem man sowohl bei Männern als auch bei Frauen von Schwierigkeiten im Umgang mit Wut sprechen kann – und das ist die Familie.

8. Die Ehezwiebel

Hochfahrend sind sie beid und in der Wut
Taub wie die See, rasch wie des Feuers Glut.

Shakespeare, König Richard der Zweite, II, 1.

Mein Vater willigte einmal widerstrebend ein, bei der Hochzeit eines Freundes Trauzeuge zu sein. Er zögerte, weil er fürchtete, daß die Ehe in drei Monaten oder in Mord enden würde, je nachdem, was zuerst käme. Aber die Freundschaft siegte. Während er die Brautleute zur Trauung fuhr, zankten sie sich auf dem Rücksitz ununterbrochen über den Termin, den die Braut bestimmt hatte. Als er sie nach der Zeremonie zum Bahnhof fuhr, stritten sie sich heftig über das Flitterwochen-Hotel, das der Bräutigam ausgesucht hatte. Mein Vater sagte voraus, daß die Ehe niemals länger als eine Nacht halten würde. Tatsächlich aber blieb das Paar glücklich zusammen, unablässig streitend und turtelnd, bis der Ehemann nach fünfunddreißig Jahren eines natürlichen Todes starb.

Wut hat, wie Liebe, viele Gestalten. Das Band zwischen Liebenden ist eine merkwürdige, magische Sache, und wenn chronische Wut und ständiger Ärger manchen als Zeichen seiner Auflösung gelten, so sind sie für andere ein Zeichen für seine Stärke. Für manche Paare ist lautstarkes Zanken und Streiten wie ein sanfter Regen von Küssen. Es bedeutet Zuwendung, Zärtlichkeit und Leben; die symbolische Bedeutung der Wutausbrüche ist wichtiger als ihr Inhalt. Wie meine Freundin Janet über ihre Eltern sagte, die fünfundvierzig Jahre lang verheiratet sind:

Mein Vater hat einmal in der Zeitung etwas über ein unglückliches Nilpferd im Zoo gelesen. Jemand hatte die geniale Idee, ihm zur Gesellschaft eine Ziege ins Gehege zu stellen. Nach Art der Ziegen stieß die Ziege das Nilpferd den ganzen Tag lang mit den Hörnern. Und das Nilpferd spürte, nach Art der Nilpferde, natürlich überhaupt nichts. Es war die perfekte Ehe. Das früher so lethargische und träge Nilpferd war selig. Endlich bekam es Zuwendung.

Mein Vater mochte diese Geschichte sehr gern. Für ihn war meine Mutter die Ziege, und er war das Nilpferd, das protestierte.

Ich mag diese Geschichte auch gern, weil sie einige mir bekannte Ehen so treffend und komisch beschreibt. Nach meiner Erfahrung jedoch sind nur wenige dieser Mischehen so vergnüglich, wie Janets Vater es beschreibt. Normalerweise beklagt das Nilpferd sich, daß es den ganzen Tag angemeckert und angegriffen wird (»Keinen Augenblick Ruhe! Nie eine friedliche Mahlzeit!«), und die Ziege beschwert sich über die dickhäutige Unbeweglichkeit des Nilpferdes (»Ein Stein bekommt mehr Zuwendung als ich! Nie richtet sich jemand in diesem Haus nach meinen Wünschen!«).

»Ehe und Familienleben«, sagt der Eheberater David Mace, »rufen bei normalen Menschen mehr Wut hervor, als diese Menschen in irgendeiner anderen sozialen Situation erleben, in der sie sich gewöhnlich befinden.«[1] *Normale Menschen*, beachten Sie das. Nicht kranke, bösartige, neurotische Typen, wie sie ihn im Streit nennt, und auch nicht selbstzerstörerische, zänkische, pathologische Typen, wie er sie im Gegenzug nennt. James Averill bemerkt, daß es mindestens vier ganz normale Gründe gibt, warum man auf geliebte Menschen und Freunde wütender wird als auf Fremde und auf Menschen, die man nicht mag. Enger Kontakt schafft mehr Gelegenheiten für Wut; die irritierenden Dinge, die geliebte Menschen tun, treten gehäuft auf; man ist stärker motiviert, geliebte Menschen dazu zu bewegen, sich zu ändern, und Wut ist dazu ein Mittel; und geliebten Menschen gegenüber ist man selbstbewußter und sicherer, wenn man seine Wut artikuliert.[2]

Wenn man von Versuchen spricht, die »Wurzeln« der Wut in der Ehe auszugraben, verwendet man die falsche Metapher; Wut in der Ehe ähnelt eher den konzentrisch angeordneten Schalen einer Zwiebel. Die meisten Versuche, die Ursachen für Wut in der Ehe zu diagnostizieren, konzentrieren sich nur auf eine Schicht: die unterschiedlichen familiären Hintergründe oder den Zusammenprall verschiedener Persönlichkeiten oder den jeweiligen strittigen Punkt. Bei den meisten von uns überlagern sich die Schichten jedoch auf komplizierte Weise, wie Sie am Beispiel eines Paares sehen können, das ich Malcolm und Moira White nennen werde. Ich gebe die offenen Bekenntnisse der Whites hier nicht wieder, um das Spiel »Kann diese Ehe gerettet werden?« zu spielen – in diesem Fall konnte sie nicht gerettet werden und wurde es auch nicht –, sondern weil die auftretenden Konflikte von der Art – wenn auch vielleicht nicht von der Anzahl – her für die meisten Ehen typisch sind. Zwischen den Whites und den meisten anderen Paaren besteht kein substantieller, sondern nur ein gradueller Unterschied: Glückliche Paare halten sich gegenseitig für nette Leute, die ab und zu wütend sind. Die Whites halten sich gegenseitig für wütende Menschen, die ab und zu nett sind. »Sie wissen, wie manche Leute gemeine Züge haben?« sagt Malcolm. »Und so hat Moira einen netten Zug.«

Die Schalen der Zwiebel

Er sagt:

Sie hat ein ungeheures Arsenal an vernichtenden Sachen zu sagen. Manchmal höre ich ihr wohl eine halbe Stunde zu, bis mir der Kragen platzt – sie hört nie eher auf, als bis mir der Kragen platzt –, und dann kommt »Aha. Siehst du, du elender, neurotischer Dreckskerl, warum bist du so wütend?« Und wenn ich versuche, darauf nicht zu reagieren, sagt sie: »Warum gibst du so einfach auf? Willst du die Sache nicht lösen?« Wenn sie mich dann frustriert und verspottet und aufgestachelt hat und ich weggehe, folgt sie mir schimpfend. Sie folgt mir durch geschlossene Türen. Sie folgt mir aus dem Haus. »Ich will nicht mehr streiten«, sage ich dann. »Aber ich«, sagt sie. Ich glaube, sie hat das Gefühl, daß sie gewinnt, wenn ich explodiere.

Der Punkt ist, daß ich glaube, daß man sich nicht so benehmen sollte. Ich finde, man sollte sich zivilisiert verhalten und sich beherrschen, und Meinungsverschiedenheiten sollte man rational klären. Wenn man seine Ehe weiterführen will, muß man sich auf die Zunge beißen.

Sie sagt:

Mir ging es immer darum, ehrlich zu sein. Ich weiß nicht, ob das einfach der Versuch ist, alle Leute zu piesacken oder was, aber ich muß genau sagen, was ich denke. Ich weiß noch, wie ich einmal, als wir noch nicht verheiratet waren, bei ihm Dampf abgelassen habe wegen einer Geschichte, die bei der Arbeit passiert war, und wie er sagte: »Ich glaube, du tust das, weil du wirklich sauer wegen deiner Arbeit bist, und das ist ganz in Ordnung.« Ich dachte: Oh! Wie erwachsen! Er nimmt das nicht persönlich! Er ist genau wie meine Eltern, die wissen, daß ich eigentlich nicht auf sie wütend bin, sondern auf etwas anderes. Wie nachsichtig! Wie großartig! So ist er jetzt nicht mehr, aber ich weiß noch, wie beeindruckt ich war. Ich dachte, Mensch, der läßt mir alles durchgehen, genau wie zu Hause.

Er glaubt, daß ich ihn einfach nur piesacke und furchtbare Konflikte will und daß ich von Natur aus destruktiv bin. Ich habe an sich nichts gegen Streit, ich habe nicht solche Angst davor wie er, aber ich glaube nicht, daß ich für mich selbst oder andere destruktiv bin. [Piesacken Sie ihn wirklich?] Ja... normalerweise nicht, weil ich ihn provozieren will, sondern weil ich etwas indirekt ausdrücken will, das ich nicht direkt ausdrücke. Ich will ihn nicht nur einfach wütend machen, denn er ist wirklich häßlich, wenn er wütend ist.

Oberflächlich betrachtet haben Malcolm und Moira wenig Grund zum Streiten. Sie leben in einem freundlichen Haus in einer baumbestandenen Straße in einem wohlhabenden Vorort von New York. Malcolm ist dreiundvierzig, stammt aus einer gutsituierten Familie und hat ein hohes Einkommen aus seiner Tätigkeit als Investmentbanker. Moira ist neunundzwanzig, stammt aus einer ärmeren Familie und hat bis zur Geburt ihres Kindes als Bürovorsteherin in einer gutgehenden Rechtsanwaltskanzlei gearbeitet. Jetzt ist ihr Sohn im Kindergarten, und Moira studiert wieder, um einen Abschluß in Musik zu machen. Malcolm und Moira fahren im Winter auf sonnige Inseln und im Sommer in kühle Hafenstädtchen in Neuengland. Aber sie merken gar nicht, wir gut sie leben, weil sie fast die ganze Zeit aufeinander wütend sind.

Das Seltsamste an ihrem Ärger ist, erzählen die Whites, daß er so oft anscheinend keinen Grund hat. Sie können sich vielleicht an ein auslösendes Ereignis erinnern – wie zum Beispiel, als sie um elf Uhr abends von einem Musikseminar nach Hause kam und er ihr den ganzen Abwasch hatte stehen lassen –, was sie sich aber nicht erklären können, ist, warum das auslösende Ereignis anscheinend so wenig mit dem darauffolgenden Streit zu tun hat. Moira sagt:

Normalerweise überfalle ich ihn, wenn ich das Geschirr so in der Spüle gefunden habe, am nächsten Morgen mit etwas wie »Du räumst *nie* die Küche auf« – was nicht stimmt – und »Du unterstützt mein Studium überhaupt nicht, sonst würdest du versuchen, mir dieses Jonglieren mit Studium und Kind zu erleichtern«. Ich verdrehe die Sachen. Ich meine, ich weiß ja nicht, warum er die Küche nicht aufgeräumt hat, sonst tut er das normalerweise. Aber dann geht er in die Stadt, weil ich gesagt habe, er würde nie die Küche aufräumen, und dann fangen wir einen Streit darüber an, wer am meisten im Haus tut, und das finde ich irrsinnig, denn ich mache normalerweise tausendmal mehr im Haus als er – ich hänge Bilder auf, kümmere mich, wenn die Toilette verstopft ist, mähe den Rasen – und dabei soll das Haus eigentlich sein Bereich sein, Mensch nochmal. Er muß ein schönes, großes Haus haben, aber er kann keinen Handschlag darin tun.

»Ich kann unsere Streits nie rekonstruieren«, sagt Malcolm. »Ob das daran liegt, daß ich nichts mitbekomme, weil ich so wütend bin, oder daran, daß ich so damit beschäftigt bin, ihre Geschosse abzuwehren oder ihre logischen Fehler, die für mich keinen Sinn ergeben, aufzudecken, weiß ich nicht. Aber ich weiß ganz oft nicht, worum es bei einem Streit geht, außer ganz allgemein. Und jedesmal weiß ich, daß es wieder Streit geben wird, ganz gleich, was ich sage oder tue.« Nach einer solchen Auseinandersetzung zieht Malcolm sich zurück und pflegt seinen Kummer. »Ich bin dann bitter und sauer und böse«, sagt er. »Manchmal kommt Moira zu mir wie ein reumütiges Kätzchen, und ich weiß, daß ich mich dann wie diese Ehemänner in den Werbespots im Fernsehen benehmen müßte, ihr Blumen mitbringen und sie hinter den Ohren kraulen und ihr schöntun, aber das ist für mich fast unmöglich. Zu verzeihen fällt mir sehr schwer.«

Natürlich führt Malcolms Rückzug zu neuen Attacken von seiten Moiras. »Er fängt nicht an mit den Streitereien«, sagt sie, »aber er kommt so ärgerlich nach Hause und wacht so ärgerlich auf, daß mich das provoziert. Oft bringt seine Haltung mich dazu, mir etwas auszudenken, worüber ich einen Krach mit ihm anfangen kann. Zum Beispiel dreht er sich morgens, wenn der Wecker klingelt, oft auf die andere Seite und sagt ›Scheiße‹. Und das ist ganz schön deprimierend, wenn man direkt neben ihm liegt. Er sagt, er würde morgens keinen Streit anfangen, aber ich finde, daß bei jedem, der so aggressiv aufwacht, schon irgend etwas läuft.« Sie können sich seine Version ausmalen: »Ich finde, man muß damit rechnen, daß jemand, der beim Aufwachen schon weiß, daß sein Tag wieder nur aus bitteren Streits bestehen wird, ›ach du Scheiße‹ sagt.«

Was ist mit Malcolm und Moira los? Wir könnten mit ihrem unterschiedlichen Hintergrund anfangen: Malcolm stammt aus einer begüterten, kultivierten, alteingesessenen protestantischen Bostoner Familie und Moira aus einer irisch-katholischen Familie der unteren Mittelschicht. Malcolm beschreibt seinen Vater folgendermaßen:

Unser Familienleben war im allgemeinen *Leben mit Vater*. Mein Vater war absolut männlich-autoritär, viktorianisch, Herr im Haus; er war freundlich und meinte es gut, überhaupt nicht tyrannisch, aber er tobte und wetterte ungeniert gegen die Hausmädchen oder gegen uns oder gegen was auch immer los, und meine Mutter fügte sich ihm ganz und gar. Niemand von uns leistete ihm Widerstand. Wenn er gut in Form war, gab er meinen älteren Brüdern Striche und Minuspunkte, und die mußten sie dann mit körperlicher Arbeit abarbeiten. Das hatte nichts Krankhaftes, es waren einfach gelegentliche Explosionen. Alles in zivilisierten Grenzen. Ich kann mich nicht erinnern, daß die Wut meines Vaters etwas Vernichtendes gehabt hätte.

Moira beschreibt ihren Vater etwas anders:

Mein Vater wurde sehr jähzornig, besonders wenn meine Schwester und ich etwas falsch machten oder böse und respektlos zu ihm oder zu unserer Mutter waren. Dann verhaute er uns und brüllte. Als wir klein waren, stieß er uns mit den Köpfen zusammen, deswegen trugen wir immer Haarspangen, denn es tat der anderen mehr weh, wenn ihr die Spange gegen den Schädel knallte. Aber mit zwölf Jahren war ich dann kein liebes Mädchen mehr. Ich reizte ihn mit Absicht, weil ich sehen wollte, was dann passieren würde, und dann lief ich in mein Zimmer und verbarrikadierte mich dort. Ich hatte fuchtbare Angst, daß er mich verhauen würde, glaube ich.

Hier haben wir also Diagnose Nummer 1: Ein Mann, der es haßt, sich provozieren zu lassen, und eine Frau, die ihn provoziert; ein Mann, der für Selbstbeherrschung ist, und eine Frau, die immer darauf aus ist, ihm die Beherrschung zu rauben. Sicherlich sind einige der Schwierigkeiten bei den Whites auf die frühen Lektionen im Umgang mit Wut zurückzuführen. Malcolm hat kaum Erfahrung mit Wut, weder mit seiner eigenen noch mit der seiner Eltern, und er zieht es vor, die Kontrolle zu behalten. Für Moira bedeutet Selbstbeherrschung Kälte. Sie lernte schnell, daß Malcolms kühle Schale durch hartnäckige Attacken geknackt werden konnte und daß sie, wenn das einmal geschehen war, die Leidenschaft (und Zuwendung) von ihm bekam, die sie von ihrem Vater bekommen hatte.

Je unterschiedlicher der familiäre Hintergrund ist, desto mehr Anlässe für Meinungsverschiedenheiten wird es wahrscheinlich geben. Die Analyse des Hintergrundes kann der erste Schritt dazu sein, die Ursachen für diese Meinungsverschiedenheiten zu erkennen – oder auch, was mir häufiger der Fall zu sein scheint, eine Ausrede dafür, daß man die Verantwortung für sein Verhalten nicht übernimmt. Wer lebt, es sei denn, er lebt allein, schließlich nicht mit einem Menschen mit anderem Temperament, anderen Gewohnheiten und anderen Vorlieben zusammen? Und wer lebt, es sei denn, er hat seinen Zwilling geheiratet, nicht mit einem Menschen mit anderem Hintergrund zusammen? (Und selbst da wette ich, daß die ägyptischen Pharaonen und ihre Schwester-Frauen Ehekrachs hatten.)

Vergleichen Sie die Haltung der Whites zum Beispiel mit derjenigen der Ravens, einem anderen von mir interviewten Paar, wo ebenfalls beide aus völlig verschiedenen familiären Verhältnissen stammen, aber seit fünfunddreißig Jahren glücklich verheiratet ist. Er ist Jude, sie Protestantin. Sie stammt aus einer Familie, in der viel gebrüllt wurde, und er aus einer Familie, in der Wut indirekt, durch Witze und Sarkasmus, ausgedrückt wurde. Jack Raven sagt:

Mein Vater hat nie gebrüllt, er wurde nie wütend. Aber er konnte einen fertigmachen. Er hatte einen wunderbaren Sinn für Humor, nur manchmal waren seine Bemerkungen schneidend. Er machte einen Witz, sagte zum Beispiel: »Du solltest dein Geld lieber sparen, denn ich habe gesehen, wie du arbeitest« – ich mußte als Kind arbeiten –, »und für einen Geschäftsmann bist du ein ausgezeichneter … Basketballspieler.« Damit sagte er natürlich, du kannst überhaupt nicht mit Geld umgehen, und du bist eine Null. Er dachte, wenn er das auf diese Weise ausdrücken würde, würde er einen nicht beleidigen, aber er hat einen trotzdem beleidigt.

Als ich Dorothy den Hof machte, sah ich, daß sie zu Hause oft brüllte. Vor allem sie und ihre Mutter stritten sich lautstark. Ich beschloß, daß Dorothy und ich die Dinge *besprechen* würden, daß wir uns aber niemals anschreien würden. Ich habe lange gebraucht, bis ich erkannte, daß sie manchmal recht hatte – daß man manchmal brüllen muß und alle wissen lassen muß, daß die Sache vorbei ist, daß man etwas zu sagen hat und damit Schluß.

Einer der Vorfälle, bei dem sie unheimlich wütend auf mich wurde, begann mit einer kleinen Meinungsverschiedenheit. Sie hatte etwas über eine Party gesagt, auf der wir gewesen waren, und ich sagte: »So war das nicht.« Wir hatten großen Krach deswegen. Und schließlich sagte sie: »Mein Gott, wir haben schließlich zwei verschiedene Leben gelebt.« Und ich sagte: »*Alle* leben verschiedene Leben. Ich weiß gar nicht, wie du darauf kommst, daß es anders sein könnte. Zwei Menschen leben in einem Haus, also werden da zwei verschiedene Leben gelebt, zwei verschiedene Welten nebeneinander. Unsere Kinder werden alle mit verschiedenen Eltern aufwachsen. Wir beide können hier stehen und das gleiche Zimmer betrachten, und du siehst es auf deine Art, und ich sehe es auf meine Art, und so ist es immer gewesen.« Sie war total erstaunt.

Ich fragte Jack Raven, wie er und Dorothy den Gegensatz zwischen ihren familiären Hintergründen bewältigt hätten. »Wir haben eine unheimliche Fähigkeit, den Standpunkt des anderen zu verstehen. Ich nenne das« – er unterbrach sich und lächelte – »Bewegungsunfähigkeit. Wenn man den anderen so gut versteht wie sich selbst, weiß man nicht, was man machen soll! Aber wenn man die Auffassung hat, daß Meinungsverschiedenheiten wegen geringfügiger Anlässe im Grunde lächerlich sind und wenn man seinen Humor behalten kann, wird man nicht wütend.«

Eine weitere beliebte Erklärung für Wut in der Ehe konzentriert sich auf die Erwartungen, die die Partner bei der Eheschließung hatten. Wenn diese zu Anfang oft übertrieben hohen Erwartungen nicht erfüllt werden, kann das, diesem Ansatz zufolge, Wut nach sich ziehen. Die Whites hatten große Erwartungen, denn er gab für ein »neues Leben« mit ihr eine fünfzehnjährige Ehe auf. Im nachhinein können die beiden genau erklären, wo der andere sie im Stich gelassen hat. Moira sagt:

Malcolm wirkte sehr reif und gelassen und sicher bei sozialen Anlässen, und das war ich nicht. Er ist vierzehn Jahre älter als ich, und ich war erst zweiundzwanzig, als wir uns kennenlernten. Ich dachte, er wäre sehr ausgeglichen, wirklich selbstbewußt, und könnte mir vielleicht raten, was ich werden sollte, wenn ich dann einmal erwachsen wäre. Nicht daß er mir genau sagen sollte, was ich zu tun hätte, sondern daß ich aus seiner großen Klugheit und Erfahrung Ideen abbekäme. Wie sich zeigte, hat er überhaupt nichts getan, um mir zu helfen.

Und Malcolm sagt:

Moira war der erste Mensch, der tiefe Emotionalität und Leidenschaft in mir hervorrief. Sehen Sie, ich hatte gehofft – und mir ist jetzt klar, daß das unfair von mir war –, daß ihre frische Gegenwart mir irgendwie helfen würde, den trockenen, langweiligen Durchschnittsbürger, der ich nach außen hin bin, abzuschütteln. Ich habe ihr die Verantwortung dafür übertragen, und das ist einer der Gründe, warum ich mich jetzt so von ihr verraten fühle, schließlich habe ich Heim und Herd aufgegeben – ganz zu schweigen von einer ganzen Menge Geld –, und jetzt finde ich mich in dieser Comic-Ehe wieder, in der mit Töpfen und Pfannen geworfen wird.

Diagnose 2: Das Aufeinanderprallen unerfüllbarer Erwartungen und Träume: Er sollte sie beruflich befreien und sie ihn emotional. Eheberater sind es leid, diese Diagnose zu stellen, denn sie sehen die Symptome allzu häufig.

Gleich nach der Illusion »er/sie wird mich ändern« folgt die Phantasie »er/sie wird anders sein, wenn wir erst verheiratet sind«. Malcolm und Moira haben sich vor ihrer Ehe genauso heftig gestritten wie nach der Hochzeit, aber diese Auseinandersetzungen wurden von beiden als Verirrungen betrachtet. Sie dachte, wenn er sich nur entschließen könnte, sich endlich von seiner Frau scheiden zu lassen, gäbe es nichts mehr, weswegen sie auf ihn wütend sein müßte. Er dachte, sie wäre einfach jung und naiv und würde aus dem, was er ihre »Studentinnenzickigkeit« nannte, herauswachsen.

»Mein Therapeut«, berichtet Moira voller Genugtuung, »sagt, ich wäre sehr bitter und voller Groll gegen ihn, weil er diese Erwartungen nicht erfüllt hat.« – »Und was sagen Sie?« fragte ich. »Ich weiß nicht. Ich übernehme, was die anderen sagen.«

Das Problem bei der Hypothese der unerfüllten Erwartungen ist, daß jedes Paar rückblickend Beispiele dafür finden kann, was sich die Partner von der Ehe erhofft hatten und was nicht eintrat. Manche dieser Erwartungen sind umfassend und vage (»Ich erwarte ein romantisches, glückliches Leben«) und andere sind spezifischer, auch wenn sie oft nicht ausgesprochen werden (»Ich erwarte, daß ich jetzt regelmäßig mit ihr schlafen kann, mindestens viermal pro Woche«).

Wir alle haben Erwartungen. Sie sind die Seele der menschlichen Verfassung, denn in ihnen spiegelt sich die menschliche Fähigkeit, die Zukunft vorwegzunehmen, zu träumen und zu hoffen. Die komplementäre menschliche Fähigkeit besteht darin, diese Erwartungen mit der Realität in Einklang zu bringen. Früher bezeichnete man das als Reife. Warum sollte gerade Wut die »natürliche« Reaktion auf enttäuschte Erwartungen sein und nicht Gelächter? Nicht die unerfüllten Erwartungen können Wut hervorrufen, sondern deren Interpretation. Wir können sie als persönliche Beleidigung oder als Verrat auslegen, wie die Whites es praktizieren, oder als eine unvermeidliche, boshafte Seite des Lebens, wie die Ravens es tun:

Herrgott, ich war ja noch ein Kind, als Dorothy und ich heirateten. Was ich erwartet habe? Alles! Den Mond! Den Himmel auf Erden! Fünfundvierzig Dollar die Woche, damit ich mir wie ein Erwachsener vorkäme! Was ich kriegte? Nichts – jedenfalls nichts von dem, was ich erwartete. Wir haben schließlich Mond und Himmel bekommen, aber von den komischen Vorstellungen, die ich mit zwanzig hatte, hat sich keine erfüllt. Zum Glück.

Eine dritte übliche Diagnose für Wut in der Ehe ignoriert Hintergrund und Kindheit und geht gleich auf die spezifischen Klagen der Partner übereinander ein. Die Whites haben natürlich keine Schwierigkeiten, eine ganze Liste davon aufzustellen, von unwichtigen Dingen (Malcolm haßt experimentelle Kunst und Moira liebt sie) bis zu bedeutsamen (ihr gefällt die Art nicht, wie er die Kinder aus seiner ersten Ehe behandelt, und er glaubt, sie sei unnötig gemein zu ihnen).

In vielen Ehen hat ein Partner eine irritierende Angewohnheit, die der andere nicht ertragen kann. In Suzanne Steinmetz' Untersuchung von 57 Familien[3] schimpften Männer und Frauen zum Beispiel über Dinge wie:

Also, wenn ich Ihnen sagen würde, worüber wir uns wirklich streiten... Über einen Riesenkrug kaltes Wasser im Kühlschrank, im Winter. Ich möchte ihn drinhaben.

Wir streiten uns einfach, weil er zu ordentlich ist und ich zu schludrig bin. Bei Schubladen und Schränken hat er einen Ordnungsfimmel.

[Mein Mann] hat diese fürchterliche Angewohnheit, den Bademantel zusammenzurollen und in den Schrank zu werfen. [Ich habe] die Sachen [gern] da, wo sie hingehören.

In *Behind Closed Doors* fragten der Soziologe Murray Straus und seine Mitarbeiter ihre Interviewpartner, wie oft sie sich über verschiedene Punkte in ihrer Ehe uneinig waren: Geld, Kinder, Haushaltsführung, soziale Aktivitäten und Sex. Es stellte sich heraus, daß Konflikte wegen Riesenkrügen mit Wasser im Kühlschrank oder Ordnungsfimmel versus Schludrigkeit doch nicht so trivial sind. Der häufigste Streitpunkt ist die Haushaltsführung: Eins von drei amerikanischen Paaren (die Untersuchung von Straus beruhte auf einer Zufallsstichprobe von amerikanischen Familien) erklärt, sie wären *immer* über Kochen und Putzen uneins. 30 Prozent sind immer uneins über Sex, 25 über soziale Aktivitäten und Geld (sicherlich verwandte Themen) und 20 Prozent über Kinder. Und die großen Prozentzahlen derer, die sich *gelegentlich* über diese Themen streiten, sind hier nicht berücksichtigt.[4]

In meinen Interviews zeigte sich das gleiche Muster. Eine Frau erzählte mir, daß bei ihren Eltern häufig der Zeitpunkt des Abendessens zum Streit führte. »Mein Vater liebte Routine«, sagte sie. »Er aß gern genau um sechs. Meine Mutter ging es gerne ruhig an, nahm einen Drink, ließ die Sache schleifen, ... so daß es vielleicht um sieben oder halb acht Essen gab. Ich verstand nicht, warum sie ihm nicht den kleinen Gefallen tun konnte. Jetzt bin ich selbst Ehefrau und Mutter und verstehe sie. Aber er hat es nie verstanden.« Und ich hörte anschauliche Geschichten von der Wut über die Tischmanieren des Ehemannes (»Er ißt mit offenem Mund – ekelhaft«) oder der Frau (»Sie hält das Messer in der Faust wie ein Kleinkind«) oder über seine Kinder oder ihre, oder, sehr häufig, über Geld, wie von dieser Frau, die ich interviewte:

Bei dem größten Ärger in unserer Ehe, bei unseren heftigsten Kämpfen geht es immer um Geld. Wir haben verschiedene Philosophien. Er findet, daß Schulden toll sind, daß man Geld ausgeben muß, und was soll's, es wird schon alles werden. Und ich finde, daß ein Notgroschen Sicherheit bedeutet und daß wir wenigstens etwas Geld sparen sollten. Er behauptet, er würde mir zustimmen, aber Tatsache ist, daß er viele Schulden hat und es ihm nichts ausmacht und mir aber sehr viel. Kürzlich hatten wir einen fürchterlichen Streit, weil ich so stolz war, daß ich es geschafft hatte, ein paar hundert Dollar zu sparen – also beschloß er, mir weniger Haushaltsgeld zu geben, weil ich nicht alles verbraucht hatte, was er mir gegeben hatte! Er hat mich dafür bestraft, daß ich Geld gespart hatte!

Auseinandersetzungen wegen ernster und auch wegen lächerlicher Meinungsverschiedenheiten liegen in der Natur der Ehe. Manche Paare betrachten Zwistigkeiten als innerpersönliches Problem, das von »selbstdestruktiven« Neurotikern hartnäckig provoziert wird (obwohl normalerweise der oder die andere für selbstdestrukiv und neurotisch gehalten wird), und manche Therapeuten betrachten in ähnlicher Weise Konflikte als Symptom eines »darunterliegenden« Problems statt als das Problem selbst. Einer dieser Therapeuten arbeitete mit der Frau, die gern etwas Geld spart. Er meinte, sie sei eigentlich nicht wütend, weil ihr Mann so verschwenderisch mit Geld umgehe, sondern »in Wirklichkeit« benutze sie den Streitpunkt Geld als Schutzwall gegen Intimität. Das ist ein modisches, aber oberflächliches Argument, das ich oft höre. Das Wort

»Intimität« steht dabei für Nähe, Zuneigung und Vertrauen. (Und wohl auch für Sexualität.) Doch nur wenige versuchen, genauer zu erläutern, wie dieses Ziel Intimität konkret aussehen soll – ein Leben ohne Streit? Wenn das gemeint ist, sollte man sich lieber nach einem Ziel umsehen, das leichter erreichbar ist, wie zum Beispiel der Gipfel des Mount Everest. Vollkommene Übereinstimmung in jeder Angelegenheit ist, ebenso wie vollkommene Intimität, nur in Liebesromanen und im Himmel zu finden.

Die moderne Familie besteht aus mehreren Menschen unterschiedlicher Altersstufe, Größe, Geschlechtszugehörigkeit und mit unterschiedlichen Interessensgebieten. Es gibt kein gemeinsames Ziel, wie etwa in einer Firma, Kirche oder Schule, das diese ungleichen Individuen verbinden würde. (Es sei denn, die Familie muß, wie im Fall von Minderheiten und Immigranten, zusammenhalten, um im fremden Kulturraum zu überleben.) Die Familie hat eine riesige Bandbreite an Entscheidungen zu treffen, von der Frage, wo man wohnt, bis zur Frage, was gegessen wird. Für Familienmitglieder gibt es also sehr viel mehr Streitpunkte als für Angehörige eines Betriebes, und häufig werden die Auseinandersetzungen wesentlich emotionaler geführt.

Zu einer Familie zu gehören bedeutet, daß man sich vom Verhalten aller anderen Mitglieder betroffen fühlt. Kinder und Partner werden als Erweiterungen des eigenen Ich betrachtet, daher nimmt man ihre Handlungen nicht auf die leichte Schulter. »Wenn zum Beispiel ein Kollege die Rechtschreibung oder die Tischmanieren nicht beherrscht, kann das ein bißchen ärgerlich sein, ist aber eher ein Anlaß zu Spott und Scherzen«, sagt Straus. »Aber wenn das eigene Kind oder der Partner in der Rechtschreibung schlecht ist oder keine Tischmanieren hat, kann der Schmerz groß sein. Und wenn man dann noch versucht, ihm oder ihr Tischsitten beizubringen, fliegen vielleicht die Teller.«[5] Hinzu kommt, daß viele amerikanische Familien Tellerwerfen als »normalen« Ausdruck von Wut zulassen, und weil das, was im Familienkreis geschieht, oft als sakrosankt und privat betrachtet wird, sind Familien gegen die gesellschaftlichen Kontrollen und Hilfen, die bei der Konfliktlösung unterstützen könnten, abgeschirmt. Die Nachbarn von Malcolm und Moira versammeln sich nicht, wie die !Kung es tun würden, um das Paar, um sicherzustellen, daß die Auseinandersetzung freundschaftlich beigelegt wird.

Und damit sind wir bei Diagnose 4 für die streitbaren Whites angelangt: ein Zustand, in dem die ehelichen Konflikte ein solches Ausmaß angenommen haben, daß sie nicht mehr zu bewältigen sind. Aus dieser Sicht haben die Whites keine besonders ungewöhnlichen, sondern einfach mehr Konflikte. Weil die Konflikte immer ungelöst bleiben, springt der Streit von einem Punkt zum nächsten über, bis Malcolm und Moira selbst nicht mehr wissen, worüber genau sie eigentlich so wütend sind.

Nachdem die Whites jedoch damit fertig sind, ihre Klagen über den anderen aufzulisten, sind sie sich einig, daß ihre eigentlichen Probleme mit Wut erst mit der Geburt ihres Kindes, das jetzt vier Jahre alt ist, begannen. Malcolm sagt:

Ich glaube, man könnte argumentieren, daß sie ein anstrengendes Leben hat, weil sie versucht, ihr Studium abzuschließen und gleichzeitig für das Kind sorgt. Aber das überzeugt mich überhaupt nicht. Ich glaube nicht, daß eine Frau, die Zugang zu einem Jahreseinkommen von hunderttausend Dollar hat und in einem schönen Haus dreißig Minuten von New York entfernt wohnt und Tag und Nacht eine Haushälterin haben könnte, wenn sie wollte, und die ein einziges liebes Kind hat, ununterbrochen herumzanken sollte. Vielleicht bin ich da sexistisch, aber, wissen Sie, ich habe meine eigenen Sorgen. Jeden Tag mache ich mir Gedanken wegen der Leitung dieser Firma, und die Zeiten sind wirtschaftlich hart, und ich habe ein Büro voller Leute, die etwas von mir wollen, von den schwierigen Entscheidungen, die ich zu fällen habe, gar nicht zu reden, und dann komme ich nach Hause und höre nur, was sie für ein jämmerliches Leben hat! Sie sammelt den ganzen Tag lang Vorwürfe, und sobald ich zur Tür reinkomme, kriege ich alles ins Gesicht. Oft denke ich, oh Gott, kann ich denn nicht einmal meinen Mantel ausziehen, bevor du auf mich losgehst?

Ich vermute, daß die meisten Ehemänner auf Malcolms Seite stehen werden, während Hausfrauen mit kleinen Kindern vielleicht eher mit Moira sympathisieren:

Da saß ich nun, in diesem hübschen, aber langweiligen Vorort, mit einem süßen, kleinen Kind und nichts zu tun. Ich ließ mich vom Arzt gründlich untersuchen, und mir fehlte nichts. Er sagte: »Haben Sie irgend welchen Kummer?« und ich sagte: »Nein« – und brach in Tränen aus.

Malcolm war sehr böse auf mich, weil ich trotz allem, was er mir gegeben hatte, unglücklich war. Wir hatten ein wunderschönes Haus, einen lieben, kleinen Jungen, lebten in einer ruhigen Stadt, und er nahm es persönlich, daß ich fand: »Ja, das ist ein schönes Haus, ja, das ist ein liebes Kind, aber ich fühle mich elend.« Ich war wütend – ich *bin* wütend –, so wie viele Frauen, weil das Kind mein Leben so grundlegend verändert hat und seins überhaupt nicht. Ich bin ärgerlich und verbittert darüber. Ich weiß, daß es nun mal so ist, und meine Mutter findet, daß wir in meiner Generation alle Primadonnen sind, weil wir etwas anderes erwarten. »Ach, ihr Mädchen heute!« sagt sie. »Natürlich ist es anstrengend, Kinder zu haben, aber was hast du denn gedacht, wer sie großziehen würde? Die Männer etwa? Was hast du eigentlich? Du hast mittwochs abends einen Babysitter, und dein Mann kocht zweimal in der Woche! Was willst du mehr?«

Normalerweise kann ich Malcolm, wenn er abends nach Hause kommt, sagen, daß ich wütend über das Kind bin, nicht auf ihn – daß es zwölf Stunden lang keine Minute ruhig war und ich nichts geschafft habe. Aber selbst wenn ich sage: »Achtung – in der Küche ist es heute abend lebensgefährlich für dich, aber das liegt nicht an dir«, nimmt er es trotzdem persönlich. Er wird trotzdem sauer, weil er denkt: »Warum werde ich gleich überfallen, wenn ich zur Tür reinkomme?« Irgendwie habe ich Mitleid mit ihm.

Ich glaube, mir ist klar, daß es im Grunde darauf ankommt, welche Einstellung man selbst zu diesen Sachen hat. Wenn man meint, daß ein Kind einen fertigmacht, dann macht es einen fertig. Ich habe das Kind als Vorwand benutzt, um genervt zu sein und herumzuzanken, und eigentlich ist es gar nicht so schrecklich.

Diagnose 5: Betty Friedan hat sie in *Der Weiblichkeitswahn* analysiert: die isolierte Hausfrau in der Vorstadt, die einsam und gelangweilt ist und sich der Situation nicht gewachsen fühlt, und der Ehemann, der nicht versteht, was sie zu meckern hat.[6]

Für die Arbeit einer Hausfrau gibt es Arbeitsbedingungen wie für jede andere Beschäftigung, und diese können bei den Angestellten Zufriedenheit oder Bitterkeit zur Folge haben.[7] In einer Firma ist das normalerweise leichter zu erkennen, weil man die Person oder den Vorfall, der einen ärgerlich macht, identifizieren kann: die Frau am anderen Ende des Flurs, die das Lob für die Arbeit einheimste, die man selbst getan hat, der Mann, der die Gehaltserhöhung eingesteckt hat, die eigentlich einem selbst zugedacht war, der Klatsch, vor dem man keinen Augenblick Ruhe hat oder ganz allgemein Streß und Anspannung, die eine Atmosphäre gärender Feindseligkeit schaffen. Viele Hausfrauen können die Umstände, die ihren Streß verursachen, nicht identifizieren; sie wissen nur, daß es ihnen schlecht geht. Bei manchen zeigt sich das Hausfrauensyndrom als Depression, in psychosomatischen Symptomen, Weinkrämpfen, Drogen- oder Alkoholmißbrauch oder Lethargie. Moira leistet Widerstand und reagiert auf ihre Situation mit Wut.

Dieser Ansatz zur Analyse von Wut in der Ehe betrachtet jedes chronische emotionale Problem – vor allem Wut oder Depression – als Anzeichen von Streß: als Folge der Arbeitsbedingungen, nicht als Persönlichkeitsproblem. Moiras Elend ist typisch für viele Hausfrauen, die sozial isoliert sind (Moira hat praktisch keine Freunde oder Verwandten, die sie täglich sieht), die immer dieselben Aufgaben zu erfüllen haben, ohne dafür Bestätigung oder Belohnung (finanzielle oder emotionale) zu bekommen, und denen eine unabhängige Quelle für ihr Selbstwertgefühl fehlt (zu studieren, wie Moira es tut, verlängert oft Unsicherheiten und Abhängigkeit). Solche Umstände können alle Menschen, unabhängig von Persönlichkeitstyp, Hintergrund, ethnischer Zugehörigkeit, Schicht – oder eben Geschlecht – beeinflussen. Hausmänner werden wissen, wie Moira sich fühlt, und berufstätige Frauen werden Malcolms Standpunkt verstehen. Umgekehrt haben Frauen, die bei ihrer Arbeit als Hausfrau glücklich, gesund und befriedigt sind, ausgezeichnete »Arbeitsbedingungen« – sie haben ein ausgeprägtes Sozialleben, immer viel vor, und sie bekommen Lob und Anerkennung von ihren Ehegatten und Freunden.

Als Straus und seine Mitarbeiter untersuchten, welche Faktoren in Zusammenhang mit ständigen Wutausbrüchen und gelegentlicher Gewalt in der Familie standen, fanden sie nur ganz wenige, die mit psychischen Problemen oder Kindheitserfahrungen zu tun hatten.[8] Die hauptsächlichen Ursachen haben mit den unmittelbaren Anlässen für die Spannungen zu tun: mehr als ein Kind zu Hause; einer oder beide Partner stehen unter besonderem Streß wie Krankheit, Arbeitslosigkeit, Umzug in eine andere Stadt; zahlreiche immer wiederkehrende Meinungsverschiedenheiten; und Entscheidungsgewalt in der Hand eines Partners konzentriert. (Die Forscher fragten die Paare, wer letztlich das Sagen hätte, wenn es um Autokauf ginge, ums Kinderkriegen, um die Wahl der Wohnung oder des Hauses, die Arbeitsstelle für Mann oder Frau, die Berufstätigkeit der Frau und die Ausgaben für Lebensmittel. So konnten sie feststellen, ob in einer Familie der Mann oder die Frau dominierte oder ob es demokratisch zuging.)

Bei den Whites treffen diese Gründe für Wut fast alle zu. In den letzten Jahren sind sie dreimal umgezogen. Malcolm hat zwei Stellen verloren (und schnell bessere gefunden); Moira hat ihre Arbeit aufgegeben, um das Kind großzuziehen. Natürlich haben auch ihre religiösen Unterschiede und der Altersunterschied viele Konflikte zur Folge. Wesentlich ist jedoch, daß die wichtigen Entscheidungen von Malcolm getroffen werden –, wie es in den meisten Familien, in denen die Frau kein eigenes Einkommen hat, der Fall ist. Malcolm sagte zwar, er hoffte, daß Moira ihn aus seinem Dasein als verknöcherter Geschäftsmann »befreien« könnte, aber tatsächlich reproduzierte er in seiner zweiten Ehe die Struktur der ersten. Wieder war er der dominante Partner. Er entschied, wo sie wohnten, entschied, daß sie seiner Karriere wegen umziehen würden, er entschied, wann sie soweit waren, ein Kind zu bekommen, er teilte das

Geld zu. Das tat er sicherlich wohlwollend, und er bedachte dabei auch Moiras Meinung, nur daß ihre Meinung wenig Einfluß darauf hatte, was er dann letztendlich tat. Das Zusammenspiel von Malcolms Großzügigkeit und ihrer Unerfahrenheit führte dazu, daß sie sich unfähig fühlte, selbst über ihr Leben zu bestimmen, daß ihr Selbstbewußtsein erbärmlich gering war und daß sie sich gefangen fühlte. Daß sie in einem goldenen Köfig gefangen war, linderte ihre Pein nicht. Er sah nur das Gold; sie sah nur die Gitterstäbe.

Denken Sie zum Schluß über die Möglichkeit nach, daß der Inhalt der Wutausbrüche eines Paares weniger wichtig sein kann als ihre Bedeutung und Form. In einer Untersuchung, die ich vor einigen Jahren für die Zeitschrift *Redbook* machte, befragte ich Leserinnen, welche Formen die Auseinandersetzungen zwischen ihnen und ihren Männern hätten – ruhiges Gespräch, Geschrei, Rückzug, Tränen und so weiter.[9] (Ich stellte dabei übrigens keine Unterschiede zwischen Männern und Frauen fest, außer daß Frauen bei Streitigkeiten etwas häufiger weinten.) Die glücklich verheirateten Paare hatten nicht unbedingt weniger Konflikte, waren auch nicht seltener wütend als die unglücklichen Paare. Aber sie sprachen die gleiche emotionale Sprache, wenn es darum ging, den Streit beizulegen. Und damit haben wir eine sechste Schicht: das Scheitern der Kommunikation.

Die Whites könnten sich genausogut auf Schwedisch oder Griechisch streiten, so wenig verstehen sie einander. »Vermutlich gibt es viele italienische Familien, in denen dauernd herumgebrüllt wird, aber sie lieben sich innig, deswegen hält man das für richtig und normal«, seufzt Malcolm. »Ich verstehe das einfach nicht. Wenn wir anfangen zu streiten, bin ich oft ganz wütend, ich rase vor Wut, weil er nicht fähig ist, zu verstehen, was ich sage«, sagt Moira. »Manchmal könnte ich schwören, daß er sehr gut versteht, was ich sagen will, aber er will mich zur Weißglut treiben, indem er das leugnet.«

Wut ist für die Whites etwas gründlich Verschiedenes, und sie setzen sie zu verschiedenen Zwecken ein. Moira ist gern wütend; sie sagt, sie fühle sich dabei warm und lebendig. Sie hat keine Bedenken zu kreischen, alles zu sagen, was ihr in den Sinn kommt, oder auch ab und zu mit einer Pfanne zu werfen. Nach einem Streit schläft sie wunderbar ein und wacht erfrischt wieder auf. Malcolm haßt es, wütend zu sein; er sagt, er fühle sich dabei kalt und leer. Er ist für rationale Diskussionen. Nach einem Streit liegt er innerlich kochend wach und wälzt sich hin und her und nimmt vielleicht ein paar Valiumtabletten, um einschlafen zu können, und beim Aufwachen ist er immer noch sauer.

Für Moira bedeutet Wut Macht. Wut heißt, daß sie wieder das Sagen hat, oder zumindest versucht, ihren Anspruch darauf geltend zu machen. Wut ist die Waffe, die sie einsetzt, um ihren Willen zu bekommen. Wut bedeutet für sie Stärke, und sie interpretiert Malcolms Pazifismus als Schwäche. Moira verläßt sich darauf, daß ihre Familie versteht, wie sie Wut einsetzt. Sie ist der Ansicht, man sollte Wut nur geliebten Menschen gegenüber ausdrücken (»Meine Eltern haben verstanden, daß ich eigentlich nicht wütend auf *sie* war«). Für Malcolm bedeutet Wut Ohnmacht; Wut heißt, daß er die Kontrolle verloren hat. Er würde seinen Willen nicht mit Wut durchsetzen wollen, denn für ihn ist Wut ein letzter Ausweg, ein Zeichen für Versagen. Daher interpretiert er Moiras Ausbrüche als Schwäche. Malcolm glaubt, daß man geliebten Menschen seine Wut ersparen sollte.

Diagnose 6 lautet also: unterschiedliche symbolische Bedeutungen der Wut und unterschiedlicher Einsatz. Dieser Unterschied ist keineswegs nebensächlich, denn selbst wenn die Whites ihre Konflikte beilegten, würden sie immer noch wegen dieser symbolischer Punkte aufeinander wütend werden. Wenn Malcolm wütend ist, weil seine Frau das Abendessen nicht um Punkt sechs Uhr serviert, Moira dagegen mit ihrer Wut versucht, ihren Machtanspruch durchzusetzen, streiten sie sich aus verschiedenen Gründen. Es kann sein, daß sie das Problem der Essenszeiten lösen, sich aber über die Dominanzfrage jahrelang weiterstreiten.

Haben Sie im Kampf der Whites Stellung bezogen? Erscheint Ihnen eine der sechs angeführten Diagnosen – und ich bin sicher, daß man noch viel mehr aufstellen könnte – als Hauptursache für die Wut der Eheleute? Sind sie Opfer ihrer unterschiedlichen familiären Hintergründe, unerfüllbarer Erwartungen, der Erziehung, üblicher Ehekonflikte, des Hausfrauen-Syndroms oder unterschiedlicher Kommunikationsstile? Die Antwort lautet: Das alles trifft zu, und nichts davon trifft zu. Zwiebeln sind nicht so leicht zu schälen.

Im nächsten Abschnitt möchte ich einen Ansatz zum Umgang mit Wut in der Ehe vorstellen, den ich besonders konstruktiv finde – selbst (vielleicht vor allem) für Paare, die so verstritten sind wie die Whites. Dieser Ansatz bietet eine Alternative zu der Diskussion über »Wer hat Schuld?« und »Wer hat angefangen?«, bei der es keine Antworten und daher auch kein Ende gibt, sondern die die Paare in regelrechte Spiralen der Wut verstrickt.

Die systemische Lösung

Mary wurde von Problemen im Beruf in Anspruch genommen
und sprach nicht mehr mit Dennis.
Als Ergebnis fühlte Dennis sich vernachlässigt. Und er tat, was
er normalerweise tut, wenn er sich vernachlässigt fühlt:
Er bekam Lust auf Sex.
Aber Mary hatte keine Lust auf Sex, so daß Dennis sich noch
mehr vernachlässigt fühlte. Er wurde ärgerlich und sprach
nicht mehr mit ihr.
Als Ergebnis fühlte Mary sich von Dennis abgeschottet. Und
sie tat, was sie normalerweise tut, wenn sie sich von Dennis
abgeschottet fühlt: Sie war nur noch damit beschäftigt, sich
darüber zu ärgern, daß er nicht mehr bei der Hausarbeit
half.

aus Daniel Wile,
After the Honeymoon

Jedes Ehepaar weiß von bestimmten Verhaltensmustern, die sich in der Ehe entwickelt haben, ein Lied zu singen. Normalerweise werden diese Muster jedoch nicht als Muster, sondern als »Dennis' Faulheit« oder »Marys Kälte« beschrieben – als Problem des anderen also, das die eigenen (gutgemeinten) Reformversuche provoziert. Aus bloßem Trotz jedoch weigern Dennis und Mary sich, darauf einzugehen, so daß die Versuche schließlich eskalieren. Binnen kurzer Zeit folgern die Partner, daß ihnen nur zwei wenig verlockende Möglichkeiten bleiben. Wie Wile sagt, können sie »Wut entweder ausdrücken, was zum Streit führt, oder aber unterdrücken, was zu Langeweile, Verlust der Liebe *und* Streit führt.«[10] Was kann ein Paar da tun?

Der familientherapeutische Ansatz legt den Schwerpunkt auf das Muster, das in jeder Beziehung auftritt, und nicht auf die Persönlichkeitsprobleme der Beteiligten. Waren Sie in der Beziehung mit Ihrem ersten Partner reizbar und zurückhaltend, und sind Sie mit Ihrem zweiten Partner bemerkenswert entspannt und offen? Der Unterschied hat nicht nur mit Ihnen zu tun und nicht einmal nur mit Ihrem Partner – der Unterschied liegt in der Art, wie Sie zusammen sind. Die systemische Familientherapie betrachtet die Familie als ein Ganzes, das größer ist als die Summe seiner Teile.

Richard Driscoll, Psychotherapeut in Knoxville, Tennessee, beschreibt drei Wutmuster, die in Familien nur allzu häufig auftreten. Das erste ist das Muster »Wut rechtfertigt sich selbst«:[11]

Ein zweites Muster, das häufig bei Menschen zu finden ist, die sich vor der Artikulation von jeder Art von Wut oder Konflikten fürchten, ist der Zyklus von Passivität und Wutausbrüchen:

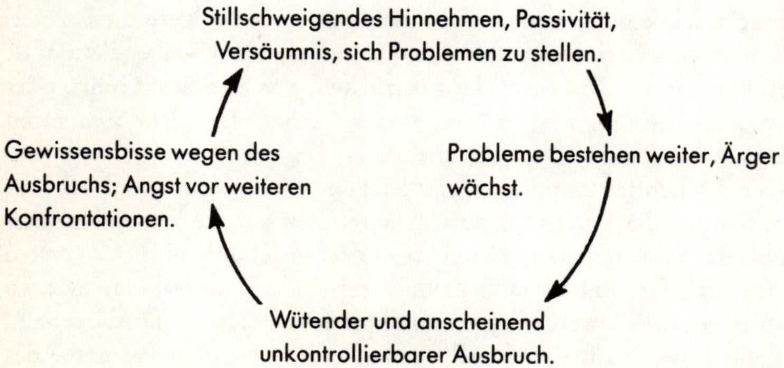

Ein drittes Muster, das sich häufig bei Menschen findet, die nur allzu bereit sind, Wutgefühle auszudrücken (so wie die Whites), ist das folgende:

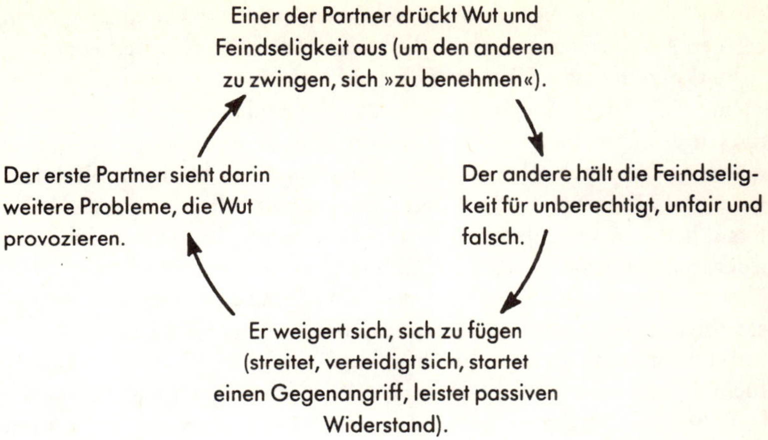

Wenn ein Problem so definiert wird – als Teil eines Kreislaufs ohne Anfang oder Ende –, lautet die Frage »Wie brechen wir aus diesem Muster aus?« und nicht mehr »Was sollte ich wegen meiner Wut unternehmen?«

Harriet Goldhor Lerner, Familientherapeutin und Autorin von *Wohin mit meiner Wut?* stellt den systemischen Ansatz dem linearen Denken – dem Denken in Begriffen von Ursache und Wirkung – gegenüber. Wenn wir ein Problem haben, sagt Lerner, neigen wir dazu, einen Schuldigen zu suchen.

»Betrachten wir einmal die Dynamik eines Paares, bei dem die Frau sich ständig beschwert und der Mann ständig auf Distanz geht und der Auseinandersetzung ausweicht. Je mehr er sich zurückzieht, desto mehr beschwert sie sich; je mehr sie sich beschwert, desto mehr zieht er sich zurück. Wer hat also Schuld?

›Das ist doch klar‹, sagt ein Beobachter. ›Sie nörgelt dauernd, und dann zieht der arme Kerl sich natürlich zurück.‹

›Völlig falsch‹, sagt ein zweiter Beobachter. ›Er ignoriert sie, und dann beschwert sie sich natürlich.‹«[12]

Aus der systemischen Perspektive ist es völlig gleichgültig, wer angefangen hat. Wichtig ist, daß jeder Beteiligte beim anderen eine Reaktion hervorruft: Je mehr er sich zurückzieht, desto mehr nörgelt sie. Das Problem liegt nicht in spezifischen Charakterzügen der einzelnen – sie ist eine »Nörgeltante«, er ein »Ausweicher« –, sondern in ihren miteinander gekoppelten Reaktionen. Die systemische Familientherapie ist eine Methode, Menschen als Teil eines Beziehungsgeflechtes zu betrachten und sie zu lehren, ihr eigenes Verhalten besser zu beobachten und ihren eigenen Anteil an einem unglücklich machenden Muster zu erkennen.

Vor kurzem mußte ich diese Lehre auf mein eigenes Leben anwenden. Mein Stiefsohn, ein junger Mann, der in England lebt, leidet seit mehreren Jahren unter einer Reihe von Symptomen, die durch einen Virus, eine Allergie oder psychischen Streß hervorgerufen sein könnten. Nachdem wir einige Monate nichts von Matt gehört hatten, erfuhren wir, daß seine Krankheit sich verschlimmert hatte – es bereitete ihm Schwierigkeiten, jeden Tag zur Arbeit zu gehen. Ich fing an zu wirbeln, informierte mich über seine Symptome, über entsprechende Ärzte und mögliche Diagnosen. Mein Mann und ich riefen ihn an, um die Ergebnisse unserer Nachforschungen mit ihm zu besprechen und ihn zu drängen, zu einer Untersuchung nach Amerika zu kommen. Wir liefen gegen eine Wand. Er bemühte sich, entgegenkommend zu sein, aber seine Stimme war kühl. Unser Gespräch endete mit einem bitteren Beigeschmack.

Meine erste Reaktion war Wut. Ich warf Matt Sturheit und Undankbarkeit vor. Nach all meinen Bemühungen! Ich versuchte doch nur, ihm zu helfen! Aber als ich den Zusammenstoß durch die systemische Linse betrachtete, erkannte ich, wie mein Verhalten Matts Verhalten provoziert hatte. Ich war sofort zu seiner Rettung herbeigeeilt. Alles, was ich sagte, implizierte, daß er ein dummes Kind und die englische Medizin unfähig sei, und daß wir das Rätsel seiner Krankheit nur lösen würden, wenn er herkäme. Also rief ich ihn wieder an. »Matt«, sagte ich, »es tut mir leid wegen unseres letzten Gesprächs, und ich möchte mich dafür entschuldigen. Es muß sich angehört haben, als würden wir deinem Urteil nicht trauen. Wir waren und sind natürlich deinetwegen in Sorge. Also laß uns so verbleiben: Wenn du jemals den Wunsch hast, herzukommen, und möchtest, daß wir herausfinden, was die Ärzte hier zu deinen Symptomen zu sagen haben, helfen wir dir gern.« Die Erleichterung in Matts Stimme war greifbar. »Vielen Dank, daß du das gesagt hast«, meinte er. »Ich wollte euch nicht enttäuschen und nicht sagen, daß ich im Augenblick nicht rüberkommen kann, aber Tatsache ist, daß die Schulmedizin mir bisher nicht geholfen hat, und jetzt gehe ich zu einem Homöopathen. Vielleicht hilft er mir, vielleicht auch nicht, aber ich möchte diese Behandlung bis zum Ende mitmachen.«

Der erste Schritt beim Aufbrechen eines Familienmusters besteht darin, die Phantasie von der Rettung oder Veränderung des anderen aufzugeben. Um es in der Sprache der systemischen Familientherapie auszudrücken: Normalerweise konzentriert sich ein Partner bei Schwierigkeiten zu stark auf den anderen, und der andere konzentriert sich zu wenig auf sich selbst. Angenommen, der Mann hat ein Problem – er ist arbeitslos und sucht nicht nach Arbeit. Die Frau, die natürlich voller Mitgefühl ist, konzentriert sich mehr und mehr auf ihn und sein Problem und versucht zu helfen: Hier ist die Adresse von einem Berater, zu dem er gehen kann, hier ist ein Buch, das er lesen kann, und so weiter. Doch je mehr er sich weigert und je länger er trübselig zu Hause herumsitzt, desto wütender wird sie über seine »Faulheit« und »Verantwortungslosigkeit«. Ihre mitfühlenden Versuche, ihm zu helfen, wechseln nach einer Weile mit Wutausbrüchen ab, aber beides bringt ihn nicht dazu, sich vom Fleck zu bewegen.

Die Ironie liegt darin, daß der Mann umso weniger motiviert und fähig ist, eine Lösung zu finden, je mehr seine Frau sich auf sein Problem konzentriert. Dabei erkennt sie ihren eigenen Anteil nicht. Lerner bemerkt, daß Menschen, die sich zu stark auf den anderen konzentrieren, bei ihren Versuchen, dem anderen zu helfen, sehr selbstgerecht sind. Während sie ihr Hilfsprogramm durchführen, kümmern sie sich nicht mehr um ihre eigenen Probleme und bitten auch den Partner nicht um Hilfe. Sie sprechen ihren »leidenden Partner« von anderen Verantwortungen frei. Schließlich findet in der Beziehung eine Polarisation statt zwischen dem kompetenten Helfer und dem inkompetenten Hilfsbedürftigen. Je mehr der eine Partner versucht, den anderen zu ändern, desto stärker ist er daran beteiligt, daß der Status quo aufrechterhalten wird.

Der zweite Schritt beim Aufbrechen des Musters besteht daher darin, zuzugeben, daß die eigenen Bemühungen, den anderen zu ändern, keinen Erfolg haben. Die Frau hat ständig mit ihrem Mann geredet, sie hat Tausende von Stellenanzeigen aus der Zeitung ausgeschnitten, und er hat immer noch keine Arbeit. Jetzt kann sie ihre Energie darauf verwenden, ihre eigenen Wahlmöglichkeiten zu entdecken, denn er ist nun mal so, wie er ist. Wenn sie sich entschließt, bei ihm zu bleiben, muß sie für beide genau bestimmen, was sie tun muß, damit sein Verhalten keine Bitterkeit in ihr erweckt. »Ich kann ertragen, daß du nicht arbeitest«, könnte sie zu ihm sagen, »aber ich kann dich nicht mehr wie gewohnt unterstützen. Damit ich also ein gutes Gefühl zu unserer Beziehung habe, richte ich jetzt ein eigenes Bankkonto ein und mache allein Ferien.« Oder sie könnte sagen: »Ich sehe, daß ich dir nicht so geholfen habe, wie ich hoffte. Mir fällt nichts mehr ein. Was hast du selbst für Ideen, was du tun könntest, damit es dir besser geht?« Der Vorteil, seine eigene Rolle in einem System zu erkennen, liegt nach Lerner darin, daß man neue Möglichkeiten und mehr Kontrolle über die Situation hat.

Die Alternative zur übermäßigen Beschäftigung mit den Problemen des anderen ist jedoch nicht Gleichgültigkeit. Dazwischen liegt die Fähigkeit, Liebe und Betroffenheit auszudrücken und dabei anzuerkennen, daß der Partner oder die Partnerin ihre oder seine Probleme selbst lösen muß und daß die eigene Hilfsbereitschaft Grenzen hat.

Wenn ein Paar in einen Kreislauf von fruchtlosen Auseinandersetzungen verstrickt ist, so wie die Whites, geht es nicht darum, Wut »auszudrücken« oder »zu unterdrücken«. Das Problem liegt darin, wie das Problem, das immer wieder zu Streit führt, zu lösen ist. Dazu müssen beide Partner lernen, ihre tatsächlichen Bedürfnisse, Verantwortlichkeiten und Wünsche deutlich zu machen. Die Whites gingen dieser schwierigen Aufgabe dadurch aus dem Wege, daß sie sich gegenseitig nur Vorwürfe machten. Lerner bietet eine ausgezeichnete Fallstudie, die, wie ich meine, diesen Punkt sehr gut beleuchtet.[13]

Dianna, dreißig Jahre alt, kommt zur Therapie und klagt über »Depressionen«. Sie hat das Gefühl, ihr Leben habe keinen Sinn, und ihre Arbeit als Vertretungslehrerin langweilt sie. Gleichzeitig ist sie ärgerlich und erbittert, weil ihr Mann, Jonathan, sich strikt weigert, ihr, solange ihre Tochter noch nicht zur Schule geht, zu »erlauben«, eine Berufsausbildung zu machen, um ihre beruflichen Chancen zu erhöhen. Sie streiten sich immer wieder über Diannas Wunsch, weiter zu studieren, und auch über andere Themen, aber die Streits sind unproduktiv. Dianna fühlt sich von Jonathan bevormundet und beherrscht und zu hilflos, um das zu ändern.

Ein typischer Streit, schreibt Lerner, spielte sich folgendermaßen ab: Dianna klagt darüber, wie unglücklich sie mit ihrer Arbeit sei und daß sie gern einen höheren Abschluß machen würde. Jonathan antwortet, sie solle warten, bis das Kind in der Schule sei, »für Cara«. Dianna führt dann alle möglichen Aussagen von Kinderpsychologen an und versucht damit zu beweisen, daß glückliche Mütter glücklichere Kinder großziehen. Jonathan hält noch hartnäckiger an seiner Meinung fest, daß Cara leiden würde. Der Streit wird immer heftiger und wütender, bis beide sich voller Groll zurückziehen. Nach ein paar Wochen, in denen sie sich allmählich beruhigen, wiederholen sie die gesamte Diskussion.

»Wut herauszulassen bewirkt nicht viel anderes als zu schweigen, wenn unsere Artikulation der Wut eher dazu dient, Veränderungen zu blockieren als sie zu erleichtern«, bemerkt Lerner. »Wie viele andere

Frauen auch kämpfte Dianna in einer Weise, die eigentlich ihren Mann und den Status quo ihrer Beziehung schützte. Kurz gesagt, Dianna setzte ihre emotionale Energie dafür ein, ihren Mann zu ändern, der sich nicht ändern wollte. In dem Versuch, das Unmögliche zu tun, gab sie die Macht, die sie tatsächlich hatte, ab – die Macht, sich selbst zu ändern und um ihrer selbst willen neue und andere Schritte zu unternehmen.«

Wenn man sich selbst ändert, heißt das, daß andere sich auch ändern müssen, und das ist für die anderen oft beängstigend und unbequem – selbst wenn die Veränderung zu besseren Beziehungen führt. Daher ziehen so viele Menschen ihr Leid der möglichen Freude vor. Partner sagen nicht: »Ich bin so glücklich, Schatz, daß du alle Regeln in unserer Ehe änderst und selbst deine Entscheidungen triffst.« Jede Veränderung innerhalb eines Systems ruft Gegenbewegungen von seiten der anderen Beteiligten hervor, mit denen sie versuchen, den Neuerer auf die vertrauten alten Wege zurückzuholen.

Indem er Rolle und Ziel der Wut bestimmt, hilft der systemische Ansatz Paaren, zu verstehen, warum sie sich mit fürchterlichen, unproduktiven Streiterein abfinden: Die Wut schützt sie möglicherweise vor noch beängstigenderen Erkenntnissen über sich selbst und ihre Ehe. Zum Beispiel, um auf Lerners Fall zurückzukommen, erlaubt Jonathans Wut ihm, seine echten Besorgnisse zu übergehen: »Ich habe Angst und mache mir Sorgen, weil du wieder studieren willst. Was ist, wenn es dir zu gut gefällt? Was ist, wenn du jemand anderen kennenlernst? Was ist, wenn du dich nicht mehr um mich kümmerst?« Und Diannas Bereitschaft, sich immer wieder auf die gleichen Streitereien einzulassen, schützt sie davor, sich mit angsterregenden Themen auseinanderzusetzen: »Wie wird es sich auf meine Ehe auswirken, wenn ich stärker und selbstbewußter werde? Wer hat hier die Macht? Was befürchte ich selbst, wenn ich wieder studiere? Wenn ich die Wahl habe, meine Ehe oder mich selbst zu retten, für was entscheide ich mich dann?«

Als erstes mußte Dianna lernen, nicht mehr zu versuchen, ihren Mann dazu zu bringen, ihrer Meinung zu sein. »Diannas Aufgabe ist es, ihre eigenen Gedanken und Gefühle zu klären und sich in Übereinstimmung mit ihren Überzeugungen zu verhalten«, schreibt Lerner. »Ihre Aufgabe besteht *nicht* darin, Jonathan zu ändern oder ihn dazu zu bringen, daß er die Dinge so sieht wie sie. Je mehr sie sich darum bemüht, desto größer ist die Garantie dafür, daß sich nichts ändern wird.«

Als nächstes lernte Dianna, wütende Auseinandersetzungen überhaupt zu umgehen. »Angenommen, Dianna würde auf Jonathan zugehen, wenn sie gerade eine recht ruhige Zeit miteinander haben«, schreibt Lerner, »und ihm ohne Entschuldigungen oder Vorwürfe Folgendes sagen: ›Jonathan, ich weiß, daß du nichts davon hältst, daß ich jetzt wieder anfange zu studieren, und ich verstehe, daß du dir Sorgen machst, daß Cara darunter leiden würde. Trotzdem habe ich beschlossen, daß ich es für mich selbst tun muß, und ich habe vor, es durchzuziehen.‹« Natürlich wird Jonathan protestieren und die ganzen alten Argumente aufbieten. *Dianna darf sich nicht ködern lassen*, betont Lerner. »Sie könnte sagen: ›Vielleicht hast du in bezug auf Cara recht, vielleicht auch nicht. Das kann ich nicht wissen. Aber was ich weiß, ist, daß ich jetzt wieder studieren will, und wenn ich es aufschiebe, werde ich bitter und ärgerlich. Ich hoffe auf deine Unterstützung, aber ich verstehe natürlich auch, daß du die Dinge anders sehen kannst.‹«

Dianna muß ihre Entscheidungen mit Bestimmtheit und Würde vertreten, ohne ihrem Mann gegenüber wütend oder aggressiv zu werden (und vielleicht mit etwas Einfühlungsvermögen in bezug auf seine unausgesprochenen Befürchtungen). Sie darf nicht versuchen, seine Gefühle zu ändern, aus dem einfachen Grunde, weil sie das nicht kann. Er macht sich Sorgen wegen möglicher zukünftiger Ereignisse, und schließlich sind beide keine Hellseher. Die beste Methode ist, ein Abkommen abzuschließen, in dem beide Partner die Anliegen des anderen anerkennen und sich einig sind, daß sie möglicherweise anderer Meinung sind. In Diannas Fall stimmt Jonathan ihrer Entscheidung für das Studium möglicherweise nicht zu, aber vielleicht können sie sich auf ein Nebenabkommen einigen, wie man Diannas Arbeit für das Studium und die Versorgung Caras miteinander verbinden kann.

»Abkommen zu schließen kann der schwerste Schritt beim Aufbrechen eines Wutmusters sein«, bemerkt Richard Driscoll. »Es erfordert sowohl, daß uns klar ist, was wir wollen, als auch, daß wir uns anhören, was jemand anders will. Und bei solchen Gelegenheiten, wenn die Dinge sich nicht wie von selbst regeln – also fast immer – verlangt es, daß wir in unseren Forderungen bestimmt, in unserer Haltung jedoch freundlich bleiben.«

Bevor man die Regeln einer Beziehung ändern kann, muß man, so meint Lerner, einen »Grundsatz« haben, man muß sich darüber im klaren sein, welches Verhalten des anderen man nicht mehr akzeptieren kann. Und man muß das Selbstbewußtsein haben, diesen Grundsatz in keinem Fall aufzugeben. Für Frauen ist das besonders schwierig. »Stattdessen reagieren viele Frauen immer wieder auf das, was der andere tut oder sagt, oder sie sprechen leere Drohungen aus, die sie gar nicht wahrmachen wollen – ›wenn du noch einmal zu spät kommst, ist es aus mit uns‹«, erklärt Lerner. »Die Fähigkeit zu sagen: ›bis hierher und nicht weiter‹, setzt bei der Frau Selbstsicherheit voraus.«

Manche Leute sind eben deswegen gegen den systemischen Ansatz, weil er nicht versucht, Schuld zuzuweisen, und weil er die Rolle aller Beteiligten in einem Beziehungsgeflecht beschreibt. Diese Vorstellung impliziere, meinen Kritiker, daß eine Frau, die von ihrem Mann geschlagen wird, genausoviel »Schuld« an seinem Verhalten habe wie er selbst. Sie bestärke die Ansicht, daß Frauen Masochistinnen seien: Wenn sie in einer schlechten Beziehung bleibt, muß sie Vergnügen an den Schmerzen haben. Und sie verwische die kritische moralische Grenzlinie zwischen Täter und Opfer.

Ich kenne keinen Systemtherapeuten, der auch nur einer dieser Folgerungen beipflichten würde. Im Gegenteil, Systemtherapeuten wollen, daß Opfer so viel Macht bekommen, daß sie sich von den psychischen und physischen Schikanen der Täter befreien können. Sie wollen, daß die Opfer eine wesentliche Tatsache verstehen, die für jede Beziehung gilt: Daß sie nämlich Wahlmöglichkeiten haben, und daß sie die Macht haben, aus dem Muster auszubrechen. Weit entfernt davon, sie schuldig zu sprechen, hilft der systemische Ansatz den Opfern meiner Meinung nach, Lösungen zu finden. Es ist nicht Masochismus, der Frauen (oder Männer) in destruktiven Mustern gefangenhält, sondern die Furcht vor größerem Schmerz oder Verlust, wenn sie die Beziehung verändern oder auflösen. (Erinnern Sie sich an die Untersuchung von Hokanson auf Seite 133, die zeigte, daß Menschen sich gegen sie selbst gerichtete Praktiken aneignen können, wenn diese ihre Angst reduzieren oder ihnen helfen, Feindseligkeit oder Verletzungen durch andere zu vermeiden.) Wenn »Opfer« einmal verstehen, warum sie sich so übermäßig auf die Beziehung konzentrieren, selbst auf Kosten ihres eigenen Glücks und ihrer Selbstachtung, können sie beginnen, Schritte zur Selbstbefreiung zu unternehmen.

Andererseits entschuldigt die Beobachtung, daß die Mißhandelte eine Rolle in einem Muster spielt, das Verhalten des Mannes, der seine Frau mißhandelt, in keiner Weise. Bei vielen Paaren folgen auf eine Phase verbaler oder physischer Gewalt tränenreiche und zerknirschte Entschuldigungen und liebevolle Besorgnis. Der mißhandelte Partner verzeiht, und der Kreislauf beginnt von neuem. Und das tut er bestimmt, denn die gewalttätige Episode wurde mit der Zärtlichkeit belohnt, die das Paar sich von Anfang an hätte schenken sollen. Behandlungsprogramme für Partner, die sich gegenseitig mißhandeln und nicht mit ihren Wutgefühlen umgehen können, beruhen im allgemeinen auf drei Prinzipien:

- Gewalttätigkeit ist ein beiderseitiges Problem, ein Teil des Familiensystems. Ein Partner mag den anderen zwar mißhandeln, aber der andere belohnt ihn möglicherweise dafür.
- Gewalttätigkeit ist erlernt. Sie ist weder ein Persönlichkeitsdefekt noch eine Krankheit, sie geschieht nicht so »automatisch«, wie es zu dem Zeitpunkt scheinen mag, und sie kann wieder verlernt werden.
- Gewalttätigkeit ist ein Versuch, ein Problem zu lösen, und andere, erfolgreichere, gewaltfreie Problemlösungsstrategien sind erlernbar.

Die klinische Psychologin Gayla Margolin lehrt Paare zum Beispiel, genau die Handlungen zu identifizieren, die den anderen kribbelig machen.[14] Genauigkeit ist der Schlüssel. Bei einem Paar, mit dem sie arbeitete, provozierte der Mann die Wut seiner Frau, indem er ungeduldig sagte »Laß mich in Ruhe«, den Kopf senkte oder mitten in einer Diskussion hinausging. Sie brachte ihn zur Weißglut mit einer unfreundlichen Grimasse, indem sie vergangene Angelegenheiten wieder hervorholte, indem sie herablassend – in einer Sprache, die sie in jahrelanger Therapie gelernt hatte – sein Verhalten analysierte und indem sie die Stimme hob.

Als nächstes stellen die Paare bestimmte Grundregeln für Streits auf, zum Beispiel: »Wenn du mich schlägst, verlasse ich dich endgültig.« Diesen Regeln muß Folge geleistet werden.

Als drittes entwickelt das Paar einen Plan, um das bestehende Konfliktmuster aufzubrechen: *Wut im Keim ersticken. Sich sofort aus dem Streit zurückziehen.* Mit anderen Worten: *Den Mund halten.* Man könnte sagen »Ich fange an, wütend zu werden« oder »Das hier wird ein Streit« oder ein von beiden akzeptiertes lustiges Wort oder einen Kosenamen sagen und *Schluß.* Dann einigt sich das Paar darauf, die Diskussion wieder aufzunehmen, wenn beide ruhig sind, einige Stunden später oder am nächsten Tag, und dann die Punkte weiter zu besprechen.

Viertens lernt das Paar, die gewohnten Denkweisen über die Beziehung und über die Wut richtigzustellen. »Du liebst mich nicht mehr, wenn ich dir widerspreche« muß verschwinden, sagt Margolin, und: »Für mich ist es am besten, meine Gefühle zu verstecken und so zu tun, als wenn nichts wäre« ebenso. Ein weitverbreiteter Fehler, der auch in meinen Interviews auftauchte, besteht darin, eine wütende Auseinandersetzung fortzuführen, obwohl man sie aufschieben sollte. »Die Zukunft unserer Beziehung hängt davon ab, daß wir diesen Streitpunkt *jetzt* klären«, lautet diese irrige Ansicht. Nein, die Zukunft der Beziehung hängt von der Zuversicht ab, daß es eine Zukunft geben wird, und davon, daß beide Partner Zeit bekommen, sich zu beruhigen.

Schließlich und endlich müssen die Partner nicht nur wissen, *wie* man streitet, sondern auch *wann*. »Es ist unvorstellbar, wieviele Leute sich entscheiden, ›ihre Gefühle auszudrücken‹, wenn sie auf dem Weg zu einer Party sind, wenn einer der Partner in zehn Minuten zum Zahnarzt muß oder wenn die Kinder dabei sind«, sagt Bernie Zilbergeld. »Dann sind sie überrascht, wenn der Partner explodiert oder der Abend verdorben ist, wenn der Partner das Haus verläßt oder wenn die Kinder mitten im Gespräch unterbrechen. Wenn man über ein Problem diskutieren will, muß man einen geeigneten Zeitpunkt wählen – wenn man nicht wütend ist und Zeit hat, darüber zu sprechen.«

Wenn alte Wutmuster einmal verändert wurden, kann ein Paar seine Aufmerksamkeit auf die eigentlichen Probleme lenken und versuchen, sie anders als durch Geschrei zu lösen. Margolin lehrt Paare, »wie man seine Unzufriedenheit auf konstruktive, nicht vorwurfsvolle Weise ausdrückt, statt Wut mit Beschuldigungen, Drohungen und Gewalttätigkeit auszuagieren.« Sie bringt ihnen Methoden bei, wie man manche Meinungsverschiedenheiten löst und mit anderen lebt. Sie lehrt sie, höflich zu sein.

Ein Lob der Höflichkeit

Ich kann gar nicht zählen, wie oft verheiratete Paare mir sagen: »Ich habe diese ganze Wut in mich hineingefressen, und sie muß raus.« Natürlich muß sie das, und ich werde mit Freuden die Scheidung ausrichten...

Bernie Zilbergeld, Psychotherapeut in Oakland, Kalifornien

Wut ist ein Zeichen von Bindung, von Zusammengehörigkeit. Die Bindung kann ambivalent, unglücklich oder widerwillig sein wie die der Whites oder stark und blühend wie die der Ravens. Selten jedoch ist man auf einen Menschen wütend, der einem nichts bedeutet. Das Gegenteil von Liebe ist schließlich nicht Wut, sondern Gleichgültigkeit.

Die Schauspielerin Lynn Fontanne sagte einmal, das Geheimnis ihrer guten Ehe und beruflichen Partnerschaft mit Alfred Lunt sei, daß sie niemals unhöflich zueinander wären.[15] Ich kann mir keine vielsagendere Zusamenfassung der Vorteile der Höflichkeit denken. Höflichkeit ist jedoch nicht das gleiche wie Schweigen. Es hat keinen Sinn, sich so zu benehmen wie der Vater von Judith Thurman, der »an den meisten Abenden seines Ehelebens Hefegebäck zum Nachtisch aß, ohne jemals meiner Mutter gegenüber zu erwähnen, daß er Hefegebäck nicht mochte.«[16] Das ist keine Höflichkeit, sondern Dummheit. Man kann sich jedoch herrlich über Hefegebäck, Abendessen oder einen der unzähligen Streitpunkte der Whites auseinandersetzen, ohne dabei unverschämt zu werden.

Mit der Wut in der Ehe fertigzuwerden hängt nur zum Teil davon ab, daß man eine genaue Diagnose für den Grund der Wut stellt. Natürlich gehört es sich, daß man herausfindet, ob man sich wirklich darüber ärgert, wie sie die Zahnpasta aus der Tube drückt oder darüber, daß er einen zweimal im Jahr umziehen läßt, ohne daß man ein Wörtchen mitzureden hätte. Doch für die meisten von uns gibt es in den meisten Fällen nicht einen einzigen Grund, sondern viele, die sich überlagern, wobei der eine diese und der andere nächste Woche wichtiger sein kann. Für die meisten von uns werden Meinungsverschiedenheiten in den meisten Fällen nicht ein für allemal »beigelegt«, sondern sie lauern im Untergrund und warten auf eine Gelegenheit, Unheil zu stiften und Mißverständnisse zu verursachen.

Paare, die von ihrem Zorn und von den Konflikten, die ihn hervorrufen, nicht besiegt werden, wissen um zwei Dinge: wann man bei nebensächlichen Anlässen seine Wut für sich behält und wie man über wichtige Angelegenheiten streitet, zugunsten der persönlichen Autonomie und der Veränderung. Malcolm beherrscht die erste Technik nicht, er brütet und schmollt tagelang im Namen der guten Sitten; Moira beherrscht die zweite nicht, sie schreit und kränkt ihren Mann im Namen der Ehrlichkeit. Eine Frau kann durchaus Verständnis dafür haben, daß ihr Mann seine Vorwürfe um der ehelichen Harmonie willen unterdrückt, aber wenn sie sich beklagt, sie könne seine Gedanken nicht lesen, ist ihre Wut verzeihlich. Ein Ehemann kann durchaus Verständnis für den Ärger seiner Frau haben und ihren Groll über die Gesellschaft, die Frauen nicht die gleichen Chancen und die gleiche Macht einräumt, teilen. Es ist jedoch verzeihlich, wenn er ihrer kränkenden Wutausbrüche überdrüssig wird.

Manchmal ist es, wie die Untersuchungen zur Katharsis überzeugend darlegen, bei Wut am besten, gar nichts zu tun. Warten Sie ab, und in der Hälfte der Fälle wird sich das Gefühl als unwichtiger, momentaner Schauder herausstellen, der schnell vergessen ist. In den anderen Fällen gibt das Stillschweigen einem Zeit, sich zu beruhigen und zu entscheiden, ob die Sache einer Diskussion wert ist oder nicht. Wie Moira und Malcolm uns erzählen könnten, wird man immer noch wütender, wenn man Wut ausdrückt, solange man wütend ist. Erinnern Sie sich an Moiras Schilderung eines typischen Streits, der schnell in blinde Wut und unbeabsichtigte, unfaire Vorwürfe ausartet (»Du machst *nie* etwas im Haus«). Tatsächlich fanden die Whites das während eines zweiwöchigen Waffenstillstandes, zu dem sie sich entschlossen hatten, selbst heraus. Die daraus resultierende Ruhe gefiel ihnen sehr gut, und zu ihrem Erstaunen stellten sie fest, daß sie tatsächlich weniger wütend aufeinander waren, wenn sie sich zwangen, ihre Wut zu unterdrücken. Leider wußten sie nicht, wie man den nächsten Schritt macht und lernt, bei Meinungsverschiedenheiten zu verhandeln, und so hielt der Waffenstillstand nicht.

Da die meisten Paare weder erfahrene Gewerkschaftsunterhändler noch Diplomaten sind, werden manche ausfallend, um ihren Willen zu bekommen – wie die Whites. Vielleicht ist das die einzige Methode, die sie kennen. Paaren wie den Whites ist nicht viel damit geholfen, wenn Therapeuten sie ermuntern, sich an Kindheitserlebnisse zu erinnern oder Übungen zum »Aggressionsabbau« zu machen. Doch Therapeuten, die die Vorzüge der Höflichkeit und die sozialen Funktionen von Wut kennen, können praxisbezogen und sofort Hilfestellung leisten.

Im sechzehnten Jahrhundert schrieb der Essayist Montaigne, es gäbe keine Leidenschaft, die die Klarheit des Urteils so sehr trübe wie der Zorn. Doch Montaignes eigenes Urteilsvermögen war scharf, und er hatte im Umgang mit Wut viel Erfahrung. Man solle, riet er, sparsam damit umgehen und sie nicht wahllos verschwenden, denn das schmälere ihre Wirkung und Bedeutung. Achtloses und ständiges Schimpfen würde zur Gewohnheit und würde dazu führen, daß jeder es von vornherein nicht ernst nehme. Auch sollten wir unsere Wut nicht im stillen Kämmerlein herauslassen, sondern sie sollte ihr Ziel erreichen. Montaigne hatte vor allem eine Abneigung gegen Menschen, die schreien, denn er war der Ansicht, daß Gebrüll weder eine strafende noch sonst eine Wirkung habe, sondern daß der andere sich nur mit der Lärmbelästigung abfinden müsse. Er wäre sicherlich erstaunt gewesen über die modernen Paare, die im Namen der Ehrlichkeit jede irritierende Handlung, die der andere begeht, anprangern und so bei jeder sich bietenden Gelegenheit Wut

»verschwenden«. Einer meiner Interviewpartner, ein einunddreißigjähriger Sänger, beschrieb, wie er von seinem Problem mit der Wut »geheilt« wurde:

In der Gestalttherapie brachten sie mir bei, Wut sofort auszudrücken und sie nicht in mich hineinzufressen. Früher habe ich Wut erst ausgedrückt, wenn ich das Gefühl hatte, ich sei dazu berechtigt – ich brachte meine Beschwerden nur vor, wenn ich fand, daß ich Grund zur Klage hätte. Jetzt mache ich mir über die Berechtigung keine Gedanken mehr. Wenn ich sauer bin, sage ich das. Meistens hat es mit Kränkungen zu tun: »Warum hast du mich so komisch angeguckt? Warum hast du mich ignoriert?«

Der Sänger berichtete auch, er und seine Geliebte würden sich oft streiten, aber er sieht keine Verbindung zwischen seiner neugefundenen Bereitschaft, loszuplatzen, und dem emotionalen Nachhall, den das Herausplatzen hervorruft. Hören wir als Gegensatz dazu Jack Raven:

Was ich an der Ich-Generation oder der Ich-Psychose oder was immer das ist, hasse, ist die Erwartung, daß man herausbringt, was immer einen gerade quält, aber keiner sagt einem, daß man sich Gedanken darüber machen soll, ob man auf Menschen, die man *gern hat*, wütend wird – man kann sie mit diesen sogenannten Enthüllungen so leicht vernichten. Die Beziehung kann zerstört werden. Ich werde wütend über die simplizistische Vorstellung, daß man wütend werden soll, ohne auf die Gefühle anderer Rücksicht zu nehmen.

Mit welcher Haltung würden Sie lieber leben?

Letztendlich kann man schließen, daß der richtige Umgang mit Wut davon abhängt, daß man die Verantwortung für seine Gefühle und seine Handlungen übernimmt: daß man nicht der Versuchung erliegt, in Vorwürfen und Zorn oder in stillem Ärger steckenzubleiben. Wenn Wut einmal zum Antrieb wird, den ersten besten Sündenbock anzubrüllen, statt eine ungute Situation zu verändern, verliert sie ihre Glaubwürdigkeit und ihre Kraft. Sie wird zum Selbstzweck und macht das Leben mit Sicherheit unerfreulich und trübselig.

9. Gerechter Zorn

Gerechtigkeit heißt, daß ich tun darf, was immer ich will. Ungerechtigkeit ist alles, was mich davon abhält.

Samuel Johnson

Die Menschen sind, wenn überhaupt, eher darüber gekränkt, daß man sie für albern hält, als darüber, daß man sie für ungerecht hält.

E. B. White

Der heilige Thomas von Aquin hatte die Vorstellung, daß Menschen umso zorniger werden, je weiter derjenige, der sie beleidigt hat, unter ihnen steht: »Deswegen geraten die aus vornehmem Stand in Zorn, wenn sie von Bauersleuten mißachtet werden, oder die Weltkundigen, wenn es von den Dummen, oder die Herren, wenn es von den Sklaven geschieht.«[1] Daß die Bauersleute von heute die irritierende Angewohnheit haben, auf Beleidigungen ebenfalls mit Zorn zu reagieren, ist natürlich den Revolutionen zuzuschreiben.

Das Gefühl für Ungerechtigkeit ist erworben, nicht angeboren, und obwohl wir den Zorn als Diener der Gerechtigkeit ansehen, ist er nicht immer unbedingt ihr Begleiter. Zorn hängt von unserer Einschätzung einer Situation ab, und dazu gehört auch das Wahrnehmen von Ungerechtigkeit. Viele Menschen glauben, daß sie, wenn sie in der Gegenwart über eine bestimmte Sache wütend sind, schon immer darüber wütend gewesen sein müssen. In der Vergangenheit jedoch wurde die Wut möglicherweise unterdrückt, verzerrt oder verlagert. Eine Frau, die wütend auf sich ist, weil sie vor zwanzig Jahren wegen der Ehe ihr Medizinstudium aufgegeben hat, fragt sich heute, was sie mit der Wut gemacht hat, die sie ihrer Ansicht nach zu jener Zeit gespürt hat. Ein Mann, der als Erwachsener wütend auf seine Eltern ist, weil sie ihn als Kind gezwungen haben, immer den Teller leer zu essen, glaubt, daß er als Kind schon genauso wütend deswegen war. Möglicherweise waren die Ex-Medizinstudentin und der kleine Junge früher wirklich wütend, wahrscheinlicher aber ist, daß sie sich einfach den Umständen anpaßten – nach ein bißchen Gezeter vielleicht – und sich den Regeln fügten. Man projiziert seine Gefühle nicht nur rückwärts auf die eigene Gefühlslage bei vergangenen

Ereignissen, sondern auch sozusagen seitwärts auf den Gefühlszustand anderer Menschen. Manche unterstellen den Frauen oder den Minderheiten vergangener Generationen oder sogar Jahrhunderte Wut. Wenn sie sich dabei fragen, warum eine mißhandelte Frau bei einem bösartigen Ehemann bleibt und sich selbst statt ihm die Schuld an den Mißhandlungen gibt oder warum ein Sklave nicht rebelliert oder warum die Unberührbaren ihre erniedrigende Kaste akzeptieren, setzen sie voraus, daß diese Leidenden die Situation genauso interpretieren wie sie selbst – und noch dazu einen Ausweg sehen.

Die Kräfte, die Menschen – wenn auch nicht völlig zufrieden, so doch zumindest nicht zornig – an ihrem Platz halten, sind jedoch nicht immer so irrational, wie sie vielleicht aussehen. Bei der Entscheidung, daß eine bestimmte Situation ungerecht ist, müssen einige psychische und praktische Hürden überwunden werden, und das gilt auch für die darauf folgende Entscheidung, daß nämlich nicht Apathie, sondern Zorn die angemessene Reaktion auf das Unrecht ist. Die Frage lautet daher nicht nur einfach, warum Menschen zornig werden, sondern auch, warum sie nicht zornig werden.

Die rationalisierende Spezies

Vor einigen Jahren schien der Golfspieler Tom Watson in dem mit 300000 Dollar dotierten Byron Nelson Classic auf einen leichten Sieg zuzusteuern, als das Wetter und sein Schicksal sich plötzlich gegen ihn wandten. Von einer Punktzahl von acht unter Par fiel er auf vier über Par ab. »Das regt mich nicht auf«, sagte Watson zu einem Reporter. »Golf ist kein faires Spiel.«[2]

Auch das Leben ist kein faires Spiel, aber die Menschen haben eine merkwürdige Art, sich so zu benehmen, als wäre es das. Wir neigen dazu, das, was ist, mit dem zu vergleichen, was sein sollte, und reagieren mit Entrüstung, wenn wir in unserer Art, Dinge zu bewältigen, angegriffen werden. Wir akzeptieren Ungerechtigkeiten leichter, wenn sie zum System gehören, da die Rollen, die wir spielen, uns so normal und unabänderlich erscheinen. Wir nehmen es zum Beispiel als gegeben hin, daß ein Chef unter anderem das Recht hat, die Arbeitszeit festzulegen. Eskimoische Arbeiter in Fabriken in Alaska dagegen fanden es sehr lustig, daß die Weißen so gehorsam auf Pfeifsignale reagierten, die ihnen befahlen, mit der Arbeit aufzuhören oder zu beginnen.[3] Für den Eskimo ist die einzige

Autorität, die bestimmt, wann ein Mensch arbeitet, die Tide. Amerikanische Arbeiter würden es allerdings genauso lustig finden – abgesehen davon, daß sie es als Beeinträchtigung ihrer Freiheit ansehen würden –, wenn sie jeden Morgen gemeinsam die Firmenhymne singen müßten, was so viele japanische Arbeiter ganz selbstverständlich tun.

Was geschieht, wenn der Glaube an die Legitimität des Systems auf die Probe gestellt wird? Normalerweise kann ein derartiger Test dem Glauben nichts anhaben. Die Organisation unserer geistigen Fähigkeiten scheint daraufhin ausgerichtet zu sein, daß wir Informationen, die wir nicht hören wollen, Informationen, die mit unseren grundlegenden Überzeugungen nicht übereinstimmen, ausblenden. Der Psychologe Anthony G. Greenwald bezeichnet das Ich als »das totalitäre Ego«. Seiner Ansicht nach organisiert das Ego sein Wissen, seine Wahrnehmungen und seine Erinnerungen auf vorhersehbare, voreingenommene Weise, die vor allem dazu dient (wie eine totalitäre Regierung), seine Organisation zu schützen.[4]

Das Ego, sagt Greenwald, ist ein »sich selbst rechtfertigender Historiker«, der nur solche Informationen sucht, die in sein System passen, der die Geschichte umschreibt, wenn das notwendig ist, und Bedrohungen nicht einmal sieht. Die Organisation unseres Wissens ähnelt dem System einer Bibliothek. Unsere Vorurteile erlauben uns, spezielle Informationen, die wir schnell brauchen, wiederzufinden. Wenn wir uns einmal für ein bestimmtes Katalogisierungssystem entschieden haben (zum Beispiel eine konservative Ideologie oder ein religiöses Glaubenssystem), verwenden wir mehr Zeit auf die Erhaltung des Systems als auf seine Revision. Die Vorurteile bleiben bestehen, weil sie funktionieren: Sie bewahren das Selbstvertrauen, halten unsere mentale Organisation in Ordnung und sorgen dafür, daß wir unbeirrt unsere Ziele verfolgen, wie auch immer sie aussehen mögen. Die Vorsicht, mit der der Verstand neue Gedanken akzeptiert, mag in einer Welt voller Neuerungen und Entdekkungen geradezu tollkühn erscheinen, aber sie ist (oder war es zumindest bis vor kurzem) im Hinblick auf die Anpassung der Spezies erfolgreich. Die Wut, die Menschen vielleicht kurz spüren, wenn sie von widersprüchlichen Informationen bedroht werden, ist die Methode des Verstandes, seine Organisation zu schützen. Die Strategie »meine Meinung steht fest – verwirre mich nicht mit Tatsachen« scheint bei der Entwicklung des Gehirns merkwürdig erfolgreich gewesen zu sein. Denn wenn wir unsere Meinung bei jeder neuen Erfahrung und Beobachtung ändern würden, wüßten wir nie, wie wir uns benehmen sollen, was wir von einer

Sache halten sollen oder warum wir für eine Belohnung in der Zukunft so hart arbeiten. Ständige Meinungsänderungen führen zu Unentschiedenheit und Ängstlichkeit.

Die Struktur des »totalitären Ego«, das beträchtliche Wut mobilisieren kann, um sich und seinen Glauben zu schützen, ist möglicherweise sogar notwendig für unsere geistige Gesundheit. Nach einem Überblick über die Ergebnisse jahrelanger Forschungsarbeiten kamen Shelley Taylor und Jonathon Brown zu dem Schluß, daß Wohlbefinden praktisch von Illusionen abhängt, nämlich von »allzu positiven Selbsteinschätzungen, übertriebenen Einschätzungen der eigenen Kontrolle über etwas oder der Beherrschung einer Situation und unrealistischem Optimismus.«[5] Diese Illusionen sind als Voraussetzung für die Erfüllung der üblichen Kriterien für geistige Gesundheit – die Fähigkeit, etwas für andere zu empfinden, die Fähigkeit, zufrieden zu sein, und die Fähigkeit, produktiv zu arbeiten – sowohl normal als auch notwendig. Versuchspersonen, die bei Tests zur Messung des Selbstbetrugs mit den höchsten Punktzahlen abschnitten (die bedrohliche, aber universelle Gefühle leugnen, wie zum Beispiel, jemals Schuldgefühle gehabt zu haben), bekamen bei Tests zu Psychopathologie und Depression sogar die niedrigsten Punktzahlen!

Wenn ein traumatisches Ereignis auftritt, das nicht ignoriert werden kann, führt das zu Desillusionierung, zu Ent-täuschung im wahrsten Sinne des Wortes. Manche Opfer halten die Welt dann für weniger wohlwollend und weniger sinnvoll als vorher und sich selbst für weniger wert. Da sie nicht mehr fähig sind, sich positive Illusionen zu machen, werden sie wütend, depressiv und ängstlich. Andere legen einen Sinn in die Tragödie und schaffen sich schließlich wieder eine positive Sichtweise von sich selbst und der Welt.

Viele Psychologen haben Theorien aufgestellt, um vorhersagen zu können, wie Menschen mit Informationen umgehen, die ihren Überzeugungen widersprechen: Sie verändern vielleicht ihre Überzeugung ein wenig, wahrscheinlicher aber ist, daß sie die neue Information abwandeln, damit beide friedlich nebeneinander existieren können. Eine meiner Freundinnen zum Beispiel ist Psychoanalytikerin, Freudianerin. Sie bestellt sich immer die neuesten Bücher, in denen die Freudsche Theorie kritisch und experimentell unter die Lupe genommen wird. Das gibt ihr das Gefühl, daß sie sich in der Forschung auf dem laufenden hält. Doch sie liest diese Bücher nie, weil sie von vornherein beschließt, daß sie voller Schwachstellen sind. Das erlaubt ihr, ihre analytische Praxis weiterzuführen.

Alle Konsistenztheorien gehen davon aus, daß Menschen ein grundlegendes Bedürfnis haben, in den Erfahrungen des Lebens Sinn und Ordnung zu finden. Der Psychologe Melvin J. Lerner fügt hinzu, daß wir den Glauben an eine gerechte Welt brauchen, an eine Welt, in der Menschen das bekommen, was sie verdienen, in der Gutes belohnt und Böses bestraft wird. Dieser Glaube, behauptet er, sei zwar ein »fundamentaler Irrglaube«, er sei aber das Kernstück unserer Methode, Erfahrung zu organisieren und in Verwirrung Klarheit, in Grausamkeit und Unrecht Gerechtigkeit und in zufälligen Ereignissen eine Ordnung zu sehen. Und er schütze die Legitimität der bestehenden Ordnung.[6] Inzwischen sind Dutzende von Experimenten durchgeführt worden, die zeigen, was geschieht, wenn der Glaube an eine gerechte Welt mit einer offensichtlichen Ungerechtigkeit konfrontiert wird. Wenn man das Unrecht nicht ändern kann, wird man dazu neigen, das Opfer zu diffamieren, den Vorfall zu leugnen oder das Ereignis ganz neu zu interpretieren. Jedenfalls wird man sich große Mühe geben, den ursprünglichen Glauben zu bewahren.

Das Opfer diffamieren. In einer gerechten Welt werden unschuldige Frauen nicht vergewaltigt. Frauen, die vergewaltigt werden, müssen daher »dazu eingeladen haben« – indem sie verführerisch waren oder vielleicht, indem sie einfach da waren. Beispiele dafür erscheinen in der Presse nur allzu häufig: Ein Richter in Wisconsin (inzwischen suspendiert) sprach einen Teenager frei, der ein vierzehnjähriges Mädchen vergewaltigt hatte, weil das Mädchen »provozierend gekleidet« gewesen sei, und ein anderer Richter (noch im Amt) fand Entschuldigungen für einen Mann, der seine *fünfjährige* Tochter vergewaltigt hatte, weil das Kind »besonders verführerisch« gewesen sei.

Ähnlich können manche leidenschaftlichen Abtreibungsgegner die Statistiken über Vergewaltigungen, Inzest, Ignoranz in Sachen Empfängnisverhütung und Mißhandlung von Frauen nicht akzeptieren, weil sie lieber glauben möchten, daß nur unmoralische Frauen Abtreibungen haben.

Nicht nur Frauen sind von rationalisierenden Diffamierungen betroffen. Die Armen seien selbst an ihrem Leiden schuld (sagen viele der Wohlhabenden), weil sie faul, hinterhältig, betrunken oder gewalttätig seien. Die Millionen Obdachloser, sagte Ronald Reagan gegen Ende seiner Präsidentschaft, zögen es vor, auf Lüftungsgittern und Parkbänken zu leben, selbst wenn sie dabei erfrieren müßten. Er hätte den Mund halten sollen. Ein Mann, der gefeuert wird, weil er für bessere Arbeitsbedingungen eingetreten ist, muß das wohl verdient haben. Bomberpiloten geben, wenn sie hören, daß ein Kamerad bei einem Absturz ums Leben gekommen ist, diesem Kameraden die Schuld – er hat einen dummen Fehler gemacht. Wenn der Fehler bei der Maschine oder bei der Luftwaffe gelegen hätte, wären die Überlebenden ebenfalls in Gefahr. Derartige Rationalisierungen helfen Menschen dabei, den angsterregenden Gedanken zu verdrängen, daß Armut, Arbeitslosigkeit oder Tod sie selbst betreffen könnten.

Leugnen. Hier ist ein vertrauter Begriff für die psychoanalytischen Archive, in diesem Fall bezieht er sich aber nicht auf einen unbewußten Vorgang, sondern häufig auf einen ganz bewußten Prozeß: Man blendet unangenehme Informationen, die die eigenen Überzeugungen bedrohen könnten, aus. Fundamentalisten, die dafür kämpfen, daß ihren Kindern absolute Werte beigebracht werden, machen sich Sorgen, daß ihre Kinder in öffentlichen Schulen Informationen ausgesetzt seien, die ihre religiöse Überzeugung gefährden könnten. Als die Autorin Frances FitzGerald eine dieser Mütter fragte, ob sie in Erwägung ziehen würde, ihre Kinder auf eine nicht fundamentalistische Schule zu schicken, antwortete die Mutter: »Nein, denn unser Schicksal in der Ewigkeit ist außerordentlich wichtig, man darf daher kein Risiko eingehen. Das College stürzt die Kinder so oft in Verwirrung.«[7] Manche Menschen ziehen die Unwissenheit der Verunsicherung vor.

Freud und seine Nachfolger sahen das Leugnen als primitiven, gefährlichen Verteidigungsmechanismus an, der bedeutete, daß ein Mensch keinen Kontakt mehr zur Realität hatte – ein Anzeichen für Geisteskrankheit. Emotional gesunde Menschen sind angeblich gut darin, die »Realität zu testen« und können der Wahrheit über sich selbst und ihre tiefsten Überzeugungen ins Auge blicken. Natürlich kann Leugnen verheerende Konsequenzen haben, zum Beispiel, wenn eine Frau einen Knoten in der Brust ignoriert oder wenn ein Mann bei einem Herzanfall sagt: »Das ist nur eine Verdauungsstörung.« Als allgemeine Strategie der Informationsverarbeitung schützen Leugnen und Selbsttäuschung uns jedoch vor Wut, Depression und Angst, und daher sind es so charakteristische Reaktionen auf Informationen, die unsere grundlegende Lebensanschauung bedrohen. Niemand sagt: »Oh vielen Dank, Harry, daß du mir gezeigt hast, daß meine Ansichten über Kindererziehung völlig falsch sind!« Sondern man sagt: »Ach, hau doch ab, Harry, du mit deinen blödsinnigen Ideen!«

Leugnen ist sicherlich das Kernstück praktisch aller politischen Philosophien. Ein besonders deprimierender Fall sind die Leute, die einem erzählen, es hätte den Holocaust nie gegeben. Das ganz alltägliche Leugnen begegnet einem jedoch in der Art, wie Menschen auf die Nachricht reagieren, daß unschuldige Menschen inhaftiert oder ermordet wurden – in der Sowjetunion, den Vereinigten Staaten, Israel, Vietnam, Argentinien, Chile, Frankreich, Japan, Südafrika, Haiti, Kuba... (setzen Sie das Land Ihrer Wahl ein). Je nach Ihrem politischen Standpunkt werden Sie dazu neigen, die Verbrechen, die von Ihren Lieblingsnationen begangen werden, zu leugnen (denn solche Verbrechen gefährden Ihren Glauben an die grundsätzliche Integrität und Gerechtigkeit Ihrer Verbündeten, und möglicherweise gefährden Sie auch Ihre ökonomischen Interessen) und die von den Feinden begangenen Verbrechen betonen. Wenn Sie dagegen an die grundsätzliche Korrumpierbarkeit der Mächtigen glauben – wenn Sie mit der Historikerin Barbara Tuchman glauben, daß »jede erfolgreiche Revolution mit der Zeit das Gewand des Tyrannen anlegt, den sie entthront hat« –, dann werden Sie es nicht als widersprüchliche Tatsache ansehen, die geleugnet werden muß, wenn Ihr bevorzugter Staat etwas Kriminelles, Dummes oder Grausames tut, oder wenn Ihre bevorzugte unterdrückte Gruppe sich nach einer Weile selbst als Unterdrücker betätigt.

Neuinterpretation des Unrechts und seines Resultats. Dieser Mechanismus, der ebenfalls dazu dient, den Glauben an eine gerechte Welt zu bewahren, erfordert einige Phantasie. Die Ungerechtigkeit, von der man gehört hat, wird so »umgeschrieben«, daß sie einfach verschwindet und mit ihr auch die Notwendigkeit, sich zu beunruhigen. Zum Beispiel kann man die Folgen des Unrechts neu interpretieren, indem man sich sagt, das Opfer sei letztendlich doch nicht nur Opfer gewesen, oder Leiden sei eine gute Sache, die den Charakter stärke und aus dem Leidenden einen besseren Menschen mache. Oder man kann sich sagen, daß der Grund für das Unrecht zum Beispiel nicht die Entscheidung einer Firma war, giftigen Abfall in das örtliche Trinkwasser einzuleiten, sondern eine Unterlassungssünde auf seiten der Opfer; vielleicht haben die Bürger, die sich nun beklagen, daß sie vergiftet wurden, einfach vergessen, entsprechende Vorsichtsmaßnahmen zu treffen. Oder man erweitert den zeitlichen Rahmen des Ereignisses, um seinen Glauben an die Gerechtigkeit aufrechtzuerhalten: Helden und Verbrecher werden schließlich alle ihren gerechten Lohn empfangen, aber es kann ein paar Jahre dauern. Vielleicht ein Leben lang. Vielleicht geschieht es auch erst im Leben nach dem Tode...

Das Bedürfnis, an Recht und Ordnung zu glauben, ist so groß, sagt Lerner, daß viele Menschen sogar eher große Qualen auf sich nehmen und sich selbst Vorwürfe machen, als ihren Glauben aufzugeben. Eltern unheilbar kranker Kinder, die Opfer, die ihr Unglück am wenigsten verdienen, geben sich oft selbst die Schuld am Schicksal ihrer Kinder: »Wenn ich nur dies getan hätte...«; »Wenn wir nur das und das nicht getan hätten...« Diese Selbstbezichtigungen verringern paradoxerweise die Angst vor der unerträglichen Schlußfolgerung, daß niemand verantwortlich ist. Oder nehmen Sie die merkwürdige Tatsache, daß Opfer von Vergewaltigungen oft die Verantwortung für die Tat übernehmen, weil sie den Vergewaltiger angeblich provoziert hätten. Wenn es fast unmöglich für die Frauen ist, sich selbst die Schuld zuzuschreiben, beispielsweise, wenn sie in ihrer eigenen Wohnung von einem Einbrecher vergewaltigt wurden, haben sie ein schlechteres Gewissen und brauchen länger, um sich wieder zu erholen, als Frauen, die außerhalb ihrer Wohnung vergewaltigt wurden. Warum werden sie nicht auf den Vergewaltiger wütend? Sich selbst die Schuld zu geben stellt das Gefühl der Kontrolle, Vorhersehbarkeit und Sicherheit in einer Weise wieder her, die nicht gegeben ist, wenn man dem Vergewaltiger die Schuld gibt. »Wenn ich das Schwein provoziert habe«, so die Argumentation, »werde ich in Zukunft einfach Vorsichtsmaßnahmen treffen, um so ein Unglück zu vermeiden. *Ich* werde dafür sorgen, daß es nie wieder passiert.« Wenn einem eine Vergewaltigung aber einfach zustoßen kann, ganz gleich, was man tut, und sogar in der Sicherheit der eigenen Wohnung, dann ist man nirgends mehr sicher. Dann gibt es keine Ordnung, keine Logik und keine Gerechtigkeit.

Im Labor haben Psychologen beobachtet, wie der Glaube an eine gerechte Welt vor ihren Augen Wut »abkühlen« ließ. Junge Erwachsene sahen eine Videoaufnahme, in der eine junge Frau eine Anzahl schwerer Schocks bekam, wenn sie »Fehler« machte. Die Testpersonen glaubten, es handele sich um ein Experiment zum Lernverhalten, tatsächlich waren die Aufnahmen aber gestellt. Zuerst zuckten die Betrachter bei den Schocks auf dem Bildschirm mitfühlend zusammen, und viele brachten Zorn und Empörung über die Behandlung der jungen Frau zum Ausdruck: »Ich war wirklich wütend«; »Ich wäre am liebsten aufgestanden und rausgegangen«; »Ich fand es widerwärtig«. Trotz dieser starken Beteuerungen ihrer Wut beschwerte sich von den tausend Menschen, die bis jetzt an dem Experiment teilgenommen haben, *kein einziger*. Statt dessen kamen die meisten zu dem Schluß, das Opfer müsse ein Dummkopf oder ein Schwächling gewesen sein, weil es stillgesessen und zugelassen habe, daß ihm die Schocks verabreicht wurden. »Mit mir würde das niemand machen!« bekräftigten sie. Da sie unfähig waren, etwas an dem Unrecht zu ändern, das sie beobachteten, verurteilten sie das Opfer und bewerteten es kritisch. Je stärker die Experimentatoren das unschuldige Opfer als Märtyrerin darstellten, desto heftiger wurde es von den Beobachtern verurteilt. Eine Religion bietet natürlich letztendlich eine gerechte Welt, wenn nicht in diesem Leben, dann im nächsten. Religionen und politische Ideologien organisieren unsere Wut ebenso, wie sie unser soziales System legitimieren. Tatsächlich haben alle großen Religionen den Umgang mit Wut zu einem zentralen Anliegen gemacht, mit Vorschriften, die dazu dienen sollen, die gesellschaftliche Ordnung zu schützen und Wut, wenn überhaupt, nur in ihrem eigenen Interesse hervorzurufen.[8]

Zum Beispiel erinnert das Alte Testament, obwohl es eigentlich ein wahrer Katalog von Familienstreitigkeiten, mörderischen Kriegen und Niederschlagen der Heiden ist, seine Leser ständig: »Ein Geduldiger ist besser als ein Starker und wer sich selbst beherrscht, besser als einer, der Städte gewinnt.«[9] (Die Sprüche Salomos, 16, 32). Jehova selbst mag eifersüchtig und zornig sein, aber Sterblichen steht das nicht zu. Gottes Zorn im Alten Testament verfolgt ein klares Ziel: die Gläubigen in der Herde zu halten.

Und du sollst nicht andern Göttern nachfolgen, den Göttern der Völker, die um euch her sind – denn der HERR, dein Gott, ist ein eifernder Gott in deiner Mitte –, daß nicht der Zorn des HERRN, deines Gottes, über dich entbrenne und dich vertilge von der Erde.

Das fünfte Buch Mose, 6, 14–15

Der Jehova des Alten Testaments und der Allah des Islam sind zornige Götter, die fordern, daß Zorn in ihren Diensten uneingeschränkt gegen Feinde, Ungläubige und Böse eingesetzt wird. Zorn *innerhalb* der Gemeinde aber ist zu unterdrücken. Das war eine schlaue und erfolgreiche Philosophie für kleine Nationen, die von konkurrierenden Gruppen umgeben sind – die Situation im Mittleren Osten damals und heute.

Im Gegensatz dazu plädieren Taoismus, Hinduismus und Buddhismus für die vollständige Ausrottung der Wut und aller anderen Emotionen, die Gelüsten der diesseitigen Welt dienen, wie sexuelles Begehren und Habgier. Weil diesen Philosophien zufolge alles, was in dieser Welt geschieht, vorherbestimmt ist, hat es keinen Sinn, sich über Böses, Krieg und Sünde aufzuregen. Und erst recht hat es keinen Sinn, gegen die eigene Kastenzugehörigkeit zu protestieren; folgsames Verhalten in diesem Leben wird im nächsten Leben mit Wiedergeburt in einer höheren Kaste belohnt. Krieg und Zorn können gelegentlich nötig sein, aber sie werden nicht angestrebt oder verherrlicht.

Das Christentum steht zwischen den kriegerischen und den pazifistischen Religionen. Zorn darf eingesetzt werden, um das Böse und das Unrecht zu bekämpfen; ob Zorn gut oder böse ist, hängt von seinem Verwendungszweck ab, nicht von seinem Wesen. Obwohl die göttliche Rachsucht sich im neuen Testament zugunsten der göttlichen Vergebung gelegt hat, wird von den Menschen immer noch erwartet, daß sie auf Vergebung im Himmel warten und nicht zu laut nach Gerechtigkeit auf Erden rufen.

Alle Bitterkeit und Grimm und Zorn und Geschrei und Lästerung
sei ferne von euch samt aller Bosheit. Seid aber miteinander
freundlich, herzlich und vergebet einer dem andern,
gleichwie Gott euch vergeben hat in Christus.

Der Brief des Paulus an die Epheser, 4,31–32

Eine vielsagende, großherzige Anweisung. Leider hatte die Kirche keine Skrupel, hin und wieder zu ein bißchen Bitterkeit, Grimm, Zorn oder Verleumdung anzustacheln, wenn sie einen Kreuzzug oder eine Inquisition brauchte. Das Christentum wußte, wie andere Religionen auch, um die Macht des Zorns. Er konnte ihm entweder zu Diensten sein oder es zerstören. Wenn Zorn eine der sieben Todsünden war, sollte man ihn lieber sorgsam beherrschen. Wenn wir statt der religiösen Absichten des Christentums seine säkularen Auswirkungen betrachten, sehen wir, daß diejenigen, die die andere Wange hinhielten, normalerweise noch eine Ohrfeige bekamen, und daß die Sanftmütigen in der Tat die Erde erbten, um den Boden zu pflügen, um zu pflanzen und zu ernten – für ihre Herren.

Der Glaube an eine gerechte Welt – ein religiöses Universum im allgemeinen oder einen politischen Bereich der Welt im besonderen – ist nur eine der Kräfte, die das störende Potential des Zorns in Schach halten und dafür sorgen, daß Menschen nicht auf das System, sondern in seinem Namen wütend sind. Im Hinblick auf die menschliche Gesellschaft – wenn auch nicht auf alle einzelnen Mitglieder – sind diese Kräfte sehr anpassungsfähig. Sie erlauben es den Menschen, in der Zuversicht zu handeln, daß ihre Umgebung sicher und geordnet sei, einen Kausalzusammenhang zwischen ihren Handlungen und deren positiven Auswirkungen anzunehmen und sich für die Fernziele zu engagieren, die Gesellschaften brauchen. Kurz, diese Glaubensvorstellungen erlauben den Menschen, optimistisch zu sein.

Gerechtigkeit ist nicht nur eine theoretische Angelegenheit. Reale, praktische Motive halten Menschen in ihren Rollen als Opfer von Manipulationen oder Ungerechtigkeit fest, ohne daß sie es auch nur bemerken würden. Der Soziologe Barrington Moore jr., bezeichnet diesen Zustand als »exploitative Gegenseitigkeit«, und wenn Revolutionäre das »exploitativ« hervorheben, neigen die Betroffenen dazu, die »Gegenseitigkeit« zu betonen. Jedes soziale System, von der Familie bis hin zum Staat, beruht auf einem Sozialvertrag, in dem die Rechte und Pflichten der Beteiligten geregelt sind. Der Vertrag kann schriftlich niedergelegt sein oder ungeschriebenes Gesetz, aber normalerweise sind die Regeln allen klar oder werden klar – sobald sie verletzt werden.[10]

Manche Feministinnen sind wütend über die genitalen Verstümmelungen (wie Beschneidung oder sogar Herausschneiden der Klitoris), die Frauen in vielen Kulturen der Dritten Welt zu ertragen haben, und können nicht verstehen, warum die Frauen diese Praktiken dulden und weiterführen. Doch diese schrecklichen, schmerzhaften Gebräuche sind für die Sicherheit und das Überleben einer Frau dort wesentlich, weil sie garantieren, daß die Frau weiterhin von Männern beschützt wird. (Viele Feministinnen der Dritten Welt setzen daher ihrerseits Nahrung, Bildung und Arbeit an die Spitze der Liste der notwendigen Reformen.) In jeder Beziehung zwischen Autorität und Untergebenem gibt der Untergebene etwas auf, um etwas zu bekommen: etwa den Schutz der Autorität, Sachkenntnisse, Begabung, Zugang zum Regengott oder Einkommen.

Die Ehefrauen in Jerry Falwells Fundamentalistenkirche bekommen, wie Frances FitzGerald bemerkt, viel dafür, daß sie den Preis der Unterwerfung unter ihre Ehemänner zahlen, denn die Verbote für traditionelle männliche Laster wie Trinken, Rauchen, Herumtreiben und Ignorieren der Kinder sind streng. Menschen akzeptieren ihre Rollen so lange, wie sie ihrer Meinung nach dem Wohl der Gesellschaft und ihrem individuellen Nutzen dienen, und so lange, wie die Autoritäten ihren Teil des Abkommens erfüllen. Normalerweise sind sie allerdings bereit, den Autoritäten Kredit zu gewähren.

Der Zorn, der zu Revolten führt, wird also nicht durch objektiv entbehrungsreiche oder elende Zustände entfacht. Solange Menschen solche Zustände als natürlich und unvermeidlich, als göttliches Gesetz oder als Menschenart ansehen, werden sie darüber nicht wütend. Daher sprechen Soziologen von »relativer Deprivation«, und meinen damit, daß die Vergleiche zwischen tatsächlichem Leben und dem, *was möglich wäre*, subjektiv sind.[11] Alexis de Tocqueville bemerkte, daß »Übel, die geduldig ertragen werden, so lange sie unvermeidlich scheinen, unerträglich werden, wenn einmal die Vorstellung von einem Ausweg aufgetaucht ist«, und der befreite Sklave Frederick Douglass formulierte den gleichen Gedanken leidenschaftlicher: »Prügle und ohrfeige deinen Sklaven, halte ihn hungrig und verzagt, und er wird der Kette seines Herrn folgen wie ein Hund, doch nähre und kleide ihn gut, lasse ihn maßvoll arbeiten, umgib ihn mit körperlichen Bequemlichkeiten, und Träume von der Freiheit drängen sich auf.«[12]

In den USA wurden die Bürgerrechts-, die Frauenrechts- und die Menschenrechtsbewegung vor allem von jenen organisiert und getragen, die bereits mehr Bildung, bessere Chancen und größeren Erfolg im System hatten als die weniger begünstigten Angehörigen ihrer Rasse, ihres Geschlechts oder ihrer Schicht. Paradoxerweise stammen einige der zornigsten Revolutionäre aus privilegierten, nicht aus ärmlichen Verhältnissen. In ihrer Arbeit über die Komponenten relativer Deprivation stellt die Sozialpsychologin Faye Crosby fest, daß zwei Bedingungen erfüllt sein müssen, damit Menschen über eine Ungerechtigkeit wütend oder gekränkt sind: Die Betroffenen müssen haben wollen, was sie nicht haben, und sie müssen das Gefühl haben, daß sie *verdienen*, was sie nicht haben.

Rebellen und Dissidenten stellen den selbstzufriedenen Glauben an eine gerechte Welt in Frage, und sie werden, wie die Theorie es vorhersagt, normalerweise für ihre Bemühungen diffamiert. Zu Lebzeiten bezeichnet man sie vielleicht als »streitsüchtig«, »verrückt«, »hysterisch«, »anmaßend« oder »irregeleitet«. Wenn sie tot sind, werden manche zu Heiligen und Helden, den lauteren Charakteren der Geschichte, ernannt. Es ist eine Frage der Proportionen. Ein zorniger Rebell ist verrückt, drei sind eine Verschwörung, fünfzig eine Bewegung.

Geburt und Tod des Zorns

Ich konnte nicht glauben – kann es immer noch nicht –, wie wütend ich werden konnte, von tief unten und ganz früher her, etwas wie ein fünftausend Jahre lang begrabener Zorn.

Robin Morgan[13]

Man nannte mich den »zornigsten Neger Amerikas«, und ich bestritt das nicht. Ich sprach, wie mir ums Herz war. »Ich glaube an den Zorn. In der Bibel steht, daß auch der Zorn seine Zeit hat.«

Malcolm X[14]

Soziale Bewegungen sind erlernte Rebellionen. Wir haben jetzt soviel Abstand zu den zornigen und berauschenden Jahren der Bürgerrechtsbewegung der sechziger und siebziger Jahre bekommen, daß wir erkennen können, wie Wut im gesellschaftlichen und im persönlichen Leben kommt und geht, daß wir beobachten können, wie Wut erregt wird, wie sie genährt wird und wie sie abkühlt. Ich verwende die Frauenbewegung zur Illustration, weil ich sie am besten kenne, aber sie ist ein Paradigma für die Mehrzahl der sozialreformerischen Protestwellen, die unsere Geschichte kennzeichnen.

Wie viele Hausfrauen in den Vorstädten fühlte Jan Schakowsky sich 1968 und 1969 isoliert. Sie hatte wenig Freundinnen und sah kaum Chancen, bei anderen Frauen Hilfe und Unterstützung zu finden. »Es war ein ganz neues Gefühl; meine Kinder waren beide in den Windeln; ich fühlte mich total in der Falle.« Dann begann sie, von der Frauenbewegung zu hören und darüber zu lesen, »über die Ungerechtigkeiten, und ich fing an zu lesen, verstehen Sie, selbst Frauenzeitschriften, und mir die Talkshows anzusehen.« Ihre Tage wurden nun nicht mehr nur vom Windelnwechseln, sondern auch von Neuigkeiten über den Feminismus ausgefüllt. »Wenn mein Mann dann zur Tür hereinkam, brach die Hölle los. Er war verantwortlich für alles Übel in der Welt und vor allem verantwortlich dafür, daß er mich gefangen hielt. Was war er nur für ein Mensch? Verstand er denn nicht?«[15]

Ich habe den Eindruck, daß diese Beschreibung einer Welle des Zorns, die der Feminismus herbeigeführt hat, leicht veraltet klingt. Heute amüsieren Sie sich vielleicht über Jan Schakowskys Reaktionen, oder Sie sind betrübt oder irritiert, aber Ihnen wird klar, daß Sie jahrelang nicht viel von ihr gehört haben. Die Wut auf alle Männer und alle Ehen scheint zugunsten eindeutigerer Ziele abgeflaut zu sein. Jan Schakowskys Wut damals und unsere heutige Reaktion darauf sagen viel über die Mechanismen dieser Emotion aus.

Am Anfang war kein Wort: nur eine private, unartikulierte Erfahrung. Eine Hausfrau fühlt sich in einem Vorort deprimiert und einsam, hat Weinkrämpfe, veranstaltet private Trinkgelage und glaubt, sie sei die einzige, die ihre Aufgabe als Ehefrau und Mutter nicht erfüllt. Eine Alibi-Frau im Unternehmen eines Mannes glaubt, sie habe Schuld, wenn ihre Kollegen sich weigern, sie zu akzeptieren. Die Frauen in der Buchhaltung einer großen Firma entdecken, daß sie viertausend Dollar weniger verdienen als ihre männlichen Kollegen, obwohl sie eine bessere Ausbildung und längere Betriebszugehörigkeit aufweisen können; doch die Frauen sind zufrieden. Die Männer, sagen sie, brauchen das Geld nötiger als sie.

Sehen Sie sich den Fall einer Frau an, die ich Louise Friedrichs nennen möchte, eine ausgezeichnete Doktorandin an einer Eliteuniversität im Osten der USA. Als sie 1969 ihren Doktortitel erhielt, empfahl ihr Mentor an der Fakultät (selbst ein berühmter Wissenschaftler) sie für eine Stelle an der Johns Hopkins University. Zurück kam ein knapper Brief: »Ich muß leider zugeben, daß es höchst unwahrscheinlich ist, daß wir auf unsere offene Stelle eine Frau berufen«, schrieb der Professor von der Einstellungskommission. »Wir haben zwar kein Vorurteil gegen die Ausbildung von Frauen, sind aber leider weniger bereit, ihnen die Anwendung des Gelernten zu ermöglichen.«[16] Trotz seiner verlegenen »leider« scheute der Verfasser sich nicht, die modische Bigotterie Frauen gegenüber durchblicken zu lassen. Selbst die Gelegenheit zu einem Bewerbungsgespräch, das ihn hätte umstimmen können, wurde Louise verweigert. (1989 hatte die Johns Hopkins University 1692 vollzeitbeschäftigte Fakultätsmitglieder, von denen 238 Männer eine Daueranstellung hatten – und 19 Frauen. 1980 hatten 230 Männer eine Daueranstellung und nur 11 Frauen.)

Als Louise diesen Brief gelesen hatte, sagte sie zu ihrem Mentor: »Mein Gott, was sollen wir da machen?« – »Machen?« erwiderte er, »nichts. Oder wollen Sie Ihre Karriere zerstören?« Und sie sagte nein, das wolle sie nicht, und damit war die Diskussion beendet. Heute ist sie, wenn sie sich an dieses Erlebnis erinnert, erstaunt, wie ruhig sie die Nachricht aufnahm. »Ich dachte: ›Mensch, ist das aber dumm‹«, sagt sie. »Aber ich war nicht wütend. Ich war baff.«

In diesem vorpolitischen Stadium haben Einstellungen und Erfahrungen vielleicht noch wenig miteinander zu tun. Bei Interviews mit einer repräsentativen Zufallsstichprobe amerikanischer Erwachsener in Riverside, Kalifornien, stellte sich heraus, daß die Einstellungen der Befragten zur Ungleichheit von Einkommen und Chancen, zu Sozialhilfe und

Sozialhilfeempfängern und zur eigenen Position in der Gesellschaft unbeständig, widersprüchlich und unsicher waren.[17] Das fand auch Norma Wikler bei ihren ausführlichen Interviews mit Veteranen des Vietnamkriegs heraus. In Gesprächen mit früheren Angehörigen der Armee, der Kriegsmarine und des Marine Corps, die zwischen 1968 und 1971 in Vietnam gedient hatten, beobachtete Wikler, daß »die auffallendsten Merkmale des Diskurses der Veteranen das konfuse und widersprüchliche Durcheinander von Meinungen, Einstellungen und politischen Auffassungen« über die Vietnamesen, das Militär, Antikriegsdemonstranten und amerikanische Politiker seien. Ein Veteran konnte von einer linken Ansicht (»Die Waffenproduzenten halten diesen Krieg in Gang, und die armen Leute werden fertiggemacht«) fast ohne Atempause zu einem rechten Standpunkt übergehen (»Die Politiker sind es, die ich hasse, weil sie das Militär in Handschellen Krieg führen ließen«). Wikler schloß, daß die Veteranen jeder für sich allein mit den Nachwirkungen des Krieges fertig werden mußten. »Eines Tages«, sagte sie voraus, »werden ihre ›privaten Probleme‹ vielleicht zu öffentlichen Themen werden und dann doch noch Auswirkungen auf die amerikanische Gesellschaft haben.«[18] Das geschah schließlich in den achtziger Jahren.

Für die Mehrzahl der berufstätigen Frauen in Amerika, die zwischen Diskriminierung von Frauen generell und ihren eigenen Erfahrungen unterscheiden, war die Situation die gleiche (und ist es immer noch). Die meisten Frauen kennen das Ausmaß der beruflichen Benachteiligung von Frauen sehr gut – daß Frauen auf allen Ebenen weniger verdienen als Männer und weniger Sozialleistungen erhalten –, aber sie wenden dieses Wissen einfach nicht auf ihr eigenes Leben an. »Es ist, als würde jede Frau sich selbst als Ausnahme von der Regel der Diskriminierung betrachten«, sagt Faye Crosby. »Der Schritt von der Kenntnis der Gruppensituation zu einem Verständnis der eigenen Situation, der logisch gesehen nur klein ist, kann in psychischer Hinsicht ein Schritt über einen Abgrund sein.« Die Geschichte der Frauenbewegung der siebziger Jahre ist die Geschichte der Bemühungen, diesen Abgrund zu überbrücken.

Als die Frauenbewegung sich landesweit bemerkbar zu machen begann, behaupteten ihre Gegner, die Frauen würden wie üblich ohne triftigen Grund jammern und zanken, und einige wenige neurotische Hitzköpfe und Lesben würden gute Frauen, die bis dahin vollkommen glücklich gewesen seien, »verderben«. Die Anhängerinnen der Bewegung konterten, Frauen hätten immer gute Gründe gehabt, wütend zu sein, und tatsächlich seien die meisten Frauen bereits heimlich wütend und das schon jahrelang. Ich glaube, beide Standpunkte sind falsch. Die Gedanken der Frauenbewegung folgten – wie jede erfolgreiche Ideologie – auf die sozialen und ökonomischen Erschütterungen, die Zerrüttung und Elend verursachten, und artikulierten sie. Die Mehrzahl der Frauen, die die Arbeitsstellen, die sie während des Zweiten Weltkriegs innehatten, aufgaben, sich in den Vorstädten zur Ruhe setzten und dort einen Babyboom produzierten, waren darüber nicht wütend (obwohl viele enttäuscht waren und gern weiter gearbeitet hätten). Die meisten waren davon überzeugt, daß die Arbeitsteilung der Geschlechter berechtigt sei.

Während der nächsten beiden Jahrzehnte jedoch wurde diese Berechtigung in Frage gestellt, denn Frauen strebten in noch nie dagewesenen Zahlen auf den Arbeitsmarkt. Das geschah nicht, weil einige wenige aufmüpfige Frauen beschlossen, das Nest zu verlassen, sondern weil – während alle davon sprachen, daß der Platz einer Frau zu Hause sei – neue Technologien und Industrien Millionen Angestellten Arbeitsplätze anboten und Frauen zur Verfügung standen, um sie zu besetzen. (Zwischen 1947 und 1979 wurden 25 Millionen neue Stellen von Frauen angetreten.) Der Arbeitsmarkt öffnete sich in den fünfziger Jahren nicht allein deshalb für Frauen, weil mehr Arbeitskräfte gebraucht wurden, sondern weil speziell ein Bedarf an *weiblichen* Arbeitskräften bestand. Nur selten kam es vor, daß Frauen Männer *absetzten*; normalerweise *ersetzten* sie Männer in dem Maße, wie Männer Aufstiegsmöglichkeiten erhielten.[19]

In den fünfziger und frühen sechziger Jahren nahmen die verheirateten Frauen der Mittelschicht vor allem Arbeit an, um sich Konsumträume zu erfüllen – eine erste Hypothek, ein zweites Auto, ein drittes Kind –, in den späten sechziger Jahren jedoch arbeiteten die meisten, weil sie es mußten. Mit der Inflation waren zwei Einkommen in der Familie kein Luxus mehr, sondern wurden zur Notwendigkeit. Die Frauen gingen nicht wieder zur Arbeit, weil sie zu Hause schlecht gelaunt und frustriert waren, sondern vor allem, weil das Stellenangebot existierte. Trotzdem stellten viele der nicht berufstätigen Frauen, wie Jan Schakowsky (und Moira White) fest, daß das Leben der grünen Witwen nicht das Paradies des zwanzigsten Jahrhunderts war, das man ihnen versprochen hatte. Es war einsam, abgeschieden, fern von Gemeinschaft und Kontinuität.

Noch ein weiterer starker, aber unsichtbarer demographischer Einfluß war am Entstehen der Frauenbewegung beteiligt: eine Veränderung im zahlenmäßigen Verhältnis der Geschlechter zueinander.[20] Immer wenn es einen »Überschuß« an heiratsfähigen Frauen in einer Altersgruppe gibt, führt das dazu, daß mehr Frauen nicht in dem Alter heiraten, in dem sie es erwartet hatten. Sie werden ökonomisch unabhängig, ergreifen spezialisierte Berufe und fordern gleiche Rechte. Dieses Ungleichgewicht, zusammen mit seinen sozialen Auswirkungen, ist aus verschiedenen Gründen in verschiedenen Gesellschaften immer wieder aufgetreten. In jüngster Zeit machte es sich in den Vereinigten Staaten zum Beispiel nach dem Nachkriegs-Babyboom bemerkbar. Der Grund für den Frauenüberschuß war, daß es, als die Schar der Mädchen aus dem Babyboom ins heiratsfähige Alter kam, nicht genug Männer gab, die etwas älter waren als sie. (Natürlich beruht die Vorstellung vom Überschuß auf der Tradition, daß Frauen solche Männer heiraten, die etwas älter und besser ausgebildet sind als sie selbst und mehr Geld verdienen. Dieser Brauch hat sich bemerkenswert gut gehalten.) Wenn Männer zur »Mangelware« werden, sitzen sie emotional gesehen am längeren Hebel, denn sie können dann jederzeit eine andere Partnerin finden, während die Frauen Kompromisse schließen müssen oder verlieren. Wo es jedoch einen Überschuß an Männern gibt, neigen die Männer dazu, Wert auf romantische Liebe, Ehe und gefühlsmäßige Bindung zu legen.

Die Frauenbewegung war die Artikulation von Veränderungen, die im Leben der Frauen bereits stattgefunden hatten, nicht jedoch der Grund für diese Veränderungen. Sie konnte sich allerdings an ein gutes Vorbild halten: an Struktur und Philosophie der Bürgerrechtsbewegung. Viele der Frauen, die in den späten sechziger Jahren die Frauenbewegung aus der Taufe hoben, hatten ihre Schulung, ihre Erfahrung und ihre Theorien in Projekten der Neuen Linken im urbanen Norden und im ländlichen Süden bekommen. Mit den Reformvorstellungen und dem Wohlstand, der sich leisten konnte, sie zu unterschreiben, schien die Erfüllung des Traums von der Gleichheit aller verlockend nah.

Louise Friedrichs hat seit ihrer Schulzeit ausführlich Tagebuch über die Ereignisse und ihre Reaktionen darauf geführt, daher kann sie genau rekonstruieren, wie ihre Auffassungen und Gefühle sich änderten, als die Frauenbewegung sich formierte. Sie hatte nach ihrer Ablehnung von Johns Hopkins 1969 eine Stelle in einem kleinen, akademisch unbedeutenden College angenommen:

Ich war zwei Jahre lang die einzige Frau in meiner Fakultät gewesen und hatte mir überhaupt nichts dabei gedacht. Ich hatte mich nie als Mitglied irgendeiner Gruppe betrachtet, Frauen eingeschlossen. Einmal fragte ein Mann mich, ob ich mich seinem Forschungsteam anschließen würde, weil er »den Standpunkt einer Frau« hören wollte, und ich weiß noch, daß ich dachte: Was soll das denn heißen? Was ist denn der Standpunkt einer Frau? Es war das erste

Mal, daß ich als Vertreterin meiner Klasse behandelt wurde, und ich wußte nicht, wie ich reagieren sollte.

Damit aus Wandel, Verunsicherung und Unzufriedenheit Wut entsteht, ist eine stimmige Begründung notwendig: eine neue Art, alte Klagen zu interpretieren, eine Theorie, die man auf sein Leben anwenden kann, und Alternativen zu diesem Leben, die man für realisierbar hält. Was Betty Friedans *Der Weiblichkeitswahn* den Hausfrauen in den frühen sechziger Jahren bedeutete, waren den berufstätigen Frauen (und inzwischen waren es sehr viele) der frühen siebziger Jahre die Gehalts- und Beschäftigungsstatistiken: ein plötzlicher Schock und Erkenntnisblitz. »Das bin ich!« war der erste Schrei. »Das ist nicht fair!« der zweite.

Bei diesem ersten Schlag gegen das Vertrauen der Frauen in das bestehende System hätte es bleiben können, wenn nicht die öffentlichen und privaten Diskussionen über Ungerechtigkeit gewesen wären. Nur eine Stimme ist nötig, um zu sagen, daß der Kaiser nackt ist, dann können viele andere einfallen; ganz wenig soziale Unterstützung reicht aus, um kritischen Widerspruch hervorzurufen. Ein übliches Element in Untersuchungen und persönlichen Berichten zur »Bewußtseinserweiterung« und ideologischen Verwandlung ist, sowohl bei religiösen als auch bei politischen Bekehrungen, die soziale Unterstützung. Nicht allein die neue Theorie ist es, die Trost und Verständnis bietet, sondern auch der Freund oder die hilfreiche Gruppe von Freunden, die diese Theorie vorstellen. Malcolm X beschreibt in seiner Autobiographie, wie das funktioniert. Als er allein, besiegt und isoliert im Gefängnis saß, besuchte ihn sein Bruder, der Moslem geworden war und ihm eine Erklärung für seine Leiden anbot, nämlich die These, alle Weißen seien Teufel. Malcolm X überprüfte diese These anhand seiner eigenen Erfahrung. Er erinnert sich, wie er alle Weißen, die er kannte, vor seinem inneren Auge vorüberziehen ließ: die Weißen, die seinen Vater töteten, die seine Mutter in eine Anstalt einwiesen, die seine Geschwister voneinander trennten und in verschiedene Heime brachten, die ihm erzählten, daß sein Ziel, Rechtsanwalt zu werden, für einen Neger töricht sei und daß er statt dessen lieber Schreiner werden solle.

Louise Friedrichs ihrerseits wurde die Diskriminierung der Frauen durch eine gute Freundin bewußt, eine andere Frau in der Fakultät:

Dann, im Herbst 1971, kam eine weitere Frau in die Fakultät, und sie war eine sehr aktive Frauenrechtlerin. Sie begann sofort, für eine Kommission zum Status der Frauen an der Universität zu agitieren. Im Februar 1972 hatte ich stapelweise Fakten und Zahlen über berufstätige Frauen gelesen – Löhne, die ganze »schützende Gesetzgebung«, die traurigen Aussichten für Beförderungen und feste Stellen und so weiter. Beim Lesen dieser Sachen entdeckte ich, daß ich tatsächlich Angehörige einer Klasse war und daß ich mir tatsächlich eine von Männern geprägte Ideologie angeeignet hatte, die meinen eigenen Interessen zuwiderlief.

Plötzlich ergab alles Sinn. Kein Wunder, daß sie mir ein gutes Gehalt gaben. *Weil mir nämlich viel mehr zustand, als ich bekam, und sie das wußten.* Ich hatte eine doppelt so gute Ausbildung und zweimal soviel Begabung wie diese Männer und bekam nur halb soviel. Ich verdiente es, an der Johns Hopkins Universität zu sein.

Nun, wie fühlt man sich wohl, wenn diese neuen Informationen und eine neue Weltsicht in das Selbstkonzept und die privaten Erfahrungen einbrechen? Wenn die gerechte, ordentliche Welt durch Fakten, die man nicht leugnen kann, zertrümmert wird? Häufig ist das erste Gefühl, das aus diesem Wirrwarr von Empfindungen herausdestilliert werden kann, nicht Wut, sondern Peinlichkeit: Gesichtsverlusts. »Oh Gott, wie konnte ich nur so dumm sein? Wie konnte ich nur so viel wertvolle Zeit verschwenden? Wie konnte ich zulassen, daß sie so eine Gehirnwäsche an mir vornehmen?« Louise blickt zurück:

Ich erinnere mich noch an das Gefühl der Peinlichkeit, alles, was ich über die Jahre getan hatte, war mir so peinlich. Ich hatte die Rolle des Sexualobjekts so gut und so erfolgreich gespielt, und jetzt war ich empört und mir wurde buchstäblich schlecht, wenn ich nur daran dachte. Ich wäre am liebsten aus der Haut gefahren.

Sonia Johnson, die Frau, die von der mormonischen Kirche ausgeschlossen wurde, weil sie das *Equal Rights Amendment* (Zusatz zur Verfassung, der das Verbot der Geschlechterdiskriminierung beinhaltet) unterstützte, machte die gleiche Erfahrung. Sie befand sich bereits in einer Gruppe von neun Pro-ERA-Mormoninnen und hörte sich an, wie ein Vertreter der Kirche den Widerstand seiner Institution begründete. Als er das nicht schlüssig konnte, als er stattdessen herablassende Witze über das ERA machte und dem Publikum erzählte, wie sehr die Kirche ihre Frauen liebte, war Johnson auf der Stelle zur Frauenbewegung bekehrt. Sie beschreibt den »Wust von Gefühlen«, den sie spürte, als sie die Versammlung verließ: »Ich fühlte mich verraten. Ich schämte mich und fühlte mich gedemütigt, weil ich, die ich es hätte besser wissen müssen, mich so lange so leicht hatte betrügen lassen.«[21]

Dieses Gefühl der Peinlichkeit kann unerträglich sein. Daher kommt man auf dieser Stufe häufig zu dem Schluß, die neue Information sei falsch und die alte Art richtig, richtiger, als einem je bewußt war. Viele

Frauen der konservativen Rechten – Marabel Morgan, Anita Bryant, Ruth Stapleton – beschreiben die gleichen Frustrationen und Unzufriedenheiten in ihren traditionellen Rollen als fügsame Ehefrauen und Mütter, wie Betty Friedan sie beschrieb; die Lösung dieser Frauen jedoch bestand darin, sich noch eindeutiger zur Religion, zu ihren Ehemännern und zu den traditionellen Rollen zu bekennen. Und es war kein Zufall, daß ihre selbstgeschaffenen Karrieren, die darin bestanden, Frauen zu erzählen, daß sie keine Karrieren machen sollten, ihnen eine Menge Geld, Bestätigung, Ruhm und Macht verschafften.[22]

Eine zweite Methode jedoch, dieses Gefühl der Peinlichkeit und Demütigung zu bewältigen, besteht darin, von der Selbstbeschuldigung zur Beschuldigung anderer überzugehen: »Ich habe schließlich nicht gewußt, was ich tat, oder? Sie haben es mir angetan. *Er* hat es mir angetan.« (Eine Frage bleibt bei dieser Schuldzuweisung unbeantwortet: Wenn ich als Frau nur getan habe, was von mir erwartet wurde, warum sollte er als Mann dann nicht auch das tun, was von ihm erwartet wurde?) Die potentielle Bekehrte probiert die neue Theorie überall aus. So wie Malcolm X in jedem Weißen Anzeichen für Bigotterie sah, sieht die frischgebackene Feministin möglicherweise in jedem Mann sexistische Züge. Diese Schwerpunktverlagerung – von meiner Schuld zu ihrer Schuld – führt zum Stadium der Wut. Wie die Feministin Susi Kaplow in den frühen Tagen der Bewegung schrieb:

Die Erkenntnis kommt zunächst zögernd, und dann beginnt sie, auf dich einzuschlagen wie ein erbarmungsloser Vorschlaghammer und die Wut mit jedem Schlag tiefer in dein Bewußtsein hineinzutreiben [...] Diese Phase ist unangenehm. Du bist wund vor Wut, und sie hat anscheinend ihren eigenen Kopf und ihren eigenen Willen [...] Du selbst wirst dieser Wut müde – es erschöpft dich, die ganze Zeit wütend zu sein –, sie läßt dich nicht mal in Ruhe einen Film ansehen oder ein Gespräch führen.[23]

Robin Morgan fügte hinzu:

Es macht dich sehr sensibel – dünnhäutig sogar – dieses Bewußtsein. Alles, von der verbalen Beleidigung auf der Straße bis zu einem »gutgemeinten« sexistischen Witz, den dein Mann erzählt, von dem niedrigeren Gehalt, das du bekommst (ein Mann bekäme für die gleiche Arbeit mehr) über Fernsehwerbung bis zu Texten von Rocksongs, ... alles scheint dein schmerzendes Hirn zu bombardieren, und dabei stehen ihm immer weniger schützende Abwehrmechanismen zur Verfügung, um solche Dinge auszublenden.[24]

»Bewußtseinserweiternde« Gruppen halten diese neue Erfahrung der Wut für berechtigt und ermuntern dazu, sie auszudrücken. Außerdem artikulieren sie die beiden Bedingungen für relative Deprivation, die Crosby entdeckt hatte – sich etwas zu wünschen, das man nicht hat, und das Gefühl zu haben, daß man es verdiene. Um rechtmäßige Institutionen und Autoritäten in Frage zu stellen, müssen die meisten Leute überzeugt sein, daß sie weder allein noch verrückt noch falsch informiert sind. Aber mehr noch, die Unterstützung durch die Gruppe erzeugt Wut, weil sie dem einzelnen ein Gefühl der Macht gibt. Sie erzeugt Hoffnung auf Veränderung. Die private Mutlosigkeit des »Klar, er ist unfair zu mir, aber was soll ich denn machen?« verschwindet in der Gruppe und wird zu »*Sie* sind unfair zu *uns*, wartet nur, bis wir sie kriegen!« Wut ist, auf persönlicher wie auf sozialer Ebene, die Emotion der Beeinflussung, und ihr Einsatz ist ein Zeichen für Vertrauen in ihren letztendlichen Erfolg.

Der Beginn jeder Protestbewegung ist, wie der Beginn einer jeden neuen Organisation, emotional stimulierend. Das Neue, die Freiheit von alten Zwängen und die Herausforderung durch neue Veränderungen, die Identifikation mit einem erreichbaren Ziel, die berauschende Übereinstimmung mit unerwarteten Verbündeten – das alles erzeugt hohe physiologische Erregung, eine starke Energie, deren Inhalt sich leicht von Euphorie in Zorn verwandeln kann. In seiner Gruppe läßt man diese neuen Gefühle heraus (und verstärkt sie). Wenn Wut auf diese Weise eingeübt und praktiziert wird, läßt sie sich im Alltagsleben – bei der Arbeit, zu Hause, auf der Straße – leichter entfachen. Mit großem Interesse habe ich Sonia Johnsons Bericht von ihrer ersten Erfahrung mit dem Ausdruck heftigen Zorns gelesen, denn dieser Ausbruch erfüllte alle Kriterien für eine erfolgreiche Katharsis. Wut und Zorn entstanden als unmittelbare Folge der Demütigung und des Gefühls, betrogen worden zu sein, und als Sonia von jener Versammlung nach Hause kam, schloß sie sich in einem Zimmer über ihrer Garage ein und »gab es Gott so richtig«.

Zwei geschlagene Stunden lang wütete ich aus vollem Halse gegen Gott, schreiend und schluchzend. Ich meine, Sie müssen verstehen, daß das etwas ganz anderes war als mein übliches Gespräch mit Gott. Ich habe von Natur aus eine ruhige Stimme und neige nicht dazu, sie zu erheben, wenn ich wütend bin, und schon gar nicht zu schreien [...] Als meine Stimmbänder und Lungen schließlich versagten [...] entdeckte ich zu meinem Erstaunen, daß ich mich wunderbar fühlte – absolut euphorisch.[25]

Damit der oder die Betreffende nach aggressiver Wut so euphorisch sein kann, muß er oder sie – Sie erinnern sich vielleicht – das Gefühl haben, daß die Wut auf ihre Ursache gerichtet ist und daß sie eine angemessene Reaktion ist (»Ich habe ihm gesagt, was ich von einem höchsten Wesen halte, in dessen Schöpfung Frauen so mies behandelt werden«), und außerdem darf das Ziel der Wut keine Vergeltung üben (Johnson »bekam keine gewischt«, wie sie es immerhin für möglich gehalten hatte). Meistens jedoch sind bei zornigen, neuen Anhängern einer Bewegung diese Bedingungen nicht erfüllt. Sie sind zum Beispiel nicht nur auf eine Sache wütend, sondern über ganze Institutionen und Tausende von Individuen, die jetzt als der Feind definiert werden. Die Wut herauszulassen ist keine ausreichende Reaktion auf die Mißstände – das wäre nur die Beseitigung der Mißstände. Und die Ziele der Wut, insbesondere Liebhaber und Arbeitgeber, sind bekannt für ihre Neigung zurückzuschlagen. Daher eskaliert die Wut dann.

Ich glaube, daß Zorn für die erste Phase einer sozialen Bewegung unabdingbar ist. Er vereinigt unterschiedliche Mitglieder einer Gruppe gegen einen gemeinsamen Feind; die Gruppe wird durch ihren Zorn definiert. Wie der kluge Einsatz von privater Wut, so macht auch öffentlicher Zorn auf ein Problem aufmerksam und auf die Bedeutung, die die Protestierenden ihm beimessen. Ruhige Gespräche – »Ehem, Leute, wir würden gern mal über diese paar Punkte von wegen der Lohnungleichheit mit euch reden« – bringen die Leute kaum dazu, sich hinzusetzen und zu diskutieren. »Sagt mal, wir haben die Rassendiskriminierungen allmählich satt, wie wär's, wenn ihr uns jetzt mal 'ne faire Chance geben würdet?« hätte nie zur Integration an den Schulen geführt. Es gibt, wie Malcolm X wußte, eine Zeit für Wut, und dann hilft auch nur Wut.

»Alle sozialen Bewegungen«, sagt Bertrand Russell, »gehen zu weit.« Und doch sind Gehirn und Körper anscheinend geborene Reaktionäre. Einen kurzen Adrenalinstoß und eine vorübergehende Herausforderung genießen sie zwar, aber eigentlich haben sie sich dem Konventionellen verschworen. Der »Thermostat für geistige Gesundheit«, wie John Leonard es bezeichnet hat, sorgt dafür, daß die Wut sowohl im Körper des Individuums als auch im Körper der Gesellschaft wieder abflaut.[26] Anfangs unterscheidet Wut nicht, sie ist das Prisma, durch das alle Erlebnisse gebrochen werden. Dann wird sie langsam selektiv. Zuerst sind noch ganze Gruppen von Menschen der Feind: Männer, Weiße, Chefs, Heterosexuelle, alle über dreißig, die Regierung, Eltern oder Frauen. »Nach einer Weile«, meint der Psychologe Ernest Harburg, »kann man dann zwischen absichtlicher Böswilligkeit und Dummheit unterscheiden. Die Entdeckung, daß es unter den Gegnern auch Dummheit gibt, ist ein Wendepunkt. Es ist schwerer, weiter auf jemanden wütend zu sein, der nicht böse, sondern einfach unfähig ist. Oder unwissend.«[27] Louise Friedrichs beschreibt die Entwicklung ihrer Wut von Anfang an:

An meinem dreißigsten Geburtstag, im Jahre 1974, schrieb ich in mein Tagebuch: »Anscheinend bin ich aus der ›Männerhaß‹-Phase heraus.« Das war interessant, ich wußte nämlich nicht, daß ich drin war! So viele der frühen theoretischen Schriften des Feminismus bestanden aus »Sie tun uns das an«, daß mir klar wurde, daß ich bei meinem Mann eine Ausnahme gemacht hatte. Ich schrieb, daß ich John nie als Mann betrachtet hatte, das heißt, als »einen von denen«, sondern immer als Freund – als Angehörigen einer neutralen Gruppe.

1974 begann ich zu erkennen, daß es ein langer Kampf werden würde. Ich schrieb in mein Tagebuch: »wütend über berufliche Diskriminierung in der Fakultät«, ich erkannte, daß es ihnen völlig egal war, ob sie Frauen einstellten oder nicht. Zu Anfang, in den Tagen der Hochstimmung und des Optimismus, schien uns *alles*, was wir bekamen, gut, und wir wollten so viel, daß jeder kleine Erfolg uns großartig vorkam. Zum Beispiel Duschen in den Umkleideräumen der Frauen. Die Duschen bekamen wir sofort. Aber keine feste Anstellung, wohlgemerkt, keine von uns bekam eine feste Anstellung.

Während dieses akademischen Jahres wurde mir klar, daß bei mir eine Veränderung stattgefunden hatte, die meine Kollegen nicht mitvollzogen hatten. Aber ich war nicht mehr wütend auf sie. Sie waren vielleicht irregeleitet, aber nicht bösartig. Ich sah mit großer Klarheit, daß ich vom System vereinnahmt worden war, aber sie waren genauso vereinnahmt worden. Sie hatten nur einfach nicht die Motivation oder die Gelegenheit oder die Energie, sich so herauszuarbeiten, wie ich das getan hatte. Daher war ich fähig, meine persönlichen Gefühle von meinem politischen Engagement zu trennen. Ich hatte nicht mehr das Gefühl, daß die Männer »es mir antaten«. Ich hatte das Gefühl, daß das System zu ihrem Wohl aufgebaut worden war und daß sie die Nutznießer waren. Veränderung würde durch politische Aktionen, nicht durch freundliche Überredung bewirkt werden müssen. Ich meine, wußten sie denn nicht, was *richtig* war? Sie würden Frauen also nicht einfach deshalb einstellen, weil es *fair* war? Und was nun?

Diese »was nun«-Phase ist es, von der das Schicksal der Wut abhängt. Sie haben Duschen im Umkleideraum, aber keine feste Anstellung; sie haben das Recht, sich »Fachbereichsleiter*in*« nennen zu lassen, aber im Fachbereich gibt es immer noch keine Frauen; Sie haben für das *Equal Rights Amendment* die Unterstützung einer Mehrheit gewonnen, diese wird aber von einer Minderheit starker Gegner zu Fall gebracht. Ihre Gruppe ist, nachdem alle ihr Bewußtsein bis ins Unendliche erweitert haben, zerfallen, alle Mitglieder haben sich dem Kampf mit Alltagsproblemen und den banalen Dingen des Lebens zugewandt. Jetzt, nach der ersten

Erfolgswelle, wird Ihnen klar, daß Ihnen ein langer Kampf bevorsteht. Es war relativ leicht, Wut auf bestimmte einzelne aufrechtzuerhalten, die man zu ändern hoffte. Schwerer ist es, Wut auf etwas so Riesiges und Amorphes wie »das System« am Leben zu halten.

Eine Lösung, die Sie an diesem Punkt aufgreifen können, besteht darin, von der Agitation für sozialen Wandel zur Konzentration auf die eigene persönliche Entwicklung überzugehen. Ironischerweise kehren Sie vielleicht sogar zu der Reaktion zurück, die so viele Opfer von Diskriminierung und Ungerechtigkeit kennzeichnet: Sie geben sich möglicherweise selbst die Schuld.

Wenn Menschen ohne Macht vom wirksamen Handeln abgehalten werden, reagieren sie typischerweise, vor allem in dieser hoch individualisierten Kultur, indem sie das Problem von einem Problem des Systems zu einer Privatangelegenheit umdefinieren. Dieser veränderte Blickwinkel gestattet ihnen, sowohl das Bewußtsein von den Ungerechtigkeiten, die sie einst so aufgeregt haben, beizubehalten, als auch ihr Selbstwertgefühl zu bewahren, weil sie glauben, sie unternähmen etwas dagegen. Da Selbstbeschuldigungen an den äußeren Ursachen für Streß und Wut nichts verändern, schaden sie der betroffenen Person nur, während sie paradoxerweise gleichzeitig die Illusion schaffen, daß er oder sie sein oder ihr Schicksal in der Hand hat.

Zum Beispiel haben manche Frauen, die früher über ihren zweitrangigen Status in Amerika wütend waren, inzwischen den Schluß gezogen, daß Frauen an allen Problemen, die sie haben, in erster Linie selbst schuld seien. Colette Dowlings Buch *Der Cinderella-Komplex: Die heimliche Angst der Frauen vor der Unabhängigkeit* war der erste Vorbote dieser Umkehr. Dowling reduzierte die Probleme der Frauen – den niedrigeren Lohn, den riesigen Prozentsatz von Frauen auf Arbeitsstellen mit niedrigem Status und niedrigem Einkommen, die Doppelbelastung durch Arbeit und Familie, die berufstätige Frauen oft zu bewältigen haben, das Fehlen von Frauen in den höchsten Positionen der amerikanischen Wirtschaft – auf die Angst der *Frauen* vor Unabhängigkeit. Ich finde, derartige Argumente sind eine psychische Bankrotterklärung, und politisch halte ich sie für selbstmörderisch, aber ich sehe durchaus ihren Reiz. Sie verschaffen einer früheren Feministin nicht nur die Unterstützung und das Lob derjenigen um sie herum, die ihr dankbar sind, daß sie sie nicht mehr für ihre Kümmernisse verantwortlich macht und ihnen keine Statistiken mehr um die Ohren schlägt, sondern sie geben auch ihrem optimistischen Glauben Auftrieb, daß Veränderung möglich sei. Und nicht die langfristige, schwierige, unromantische Art der Veränderung, die ständige Zusammenarbeit erforderlich macht, sondern die sofortige, berauschende Art der Veränderung, die in vagen Versprechungen hinsichtlich des eigenen inneren Potentials liegt. Denn wenn das Problem in einem selbst liegt, in einer »versteckten« Angst vor der eigenen Unzulänglichkeit statt in einer nebulösen äußeren Situation, nun, dann läßt es sich ja mit ein paar Jahren Therapie für ein paar tausend Dollar leicht beheben. *Du* kannst es, besagt diese Argumentation, entwickle dich einfach und fliege los. Und nimm dabei auch gleich Abschied von diesen Unfrieden stiftenden Vorstellungen von Ungerechtigkeit.

Ein schlechtes Gewissen zu haben ist sicherlich ungefährlicher als wütend zu sein. Heutzutage lesen Frauen Selbsthilfebücher mit Titeln wie: *Wie man seine dämlich niedrige Selbstachtung hebt, indem man hart genug arbeitet, und schlank und hübsch genug ist, um diesen Kerl dazu zu kriegen, bei einem zu bleiben und einen anständig zu behandeln*. Solche Bücher erzeugen zwar ein schlechtes Gewissen, sind aber weniger bedrohlich als jene, die von Frauen verlangen, sich zu überlegen, wo ihre geringe Selbstachtung eigentlich herkommt, warum sie vom Schlank- und Hübschsein besessen sind und warum sie überhaupt mit einem Kerl zusammen sein müssen.

Auf dieser Stufe des sozialen Protests liegt für viele das Problem darin, die Grenze zwischen Schuld und Verantwortung zu finden. Wenn manche Feministinnen diese Grenze verwischten, indem sie jedem und allem in ihrem Leben die Schuld an ihren Leiden gaben, verfallen viele moderne Selbsthilfebücher in den umgekehrten Fehler. Ein härterer, aber ehrlicherer Weg besteht darin, die Ursachen für die Wut zu unterscheiden in solche, an denen man etwas ändern kann, und solche, an denen man nichts ändern kann, zu unterscheiden zwischen der Übernahme von Verantwortung für eigene Handlungen und eigenes Versagen und Schuldzuweisungen in andere Richtungen für Ereignisse, auf die man keinen Einfluß hat.

In den siebziger Jahren wurde der Begriff *Feministin* zum Teil als Schimpfwort gebraucht, wie in »Ich bin keine Feministin, aber ich möchte trotzdem Feuerwehrfrau, Senatorin, Pastorin, Rechtsanwältin oder Schreinerin werden.« Jetzt, da Frauen Feuerwehrfrauen, Senatorinnen, Pastorinnen, Rechtsanwältinnen und Schreinerinnen sind, nimmt man an, daß sie eine von zwei Alternativen ergreifen: daß sie entweder zum Traditionalismus zurückkehren und ihre hart erkämpften Karrieren aufgeben, um Tomaten und Kinder großzuziehen, oder daß sie als Superfrauen weiter aufsteigen, als Individualistinnen nach bester amerikanischer Tradition, die behaupten, sie brauchten keine »ganze Bewegung« zur Unterstützung. In jedem Fall wird vorausgesetzt, daß wir uns in einer »postfeministischen« Phase befinden – was immer das heißen mag.

Tatsächlich ist es – außer in den Witzspalten der Medien – nicht so, daß Frauen »zum Traditionalismus zurückkehren«. Die Mehrzahl derjenigen, die es könnte, möchte es nicht, und die Mehrzahl derjenigen, die es möchte, kann es sich nicht leisten. Tatsächlich geschehen ist aber, daß die meisten jungen Frauen heute die Errungenschaften des Feminismus als gegeben hinnehmen. Wenn man College-Studentinnen nach ihren Zukunftsplänen fragt, erzählen sie einem, daß die Welt ihnen zu Füßen läge, daß Ehemänner die Hausarbeit mit ihnen teilen würden, daß jede Art von Karriere möglich sei, daß Frauen mit einer Hand zwei Kinder aufziehen und mit der anderen eine Rechtsanwaltspraxis führen könnten und daß Ungleichheiten hinsichtlich des Gehalts oder der Aufstiegschancen wie Keuschheitsgürtel zu den Barbareien der Vergangenheit gehören.

Das ist kein Zeichen für Antifeminismus, sondern ein Zeichen für Naivität. Wenn diese Frauen einmal ins Arbeitsleben eintreten, heiraten und Kinder bekommen (heutzutage in beliebiger Reihenfolge), stellen viele fest, daß der Feminismus vielleicht doch nicht nur ein verstaubtes Thema aus grauer Vorzeit ist wie etwa der Vietnamkrieg. Zwei meiner Studentinnen illustrieren besonders gut, wie junge Frauen heutzutage die Frauenbewegung betrachten und auf welche Weise Wut mit diesen Einstellungen verknüpft ist. Louise Friedrichs würde sich in ihnen wiedererkennen.

Eine junge Frau, die ich Eve Ramirez nennen möchte, arbeitet jetzt bei einem Fernsehsender und lernt die Arbeit dort »von Grund auf«. Auf ihre Eltern hatte die Frauenbewegung keinen besonderen Einfluß. Ihre Mutter nahm erst eine Arbeit außer Haus an, als Eve auf dem College war, und ihr Vater hat bis vor kurzem nie einen Teller abgetrocknet. Trotzdem hat Eve das Gefühl, daß sie indirekt beeinflußt war:

Meine Eltern haben mir nie feierlich erklärt, was die Frauenbewegung ist, aber sie haben mich in dem Glauben erzogen, daß die Dinge fair sein würden, wenn ich einmal in die Arbeitswelt eintreten würde. Meine Seminare am College haben mich ein bißchen aufgeweckt, und als ich dann schließlich arbeiten ging, wurde ich richtig wachgerüttelt, denn es besteht so ein großer Unterschied in der Art, wie Männer und Frauen behandelt werden. Das reicht jedoch nicht aus, um mich von dem, was ich vorhabe, abzuhalten. Und ich bin sicher, daß die Umstände heute viel besser sind als vor der Frauenbewegung.

Wie viele andere Frauen ihrer Generation mag Eve das Wort *Feministin* nicht, weil es einen schlechten Beiklang hat:

Ich habe es immer in abwertendem Zusammenhang gehört, wie »Ach, diese Feministinnen«. Oft benutzen Männer und sogar Frauen das Wort, um anzudeuten, daß eine Frau aus der Reihe tanzt, daß sie das nicht tun sollte, was sie gerade tut, daß sie nicht weiblich ist; daß eine Feministin nicht einfach das tun will, was ein Mann tut, sondern daß sie ein Mann *sein* will. Aber ich glaube, man kann weiblich sein und gleichzeitig Feministin. Man würde sich nicht gern als solche bezeichnen, aber wenn ich es müßte, würde ich es tun, denn ich bin sicher, daß ich eine bin. Eigentlich glaube ich, daß der Begriff jetzt nicht mehr so abwertend klingt – vielleicht liegt das einfach daran, daß ich älter bin und es verkraften kann.

Wendy J., Jurastudentin an einer Universität im Osten (wo mehr als 40 Prozent der Erstsemester Frauen sind), wuchs mit dem Feminismus auf und gibt zu, daß sie viele Jahre lang feministische Politik nicht von der Wut ihrer Mutter auf ihren Vater unterscheiden konnte. Wendys Mutter, Englischprofessorin, die lange in Frauenfragen aktiv war, wurde geschieden, als Wendy in der zweiten Klasse war. »Auf irgendeiner Ebene gab ich ihr die Schuld, daß sie meinen Vater verloren hatte, und ich war wütend auf sie, weil sie so wütend und bitter war«, sagt Wendy.

Als Jugendliche rebellierte Wendy dann gegen alles, wofür ihre Mutter einstand:

Ich dachte, die Frauenbewegung sei viel Lärm um nichts, und es gäbe keinen Grund dafür. Ich trug die aufreizendsten Kleider, die ich finden konnte – Blusen mit tiefem Ausschnitt, Jeans, die aussahen, als wären sie aufgemalt –, und tonnenweise Make-up, scheußlichen blauen Lidschatten. Wichtig war nur, ob der Junge mich mochte; es spielte nicht einmal eine Rolle, ob ich ihn mochte. Ich wollte als Teenager immer süß und nett sein. Meine Mutter muß entsetzt gewesen sein, aber sie hat nie ein Wort gesagt.

Nach der Schule wuchs ich allmählich aus dem Alter heraus, in dem es wichtig ist, daß man für die Jungens sexy und blöd ist. Je mehr Erfahrungen ich machte, vor allem im Beruf, desto mehr wachte ich auf. Es dauerte gar nicht lange. Ich verlor eine Stelle wegen sexueller Belästigung. Es ist interessant – all die Geschichten, die ich von meiner Mutter und ihren Freundinnen hörte, daß sie eine Arbeitsstelle verloren hatten oder nicht fest angestellt wurden, hatten mir nie viel gesagt. Aber wenn es dir persönlich passiert, kommt die Botschaft an. Eines Tages wurde mir zum Beispiel klar, daß ich nur eine Freundin habe, die nie vergewaltigt worden ist oder sonst ein Erlebnis mit ungewolltem Sex hatte.

Wendy befürchtet, daß viele ihrer Kommilitoninnen sich die äußeren Anzeichen für Gleichheit, nicht aber deren Geist zu eigen gemacht haben. »Sie wollen feminin sein, und darunter verstehen sie schön und anorektisch dünn *und* beruflich erfolgreich *und* besser als alle anderen«, sagt sie. »Und wenn sie das nicht sind, werden sie von Gefühlen der Unzulänglichkeit überwältigt.«

Viele von ihnen haben große Angst vor dem Wort *Feministin*. Es beschwört ein Bild von einer Person herauf, die Männer haßt, die nicht weiblich ist. Manche meiner Kommilitoninnen sagen: »Ich bin Feministin, aber ich will auch feminin sein«, und das zeigt mir, daß sie nicht wissen, was Feminismus ist. Feminismus ist eigentlich Humanismus, die Überzeugung, daß kein Geschlecht dem anderen überlegen ist.

Wendy sagt, ihre Wutgefühle seien davon abhängig, »ob man nach vorn sieht, was noch zu tun ist, oder rückwärts auf das, was man erreicht hat. Meine Mutter und ich haben uns neulich darüber unterhalten. ›Ich hätte nie gedacht, daß unsere Bemühungen so schnell etwas verändern würden‹, sagte sie zu mir, ›als wir angefangen haben, wurden nur ganz wenige Frauen zum Jurastudium zugelassen, und jetzt sieh dir dein Semester an.‹« Doch Wendy ist nicht so optimistisch wie ihre Mutter:

Ich habe eine ältere Studentin gefragt, wo die Frauengruppen wären, und sie sagte: »Oh, ich interessiere mich überhaupt nicht für Feminismus.« – »Hast du etwas gegen das Wort«, fragte ich, »oder interessierst du dich nicht für gleichen Lohn und die Abschaffung der Diskriminierung?«

Eve Ramirez ihrerseits möchte nach vorn sehen:

Mein Praktikum hat mir einen entmutigenden Einblick in die reale Welt des Fernsehens verschafft. Aber ich glaube aus zwei Gründen, daß das unbezahlbare Erfahrungen sind. Erstens haben sie mich realistischer gemacht; ich weiß jetzt besser, was auf mich zukommt, wenn ich ins Berufsleben eintrete. Zweitens geben sie mir Hoffnung. Vieles ist schon verändert worden, aber es muß noch viel mehr getan werden. Es ist eine spannende Herausforderung, und ich bin bereit, sie anzunehmen und sie schließlich auch zu bewältigen.

Die Sozialwissenschaftler Leonie Huddy und David Sears haben Untersuchungen über die Einstellungen der Amerikaner zu Geschlechterfragen und Feminismus aus fünfzig Jahren zusammengefaßt und selbst eine repräsentative Studie an 2257 amerikanischen Erwachsenen durchgeführt.[29] Im Gegensatz zum in der Öffentlichkeit vorherrschenden Eindruck, daß die nächste Generation »zum Traditionalismus« zurückkehre, haben Huddy und Sears herausgefunden, daß die Amerikanerinnen in der jüngsten Altersgruppe, diejenigen zwischen 18 und 34, am stärksten für die Gleichheit der Frau eintreten. Die ältesten Frauen sind es, die am meisten dagegen sind. Diese Unterschiede zwischen den Frauen zeigen, daß sie geteilter Meinung darüber sind, was ihnen größere Vorteile bietet – der ökonomische Schutz durch einen Ehemann oder die ökonomische Selbstversorgung. Ich fragte Leonie Huddy, warum, wenn das stimme, in der Öffentlichkeit der Eindruck so verbreitet sei, daß die jungen Frauen sich in einer postfeministischen Phase befänden. »Viele von ihnen sind von ihren Grundüberzeugungen und Zielen her Feministinnen«, sagte sie, »aber sie identifizieren sich nicht mit dem Feminismus, und sie hassen das Wort. Sie assoziieren damit Wut, militantes Auftreten und Lesbianismus.«

Die Soziologin Beth Schneider hat versucht, herauszufinden, warum Frauen mit *Feminismus* »Wut, militantes Auftreten und Lesbianismus« verbinden, und warum so viele Frauen feministische Ziele unterstützen, jedoch zögern, sich selbst als Feministinnen zu bezeichnen. Schneider sammelte in einer heterogenen Gruppe von Frauen im Alter zwischen 19 und 66 Eindrücke vom Feminismus. Die Feindseligkeit der Frauen bezog sich fast ausschließlich auf das, was sie als feministische Abweichungen in der Privatsphäre der Beziehungen ansahen, als Abweichungen in den grundlegenden Definitionen und Aktivitäten »normaler« Weiblichkeit – Sexualität, Mutterschaft und Persönlichkeitsmerkmale (nährendes Verhalten, Wärme, Fehlen von Aggressivität). So stimmte die Mehrzahl der Frauen in Schneiders Gruppe zwar zu, daß Feministinnen Gutes tun, um den Status der Frau zu verbessern, viele jedoch hielten die Feministinnen auch für hart, aggressiv, unattraktiv und feindselig – demnach haben sie also »Angst davor, eine Frau zu sein.« Häufig wird außerdem angenommen, daß auch das sexuelle Verhalten der Feministinnen abweichend sei: Wenn sie nicht Lesben seien, dann seien sie »frigide« oder »sexbesessene« Heterosexuelle.[30]

Das Dementi »Ich bin keine Feministin, aber...« erlaubt Frauen, ungefährlichen, allgemeinen Grundsätzen beizupflichten, ohne wegen der Verletzung traditioneller weiblicher Normen verurteilt zu werden. Es ist ungefährlich, die praktischen, inzwischen allgemein anerkannten Ziele der Frauenbewegung zu unterschreiben, wie gleichen Lohn, faire Aufstiegschancen und Hilfe für vergewaltigte Frauen. Weniger ungefährlich ist es, die »persönlichen«, traditionellen Anforderungen an die weibliche Rolle in Frage zu stellen. Das Ziel ist, Gleichheit zu erreichen, ohne auf dem Weg dorthin für unweiblich gehalten zu werden.

Die Geschichte der Frauenbewegung in Amerika ist die Geschichte eines ständigen Anwachsens und Abklingens der Wut. Von allen sozialen Rollen, die unserem Leben Halt und Sinn geben, werden keine tiefer empfunden als die Rollen von Frau und Mann. Angriffe auf diesen zentralen Aspekt der Identität werden nicht gerade freundlich aufgenommen. Wenn Veränderungen auftreten, möchten man wissen, wem man die Schuld zuschieben kann: »Wer hat damit angefangen?« Die Antifeministinnen geben den aufmüpfigen, frustrierten Frauen die Schuld. In ihrer unterhaltsamen, provozierenden Erwiderung *Die Herzen der Männer*, gibt die Autorin Barbara Ehrenreich den aufmüpfigen, frustrierten Männern die Schuld. Die Frauenbewegung begann, behauptet Ehrenreich, als Antwort auf eine »männliche Revolte« gegen Reife und Verantwortung im allgemeinen und gegen Frauen im besonderen. Eine Generation unreifer Männer weigerte sich, ihre Bindungen an Frauen und Familien anzuerkennen, und zwang so die Frauen zu einer von zwei Alternativen: zu ökonomischer Selbständigkeit (der feministischen Richtung) oder zu Bemühungen, die Männer fester an sich zu binden (der antifeministischen Richtung).[31]

Andere Autoren werfen den Frauen vor, sie würden unerfüllbare Forderungen an die Männer stellen. Männer sind sicherlich wütend darüber, daß aus ihrer Sicht alle Aufmerksamkeit auf Frauenfragen gerichtet wird und niemand sich für ihre Belange interessiert. Warren Farrell zitiert in *Why Men Are the Way They Are* Dutzende von Beispielen für das, was er als »den neuen Sexismus« bezeichnet – daß Frauen Männer auf eine Art fertigmachen, die nie geduldet würde, wenn Männer sie Frauen gegenüber praktizieren würden. Anti-Männer-Grußkarten verkaufen sich wie warme Semmeln. Anti-Männer-Bücher implizieren, Frauen seien wunderbar, wenn sie auch gelegentlich im Namen des Zu-sehr-Liebens eine schlechte Wahl treffen, während Männer kindische Trottel seien. Und, sagt Farrell, während Frauen sich beklagen, daß sie unter solchem Druck stünden, schön und weiblich sein zu müssen, werde von Männern erwartet, daß sie sich nicht über die an sie gestellten, unerfüllbaren Anforderungen beklagen, nämlich gut auszusehen und männlich *und* finanziell erfolgreich zu sein.[32]

Die Diskussion darüber, wer angefangen hat, hat den Vorzug, daß sie uns daran erinnert, daß Geschlechterrollen sich nicht nur auf ein Geschlecht beziehen. Frauen sind nicht das einzige Geschlecht, das sich über die Beschränkungen seines »wahren Platzes« ärgert. Für jede Ehefrau, die ihrem Mann vorwirft, er sei dominant und emotional unnahbar, gibt es einen Mann, der seiner Frau vorwirft, sie sei parasitär und emotional aufdringlich. Sich die Klagen eines Geschlechts anzuhören und die des anderen nicht, heißt, nur eine Hand klatschen zu hören.

Aber worin besteht dann die Zukunft dieser Diskussion und der Wut, die sie zwischen den Geschlechtern erzeugt? Eine Antwort sieht vor, daß die Lage sich immer weiter verbessert. Jetzt, da so viele Frauen im Berufsleben stehen, werden sie allein durch ihre Zahl schließlich die »gläserne Decke« der Macht durchstoßen. Der Marlboro-Mann, der eine Babywindel nicht einmal mit der Zange anfassen würde, ist zu einem lächerlichen Anachronismus geworden. Männer beteiligen sich viel stärker an der Hausarbeit, am Kochen und an der Kinderbetreuung, als ihre Väter jemals für respektabel gehalten hätten, und das wird Frauen erfolgreiche berufliche und Männern erfolgreiche häusliche Karrieren gestatten. (In manchen Büchern und Filmen werden Männer als bessere Mütter dargestellt, als Frauen es sind.) Sowie Männer und Frauen im Hinblick auf Aktivitäten und Eigenschaften größere Gemeinsamkeiten haben, werden ihre Mißverständnisse und Animositäten zurückgehen.

Eine zweite Möglichkeit ist, daß Frauen weiterhin arbeiten, aber ohne daß von der Männerseite her entsprechende Veränderungen stattfinden. Folglich wird man von Frauen erwarten, daß sie traditionell *und* emanzipiert sind, daß sie sich um die Familie *und* um ihre Karrieren kümmern. Wie Wendy J.'s Kommilitoninnen werden sie versuchen, »feminin« und »feministisch« zu sein. Anhänger dieser Prognose beobachten, daß der Marlboro-Mann sich immer noch gut verkauft – genauso wie Rambo. Männer tun zwar vielleicht inzwischen mehr im Haushalt, aber Untersuchungen stellen übereinstimmend fest, daß sie umso weniger glücklich mit ihren Frauen und in ihren Ehen sind, je mehr sie zu Hause tun. In diesem Zukunftsbild wird die Wut der Geschlechter aufeinander bestehen bleiben. Frauen werden Männern vorwerfen, daß sie »ihren Teil nicht tun« oder daß sie sie vor die Wahl zwischen Beruf und Familie stellen, und Männer werden Frauen vorwerfen, daß sie zuviel fordern und ihren häuslichen Verpflichtungen nicht nachkommen.

Natürlich können beide Zukunftsvisionen in unserer komplexen Gesellschaft nebeneinander bestehen – und tun das auch –, und so lange es Konflikte über die Rollen und Pflichten von Männern und Frauen gibt, wird es auch Spannungen und Feindseligkeit zwischen den Geschlechtern geben. Um diese Konflikte jedoch zu verstehen, ist es meiner Meinung nach an der Zeit, die Diskussion über »Wer hat angefangen?« zu beenden, denn sie begeht den Fehler des linearen Denkens, der bei

Familienstreitigkeiten so häufig ist. Ansichten über Männlichkeit und Weiblichkeit sind an ökonomische und demographische Bedingungen gekoppelt wie das Vorhandensein von Arbeitsplätzen, den Bedarf an weiblichen Arbeitskräften und das zahlenmäßige Verhältnis von Männern und Frauen. Aus diesem Grund reicht, wie die Psychologin Lillian Troll bemerkt, jede »Frauenbewegung« nur eine Generation weit.

Eine Möglichkeit, aus der Falle des »Wer hat angefangen?« auszubrechen, besteht vielleicht darin, nach draußen zu schauen, in unsere sozialen Welten, statt nach innen auf unsere eigenen Fehler oder zur Seite auf die Fehler unserer Partner. Um zu verstehen, warum Frauen sich so großem Druck ausgesetzt fühlen, feminin und feministisch, schön und erfolgreich zu sein, können wir bei den widersprüchlichen Anforderungen, die Beruf und Familie stellen, beginnen. Dabei könnten wir auch gleich die widersprüchlichen Anforderungen genau betrachten, die von Männern verlangen, sowohl Finanzhaie als auch weichherzige Väter zu sein.

Nach draußen zu schauen kann eine Hilfe dabei sein, die Ursprünge dieser Konflikte besser zu diagnostizieren und Lösungsmöglichkeiten zu finden. Anderenfalls werden die Vorwürfe wie bei einem endlosen Volleyballspiel hin und her von einem Feld ins andere springen – und, schlimmer noch, es wird uns schwerfallen, zu unterscheiden, was wir selbst wollen und was die Gesellschaft von uns will.

Der Zorn der Zeit

Ich hoffe, daß [die Journalisten] ihre Neugier behalten werden – ihr Interesse; ja, und im Herzen ein wenig Wut. Wenn das Adrenalin knapp wird, wenn das kleine Flämmchen der Wut verlöscht, dann ist es wohl Zeit für den Reporter, darüber nachzudenken, ob er nicht einen einträglicheren Beruf ergreifen will.

T. R. B. [Richard Strout][33]

Der Glaube an eine gerechte Welt ist in Schwierigkeiten geraten. Täglich gibt es allzu viele eklatante Beispiele dafür, daß die Bösen sich alles erlauben können. Alte Frauen werden von jungen Punks für eine Handvoll Dollar zusammengeschlagen. Terroristen bringen Unschuldigen den Tod. Die reichsten und offensichtlichsten Kriminellen bekommen die kürzesten Strafen. Die Hoffnungen der wohlhabenden Nachkriegsjahre auf einen gesicherten Ruhestand, eine gesunde Umwelt, einen verbesserten Lebensstandard, mitfühlende Versorgung von Armen, Kranken und Alten fallen mit lautem Knall in sich zusammen. Der Zorn, der gegen solche Ereignisse protestieren könnte, ist von Fallstricken umgeben: brüllende, nihilistische Wut auf der einen Seite und Apathie und mürrischer Groll auf der anderen. Heutzutage findet eine immer stärkere Polarisierung unseres öffentlichen Diskurses statt. Das eine Extrem ist die wütende Einschüchterung, bei der ein »Gespräch« darin besteht, sich gegenseitig Schimpfwörter entgegenzuschleudern. Agitatoren, die wütend auf jeden und alles sind, argumentieren nicht, sie greifen an. Es ist das Geschrei derer, die sich nicht artikulieren können.

Das andere Extrem, ebenso beunruhigend, besteht in exzessivem Leugnen. Die zugrundeliegende Einstellung ist: »Sag' nichts Gemeines über diesen Menschen; er könnte gekränkt sein.« Viele Leute halten es anscheinend für unhöflich, zum Beispiel auf die Lügen, Ausflüchte und Manipulationen eines Politikers hinzuweisen. Bei einer Fernsehshow über den Wahlkampf zur Präsidentenwahl 1988 bemerkten mehrere Kommentatoren, daß das Fernsehen dem vorgefertigten Image und den Reden der Regierung in den letzten Jahren kaum widersprochen hätte. Das zu tun, erschiene ihnen, wie sie sagten, irgendwie »unfair«, als ob die Medien diejenigen, die an der Macht sind, »kriegen wollten«. Echter Enthüllungsjournalismus, der zum Beispiel Korruption in der Regierung aufdeckt, gehört jedoch zu den wesentlichen Aufgaben der Medien. Die Regierung hat aber, indem sie die Medien wegen ihrer angeblichen Voreingenommenheit angriff, eben jene Institutionen eingeschüchtert, die sie überwachen sollten – und diese Einschüchterung geschah mit dem Einverständnis der Öffentlichkeit, die höflich sein möchte und auf ihre Politiker nicht zornig sein will.

Was gebraucht wird, ist ein Flämmchen Zorn, gerade groß genug, um sicherzustellen, daß wir den Zorn benutzen und nicht der Zorn uns. Das ist schwer. Es ist viel leichter, ihn ganz auszulöschen, und damit auch jedes Gefühl von Verantwortung für die Gemeinschaft oder von Hoffnung auf Veränderung. Und es ist auch leichter, sich bei jeder vermeintlichen Beleidigung in aggressiven Ausbrüchen gehen zu lassen und die Wut so anzuheizen, daß sie weder beherrscht noch in eine bestimmte Richtung gelenkt werden kann.

Der Psychoanalytiker Walter Bonime stellt fest, daß es in der amerikanischen Gesellschaft eine Vielzahl guter Gründe für Wut gibt (»die

Diffamierung von Frauen, Schwarzen, den Jungen, den Alten, die alle auf verschiedene Weisen verächtlich behandelt werden«), und er unterscheidet diese realistische Wut von der Feindseligkeit, die manche Menschen brauchen, um sich authentisch zu fühlen. Eine Frau ezählte ihm, sie wolle sich »immer als Unterdrückte fühlen. Das gibt mir das Gefühl, lebendig zu sein. Ich muß immer der Tatsache ins Auge sehen, daß ich mich tot fühle, [wenn] nichts schiefgeht.«[34] Die Klage dieser Frau ist das Erkennungsmerkmal der Entfremdeten, die Angst haben, daß ihre Stimmen in einer Nation von Schreihälsen nicht gehört werden, wenn sie nicht brüllen.

Meine Freundin Judy beschreibt solche Menschen weniger nüchtern. »Sie glauben, daß die Welt darauf aus ist, sie bei jeder Gelegenheit fertigzumachen«, sagt sie. »So wie Leute, die im Regenwald leben, vielleicht glauben, das Leben sei eine dunkle, feuchte, triefende Angelegenheit, so laufen sie mit der Überzeugung herum, daß das Klima der Welt dazu da ist, sie fertigzumachen.« New Yorker, fügt sie hinzu, hätten ihren eigenen, ganz besonderen Regenwald:

Außerhalb von New York erkennt anscheinend niemand, wie sehr man sich im Leben ärgern muß. Ich glaube, niemand weiß, wie empfindsam New Yorker eigentlich sind – sie sind nicht abgebrüht und widerstandsfähig, nein, sie sind Softies. Sie stellen sich vor, daß das Leben eigentlich ein Idyll sein sollte, und deswegen sind sie immer wütend, wenn es das nicht ist. Weißt du, wie Farmer im Mittleren Westen mit Überschwemmungen und Dürreperioden umgehen? So etwas gehört für sie eben zum Leben dazu: »Komm, Mary, wieder an die Arbeit.« Aber New Yorker? Ein *Wasserhahn* tropft, und sie drehen durch. Wutentbrannte Anrufe beim Vermieter! New Yorker sind die Unschuldslämmchen in Person. Sie sehen nicht, daß das Leben nun einmal so ist; alles wird zu einer persönlichen Kränkung, die *mir* passiert ist: MEINE Miete ist erhöht worden, MEIN Wasserhahn tropft, MEIN Job ist unerträglich.

Judy beschreibt diese Einstellung sicherlich treffend, allerdings glaube ich nicht, daß sie auf New Yorker beschränkt ist.

Private, reflexhaft geäußerte Wut wird heutzutage oft als gerechtfertigte Attacke auf »Unterdrückung« angesehen – manchmal auf tatsächliche Unterdrückung und manchmal auf die normalen Zwänge des Erwachsenenlebens. Das Problem bei dieser Art der Wut besteht darin, daß sie, nachdem sie einmal die Aufmerksamkeit auf einen Mißstand gelenkt hat, nicht viel tut, um etwas daran zu ändern. Veränderungen erfordern, auf lange Sicht gesehen, Organisation, Geduld, gute Laune und die Fähigkeit, zu verhandeln und Kompromisse zu schließen; das alles kann durch Wut gefördert oder abgetötet werden. Natürlich gibt es, wie ich dargestellt habe, auch Fälle, in denen nur Wut die notwendige Klarheit schaffen kann, in denen sanfte Hinweise und ständige Freundlichkeit vom Partner oder von der Regierung nicht beachtet werden. Ein befreundeter Soziologe meint, es sei bezeichnend, daß es ein Wort für Menschen gibt, die nicht verfolgt werden, aber glauben, sie würden verfolgt (»paranoid«), aber keinen Ausdruck für Menschen, die verfolgt werden und dabei glauben, sie würden nicht verfolgt. »Trottel?« schlug er vor. Menschen, die nie wütend sind, selbst wenn es in ihrem eigenen Interesse wäre, die nie Stellung gegen ein Unrecht beziehen, das sie beeinflussen könnten, verdienen für ihre stoische Haltung weder eine Tapferkeitsmedaille noch Sympathie.

Der Einsatz von Wut für moralische Zwecke erfordert meiner Meinung nach das Bewußtsein, daß es Alternativen gibt, und den Gebrauch des Verstandes. Man muß wissen, wann man wütend werden muß – »Das ist falsch, dagegen protestiere ich« – und wann man Frieden schließen muß, wann man handeln und wann man stillhalten muß, und man muß den Grund für seine Wut kennen und darf nicht die Schuldlosen beschimpfen.

10. Vom neuen Umgang mit Wut – mit ihr leben und sie beherrschen

Er schleppte immer einen Komplex mit sich herum, den er gern als Zündstoff für einen Streit benutzte.

Fred Allen

Wer nach Rache strebt, sollte zwei Gräber graben.

Sprichwort

Über die Jahre hinweg habe ich Sprüche aus chinesischen *Fortune Cookies* gesammelt. Entweder befassen die Chinesen sich sehr viel mit Wut, oder jemand bemüht sich, mir etwas klar zu machen, jedenfalls ist hier ein Teil meiner Sammlung:

Beherrsche dich. Gereiztheit ist Gesichtsverlust.
Wer schwer zu erzürnen ist, besitzt große Klugheit.
Wut ist so nutzlos wie die Ozeanwellen ohne Wind.
Das beste Heilmittel gegen Wut ist Aufschub.
Wut verwischt, wie Nebel, häufig den Weg.
Es ist besser, eine Beleidigung zu übersehen, als sich dafür zu rächen.

Und das jüngste Stück in meiner Sammlung:

Heftige, bittere Worte weisen auf schwache Argumente hin.

Kein einziges Mal habe ich ein Zettelchen gefunden, das den Rat gab: »Laß deine Wut heraus, sonst bekommst du ein Magengeschwür«, oder: »Selbstbeherrschung ist Gesichtsverlust« oder »Mache deinem Zorn Luft, und du wirst glücklich sein«. Zwischen den Ratschlägen in *Fortune Cookies*, die sich mit dem Wohlergehen der Gemeinschaft befassen, und den Ratschlägen der modernen Psychologie, der es um das Wohlergehen des einzelnen geht, tut sich ein Abgrund auf. Es gibt jedoch viele Psychologen, deren Arbeit der Überbrückung dieses Abgrunds gewidmet ist.

Die diagnostische Bibel für Psychologen und Psychiater, *The Diagnostic and Statistical Manual of Mental Disorders* (kurz DSM), enthält viele Kategorien von »Gemütsstörungen«: Depression, Ängste und Phobien und viele weitere Formen von Angst, darunter Panikanfälle, Platzangst, posttraumatisches Streßsyndrom, chronische Angst, Zwangsvorstellungen und Zwänge. Aber Probleme mit Wut sind nirgends zu finden. »Man kann eine ›allgemeine Angststörung‹ haben«, sagt Jerry Deffenbacher, »aber keine ›allgemeine Wutstörung‹.« Jemand kann eine situationsspezifische Phobie haben, wie Angst vor dem Autofahren, aber kein situationsspezifisches Problem mit der Wut, wie starke Wut *beim* Autofahren. Das DSM erkennt, daß Menschen in Krisensituationen extreme Ängste oder Depressionen verspüren können, meint Deffenbacher, aber die extreme Wut, die viele während einer Krise, zum Beispiel während einer Scheidung, erleben, ignoriert es völlig. Er fügt hinzu:

Ich glaube, daß wir die Behandlung klinischer Probleme mit Wut, vor allem in ihrer leichten bis mäßigen Form, zu lange ignoriert oder vermieden haben. Oft sind das die Wutreaktionen, die Gesundheit, Beziehungen, Berufsleben und das Selbstgefühl beeinflussen, sie bringen die Leute jedoch nicht notwendigerweise dazu, Therapie zu machen [...] Mein Eindruck ist, daß viele von uns sich als Kliniker sofort auf einen Fall von Depression oder Angst stürzen, vor Wut aber zurückscheuen würden. Zumindest unseren studentischen Klienten scheint das bewußt zu sein. Am Ende der Behandlungen im Rahmen unserer Untersuchungen haben viele sinngemäß gesagt: »Danke. Ich wußte, daß ich Hilfe brauchte, aber ich wußte nicht, an wen ich mich wenden sollte.« Wenn wir fragten, warum sie nicht zur Beratungsstelle gegangen waren, sahen sie uns erstaunt an und sagten, sie wären schließlich weder deprimiert noch verrückt. Das waren sie auch nicht, sondern sie waren einfach Menschen, die mit einem schwierigen und häufig sozial nicht akzeptierten Gefühl kämpften.[1]

Wut ist in der Tat ein schwieriges Gefühl, selbst in ihren »leichten bis mäßigen« Formen, und in den letzten Jahren haben klinische Psychologen große Fortschritte darin gemacht, Menschen zu helfen, mit ihr umzugehen, sie zu verstehen und sie zu steuern. Zu sagen, Wut könne für eine Beziehung gefährlich sein, ist gut und schön, doch was ist, wenn die Beziehung vorbei ist und der Expartner einen weiter quält und provoziert? Zu sagen, daß Wut auf die Kinder oder den Arbeitgeber vielleicht zu nichts führe oder die Sache sogar noch verschlimmere, ist gut und schön, aber was ist, wenn man sie *fühlt* und sie anscheinend nicht abschütteln kann? Heutige Therapien zur Intervention bei Wut erkennen, daß es zur Lösung von Problemen oder gewohnheitsmäßigen familiären Konflikten nicht reicht, Wut einfach herauszulassen. Sie erkennen an, daß Wut destruktiv sein kann; doch Wut kann auch ein nützliches Symptom sein, das zu konstruktiven Veränderungen führt.

Chronische Wut

Wut betrifft den Geist, den Körper und die Gewohnheiten, die man sich im Laufe der Jahre zur Bewältigung von Gefühlen angeeignet hat. Weil das Abklingen der Wut, ebenso wie ihr Entstehen, eine Angelegenheit von Geist und Körper ist, müssen Menschen, die ihre Wut »loslassen« wollen, sowohl ihr Denken umstellen als auch ihre Pulsfrequenz senken. Therapien, die vor allem mit der Freisetzung von Gefühlen (Urschrei, Bioenergetik und dergleichen) oder auch mit Entspannungstechniken arbeiten, gehen daher nur eine Hälfte des Problems an. »Du Blödmann!« zu schreien hat kaum kathartische Wirkung, weil es den Blutdruck in die Höhe treibt, ohne dabei etwas gegen den Blödmann zu unternehmen, über den man sich ärgert. Zwanzig Minuten lang wie in einem isolierten Wassertank zu schweben mag zwar während dieser Zeit sehr beruhigend sein, aber am nächsten Tag muß man dem Blödmann trotzdem gegenübertreten.

Erfolgreiche Therapien gegen Wut setzen daher beim Verstand an (indem sie lehren, Auffassungen und Interpretationen zu erkennen, die Wut hervorrufen), beim Körper (indem Sie Entspannungs- und Beruhigungstechniken vermitteln) und beim Verhalten (indem sie neue Gewohnheiten und Fertigkeiten vermitteln). Diese Auffassungen und Gewohnheiten können folgendermaßen zusammengefaßt werden:

Auffassungen, die Wut erregen
- Ungerechtigkeit: »Das ist unfair.«
- enttäuschte Erwartungen
- Schuldzuweisungen: »Deine Schuld ...«
- »So darf man nicht mit mir umgehen.«
- zerstörter Glaube an eine gerechte Welt
- »Sie behandelt mich herablassend.«
- »Ich verdiene etwas Besseres.«
- »Die da verletzen die Regeln.«

Auffassungen, die Wut abbauen
- »Schlimme Dinge kommen eben vor.«
- Mitgefühl
- »Ich kann mich nicht wegen jeder Sache streiten.«
- »Sie konnte nicht anders.«
- Humor und Albernheit

Gewohnheiten, die Wut verstärken

- schreien
- schmollen und eingeschnappt sein
- Rachepläne schmieden
- schlagen und andere Gewalttaten
- Wettspiele in der Mannschaft
- Vorwürfe (»Du hörst nie zu.«)
- streiten, während man wütend ist

Gewohnheiten, die beruhigen

- bis 10 zählen (oder bis ...)
- darüber schlafen
- Bewegung (kein Wettkampf)
- Streit im Keim ersticken
- Meditation, Entspannung
- Ablenkung (Brot backen, lesen, einen Film sehen)

Der Psychologe Ray Novaco, der ein »Impfprogramm gegen Streß« zur Behandlung chronisch wütender Menschen entwickelt hat, ist der Meinung, der erste wichtige Schritt zur Bewältigung von Wut bestehe darin, daß die betroffene Person zum Fachmann für ihre Wut wird. »Die Leute sagen ›Ich bin immer wütend‹«, stellt Novaco fest, »aber was bedeutet das genau?« Um das herauszufinden, beginnen seine Klienten damit, daß sie ein Wut-Tagebuch führen, in dem sie die *Auslöser* für ihre Wut festhalten, die *Häufigkeit* der Wut, die *Intensität* der Wut, die *Dauer* der Wut (Fünf Minuten? Drei Tage?) und die *Ausdrucksform* (Was habe ich getan?).[2]

Daraufhin, beobachtet Novaco, beginnen die Klienten zu erkennen, daß ihre Wut sich nach einem bestimmten Muster verhält – daß sie in bestimmten Situationen auftritt oder im Zusammensein mit bestimmten Leuten oder bei bestimmten Provokationen. Sie sehen, daß Wut nicht ausschließlich von innen kommt, sondern auch mit der Situation zusammenhängt, und damit verschiebt sich der Lösungsschwerpunkt. Außerdem entmystifiziert das Führen eines Wut-Tagebuchs das Gefühl, weil es dem Betroffenen zeigt, daß Wut keine »unkontrollierbare Macht« ist. Sie waren zwar wütend auf die Politesse, weil sie Ihnen unfairerweise ein Knöllchen verpaßt hat, aber Sie haben sie nicht geschlagen; Sie waren wütend auf Ihren Chef, haben aber nicht gekündigt; Sie wollten den blöden Autofahrer umbringen, haben es aber nicht getan.

Durch die Bemerkungen, die wir uns selbst und anderen gegenüber machen, wenn wir provoziert werden (»Dieser rücksichtslose Flegel!« – »Was glaubt sie denn, wer sie ist!«), wird Wut geschürt, genährt und entflammt. Daher lehrt Novaco als nächsten Schritt, Wut nach der gleichen Methode auch zu beherrschen, indem man nämlich die vermeintliche

Provokation neu interpretiert: »Vielleicht hat er einen harten Tag«; »Sie muß sehr unglücklich sein, wenn sie so etwas tut.« Menschen, die sich nicht leicht aufregen, reagieren von Natur aus so: Sie fühlen sich in das Verhalten des anderen ein und versuchen, Rechtfertigungen dafür zu finden. Eine von mir interviewte Telefonistin erzählte zum Beispiel, sie würde sich nicht mehr ärgern, wenn Kunden unverschämt ihre Wut auf die Welt (oder die Telefongesellschaft) an ihr abließen. »Ich übergehe ihre Wut völlig«, sagte sie, »und stimme ihnen zu. Ich sage ganz nett, ›Mensch, Sie müssen aber einen schweren Tag haben.‹ Sie beruhigen sich auf der Stelle, merken, wie sie geklungen haben müssen und entschuldigen sich.«

Diese Umdeutungs-Methode wird bei Menschen angewendet, die beruflich ständigen Provokationen ausgesetzt sind wie Polizisten und Busfahrer. Busfahrer in New York City lernen zum Beispiel, daß Fahrgäste, die irritierende Verhaltensweisen an den Tag legen, in Wirklichkeit versteckte Behinderungen haben können. Wiederholte Fragen (»Sind wir schon an der 38. Straße?«) können auf starke Angst hinweisen; augenscheinliche Trunkenheit kann ein Symptom für zerebrale Lähmung sein; bei Petit-mal-Epilepsie kann es so aussehen, als würde ein Fahrgast absichtlich die Anordnungen des Fahrers ignorieren. »Früher habe ich einen Fahrgast aus Rache noch fünf Blocks weiter mitgenommen, wenn er fünfmal geklingelt hat«, erklärte ein Busfahrer. »Jetzt sage ich mir ›Vielleicht ist der Mann krank‹.« Mit dieser neuen Einstellung werden die Betroffenen seltener wütend, weil sie ihnen das Gefühl nimmt, angegriffen zu werden und ihnen so wieder – pardon – das Steuer in die Hand gibt.[3]

Jerry Deffenbacher gibt mehrere Beispiele dafür, wie man mit sich selbst sprechen könnte, wenn man anfängt, wütend zu werden:[4]

Beruhigende Gedanken. »Bleib' ganz ruhig. Sauer zu werden hilft nicht«; »Die Sache ist es nicht wert. Atme ein paarmal tief durch und rege dich ab«.

Problemlösende Gedanken. »Es ist in Ordnung, daß ich mich ärgere, aber das hier ist einfach eine unangenehme Angelegenheit, die erledigt werden muß«; »Also gut, jetzt mache ich mir einen Plan. Was will ich zuerst tun?«

Elementare Kontroll- und Fluchtmethoden. »Erster Grundsatz: Ich behalte die Beherrschung. Bevor ich sie verliere, kann ich immer noch weggehen«; »Ich darf mir ruhig Zeit nehmen. Weggehen, mit mir selbst ins reine kommen, dann zurückkommen und mich um die Angelegenheit kümmern«.

Selbstbestätigende Gedanken. »Gut, ich bleibe am Ball«; »Ich fühle mich gut, weil ich eine schwierige Sache bewältige, anstatt zu schreien«.

Deffenbacher bringt seinen Klienten auch bei, alberne Vorstellungen einzusetzen, um ihre Wut abzubauen und die Provokation noch einmal zu überdenken. »Oft verwenden die Leute aufstachelnde Bezeichnungen oder Sätze, wenn sie wütend sind«, bemerkt er, »die ihre Wut dann noch verstärken. Eine hilfreiche Technik besteht darin, sich solche Bilder *konkret* vorzustellen. Sie fahren Auto und bezeichnen den Fahrer vor sich als Esel oder als Armleuchter. Können Sie sich einen der beiden konkret beim Autofahren vorstellen?«

Humor ist sicherlich die beste Art der Neudeutung und auch diejenige, bei der man sich am besten fühlt. Ich spreche hier übrigens von witzigem, gutmütigem Humor. Sarkastischer, beleidigender Humor baut Wut nicht ab, sondern neigt dazu, die Feindseligkeit zu verstärken und andere Menschen wütend zu machen und in Abwehrhaltung zu bringen. Ich spreche nicht einmal von der Fähigkeit, Witze zu erzählen oder Einzeiler zu machen, auch wenn das lustig ist, sondern ich spreche von der Fähigkeit, die verrückten oder absurden Aspekte des Lebens zu sehen, einschließlich der eigenen Neigung, das Leben zu ernst zu nehmen.[5]

Humor verwandelt Ungerechtigkeit in Absurdität. Daher ist er die scharf geschliffene Waffe von Minderheiten und Einzelpersonen, die nicht direkt zurückschlagen können oder das nicht wagen. Wer fälschlicherweise glaubt, Humor sei nicht so ernsthaft oder wertvoll wie Tragik, versteht dessen Bedeutung überhaupt nicht. Etwas ernst zu nehmen ist kein Akt des Widerstandes. Der tschechische Schriftsteller Milan Kundera berichtet, er habe den Wert des Humors während der Stalinzeit schätzen gelernt: Die Fähigkeit zu lachen sei ein Zeichen dafür gewesen, daß man einem Menschen trauen konnte, denn sie habe auf eine respektlose Haltung der Geschichte und ihren Polizisten gegenüber hingewiesen. Kundera hat »große Angst vor einer Welt, die dabei ist, ihren Humor zu verlieren.«[6]

Nüchtern betrachtet hat Humor therapeutische Funktion, weil er eine physiologische Komponente (er baut Spannung ab) und eine psychische Komponente (er hilft dabei, ein Problem zu überdenken und Distanz dazu zu gewinnen) besitzt. Wenn er auf den Gegenstand der Wut angesetzt wird, entschärft er häufig die feindselige Atmosphäre und ermöglicht eine freundliche Unterhaltung (oder nimmt zumindest der Opposition den Stachel). Er erlaubt es den Betroffenen, den Mittelweg zwischen passiver Unterwerfung auf der einen und einem aussichtslosen Kampf gegen die Realität auf der anderen Seite einzuschlagen. Eine Freundin erzählte mir von einem Besuch bei ihrer Tante, die bemerkenswert fröhlich war, obwohl ihr in wenigen Tagen eine Brust abgenommen werden sollte. »Hör mal«, sagte sie mit einem Lächeln zu meiner Freundin, »ich habe zu deinem Onkel gesagt, er sollte sich nicht beklagen; er hat vierzig gute Jahre an dieser Seite gehabt.«

Gutgelauntes Lachen über sich selbst kann wirklich das beste Mittel gegen Wut sein. »Das liebevolle Eingeständnis der eigenen Schwächen auf eine Art, die spontanes Lachen auslöst«, sagt der Soziologe Thomas Scheff, sei ein Zeichen für »Versöhnung – nicht nur mit anderen, sondern auch mit dem eigenen wahren Selbst, dem leidenden, dummen, unbeholfenen, unmöglichen Tier, das ein Menschenwesen ist.« Harvey Mindess, ein Psychotherapeut, der schon lange an die heilende Kraft des Lachens glaubt, berichtet von einer Patientin, die diese »Versöhnung« erlebte. Die Frau schloß den traurigen Roman ihrer endlosen Kümmernisse mit der Bemerkung: »Mein Problem ist einfach. Ich bin ein totaler Reinfall.« Im Zusammenhang war das sehr lustig, und beide beendeten lachend die Sitzung. Durch die Übertreibung ihrer Notlage hatte die Frau paradoxerweise deren Bedeutsamkeit abgeschwächt. Sie war nur *zum Teil* ein Reinfall, und das war gar nicht so schlimm.

Weil Menschen, die wütend oder deprimiert sind oder Angst haben, normalerweise ganz mit sich selbst beschäftigt und in bezug auf ihre Gefühle tiefernst sind, setzen manche Psychologen »Humortherapie« tatsächlich als Technik ein. Dahinter steht die Theorie, daß man nicht gleichzeitig lachen und die Stirn runzeln kann. Mein Vater – nicht wissend, daß er eine therapeutische Methode vorwegnahm – wandte dieses Mittel oft an, als ich Kind war. Einmal, als ich in einer mißmutigen, gereizten Stimmung schwelgte, bestand er darauf, daß ich ihn in eine Nachmittagsvorstellung mit Charlie-Chaplin-Filmen begleiten solle. (Er war so klug, nicht den Versuch zu machen, mir meine schlechte Laune auszureden.) Im Kino lernte ich, daß man schlechte Laune nicht aufrechterhalten kann, wenn man laut lacht.

Alle Techniken für chronisch wütende Menschen konzentrieren sich auf Vorbeugung (lernen, wie man von vornherein vermeidet, wütend zu werden), Regulierung der Intensität der Wut (lernen, wie man sich entspannt und beruhigt) und auf den Erwerb neuer Fertigkeiten, um die gewohnheitsmäßigen Reaktionen auf Wut zu durchbrechen. Alle drei Elemente sind wichtig, die Betroffenen unterscheiden sich allerdings darin, welche Fertigkeiten sie am nötigsten brauchen.

Manche wütenden Menschen weigern sich zum Beispiel stur, ihre Auffassungen und Vorstellungen zu ändern (»Der Kerl ist eben einfach ein Blödmann und ein Idiot, und damit basta«), bis sie Entspannungstechniken gelernt haben, die ihnen helfen, sich zu beruhigen. Andere stellen fest, daß es gut und schön ist, seine Auffassungen zu ändern, daß das aber nicht ausreicht. Es ist nicht genug, wenn man lernt, von seinem dreijährigen Sohn zu sagen: »Der kleine Max versucht ja nicht *absichtlich*, mich zum Wahnsinn zu treiben, wenn er schreit und die Wände lila anmalt; ist das nicht prima?« Man muß auch lernen, den kleinen Max unter Kontrolle zu halten, und man muß das Kind wissen lassen, wenn man sich ärgert.

Darüber hinaus gibt es Vorfälle, die nicht umgedeutet werden können. Eine Freundin, die unter multipler Sklerose leidet, wurde aufgefordert, aus ihrem eleganten Fitness-Klub auszutreten, weil, wie der Manager sagte, »schöne Menschen« nicht mit Behinderten zusammen Sport treiben wollten. (Zu der Zeit zeigte sich ihre Behinderung in einem Stock und einem Stützband, und sie erzählte mir, daß andere Frauen im Klub sehr nett zu ihr waren.) Als sie mir von diesem schockierenden Erlebnis berichtete, stellte ich fest, daß ich nicht das geringste Bedürfnis hatte, mir Gedanken über die persönlichen Sorgen des Managers zu machen, um dadurch meiner Empörung Herr zu werden. Meine Freundin ging nach Hause und weinte, und dann dachte sie darüber nach, welche Maßnahmen sie ergreifen wollte. Sie beschloß, ihr Geld zurückzuverlangen, plus Zinsen – was sie auch bekam – und die ganze Sache auf sich beruhen zu lassen. »Es gibt andere Kämpfe auszufechten«, sagte sie. »Dieser war es mir nicht wert.«

Schließlich können chronisch wütende Menschen lernen zu entscheiden, was einen Kampf wert ist und um was man sich am besten nicht weiter kümmert. »Manchmal«, sagt Ray Novaco, »ist es eben in Ordnung, die kalte Suppe zu akzeptieren.« Gegen einige der großen Demütigungen im Leben ist sofortiges Handeln das beste Mittel. Gegen die kleinen Demütigungen ist ein Charlie-Chaplin-Film das beste Mittel. Die Schwierigkeit besteht nur darin, den Unterschied zu erkennen.

Der schwierige Mensch

Jeder hat im Rosenbusch der Beziehungen mit ein paar Dornen zu kämpfen: mit schwierigen Menschen. Ich spreche hier nicht von den Nervensägen, die uns über den Weg laufen und wieder verschwinden, wie schlechtgelaunte Autofahrer, mürrische Verkäufer oder rüpelhafte Kinobesucher, die während der Vorstellung ununterbrochen reden. Ich meine Menschen, die uns zum Wahnsinn treiben, die wir aber nicht einfach ignorieren oder verlassen können: Kollegen, Nachbarn, Verwandte, Freunde. Das sind die Beziehungen, die die »Liebe Frau Brigitte«-Spalten und die Praxen der Therapeuten füllen: »Mein Nachbar weigert sich, etwas wegen seines Hundes zu unternehmen, der frei herumläuft und mir meine Begonien zertrampelt.«; »Meine Freundin kommt immer zu spät, und wenn ich versuche, mit ihr darüber zu sprechen, bricht sie in Tränen aus und sagt, ich hätte sie nicht gern.«; »Ich muß bei diesem Projekt mit Manfred zusammenarbeiten, aber immer, wenn ich einen Vorschlag mache oder seine Ideen kritisiere, wird er streitlustig und aggressiv.«

Die meisten Menschen, die vor der undankbaren Aufgabe stehen, mit solchen Personen umgehen zu müssen, tun das, was ihrer Meinung nach jeder normale Mensch tun würde: Sie versuchen, den Betreffenden in eine Miezekatze zu verwandeln. Sie beginnen vernünftig: »Erwin«, sagen sie, »dein Benehmen ist unschön und geht mir auf die Nerven, bitte hör damit auf.« Wenn die vernünftige Anrede versagt – was immer der Fall ist, denn schließlich hat man es ja mit einem *schwierigen* Menschen zu tun –, schließen sie daraus nicht, daß die Methode versagt hat, sondern sie kommen zu der Überzeugung, daß Erwin wohl nicht zugehört habe, und erhöhen die Lautstärke: *»Ich habe gesagt, du benimmst dich wie ein Flegel.«* Und wenn das nicht funktioniert, enden sie oft bei wiederholten Bemühungen, den Freund oder den Verwandten dazu zu bringen, sich zu ändern. Der schwierige Mensch bezeichnet diese Bemühungen natürlich als »Nörgeleien« und weigert sich, zuzuhören.

Was soll man da tun? Die Antwort, da sind viele Psychologen sich einig, ist herrlich ironisch: Um einen schwierigen Menschen zu ändern, muß man sich zuerst selbst ändern – nämlich die Art, wie man über den Menschen denkt, und die Art, wie man auf die vertrauten Provokationen reagiert.

Erst einmal gilt es, die Frage zu beantworten, was »schwierig« eigentlich heißt. Christine Padesky, Leiterin des Center for Cognitive Therapy in Newport Beach, Kalifornien, beobachtet, daß viele Menschen es sich selbst schwer machen, indem sie zu viel urteilen.[7] »Wir beschließen, daß andere eigentlich nicht ›schwierig‹ sein *dürften*, und daß wir fähig sein *sollten*, sie zu beeinflussen und zu steuern«, sagt sie. »Statt daß wir uns auf ihre Stärken konzentrieren und auf das, was sie richtig machen, konzentrieren wir uns auf ihre Schwächen und das, was sie falsch machen. Ich bin der Ansicht, daß man seine Erwartungen an andere überprüfen muß. Wenn man glaubt, die Hälfte der Menschheit sei schwierig, weil sie sich weigert, zu tun, was man will, oder die gleiche Meinung zu haben, dann liegen die Schwierigkeiten vor allem bei einem selbst – in den eigenen Erwartungen, die neu durchdacht werden müssen.«

Harriet Lerner, deren Arbeit mit Familiensystemen ich in Kapitel 8 beschrieben habe, geht das Problem mit einem systemischen Ansatz an. Das bedeutet, daß Menschen lernen müssen, ihren eigenen Anteil daran zu sehen, daß der »schwierige Mensch« schwierig ist. Sobald sie einmal erkannt hätten, daß ihre Bemühungen, den schwierigen Menschen zu ändern, zu nichts führten, sagt Lerner, müßten sie das alte Muster aufbrechen.

Stellen Sie sich einmal vor, Sie hätten das ständige Zuspätkommen ihres Kollegen immer vertuscht. Sie haben hundertmal mit ihm darüber gesprochen, ohne Erfolg. Sie haben alles versucht, und nichts hat funktioniert. In diesem Fall müssen Sie die neuen Bedingungen für die Beziehung so deutlich wie möglich aussprechen. »Ich kann dich nicht mehr decken oder deinetwegen Besprechungen später anfangen lassen«, könnten Sie sagen. »Daher habe ich beschlossen, daß ich einfach rechtzeitig zu den Besprechungen gehe und hoffe, daß du es auch schaffst. Wenn nicht, mußt du dich bei jemand anderem erkundigen, was du verpaßt hast.« Der Vorteil, die eigene Rolle in einem System zu erkennen, bestehe darin, fügt Lerner hinzu, daß man dem schwierigen Menschen nicht mehr ausgeliefert sei.

Mit einem schwierigen Menschen umgehen zu können heißt daher, zuerst einmal mit sich selbst umgehen zu können. Aber es ist nicht leicht, den vertrauten Handlungen und der emotionalen Erpressung eines schwierigen Menschen zu entkommen. Padesky rät, genau wie Lerner, eine gemeinsame, problemlösende Methode an Stelle der üblichen Gewinner/Verlierer-Haltung einzusetzen. »Dahinter steckt der Gedanke, daß man bei dem Versuch, das Problem gemeinsam zu lösen, mit dem schwierigen Menschen *zusammenarbeitet*«, erklärt Padesky. »Wenn man *mit* jemandem arbeitet, kommt man besser voran, als wenn man *gegen* ihn ankämpft. Man konzentriert sich darauf, das Problem zu lösen, nicht aber darauf, wie man sich rächen könnte oder wie man beim anderen ein schlechtes Gewissen hervorrufen könnte.«

Padesky hatte zum Beispiel eine Klientin (ich will sie Julie nennen), die eine »schwierige« Sekretärin hatte. Julie brauchte diese Sekretärin und hatte sie gern, doch die Frau konnte nicht die leiseste Kritik ertragen. Immer, wenn Julie versuchte, mit ihr über ihre Arbeit zu sprechen, brach die Sekretärin in Tränen aus und kam danach drei Tage lang nicht ins Büro.

Padesky forderte Julie zuerst auf, zu versuchen, die Gründe für das Verhalten der Sekretärin zu verstehen. »Sehr oft haben Menschen, die schwierig im Umgang sind, selbst Angst oder sind unsicher oder haben irgendwelche Probleme«, sagt Padesky. »Vielleicht haben sie chronische Schmerzen oder sind einfach nicht einfallsreich genug, um die an sie gestellten Anforderungen zu bewältigen. Wenn sie ein Problem haben, reagieren sie daher mit Aggression, Sturheit oder Tränen. In diesen Fällen kommt man mit Einfühlungsvermögen sehr weit. Es kann der Schlüssel zur Verhaltensänderung bei dem schwierigen Menschen sein.« In diesem Fall stellte sich heraus, daß die Sekretärin Angst hatte, gekündigt oder für unfähig gehalten zu werden. Tatsächlich waren ihre Befürchtungen grundlos, und Julie konnte sie in dieser Hinsicht beruhigen.

Als nächstes brachte Padesky Julie bei, der Sekretärin konstruktive Rückmeldungen über das, was sie richtig machte, zu geben, und eine Atmosphäre der Zusammenarbeit zu schaffen. »Ich weiß, daß Sie viel Arbeit haben und daß hier die verschiedensten Anforderungen an sie gestellt werden. Sie kommen damit ausgezeichnet zurecht. Aber mit der Zahl der Fehler in den Briefen bin ich nicht glücklich«, könnte Julie sagen. »Was schlagen *Sie* vor, wie wir dieses Problem lösen könnten?« Jetzt wird das Problem im Rahmen von Zeitplanung und Aufgabenbewältigung gesehen und nicht mehr auf dem Hintergrund der »schwierigen Persönlichkeit« der Sekretärin.

»Unsichere Menschen brauchen normalerweise spezielle Rückmeldungen, die ihnen sagen, wie gut sie sind und was sie tun müssen, um besser zu werden«, beobachtet Padesky. »Lassen Sie sich aber nicht durch Tränen von Ihrem Ziel ablenken. Sie brauchen nicht kalt zu sein, sollten aber den Gefühlsausbruch auch nicht zu sehr unterstützen. Lassen Sie Ihr Gegenüber statt dessen sprechen; stellen Sie genaue Fragen wie: ›Was tun wir als nächstes?‹«

Bei einem schwierigen Menschen, der aggressiv wird, empfiehlt Padesky wiederum, Gefühlsausbrüche zu umgehen und sich auf die gemeinsame Lösung des Problems zu konzentrieren. Padesky erzählte mir von einer ärgerlichen Situation, in der sie sich selbst mit einem solchen Menschen auseinandersetzen mußte. Sie war Vorsitzende eines Ausschusses, in dem auch ein Mann mitarbeitete, der bei jeder Forderung in die Luft ging, auch wenn sie noch so berechtigt war. Jedesmal, wenn sie ihn fragte, ob er bereit sei, irgend eine Aufgabe zu übernehmen, warf er *ihr* vor, sie sei schwierig, und griff sie im Grunde genommen dafür an, daß sie ihre Arbeit tat.

»Meine erste Reaktion war«, sagt Padesky, »auch wütend zu werden. ›Sie haben kein Recht, so mit mir zu sprechen! Was ich verlange, ist völlig berechtigt!‹ Wir stritten uns; ich stürzte aus dem Zimmer vor lauter Wut und erkannte erst viel später, daß er erfolgreich vermieden hatte, sich zu irgendeiner Arbeit bereit zu erklären. Er setzte seine Aggression als Methode ein, Leute einzuschüchtern, die Arbeit von ihm sehen wollten. Wir spielten nach seinen Regeln auf seinem Spielfeld.«

Also änderte Padesky die Regeln. Sie interpretierte seine Aggressionen nicht mehr als persönlichen Angriff und konzentrierte sich statt dessen auf das, was sie von ihm wollte. Die Gespräche, die daraufhin zustande kamen, klangen, erinnert sie sich, zuerst ziemlich seltsam, weil das, was sie sagte, keinen logischen Zusammenhang mit dem hatte, was er sagte. »Man darf nicht das sagen, was der andere erwartet«, rät Padesky. »Man muß einfach den Blick auf das Ziel gerichtet halten.« Sie wiederholte nur ihre Frage an ihn: »Sie sagten ja, daß Sie für diesen Ausschuß arbeiten wollten. Was hatten Sie sich dabei vorgestellt?« Wenn er ihr dann wütende Vorwürfe machte (»Sie haben es ausgerechnet auf mich abgesehen! Sie haben etwas gegen mich!«), antwortete sie: »Gut, ich sehe, daß Sie so über mich denken, aber ich habe nicht die Absicht, es Ihnen schwer zu machen oder Sie zu ärgern. Welche Aufgabe möchten Sie im Ausschuß übernehmen?« Mit der Zeit lernt der schwierige Mensch, daß aggressive (oder tränenreiche) Ausbrüche bei Ihnen keine Wirkung zeigen, und beschäftigt sich mit dem anstehenden Problem.

Wenn ein schwieriger Mensch nicht zugibt, daß er wütend auf einen ist, kann man, rät Padesky, sich ganz erstaunt über sein Verhalten zeigen. »Sie können sagen: ›In letzter Zeit gehe ich Ihnen anscheinend auf die Nerven. Was ist los?‹ Das entwaffnet einen wütenden Menschen oft. Hören Sie sich dann seinen Standpunkt bis zu Ende an, *selbst wenn Sie mit dem Gesagten in keiner Weise einverstanden sind*, und auch dann, wenn die Darstellung verzerrt oder übertrieben ist. Hören Sie aufmerksam zu, stellen Sie Augenkontakt her, lassen Sie ihn seine Sichtweise äußern und pflichten Sie allem bei, was stimmt.« Das ist leichter gesagt als getan, denn die Versuchung ist groß, sofort zu unterbrechen, wenn der andere etwas sagt, mit dem man nicht einverstanden ist. *Lassen Sie ihn ausreden.* Manchmal will er nichts weiter als seinen Fall darlegen.

Nehmen wir an, Ihre Nachbarin wirft Ihnen vor, Sie ließen Ihren Hund auf ihren Begonien herumtrampeln, obwohl Sie genau wissen, daß Ihr Hund hinten im Hof eingesperrt ist. »Sie können ihren Gefühlen beipflichten und sagen: ›Es ist wirklich ärgerlich, wenn man nach Hause kommt und die Begonien zertrampelt findet. Ich wäre auch wütend. Aber ich bin ganz erstaunt, denn ich sperre meinen Hund immer ein. Könnte es vielleicht ein anderer Hund sein? Ich bin gerne bereit, Ihnen zu helfen, dieser Sache auf den Grund zu gehen.‹«

Ein weiteres häufiges Problem besteht darin, mit Menschen umzugehen, die etwas versprechen und es nicht halten. »Manche Leute vergessen es wirklich«, sagt Padesky, »und in diesen Fällen führen ein paar hartnäckige Erinnerungen schließlich zum Ziel. Aber viele Leute erklären sich mit unseren Wünschen einverstanden, weil sie einfach dem Konflikt aus dem Weg gehen wollen, auch wenn sie eigentlich gar nicht einverstanden sind. Sie machen einem das Leben schwer, weil man nicht weiß, was in ihren Köpfen vor sich geht.«

In solchen Fällen rät Padesky zu ruhiger Bestimmtheit. »Sagen Sie ihr oder ihm, wie Sie sich fühlen – ›Ich ärgere mich, weil du nicht getan hast, was du versprochen hast‹ –, und drehen Sie dann den Spieß herum. Statt der üblichen Vorwürfe, die der andere erwartet, fragen Sie nun: ›Was hält dich davon ab, das zu tun? Was schlägst du vor, was wir jetzt machen sollen?‹ An diesem Punkt machen Sie den Mund zu und lassen den anderen einen Lösungsvorschlag vorbringen, da er Ihren ja offensichtlich ignoriert hat. Sie könnten auch fragen, was er vorschlägt, wie Sie reagieren sollten, wenn er es wieder vergißt. Jetzt ist es nicht mehr Ihr Problem, sondern seins; und Sie haben ihn gebeten, die Verantwortung für die Lösung zu übernehmen.«

»Das klingt ja alles gut und schön«, entgegnete ich Padesky, »aber was ist, wenn der schwierige Mensch sich nicht ändern kann oder sich nicht ändern will oder sogar leugnet, daß da ein Problem ist?« – »Sie können versuchen, den Betreffenden davon zu überzeugen, daß es wirklich ein Problem für Sie ist«, gab sie zur Antwort, »daß Sie sich darüber aufregen und daß es unangenehme Konsequenzen für die Beziehung haben wird, wenn nichts geschieht. Wenn das nicht hilft, müssen Sie sich entscheiden, entweder Ihr Denken umzustellen und dieses Problem als eins der lästigen Dinge im Leben zu akzeptieren oder dagegen anzukämpfen. Wenn Sie sich für den Kampf entscheiden, sollten Sie die längerfristigen Auswirkungen auf Ihren Blutdruck und auf die Beziehung berücksichtigen. Wenn der schwierige Mensch ein Nachbar ist, leben Sie vielleicht noch jahrelang Tür an Tür mit ihm; wenn er ein Kollege ist, bekommen Sie vielleicht Schwierigkeiten im Beruf. Wie schwerwiegend ist die Schwäche, die Ihren Freund oder Nachbarn so schwierig macht? Können Sie die guten Eigenschaften des Menschen annehmen und die Schwächen übersehen?«

Schwierige Menschen schaffen allerdings oft eine so gereizte und feindselige Atmosphäre, daß andere sie bereits *in Erwartung* ihres schwierigen Verhaltens ignorieren oder ablehnen. Das macht sie natürlich noch schwieriger – und schon entsteht eine Spirale der Feindseligkeit. Deswegen liegt das Geheimnis für den Umgang mit schwierigen Menschen, ebenso wie für das Zusammenleben mit schwierigen Partnern, darin, auf ihre Köder nicht zu reagieren, auch wenn die Köder noch so verlockend sind. »Ich bin der Meinung, wenn man nett und freundlich ist, macht man sie auf die Dauer mürbe und bekommt sie sogar dazu, selbst nett zu sein«, sagt Padesky. »Es ist erstaunlich, wie oft sie warm werden – nicht immer, aber oft –, denn ganz häufig verdeckt ihre Feindseligkeit nur ihre eigene Einsamkeit und Unsicherheit. Und wer hat schließlich auf die Dauer am meisten davon, daß man nett und freundlich ist? Man selbst.«

Menschen, die sich nach diesen auf Verständnis und Problemlösung beruhenden Prinzipien richten, werden, so behauptet Padesky, feststellen, daß die »schwierigen Menschen« immer weniger werden. »Wenn Sie so mit Menschen umgehen«, sagt sie, »sind sie nicht mehr schwierig, weil Sie im allgemeinen mit ihnen zurechtkommen. Und wenn Sie es doch nicht schaffen, machen Sie sich nicht so viele Sorgen deswegen. Die Schwierigkeit liegt, letztendlich, im Auge des Betrachters.«

Wut und Scheidung

Mein Mann und ich waren einunddreißig Jahre verheiratet, als er mir mitteilte, ich wäre zwar immer eine gute Ehefrau und Mutter gewesen, aber er wollte für den Rest seines Lebens frei sein. Er wolle, sagte er, »nicht mit Verpflichtungen belastet sein«. Diese Ankündigung kam aus heiterem Himmel und hatte eine verheerende Wirkung auf mich. In meiner Generation unterschrieb man einen Vertrag auf Lebenszeit, wenn man heiratete. Ich hatte alles richtig gemacht. Ich hatte mich ganz der Familie gewidmet; es war alles so ungerecht. Jahrelang wurde ich von meiner Wut geradezu aufgefressen. Ich wurde auf ihn wütend, wenn auch nur *irgend etwas* schiefging, selbst wenn es meine Schuld war – wenn ich ein Glas fallen ließ, gab ich ihm die Schuld. Meine Wut war, als hätte ich einen Grippevirus in mir, der verschiedene Körperteile befällt; wenn ich dachte, nun wäre ich geheilt, schlug sie wieder zu.

Diese Frau, die ich Lynn Marks nennen werde, ist aus verständlichen Gründen wütend. Sie hat das Gefühl, daß sie Opfer eines schwerwiegenden Justizirrtums sei, daß ihr Mann sie verraten habe, daß die Scheidung – für eine Frau, die so viele Jahre lang immer das Richtige getan hat – zutiefst ungerecht gewesen sei. Doch die Wut über Trennung und Scheidung befällt nicht nur Frauen wie Lynn Marks. Auch Ehefrauen, die sich selbst dazu entschließen, ihren Mann zu verlassen, und Frauen, die sich im gegenseitigen freundschaftlichen Einvernehmen scheiden lassen, sind davon betroffen. Wut befällt Männer, die ihre Exfrauen nie wieder sehen müssen ebenso wie Männer, die wegen der Kinder gezwungen sind, häufig Kontakt zu ihnen zu haben.

Allgemein herrscht die Ansicht, die Zeit heile alle Wunden, und Menschen seien von Natur aus unverwüstlich. Aber bei manchen Menschen heilen die durch Scheidung verursachten Verletzungen nie. 1971 begann Judith Wallerstein, die damals mit Joan Kelly zusammenarbeitete, in Kalifornien eine Untersuchung an 131 Kindern und Jugendlichen aus 60 Familien und den in Scheidung lebenden Eltern. 18 Monate später wurden alle Familienmitglieder noch einmal interviewt und dann wieder in Abständen von fünf, zehn und 15 Jahren nach der Scheidung. Die Eltern stammten aus der oberen Mittelschicht, waren größtenteils Weiße und zwischen vier und 23 Jahre lang verheiratet gewesen. Die Kinder waren alle normal entwickelt, gut in der Schule und in guter psychischer Verfassung – bis die Scheidung sie traf.

Wallerstein stellte fest, daß selbst nach *zehn Jahren* die Hälfte der Frauen und ein Drittel der Männer immer noch sehr wütend auf ihre früheren Partner waren und daß diese Wut und die daraus folgenden Konflikte oft verheerende Konsequenzen für die Kinder hatten. Die Kinder sahen zu, wie ihre Eltern sich schlugen, sich anschrien und sich beschimpften. Oft wurde von den Kindern verlangt, Partei zu ergreifen, für einen Elternteil bei dem anderen herumzuschnüffeln und die Versuche eines Elternteils, den anderen zu schädigen, zu unterstützen. Wallerstein und Mitautorin Sandra Blakeslee schreiben in ihrem Buch *Gewinner und Verlierer*: »Viele Menschen haben auch nach langer Zeit ihren Zorn aufeinander nicht überwunden. Der Zorn läßt sich grob in zwei Kategorien einordnen: in alten und neuen Zorn. Alter Zorn kann auf Erinnerungen an Demütigungen und Schmerz oder wütende, gewalttätige Szenen zur Zeit der Scheidung zurückgehen. Solche Erinnerungen graben sich tief in das Gedächtnis ein und tauchen gelegentlich gegen den Willen der Betroffenen wieder auf.«[8]

Als einer der offensichtlichsten Beiträge zu dauerhafter Wut stellte sich bei den Interviews ein uns inzwischen vertrauter Faktor heraus: das Einüben von Klagen. Die wütenden Paare in Wallersteins Untersuchung erzählten allen, die sie kannten – ihren Kindern, Freunden, Rechtsanwälten – unablässig von den fürchterlichen Sünden des früheren Partners. Wallerstein stellte, wie viele andere Psychologen auch, fest, daß diese Beschwerde-Litanei die Wut nicht abbaut, sondern ihr im Gegenteil immer neue Nahrung verschafft. Als Wallerstein die Paare zehn Jahre später wieder interviewte, hatte sie manchmal das Gefühl, »noch einmal dasselbe Stück durchzugehen, in dem dieselben Personen dieselben Texte sprechen, um dieselbe Geschichte mit derselben Gefühlsintensität demselben Publikum zu präsentieren. Offenbar war ihnen nicht bewußt, daß sie mir – dem Publikum – diese Geschichten schon mehrmals erzählt hatten. Die Reaktion des Publikums schien sie nicht zu interessieren.«[9]

Wallerstein ist der Ansicht, und ich stimme ihr zu, daß es sowohl einen moralischen als auch einen psychologischen Grund dafür gibt, nach einer Scheidung mit seiner Wut fertigzuwerden und sie schließlich ganz zu überwinden: den Schutz der Kinder und den eigenen Schutz. Ein Kind in Wallersteins Untersuchung, Dana, hatte Eltern, die bei der Scheidung nicht weniger wütend aufeinander waren als andere Paare, aber ihnen war sehr daran gelegen, den anderen niemals physisch oder verbal anzugreifen und die Auseinandersetzung *nie außer Kontrolle geraten zu lassen.* Danas Mutter war wütend auf ihren Exmann und war das 15 Jahre später immer noch, aber sie war fähig, sagt Wallerstein, ihre Wut in Grenzen zu halten und ihre Kinder weder als Sündenböcke noch als Verbündete zu benutzen. »Von all dem, was Eltern tun können, um ihre Kinder nach der Scheidung zu schützen, ist das eben beschriebene Verhalten das schwierigste und mit das wichtigste«, schreibt Wallerstein. »Leider beobachtet man es nur sehr selten.«[10]

Der erste Schritt zur Beherrschung von Gefühlen der Wut, der Erniedrigung und des Verlustes besteht darin, ihren Ursprung in der Psychologie der Bindung zu verstehen. »Der Körper nimmt Trennungen nicht freundlich auf, selbst wenn wir überzeugt sind, daß wir die Beziehung beenden wollen«, sagt Robert Maurer vom Family Practice Residency Program des Santa Monica Krankenhauses. »Er löst Alarmreaktionen aus – Symptome für starken Streß, wie Schlaflosigkeit, Herzklopfen, Konzentrationsunfähigkeit, Vergeßlichkeit, Verdauungsbeschwerden, Müdigkeit und so weiter.«[11] Es kann ein oder zwei Jahre oder sogar noch länger dauern, bis der Körper sich umgestellt hat, bis die Alarmmechanismen abklingen. Aus diesem Grunde sind Trennungen, zusätzlich zum emotionalen Verschleiß, auch *physisch* anstrengend.

Die Psychologin Prudence Brown wollte Ursachen für Wachstum oder Stagnation bei Frauen nach der Scheidung herausfinden und interviewte dazu 253 Frauen zweimal: zum ersten Mal während einer schmerzhaften, chaotischen Phase der Scheidung (wenn sie sich an einen Eheberatungsdienst am Gericht wandten) und dann noch einmal vier Monate später.[12] Sie stellte den Frauen viele Fragen zu Meinungen, Ehe und Persönlichkeit. Eine Reihe von Fragen beschäftigte sich gezielt mit Wut: Zeigten die Frauen sie oder hielten sie sie zurück? Erholten sie sich schnell oder langsam davon? Fühlten sie sich schuldig oder gut, wenn sie Wut auslebten? Außerdem schätzte Brown Selbstwertgefühl, allgemeinen Kummer und den Grad der Besserung im Laufe der Zeit ein.

Brown erwartete, daß die Frauen, die ihre Wut zeigten, psychisch in der besten Verfassung sein müßten. Zu ihrer Überraschung (uns überrascht das allerdings nicht mehr) fand sie jedoch heraus, daß es Frauen, die »ihre Wut herausließen«, *nicht* besser ging als solchen, die sie »für sich behielten«. Das Ausdrücken von Wut sorgte *nicht* automatisch dafür, daß eine Frau sich besser fühlte, und es stärkte auch *nicht* ihr Selbstwertgefühl. Und als Brown die Frauen, deren psychisches Befinden sich während der vier Monate gebessert hatte, mit denen verglich, die verbittert und unglücklich geblieben waren, stellte sie fest, daß die »Wachsenden« ein aktives Sozialleben hatten, aber nicht ständig über Angelegenheiten sprachen, die die Scheidung betrafen; die »Nichtwachsenden« dagegen kamen zwar ebenso häufig mit Freunden und Verwandten zusammen, neigten aber dazu, wie besessen über die Scheidung zu reden (wobei sie vermutlich ihren Ex-Mann mit ganz speziellen Ausdrücken bedachten).

Vielleicht denken Sie nun, so wie ich zuerst auch, daß die Wachsenden einfach Frauen waren, die es im ganzen leichter hatten? Die zum Beispiel weniger Kinder hatten, jünger waren, einen Arbeitsplatz (und damit keine finanziellen Sorgen) hatten und die Scheidung von vornherein wollten? Keineswegs. Brown fand zwischen den Wachsenden und den Nichtwachsenden *keine Unterschiede* in bezug auf Alter, Kinderzahl, Rasse, ethnischen Hintergrund, Arbeitssituation (Angestellte oder Hausfrauen), Dauer der Ehe, Dauer der Trennung, ob Frau oder Mann die Scheidung angestrebt hatte oder wie lange die einzelnen Partner die Scheidung gewollt hatten.

Der Unterschied, den sie fand, verdeutlicht allerdings meiner Meinung nach, welche Rolle Wut in unserem sozialen Leben spielt. Er besteht darin, daß die Nichtwachsenden eine ambivalente Haltung der Scheidung gegenüber einnahmen: Sie vermißten ihre Männer sogar dann, wenn sie ursprünglich selbst die Scheidung gewollt hatten, *und* wollten zugleich nichts mit ihnen zu tun haben. Wenn sie sich mit ihren Männern stritten, hatten sie deswegen ein schlechtes Gewissen und gaben sich selbst die Schuld, was wiederum ihr Selbstwertgefühl verringerte und Schuldgefühle und Kummer verstärkte.

Warum haben Menschen selbst Jahre nach einer Scheidung noch ambivalente Gefühle und sind wütend? Erstens besteht wenig Zusammenhang zwischen dem Grad der Wut, die jemand verspürt, und der Anzahl der Gründe, die er oder sie für diese Wut hat. Viele Menschen bleiben rachsüchtig und verbittert, obwohl sie Mildred oder Joe in ihrem ganzen Leben nie wieder sehen müssen, und viele kommen über ihre Wut hinweg, obwohl sie Hilda oder Mike wegen der Kinder häufig sehen müssen.

Marion Jacobs, klinische Psychologin an der University of California in Los Angeles, hat beobachtet, daß es einen wichtigen Unterschied zwischen angemessenen – aber sporadischen – Wutgefühlen und der ständigen Entrüstung gibt, die unkontrollierbar zu sein scheint. »Natürlich sollte man sagen können: ›Mensch, ich bin sehr wütend darüber; schon wieder hat er oder sie die Kinder nicht pünktlich abgeholt‹«, sagt Jacobs. »Aber das ist etwas ganz anderes, als wenn man sagt: ›Diese ganze Scheidung ist so empörend, *daß ich es einfach nicht aushalte*.‹ Wenn derartige Wutgefühle nicht nachlassen, besteht die Möglichkeit, daß die Betroffenen sich ständig selbst Dinge einreden, die die Wut am Leben halten. Sie führen ein Stück auf und spielen dabei immer wieder die Rolle der ungerecht behandelten Frau oder des unverstandenen Ehemannes. Sie wollen vielleicht an ihrer selbstgewählten Opferrolle festhalten, aber die Frage, die sie sich dabei stellen müßten, lautet: Wem schadet diese ganze Empörung? Dem Expartner jedenfalls nicht. Sie selbst zahlen mit ihrem eigenen Elend einen viel höheren Preis dafür.«[13]

Jacobs empfiehlt Menschen, die sich von ihrer Wut überwältigt fühlen, damit zu beginnen, daß sie sich ehrlich fragen, auf welche Weise sie ihren Zorn nähren. »Ich wünschte, ich hätte Computerausdrucke der Gedanken, die in zwei Minuten durch die Köpfe meiner Klienten gehen«, meint sie. »Es ist ein unablässiger Strom selbstkritischer, feindseliger Gedanken: ›Ich bin ein Versager‹, ›Nichts klappt‹, ›Mein ganzes Leben ist zerstört‹, ›Das ist alles so ungerecht‹ und so weiter. Nun ja, es ist wirklich ungerecht, aber was nun? Die Ungerechtigkeit immer wieder festzustellen trägt in keiner Weise dazu bei, sie aus der Welt zu schaffen.« Jacobs rät ihren Klienten, alle negativen Gedanken, die ihnen im Laufe des Tages kommen, aufzuschreiben. Wie bei Novacos Methode mit dem Wut-Tagebuch erkennen die Klienten auch hier schnell den inneren Dialog, der der Wut Nahrung liefert.

Die Alternative, fügt Jacobs hinzu, bestehe nicht in blind optimistischen Gedanken, daß alles gut und Harry eigentlich doch ein ganz feiner Kerl sei. »Es geht darum, daß man die positiven Dinge im eigenen Leben genau auflisten kann«, sagt sie. »Das drückende, alles umfassende Gefühl von Wut und Hilflosigkeit verhindert, daß die Leute sich ihrer Stärke und ihrer Möglichkeiten bewußt werden.«

Häufig wird versucht, »realistische« Wut, zum Beispiel auf die Art, wie der Expartner mit Geld umgeht, »unrealistischer« Wut gegenüberzustellen, aber Robert Maurer hält diese Unterscheidung für fragwürdig. »Ich glaube, die eigentliche Frage ist, ob Wut einem Menschen dient oder ihn zerstört«, sagt er. »Bringt die Wut jemanden weiter, treibt sie ihn an, nächstes Mal eine bessere Wahl zu treffen, oder lähmt sie ihn, bietet sie dem Menschen einen Grund, sich vor der Welt zu verstecken?«

Die lähmende Spielart der Wut ist, wie Maurer feststellt, fast immer mit schwachem Selbstwertgefühl verbunden. »Viele Frauen mit geringem Selbstwertgefühl haben jahrelang versucht, ihren Ehemännern alles recht zu machen«, sagt Maurer. »Sie haben ihre eigenen Interessen und Bedürfnisse geopfert, um die ideale Ehefrau und Mutter zu sein. Die Wut hilft ihnen zwar, diese Männer zu verlassen oder sich furchtbar betrogen zu fühlen, wenn sie verlassen werden, aber sie ändert nichts an ihrer niedrigen Selbsteinschätzung. Wenn diese Frauen ihre Partner nicht hassen würden, müßten sie sich selbst hassen, was unerträglich wäre. So etwas wie eine Scheidung, bei der niemand schuldig ist, gibt es für sie nicht: Alles ist seine Schuld. Wut ist für solche Frauen bequemer, weil sie sich dann nicht mit ihrem Selbsthaß oder ihrer Unsicherheit auseinandersetzen müssen.«

Wut hat auch noch andere Selbstschutz-Funktionen. Denken Sie an den Mann, dessen Scheidung freundlich und einvernehmlich vonstatten ging und der nun ohne ersichtlichen Grund oft auf seine Exfrau wütend ist. Solche Wut verdeckt nach Maurers Ansicht häufig Angst. »Wenn die alte Beziehung neuen Verabredungen nicht mehr im Wege steht«, erklärt er, »bekommen viele Menschen Angst. Ihre Selbstzweifel kommen zum Vorschein. Wut auf den früheren Partner kann eine Methode sein, am Vertrauten festzuhalten: ›Wenn wir uns nicht getrennt hätten, hätte ich diese ganzen beängstigenden Gefühle nicht und müßte das alles nicht noch einmal durchmachen.‹ Viele Menschen haben gelernt, wütend zu werden, statt sich mit ihren Ängsten auseinanderzusetzen.«

Um mit Zorn fertig zu werden, der nicht von selbst vergeht, muß man zuerst die Ambivalenz und das Gefühl der Bindung erkennen, die ihm Nahrung geben, und innerlich mit der Ehe abschließen. Häufig dauert Wut nach einer Scheidung an, weil unsere Kultur keine Rituale für ihre Bewältigung anbietet, keine Methode, mit der die Gemeinschaft ihren Mitgliedern helfen kann, Wut zu überwinden, so wie sie ihnen hilft, mit Kummer fertigzuwerden. Aus diesem Grund führen manche Kirchen jetzt »Scheidungszeremonien« ein, und manche Leute erfinden selbst welche. (Eines dieser Wutbewältigungs-Rituale wurde auf Seite 154f. geschildert.) Solche Rituale müssen nicht unbedingt mit Wut verbunden sein, doch sie müssen die Kriterien für eine Katharsis erfüllen, so wie eine meiner Interviewpartnerinnen es im Folgenden darstellt:

An dem Tag, der unser dreißigster Hochzeitstag gewesen wäre, kaufte ich zwei Kristall-Kelchgläser, Brot und Wein, von dem ich wußte, daß mein Mann ihn gern mochte. Ich schickte ihm alles zusammen mit einem Briefchen, in dem ich ihm eine glückliche Feier seines neuen Lebens wünschte. Dann machte ich eine Bootsfahrt mit einer Freundin, warf drei Rosen ins Wasser und verabschiedete mich ganz offiziell von ihm. Als ich nach Hause kam, verbrannte ich alle Karten mit meinem Ehenamen und packte mein Hochzeitskleid und die Fotos weg. Als es vorbei war, ging es mir viel besser. Und es ging mir auch gut damit, wie ich mich ihm gegenüber verhalten hatte.

Kein Psychologe kann beurteilen, wann oder warum ein Mensch bereit ist, seinen gerechten Zorn zu vergessen und zu vergeben. Aber die Einsicht, daß man mit seiner Erfahrung nicht allein dasteht, daß Wut eine vorübergehende Erscheinung ist und nicht zum Lebensinhalt werden muß, hilft sicherlich. Marion Jacobs hat untersucht, welche Vorteile Selbsthilfegruppen haben, die sich aufgrund eines gemeinsamen Anliegens der Mitglieder bilden. Sie und ihre Mitarbeiterinnen gründeten neun

Gruppen geschiedener Frauen in den Vierzigern und Fünfzigern, Frauen, die sehr verbittert waren, deren Selbstwertgefühl zerstört war und die versuchten, ihre Erfahrungen zu begreifen.

»Wenn man sich immer nur allein im Kreis auf der gleichen emotionalen Schiene bewegt«, sagt Jacobs, »kommt man sehr schwer davon weg. Selbsthilfegruppen helfen ihren Mitgliedern, zu verstehen und neu zu interpretieren, was ihnen zugestoßen ist. Frauen fangen an, die Welt genauer zu sehen: ›Er hat dies getan, aber ich habe das getan‹, ›Selbst wenn ich dies und jenes getan hätte, wäre er trotzdem gegangen‹. Sie lernen, ihre gegenwärtigen Probleme und zukünftigen Möglichkeiten realistischer einzuschätzen. Der endlose, selbstkritische innere Dialog kommt allmählich zum Schweigen, ebenso wie die Selbstvorwürfe und die Vorwürfe gegen den Ehemann.«

Jacobs beobachtete, daß sich die Betroffenen in jeder Krise zuerst an Freunde und Verwandte wenden. Leider wissen Freunde und Familienmitglieder oft nicht, was sie sagen oder tun sollen, oder, schlimmer noch, kritisieren und mißbilligen das Verhalten der Hilfesuchenden. Viele Freunde bemühen sich eine Zeitlang zu helfen und verlieren dann das Interesse. Oft versuchen sie es mit aufmunternden Gesprächen: »Kopf hoch«, sagen sie, oder »Zeit heilt alle Wunden« oder »Es ist jetzt lange genug her, höchste Zeit, daß du weiterlebst«. »Diese Platitüden sind nicht nur nicht hilfreich, sondern verursachen normalerweise auch noch Schuldgefühle«, sagt Jacobs. »Jetzt ist die Frau immer noch wütend auf ihren Exmann *und* hat dazu noch ein schlechtes Gewissen wegen ihrer Wut.« Eine Selbsthilfegruppe bietet ihren Mitgliedern einen Raum, der ihnen ermöglicht, ihre Erfahrungen mit anderen, die sie verstehen, zu besprechen.

Jacobs und ihre Kolleginnen entwickelten ein zwölfwöchiges Programm, um eine neue Gruppe ohne professionelle Leitung durch die Aufbauphasen zu führen. Am Ende des Programms fühlten die geschiedenen Frauen sich weniger einsam, neigten weniger zu Selbstvorwürfen und hatten bessere Strategien für den Umgang mit der Situation entwikkelt. Viele Untersuchungen haben gezeigt, daß es Menschen, die sich Selbsthilfegruppen anschließen (zu welchem Problem auch immer), emotional und physisch wesentlich besser geht als Menschen, die versuchen, allein mit ihren Problemen fertigzuwerden. Das Gefühl, allein zu sein, ist es, das oft so verheerende Auswirkungen hat.

Lynn Marks, die sowohl zu einem Therapeuten als auch in eine Selbsthilfegruppe ging, glaubt, daß die Selbsthilfegruppe ihre geistige Gesundheit wiederhergestellt hat. »Der Therapeut hörte mir zu und erklärte mir dann, daß Schlaflosigkeit und Vergeßlichkeit normale Reaktionen auf Streß seien«, sagt sie. »Aber ich kann Ihnen gar nicht sagen, wie beruhigend es war, mit einer Gruppe von Frauen zusammenzusitzen und sie sagen zu hören: ›Mein Gott, ich habe letzte Nacht kein Auge zugetan‹ oder ›Heute habe ich sechs Sachen vergessen, die ich hätte tun müssen‹. In der Gruppe erkannte ich, daß ich nicht verrückt war, weil ich die Gefühle hatte, die ich hatte. Ich lernte, daß nicht ich, sondern meine Situation diese Gefühle verursachte und daß ich mit solchen Gefühlen einfach rechnen mußte.«

Letztendlich ist eine größere Selbstachtung das beste Heilmittel gegen hartnäckige Wut. »Es ist schwer, die Botschaft zu vermitteln, daß Selbsthaß eine freiwillige Angelegenheit ist, denn viele Frauen betrachten ihn als einen weiteren Punkt, den man ihnen vorwirft«, sagt Maurer. »Sie sagen: ›Ich habe so viele Fehler gemacht, und nun wird mir noch etwas vorgeworfen, was ich falsch mache: daß ich mich selbst nicht genug liebe.‹« Und doch, behauptet Maurer – und läßt damit die Aussagen der Humor- und der Familientherapeuten anklingen –, beruhe Eigenliebe auf der Fähigkeit, die Katastrophen im Leben zu akzeptieren und die eigene Rolle darin zu erkennen. »Die Verzweiflung und die Wut, die Scheidungen häufig begleiten, sind gute Motivationen, um anzufangen, diese Lektionen zu lernen«, sagt er. »Wut in sich hineinzufressen ist einerseits problematisch, weil man physisch dafür bezahlt, nämlich mit körperlichem Streß, aber andererseits auch, weil es die Fähigkeit beeinträchtigt, aus eigenen Fehlern zu lernen, und weil es dazu veranlaßt, sich an die Opferrolle zu klammern. Eine Zeitlang mag Wut notwendig sein. Doch sie ist bestenfalls ein Umweg und schlimmstenfalls eine destruktive Ablenkung von dem Heilungsprozeß, der stattfinden muß, wenn man aus Erfahrung lernen will.«

Eine der Frauen aus Jacobs' Selbsthilfegruppe veranschaulicht Maurers Standpunkt:

Ich habe in meiner Ehe Fehler gemacht, aber mit dem Wissen, das ich zu jener Zeit hatte, habe ich mein Bestes getan. Jetzt bin ich endlich nicht nur die Ehefrau und die Mutter von jemandem. Jetzt bin ich endlich mein eigener Mensch. Es ist gut so.

Das aggressive Kind

Im Oregon Social Learning Center führen Gerald R. Patterson und seine Mitarbeiter klinische Untersuchungen und Feldstudien mit aggressiven Jungen in wütenden Familien durch. Sie kommen zu dem gleichen Schluß wie die Theorien zur systemischen Familientherapie: Schon früh wird ein Muster – ein Zyklus von Gewalttätigkeit und Ungehorsam – aufgebaut, das dann schnell außer Kontrolle gerät. »Die Menschen, die in diesen Familien leben, sind aggressiv und wütend«, sagt Patterson. »Die Eltern haben aufgegeben, die Geschwister und Freunde (des Kindes) haben aufgegeben, und auch das Kind selbst hat ein sehr geringes Selbstwertgefühl.«

Die Abfolge von Ereignissen, die Patterson identifiziert hat, sieht folgendermaßen aus: Unter besonderem Streß sind die Eltern unfähig, ihre elterlichen Aufgaben zu erfüllen, nämlich allgemein die Familie zu leiten und insbesondere Kontrolle über die Kinder auszuüben. Mögliche Ursachen für den Streß sind Scheidung, längere Arbeitslosigkeit, Krankheit oder Drogenprobleme oder andere chronische Schwierigkeiten. Manchmal beginnen die Probleme der Eltern auch damit, daß der Junge ein ungewöhnlich schwieriges Temperament hat. Die Eltern, die mit den »üblichen« Problemen – quengeln, lästig sein, schreien, nicht gehorchen – schon nicht fertig werden, lassen dem Kind Wutanfälle durchgehen, ja ermuntern es sogar dazu. Mit der Zeit wird das Kind immer aufsässiger, ungehorsamer und aggressiver. Das führt dazu, daß andere Kinder und auch die Eltern es ablehnen und nicht gernhaben. Der Junge gibt in der Schule auf und entwickelt ein schwaches Selbstwertgefühl, welches zu erneutem wütendem Ungehorsam führt, der wiederum elterliche Wut und Ablehnung nach sich zieht, und so geht es endlos weiter.

Patterson stellt fest (durch genaue Beobachtung von buchstäblich Tausenden von Situationen), daß die Kinder in solchen Familien vom Erlernen des Ungehorsams stetig zum Erlernen von physischer Gewalttätigkeit fortschreiten. Jeden Tag kann mehrere *hundert* Male ein dreiteiliger Prozeß ablaufen: Das Kind wird von aufgebrachten Eltern oder Geschwistern angegriffen, kritisiert oder angeschrien; es reagiert darauf aggressiv; die Aggression wird dadurch belohnt, daß der Angreifer sich zurückzieht. So lernt das Kind, manipulative und nötigende Taktiken (wie Quengeln, Schreien und Wutausbrüche) als Ersatz für soziales Verhalten einzusetzen. Andere Familienmitglieder eignen sich zur Vergeltung die gleichen Taktiken an, und die »Nötigungsketten« werden immer länger. Wenn solche Situationen länger als achtzehn Sekunden dauern, besteht laut Patterson ein erhöhtes Risiko für die Familien, gewalttätig zu werden. Irgend jemand hört schließlich auf zu sprechen oder auch zu schreien und schlägt zu.

Das Muster beginnt mit ungenügender Disziplin. Die Eltern von aggressiven Jungen setzen viele Strafen ein (Anschreien, Ausschimpfen, Verprügeln), aber sie machen die Strafen nicht vom Verhalten des Kindes abhängig. Sie stellen keine klaren Regeln auf, fordern keinen Gehorsam, loben gutes Benehmen nicht und sind nicht konsequent. Statt dessen drohen, schimpfen, nörgeln und toben sie und »quasseln« auf das Kind ein, doch »sie machen ihre Drohungen selten wahr«, fügt Patterson hinzu. So benimmt das Kind sich weiterhin schlecht. Gelegentlich und unvorhersehbar explodieren die Eltern und greifen das Kind verbal oder physisch an. Dieses Muster elterlichen Verhaltens ist wiederholt mit kindlicher Aggressivität in Grundschulen in Zusammenhang gebracht worden.

Je geschickter das Kind Nötigung und Ungehorsam einzusetzen lernt, desto schwerer läßt es sich disziplinieren, so daß die Eltern noch ohnmächtiger werden. (Meistens geht es in diesen Untersuchungen um Jungen, weniger oft um Mädchen.) Wenn das Kind einmal stur auf Ungehorsam geschaltet hat, ist es schwer, ihm soziale Fertigkeiten beizubringen. »Was dann letztendlich dazu führt, daß die Sache außer Kontrolle gerät, kann eine relativ einfache Angelegenheit sein«, bemerkt Patterson, »der Prozeß selbst jedoch kann, wenn er einmal in Gang gesetzt wurde, Stoff zu ganzen Romanen abgeben.«[14]

Zum Glück wurden in den letzten Jahren Programme entwickelt, die diesen Prozeß unterbrechen. In diesen Programmen gibt man den aggressiven Kindern keine Schläger in die Hand und läßt sie damit aufeinander losgehen, damit sie ihre Aggressionen »herauslassen«. Statt dessen werden die Kinder gelehrt, ihre Wut zu beherrschen, die Probleme zu lösen, die die Wut erzeugen, sich zu beruhigen und die Spannung abzubauen und mit anderen Menschen so auszukommen, daß sie ihre Wut nicht brauchen.

John Lochman vom Duke University Medical Center stellte ein Interventionsprogramm für den Umgang mit Wut für Grundschuljungen auf (ein Drittel der Jungen waren schwarz, die anderen weiß). Diese Jungen störten den Unterricht, waren gewalttätig und antisozial. Mit einigen wurde das Programm zur Wutbewältigung durchgeführt, und der Rest fungierte als Kontrollgruppe, weil man sehen wollte, ob diese Jungen aus ihren aggressiven Gewohnheiten einfach herauswachsen würden. Die Forscher stellten außerdem eine zweite Kontrollgruppe aus gleichaltrigen, nicht aggressiven Jungen zusammen.

Das Programm zur Wutbewältigung war bemerkenswert einfach. Die Jungen kamen einmal pro Woche während der Unterrichtszeit in Gruppen von vier bis sechs Mitgliedern zusammen. Die Gruppen hatten jeweils zwei Leiter, und die Sitzungen erstreckten sich über vier bis fünf Monate. Die Jungen lernten dort, über ihre Wutgefühle zu sprechen (in Ich-Aussagen, wie »Ich fühle mich ... « statt in Du-Aussagen wie »Du machst immer ...«), sie sahen Videofilme über Männer, die Wutkontrolle und Selbstbeherrschung vorführten, und erfanden Rollenspiele. Sie lernten Problemlösungstechniken, um das Problem, das sie wütend machte, zu lösen, statt deswegen loszutoben. Außerdem erfanden und filmten die Jungen in der Gruppe selbst Szenen, in denen sie Möglichkeiten für den Umgang mit wutauslösenden Situationen spielten.

Drei Jahre später zeigten sich bei den Jungen, die das Wutbewältigungs-Programm mitgemacht hatten, in bezug auf das Ausmaß von Wut oder aggressivem Verhalten *keine Unterschiede* zu der nicht aggressiven Kontrollgruppe. Sie unterschieden sich jedoch stark von den nicht therapierten aggressiven Jungen. Die Jungen im Wutprogramm erwarben ein höheres Selbstwertgefühl, konnten Probleme besser lösen und verloren viele ihrer antisozialen Angewohnheiten. Interessanterweise griffen sie auch seltener zu Alkohol oder Drogen. Die Forscher nehmen an, daß das Training im Problemlösen die Jungen darauf vorbereitet habe, »vorsichtigere, weniger impulsive Entscheidungen« in bezug auf Drogenkonsum zu treffen.[15]

Eines der umfassendsten und erfolgreichsten Programme für aggressive, feindselige Jugendliche und Kinder heißt *Aggression Replacement Training* (Training zum Ersetzen von Aggressionen). Es wurde von Arnold Goldstein und Barry Glick entwickelt und basiert auf der Annahme, daß Wut und Aggression der letzte Ausweg für ein Kind sind, wenn es nicht gelernt hat, mit anderen auszukommen und Probleme zu lösen.

Das *Aggression Replacement Training* enthält ein Training zur Wutbewältigung, das auf Novacos Arbeit beruht. Es umfaßt aber noch zwei zusätzliche Elemente: Ein »strukturiertes Lernprogramm« zur Korrektur von Mängeln in sozialen Grundfertigkeiten und ein Programm zur »moralischen Erziehung«, das die Jugendlichen lehrt, moralische Gesichtspunkte zu berücksichtigen. Junge Menschen wissen zwar vielleicht, wie sie mit anderen auskommen und ihre Launen beherrschen können, bemerken Goldstein und Glick, aber sie sehen keinen Grund, das zu tun. Daher sind die Forscher der Meinung, daß gewalttätige, wütende Jugendliche lernen müssen, die moralischen Konsequenzen ihres individuellen Verhaltens zu verstehen und zu durchdenken.

Das strukturierte Lernprogramm vermittelt einige elementare Regeln für Fertigkeiten des sozialen Lebens, die die meisten dieser antiasozialen Teenager nie gelernt haben: zuhören, eine Unterhaltung beginnen, Fragen stellen, sich bedanken. Die Jugendlichen lernen, mit Gefühlen umzugehen: sie zu erkennen, Zuneigung auszudrücken, Angst zu bewältigen, die Gefühle anderer zu verstehen. Sie lernen Alternativen zur Aggression: anderen zu helfen, zu verhandeln, sich für seine Rechte einzusetzen, auf Belästigungen zu reagieren, sich aus Streitigkeiten herauszuhalten. Sie lernen, mit streßauslösenden Provokationen umzugehen: peinliche Situationen und Ausgeschlossensein zu bewältigen, auf eigenes Versagen zu reagieren, sich nach einem Wettspiel fair zu verhalten, mit Gruppendruck umzugehen und sich für einen Freund einzusetzen. Und sie lernen, Pläne zu machen und Probleme zu lösen.

Bis jetzt haben Goldstein und seine Mitarbeiter mit vielen Gruppen ein *Aggression Replacement Training* durchgeführt, unter anderem mit Eltern, die ihre Kinder mißhandeln, mit kleinen Kindern, mit der Polizei, mit aggressiven Jugendlichen, mit Angestellten in psychiatrischen Kliniken und mit den Eltern und Geschwistern von chronisch gewalttätigen Straffälligen. Besonders erfolgreich lehrt das Programm Einfühlungsvermögen[16], Verhandlungstechniken, Selbstbehauptung, das Befolgen von Anweisungen und Selbstbeherrschung – alles Fertigkeiten, die Wut verringern.[17]

Auch die Eltern können lernen, wie man ein Kind wirksam diszipliniert. Diese Fertigkeiten werden am besten angewandt, bevor das Kind sich aggressive, rebellische Gewohnheiten angeeignet hat. Der Psychologin Diana Baumrind zufolge üben autoritäre Eltern zuviel Macht aus und disziplinieren durch Strafen; nachgiebige Eltern dagegen üben zu wenig Macht aus und scheuen vor jeder Art von Disziplinierung zurück. Wie immer ist der Mittelweg der beste. »Gute« Eltern wissen, wann und wie sie ihre Kinder disziplinieren müssen. Sie verlangen weder totalen Gehorsam noch schaffen sie alle Regeln ab, sondern sie stellen Regeln auf und setzen sie durch, erklären dabei aber gleichzeitig die Gründe für ihre Vorstellungen von Disziplin und ihre Forderungen. Sie setzen ihre Autorität ein, wenn es nötig ist, achten aber auch die Rechte ihrer Kinder.[18]

Wie können Eltern »gute« Eltern werden? Eine große Anzahl von Untersuchungen weist darauf hin, daß folgende Richtlinien eine wirksame Methode darstellen, um Kinder zu erziehen, ihre aggressiven Impulse zu beherrschen und ein starkes Selbstwertgefühl zu bekommen:

- Seien Sie beim Durchsetzen der Regeln konsequent. Geben Sie nicht nach, wenn das Kind quengelt oder Wutanfälle hat, und lassen Sie es ihm nicht durchgehen, wenn es hinter Ihrem Rücken die Regeln verletzt. Inkonsequenz – am Dienstag darf das Kind die Katze schlagen, am Donnerstag nicht – fördert das unerwünschte Verhalten. Einer meiner Freundinnen wurde das klar, als ihr kleines Kind zu ihr sagte: »Warum bist du heute so sauer auf mich, Mama? Ich bin doch jeden Tag so frech.«
- Stellen Sie hohe, aber dem Alter angemessene Erwartungen an das Kind, und lehren Sie es, diese Erwartungen zu erfüllen. Manche Eltern stellen wenige Forderungen an ihre Kinder. Sie glauben vielleicht, daß Eltern Kindern keine Regeln »aufzwingen« sollten, oder vielleicht wollen sie auch nur Streitereien aus dem Wege gehen. Andere stellen deutliche Regeln auf, zum Beispiel verlangen sie von den Kindern, höflich zu sein, im Haushalt zu helfen, ihre Wut zu beherrschen, Rücksicht auf andere zu nehmen und in der Schule gut zu sein. Die Kinder wohlmeinender Eltern, die nur wenige Forderungen stellen, neigen dazu, aggressiv, impulsiv und unreif zu sein. Die Kinder von Eltern, die hohe Anforderungen stellen und hohe Erwartungen haben, neigen eher zu Hilfsbereitschaft als zu Egoismus, und ihre Fähigkeiten und ihr Selbstvertrauen sind überdurchschnittlich hoch. Die Anforderungen müssen natürlich dem Alter, den Fähigkeiten und dem Temperament des Kindes entsprechen.
- Sorgen Sie für offene Kommunikation mit Ihrem Kind. Setzen Sie Regeln und Ansprüche durch, aber sprechen Sie mit Ihren Kindern und erklären Sie ihnen die Gründe. »Weil ich das sage« reicht nicht. Das heißt nicht, daß Sie mit einer Vierjährigen über die Vor- und Nachteile der Masern-Schutzimpfung diskutieren müssen. Man kann Kindern erlauben, Widerspruch zu äußern, ohne daß sie dabei gewalttätig werden.
- Bemerken, loben und belohnen Sie gutes Benehmen. Viele Eltern neigen dazu, unerwünschtes Verhalten zu bestrafen, eine Form der Aufmerksamkeit, die das Kind möglicherweise sogar bestätigt. Viel wirksamer ist es, wenn man das erwünschte Verhalten lobt und das Kind so lehrt, was richtig ist.
- Machen Sie das Kind auf die Wirkungen seiner Handlungen auf andere

aufmerksam, und bringen Sie ihm bei, sich in andere hineinzuversetzen. Dadurch lernt es Mitgefühl und Rücksichtnahme. Vage Anweisungen wie »Streite dich nicht!« sind nicht so wirksam, als wenn man dem Kind zeigt, wie Streiten andere verstört und kränkt. Besonders für Jungen gilt, daß die Wahrscheinlichkeit, daß sie sich aggressiv verhalten, umso geringer ist, je größer ihre Fähigkeit ist, sich in andere einzufühlen.

Eines der am besten gesicherten Ergebnisse der Entwicklungspsychologie ist der Zusammenhang zwischen Aggression in der Kindheit und Aggression im Erwachsenenalter. Wenn aggressive Kinder sich selbst überlassen werden, wachsen sie zu aggressiven Erwachsenen heran. Sie wachsen aus schlechten Angewohnheiten nicht heraus, es sei denn, sie können sie durch andere, erfolgreichere Strategien ersetzen. Trotzdem habe ich festgestellt, daß es eine alarmierend große Anzahl von offiziellen Programmen für gewalttätige junge Straffällige gibt, die auf der überholten Ansicht beruhen, man könne Aggression heilen, indem man sie fördert – indem man die Jugendlichen also dazu ermuntert, es »herauszulassen«, zu schreien, gegen die Wände zu schlagen oder aufeinander einzuhämmern. Für diese Ansicht oder für derartige Programme gibt es keine Rechtfertigung mehr.

Das Opfer

Das Opfer, das nicht vergibt, lebt oft in psychischer Abhängigkeit vom Täter, die zu einer Art Lähmung führt.

Coretta Scott King[19]

Wenn ich meiner Mutter zu ihren Lebzeiten hätte vergeben und ihr das hätte sagen können, hätte ich mir möglicherweise ein jahrelang währendes Gefühl des *hagaii* erspart (*hagaii* bedeutet »juckende Zähne«, japanisch für hilflose Qual mit einer Spur von Frustration).

Noriko Sawada[20]

Als mein Mann sich von einem Herzinfarkt erholte – das ist jetzt viele Jahre her – versuchte sein mitfühlender Arzt, der zu viele Bücher über Psychologie gelesen hatte, ihn zu trösten. »Sie sind bestimmt wütend«, sagte er. »Sie sagen sich sicher: ›Warum gerade ich?‹« – »Nein, gar nicht«, sagte mein Mann. »Ich weiß ganz genau, warum gerade ich. Ich habe mit einer schwierigen Entscheidung gerungen, und jetzt weiß ich genau, was ich tun werde. Mein Herz hat buchstäblich eine Entscheidung für mich getroffen, die mein Kopf aus lauter Feigheit nicht hatte akzeptieren können.«

Die Lyrikerin, Schriftstellerin und Lehrerin Nancy Mairs ist durch multiple Sklerose verkrüppelt (»verkrüppelt« ist ihre eigene Wortwahl; »nicht dieses beschönigende Gerede von ›teilweise behindert‹«, sagt sie). Mairs leidet auch unter chronischer Müdigkeit, Depressionen und Platzangst. Ein Freund, der ebenfalls multiple Sklerose hat, wollte eines Tages von ihr wissen: »Fragst du dich nie: ›Mein Gott, warum gerade ich?‹« Mairs antwortete: »Nein, Michael, nie, denn wenn ich das versuche, fällt mir als einzige Antwort ein ›Warum denn nicht?‹«[21]

Warum denn nicht, in der Tat. Trotzdem halten viele Menschen an ihrem Kinderglauben fest, daß das Leben gerecht sein sollte, als wenn es sich nach den Regeln vom Murmelspiel oder von Himmel und Hölle abspielen würde. Heutzutage sind wir Zeugen, wie die Zahl der Menschen, die sich für Opfer der Ungerechtigkeit des Lebens halten, ständig steigt. Alle, die etwas Schlimmes erleben, vorübergehend oder über längere Zeit, können Anspruch auf diesen Titel erheben: alle, die sexuell mißbraucht wurden, die eine schlimme Scheidung durchgemacht haben, die schwer krank sind oder deren Eltern Alkoholiker waren oder andere Störungen hatten. Man ermutigt die Betroffenen, auf diese Schicksalsschläge mit Wut zu reagieren – »Warum gerade ich? Das ist ungerecht!« – und dann Geborgenheit zu finden, indem sie sich in den Mantel des Opfers hüllen: »Ich kann nichts dafür, daß ich so bin; seht euch alle diese entsetzlichen Dinge an, die mir zugestoßen sind. Ich habe meine Wut *verdient.*«

Selbstverständlich müssen Männer und Frauen die Ursprünge ihrer Opferrolle und ihres Unglücklichseins erkennen und akzeptieren. Sie müssen verstehen, daß braven Menschen schlimme Dinge zustoßen können und aufhören, sich vorzuwerfen, sie würden die schlimmen Geschehnisse »provozieren« oder »verdienen«. Die Opferphase mag zwar ein nützlicher Schritt auf dem Weg zur Genesung sein, aber sie allein reicht zum Gesundwerden nicht aus. Bei zu vielen Menschen führt sie dazu, daß sie ihre Opferrolle schließlich perfekt spielen: »die gekränkte Ehefrau«, »der abgewiesene Liebhaber«, »der hilflose Patient«. »Ich habe das nicht verdient«, beklagen sie sich. »Ich war die perfekte Ehefrau, der verständnisvolle Liebhaber, und ich habe meine Multivitaminpräparate jeden Tag genommen. Wie konnte mir das passieren!«

Natürlich gibt es auch echte Opfer. Es gibt tatsächlich Menschen, denen übel mitgespielt worden ist. Ich möchte ihre Wut, ihre Traurigkeit oder ihre Demütigung keinen Augenblick herunterspielen. Aber der Punkt ist letztendlich: Das Ereignis ist geschehen. Wie kann nun das Gefühl, zum Opfer geworden zu sein, überwunden werden? Ermutigend ist, daß die meisten Menschen sich tatsächlich davon erholen. Die meisten Menschen, auch wenn sie die bösesten Ungerechtigkeiten erlitten haben, schaffen es, weiterzuleben und darüber hinwegzukommen.

Der Psychiater Frederic Flach und der Psychologe Julius Segal haben bei ihren Forschungen und ihrer klinischen Arbeit zur menschlichen Widerstandskraft festgestellt, daß Menschen, die weiterleben, unter anderem gemeinsam haben, daß sie das Etikett oder die Identität des Opfers nicht akzeptieren.[22] Sie sagen nicht: »Was mir zugestoßen ist, ist das Schlimmste auf der Welt, und ich werde nie frei davon sein!«, sondern sie sagen: »Was mir zugestoßen ist, war ganz schön schlimm, aber anderen Leuten geht es noch schlechter, und mich kriegen sie nicht so leicht.« Sie schwelgen weder ewig in Selbstmitleid noch versuchen sie, eine Antwort auf das nicht zu beantwortende »Warum gerade ich?« zu finden. Sie sagen: »Ich habe nicht die geringste Ahnung, warum es gerade mich erwischt hat, aber wenigstens war es nicht meine Schuld, und vielleicht kann ich anderen Opfern helfen.«

Menschen, die tragische Ereignisse überleben, werfen sich nicht vor, daß sie die Katastrophe ausgelöst hätten, sondern sie leben weiter. Nancy Mairs, die sicher genug Grund hat, deprimiert zu sein, hat das am besten ausgedrückt. Irgendwann war sie ganz unten und unternahm einen Selbstmordversuch. »Als ich nach diesem unangenehmen Ereignis erwachte«, schreibt sie, »erkannte ich zum erstenmal, daß ich ganz und gar und allein für meine Existenz verantwortlich bin.«

All das bedeutet nicht, daß Menschen »vergeben und vergessen« müssen. Vergeben hat nichts mit Gedächtnisverlust zu tun. Es gibt keinen Grund, Ungerechtigkeiten und Verletzungen zu vergessen oder so zu tun, als seien sie nie geschehen, und manche Ereignisse dürfen niemals vergessen werden. Aber das ist etwas ganz anderes, als wenn man ihnen erlaubt, die eigene Gegenwart zu beherrschen.

Wut ist, wie ich behauptet habe, ein informelles Gericht, eine Antwort auf Ungerechtigkeit. Anhaltende Wut kann Menschen das Gefühl geben, ein Unrecht wiedergutzumachen, einfach indem sie in einem strafenden emotionalen Zustand verharren. Für diese Menschen, die Wut als Mittel der Vergeltung einsetzen, besteht daher das wichtigste »Heilmittel« darin, ein anderes Symbol für Gerechtigkeit zu finden.

Zum Beispiel ist ein häufiges Problem, weswegen Paare zur Therapie kommen, das »Dilemma des gekränkten Partners«. Ein Partner hat ein Verhältnis gehabt oder einen schweren Verrat oder eine Unterlassungssünde begangen; der andere, der sich als hilfloses Opfer fühlt, kann nicht verzeihen. Beide Partner möchten, daß die Beziehung weitergeht. Aber der gekränkte Partner kann die Wut oder die moralische Entrüstung anscheinend nicht abschütteln, und der betrügerische Partner, der Treue geschworen und sich entschuldigt hat, bis er schwarz wurde, fängt im Gegenzug nun auch an, wütend zu werden. »Ich kann diese Bilder von meinem Mann mit einer anderen Frau einfach nicht loswerden«, sagt sie. »Ich habe Schuldgefühle und ich versuche, es wiedergutzumachen, aber sie ist mit nichts zufrieden«, sagt er. »Wie lange soll ich denn noch büßen?«

Dem Psychotherapeuten Bernie Zilbergeld zufolge muß der gekränkte Partner oder die gekränkte Partnerin erkennen, daß er oder sie Wut (einen potentiell endlosen emotionalen Zustand) als Vergeltung für das Verhalten des Partners (eine Handlung, die jetzt in der Vergangenheit liegt) einsetzt, und sich Alternativen zu Wut als Strafe überlegen. »Ich frage: ›Was brauchen Sie, was muß für Sie geschehen, damit Sie Ihrem Partner vergeben können?‹« sagt Zilbergeld. »Oft antworten sie: ›Ich muß aufhören, so wütend zu sein.‹ – ›Gut, was brauchen Sie also, damit Sie aufhören können, so wütend zu sein?‹ Jetzt müssen sie sich etwas ausdenken, was der Partner tun kann und was ihre Wut überflüssig macht.«[23]

Manchmal, meint Zilbergeld, verlangen gekränkte Partner gewaltige Reparationen: »Er müßte die nächsten hundert Jahre lang den ganzen Haushalt machen.« Aber mit der Zeit legen sie sich auf genauere Einzelheiten fest. Und Einzelheiten sind wichtig. Eine vage Forderung wie »Er muß mich mehr beachten« wirkt so lange wie ein Vorsatz zu Neujahr, wenn sie nicht in konkrete Anweisungen übersetzt wird, an die der Partner sich halten kann (»Er muß an unseren Hochzeitstag denken und einen schönen Abend planen«; »Er muß mir mindestens einmal in der Woche ein Kompliment machen«).

In einem von Zilbergelds Fällen nannte die Ehefrau drei Dinge, die ihr Mann tun sollte: jede Woche das Badezimmer saubermachen (eine lästige Sache, die beide haßten und die schließlich immer an ihr hängengeblieben war), zweimal in der Woche Abendbrot machen und seine Sachen selbst aufräumen. Außerdem, forderte sie, sollte er diese Dinge tun, *ohne daß sie ihn daran erinnerte oder darauf hinwies.* Sie wollte nicht daran denken müssen. Sie einigten sich darauf, die Badezimmer-Regel nach Ablauf von drei Monaten neu zu verhandeln.

Verhaltensabsprachen wie diese haben normalerweise großen Erfolg, meint Zilbergeld. »Der schuldige Partner kommt geduckt und verschlossen in die Therapie, aber er ist kurz vor einem Wutausbruch. Er hat sich entschuldigt, er hat versucht, es ihr recht zu machen, und nichts konnte sie besänftigen, daher ist er gewillt, alles zu versuchen. Eine konkrete Aufgabe sieht dann plötzlich gar nicht so schlecht aus, selbst wenn es das Putzen des Badezimmers ist.« Diese Methode gestattet dem gekränkten Partner, das Bedürfnis nach Wut aufzugeben, denn alles, was der Partner tut, ist ein Zeichen seines Engagements für die Ehe und für seinen Wunsch, die Sache wiedergutzumachen. Es hilft allerdings, wenn die gekränkte Partnerin sich gleichzeitig bereiterklärt, ihrem Zorn nicht mehr so einfach Luft zu machen und dessen Sinn und Wirkung zu berücksichtigen. Wenn beim Liebesspiel plötzlich vor ihrem inneren Auge das Bild ihres Mannes mit seiner Geliebten auftaucht, kann sie sagen »Mir geht es gerade ganz schlecht; bitte hilf mir« statt »Wie konntest du nur, du ...«

Viele Menschen wüßten gern, welche Technik oder welches Ritual ein für allemal ihre Wut auf einen früheren Partner, einen betrügerischen Freund oder einen nicht zur Verfügung stehenden Elternteil auflösen kann. Jeder, der wüßte, wie man mit einer einfachen Methode durch Vergebung seinen Seelenfrieden wiedererlangen könnte, wäre zu Recht berühmt. Allerdings glaube ich, daß die zur Heilung notwendigen Schritte allgemein bekannt sind; das Problem ist, genau wie bei Methoden, mit denen man sich das Rauchen abgewöhnen kann, daß der Mensch dafür bereit sein muß. Jemand kann zehn Jahre lang versuchen, mit dem Rauchen aufzuhören, und dann plötzlich, eines Tages, bereit sein, es aufzugeben. Ebenso kann es im Fall von lange anhaltender Wut schwer sein, das schützende Gefühl, ein Opfer zu sein, abzulegen. Plötzlich, eines schönen Tages, ist man dann aber bereit dazu.

Einige der wesentlichen Strategien, die beim Loslassen von Wut Unterstützung bieten können, sind im Laufe dieses Buches beschrieben worden. Dazu gehören:

- Ein Heilungsritual erfinden, welches die Wiederherstellung der Gerechtigkeit und das Ende der Wut markiert. Wie das Ritual jeweils aussieht, hängt davon ab, was der oder die Betroffene tun muß; er oder sie greift dabei auf Symbole oder Ereignisse zurück, die eine besondere Bedeutung haben.

- Beichten, denn es ist tatsächlich gut für die Seele. Damit ist nicht gemeint, daß man endlos diskutiert oder »sich Luft macht«, sondern daß man ein Geständnis über seine tiefsten Ängste und Gedanken ablegt, um Distanz zu ihnen zu gewinnen und sie zu verstehen.
- Bildung einer Selbsthilfegruppe zusammen mit anderen, die die gleichen Erfahrungen gemacht haben. Sie wissen, was man fühlt, und zusammen findet man möglicherweise Lösungen. Wie die Selbsthilfe-Forschung festgestellt hat, hilft einem das Zusammensein mit Menschen im gleichen Boot zu verstehen, daß man nicht allein ist, daß man keine Schuld hat und daß man nicht verrückt ist, wenn man genauso fühlt wie sie.
- Etwas unternehmen, um anderen zu helfen, denn das rückt das eigene Elend ins rechte Verhältnis. Während einer Tagung, an der ich teilnahm, erhob sich eine Frau und sagte, sie sei wütend und deprimiert, weil ihr kleiner Sohn von einem betrunkenen Autofahrer überfahren worden sei. Im Publikum erklang mitfühlendes Raunen – bis die Frau erwähnte, daß die Tragödie sich vor zehn Jahren zugetragen hatte. Stellen Sie diese Reaktionsweise dem Verhalten einer Frau gegenüber, die *Mothers Against Drunk Drivers* (Mütter gegen Alkohol am Steuer) organisierte oder der Reaktion anderer vom Schicksal geprüfter Menschen, die an der Veränderung der Verhältnisse arbeiten, damit andere nicht erleiden müssen, was sie selbst erlitten haben.
- Methoden suchen, um die gewohnte Sichtweise zu durchbrechen. Jahrelang hat man seine »Geschichte«, die Gründe für seine Wut, immer wieder vorgetragen. Die Geschichte aus der Sicht eines anderen Beteiligten zu sehen hilft einem, Wege zum Verständnis zu finden, die Welt so zu sehen, wie der, auf den die Wut gerichtet ist, sie vielleicht gesehen hat. Familientherapeuten, die die Übertragung von Familienproblemen von einer Generation auf die nächste untersuchen, empfehlen, wenn man zum Beispiel auf den Vater wütend ist, sein Biograph zu werden, indem man Familienmitglieder interviewt, die ihn gekannt haben, und eine Kurzgeschichte aus seiner Perspektive schreibt. Warum war er so, wie er war?

Noriko Sawada, die ich zu Beginn dieses Kapitels zitierte, hat ihre grausame, paranoide und herrschsüchtige Mutter viele Jahre lang verachtet, und das aus gutem Grund. Erst beim Tod der Mutter brach ihr Vater das Schweigeversprechen, das er seiner Frau gegeben hatte, und erzählte Sawada die Wahrheit über das schreckliche Leben der Mutter als junger Frau – von dem Baby, das sie als unverheiratetes Mädchen im ländlichen Japan geboren hatte, von der Schande und den Demütigungen, die sie daraufhin ertragen mußte, vom Tod des Babys, der Verstoßung durch den Vater und seinen Vorwürfen, der zermürbenden Knochenarbeit in der Landwirtschaft über zwanzig Jahre hinweg und der schließlich ohne ihre Zustimmung arrangierten Ehe. Diese Enthüllungen erlaubten es Sawada, ihren Haß ruhen zu lassen.

Ich weinte um eine Frau, die bereitwillig ihr härenes Büßerhemd getragen hatte und die diese Erfahrung so verstört hatte, daß sie den fatalen Verlauf ihrer Beziehung zu ihrer eigenen Tochter nicht hatte beeinflussen können. Ich weinte um eine Mutter, die in den Augen der Tochter grotesk geworden war, ein Gegenstand des Mitleids.

Ich weinte um mich.

Überlegungen

Eine Mutter und ihr dreijähriger Sohn streiten sich jeden Abend, wenn der Junge ins Bett gehen soll. »Ich geh' aber nicht!« sagt er. »Doch, du gehst!« sagt die Mutter. Dieses Tauziehen macht das Schlafengehen für beide zu einer Quälerei, doch die Mutter sieht keinen Ausweg. Eine Psychotherapeutin schlägt ihr vor, sie solle nicht mehr mit ihrem Sohn streiten, sondern seine Gefühle anerkennen und sehen, was passiert. Die Mutter versucht das. Als ihr Sohn sich, wie üblich, mit aller Kraft weigert, ins Bett zu gehen, sagt sie: »Ich sehe, daß es dich ganz unglücklich macht, daß du ins Bett sollst.«

Lange Pause. »Das sind die Geister«, flüstert der Junge.

»Geister? Wo sind die Geister?«

»Im Baum vor meinem Fenster.«

Na bitte, würden *Sie* gerne schlafen gehen, wenn vor Ihrem Fenster Geister ihr Unwesen trieben? Die Mutter diskutierte nicht mit ihrem Sohn (was auch sinnlos gewesen wäre; wenn man weiß, daß da Geister sind, dann sind da Geister). Statt dessen ging sie zum Fenster, öffnete es und befahl den Geistern zu verschwinden. Dann sagte sie zu ihrem Sohn: »Weißt du was? Ich bleibe hier sitzen, bis du einschläfst, und passe auf, daß *kein einziger Geist* hier hereinkommt.« Der Junge schlief ein wie ein Baby, was er ja auch war.[24]

Viel zu oft verlieren wir alle uns im oberflächlichen Ausdruck von Wutgefühlen und übersehen die Geister in den Bäumen, um die es eigentlich geht. Denken Sie an alle die Geister hinter den Problemen mit Wut, die sich allein in diesem Kapitel tummeln: *Ich bin verletzt. Ich mache mir Sorgen. Ich weiß nicht, wie ich mich wirksam ausdrücken soll. Ich weiß nicht, wie ich mit ihr über meine Gefühle sprechen soll. Niemand wird mich jemals wieder lieben, wenn er mich verläßt. Ich weiß nicht, wie ich meinen Willen durchsetzen soll. Keiner hört mir zu. Ich kann nicht verzeihen.*

Alle erfolgreichen therapeutischen Programme zum Umgang mit Wut haben gemeinsam, daß sie Menschen lehren können, diese Gefühle zu erkennen, sie mitzuteilen, ohne andere zu bedrohen, und die Konflikte zu lösen, aus denen heraus sie entstanden sind. Diese Programme lehren, daß Wut nur eine mögliche – und normalerweise keine besonders glückliche – Taktik zur Lösung von Problemen ist. Wut geht nicht »in den Untergrund«, wenn man diese Fertigkeiten zu ihrer Bewältigung lernt. Je seltener die Betroffenen das Gefühl haben, ihre Wut zu brauchen, und je besser sie ihre Wut beherrschen können, desto seltener werden sie auch wütend.

Der gute Geist der *Fortune Cookies*, der mir immer Ratschläge zum Umgang mit Wut schickt, muß wohl glauben, ich hätte es endlich kapiert: daß nämlich der Rat, sich seine Wut immer noch einmal zu überlegen, den Sinn hat, langfristig die Beziehung zu stärken statt kurzfristig dem einzelnen Erleichterung zu verschaffen. Doch sowohl der einzelne als auch die Beziehung profitieren von diesem Vorgehen. Der letzte Spruch, den meine Vorliebe für die chinesische Küche mir bescherte, ist dieser:

Wenn du in einem Augenblick des Zorns geduldig bist, ersparst du dir hundert leidvolle Tage.

Anhang

Weiterführende Literatur

Beck, Aaron T., *Wahrnehmung der Wirklichkeit und Neurose. Kognitive Psychotherapie emotionaler Störungen*, München 1979.

Bennett, William und Joel Gurin, *Vom Sinn und Unsinn der Diätkuren. Der wissenschaftliche Beweis, daß Fasten kein Mittel der Gewichtskontrolle ist*, München 1983.

Bowlby, John, *Trennung. Psychische Schäden als Folge der Trennung von Mutter und Kind*, München 1976.

Burns, David, *Angstfrei mit Depressionen umgehen*, Pfungstadt 1983.

Ehrenreich, Barbara, *Die Herzen der Männer. Auf der Suche nach einer neuen Rolle*, Reinbek bei Hamburg 1984.

Goldberg, Herb, *Der verunsicherte Mann. Wege zu einer neuen Identität aus psychotherapeutischer Sicht*, Reinbek bei Hamburg 1979.

Lerner, Harriet Goldhor, *Wohin mit meiner Wut? Neue Beziehungsmuster für Frauen*, Zürich 1987.

Wallerstein, Judith und Sandra Blakeslee, *Gewinner und Verlierer. Frauen, Männer und Kinder nach der Scheidung*. Eine Langzeitstudie. München 1992.

Anmerkungen

Hier folgen Quellenangaben, Nachträge, Kommentare und Zitate, die den Text belegen. Veröffentlichte Quellen werden in Kurzform angegeben (Name des Autors und Jahr der Veröffentlichung), die vollständige bibliographische Angabe findet sich in der Bibliographie. Zitate aus Interviews ohne Quellenangabe stammen aus meinen auf Tonband aufgenommenen Gesprächen.

Einleitung

1 Der Gedanke der »Definition der Situation« wurde zuerst von W. I. Thomas und Florian Znaniecki in ihrer Studie *The Polish Peasant in Europe and America* ausgeführt, die 1927 veröffentlicht wurde.

2 Die Subtraktionsaufgabe der Roten Königin stammt aus Lewis Carrolls *Through the Looking Glass*, Kapitel 9 in Ihrer Lieblingsausgabe.

3 Der Vergleich von Leidenschaften mit wilden Pferden ist in der Geschichte anscheinend eine beliebte Metapher gewesen. Im *Phaidros* verglich Platon die Seele mit einem Wagenlenker (der Vernunft), der zwei Pferde (Begierde und Scham) führt. Die Scham ist ein schönes Pferd, weiß mit schwarzen Augen, gehorsam, aufrichtig und edel. Die Begierde ist »senkrückig, plump, schlecht gebaut«, häßlich, wild und starrsinnig, »der Peitsche und dem Stachel kaum gehorchend« (Platon, *Phaidros*. Nach der Übersetzung v. Friedrich Schleiermacher hrsg. v. W. F. Otto, E. Grassi und G. Plamböck, Hamburg 1958, S. 34f.). Die Aufgabe der Vernunft besteht nach Platon darin, die beiden Pferde zu beherrschen und zu lenken.

Mit diesem dreiteiligen Konzept und der Metapher der Pferde nahm Plato zweitausendfünfhundert Jahre vor Freud dessen Ich, Es und Überich vorweg. In *Das Ich und das Es* schrieb Freud, die Aufgabe des Ich (welches das repräsentiert, »was man Vernunft und Besonnenheit nennen kann« [S. 293]) bestünde darin, das Es (»welches die Leidenschaften enthält« [S. 293]) zu beherrschen: Das Ich »gleicht so im Verhältnis zum Es dem Reiter, der die überlegene Kraft des Pferdes zügeln soll [...]. Wie dem Reiter, will er sich nicht vom Pferd trennen, oft nichts anderes übrig bleibt, als es dahin zu führen, wohin es gehen will, so pflegt auch das Ich den Willen des Es in Handlung umzusetzen, als ob es der eigene wäre« (S. 294).

Und in *Henry VIII* (1. Akt, 1. Szene) legt Shakespeare Norfolk diese schönen Worte in den Mund:

»Bleibt doch,
Mylord, und laßt Vernunft und Zorn sich fragen,

was Ihr beginnt. Wer steilen Berg erklimmt,
Hebt an mit ruh'gem Schritt; der Ärger gleicht
'nem überhitzten Pferd, das, gebt Ihr Freiheit,
Am eignen Feu'r ermüdet.»

4 Bowlbys Beobachtungen über Verdinglichung finden sich in Bowlby, 1976, S. 377 und Anhang II seines Buches.

5 Danesh, 1977, S. 1109–1112.

6 Rothenberg, 1971, S. 454.

Kapitel 1: Wut und Vernunft

1 Die Geschichte des Swami steht in: Doug Boyd, *Rolling Thunder. Erfahrungen mit einem Schamanen der neuen Indianerbewegung*, München 1981, S. 115–117.

2 Achilles' Schmollen ist zu finden in Homer, *Ilias*, übertragen von J. H. Voß, München 1963, S. 320.

3 Lewis, *Sören Qvist*, 1974, S. 89f.

4 Pascal, *Über die Religion*, übertragen von Ewald Wasmuth, Heidelberg 1954, S. 185.

5 Das sagt Hamlet zu Horatio, III. Akt, 2. Szene. Hamlet hatte natürlich seine eigenen Probleme mit Leidenschaft.

6 Gandhi, 1983, S. 258.

7 Descartes, *Die Leidenschaften der Seele*, herausgegeben und übersetzt von Klaus Hammacher, Hamburg 1984, S. 325.

8 Darwin, *Die Abstammung des Menschen*, S. 86f.

9 Darwin, *Der Ausdruck der Gefühle bei Mensch und Tier*, S. 165. Besonders Kapitel 10, »Haß, Wut und Zorn«, S. 165–174.

10 Ebd., S. 169.

11 Ebd., S. 165.

12 Ebd.

13 Über das Vorspielen von Wut zum Erzielen einer Wirkung s. z. B. Berkowitz, 1978.

14 Über die Universalität des Gesichtsausdrucks s. Ekman, 1980; Ekman, Friesen und Ancoli, 1980; Ekman et al., 1987. In einer Untersuchung zum Beispiel, die Ekman mit Wallace Friesen durchgeführt hat, wurden Betrachtern in Japan, Brasilien, Chile, Argentinien und den Vereinigten Staaten Fotos von Menschen vorgelegt, die verschiedene Gefühle ausdrückten – Wut, Glück, Angst, Überraschung, Ekel, Traurigkeit. Die Mehrzahl der Betrachter in jedem Land erkannte das dargestellte Gefühl, wobei Wut aber schlechter davonkam als die anderen Gefühle. Nur 69 Prozent der Amerikaner und 63 Prozent der Japaner waren sich einig, daß das »Wutfoto« tatsächlich Wut zeigte, während über den Gesichtsausdruck des Glücks beinahe völlige Übereinstimmung herrschte. Sollten wir beeindruckt sein, daß die große Zahl von 63 oder 69 Prozent sich bei der Abbildung von Wut einig war, oder sollten wir uns fragen, warum es »nur« so wenige waren?

15 Über die Japaner s. Lebra, 1976; zu dem Beispiel von den Kiowa s. LaBarre, 1947, S. 55.

16 Darwin, *Der Ausdruck der Gefühle*, S. 242.

17 Über »primitive« Gehirnteile s. Scherer, Abeles und Fischer, 1975, (Scherer 1979); MacLean, 1963, 1970. Lazarus, Averill und Opton (1970) bemerken, daß »diese

mutmaßlich phylogenetisch alten und sogenannten primitiven Strukturen eine Evolution durchgemacht haben, genauso wie kortikale Strukturen, und beim Menschen den höchsten Entwicklungsstand erreichen, [...] sowohl phylogenetisch als auch physiologisch gesehen scheint es kaum Grund zu geben, eine scharfe Trennlinie zwischen dem Emotionalen und dem Kognitiven zu ziehen und ersterem eine besonders primitive Funktion zuzuschreiben« (S. 214).

18 Averill, *Anger*, 1979.

19 Solomon, 1976, 1988.

20 Sabini, 1978, S. 344.

21 Breuer und Freud, 1970 (1893), S. 11.

22 Freud, *Vorlesungen zur Einführung in die Psychoanalyse*, 1982, S. 416.

23 Die Therapeutin ist Elizabeth Friar Williams, 1977, S. 208.

24 Der Therapeut ist Herb Goldberg, 1979, S. 148 und S. 129.

25 Berkowitz über die Ventilationisten stammt aus »The Case for Bottling Up Rage«, 1973, S. 26.

26 Rubin, 1970, Teil 5, »Taking a Chance on Anger«, S. 203–223.

27 Zum Erfolg von kognitiv-behavioristischen Therapien und systemischer Familientherapie s. Quellenangaben zu Kapitel 10.

28 Steinmetz, 1977, S. 24.

29 Ebd.

30 Über die Utku-Eskimo siehe Briggs, 1970, S. 3.

Kapitel 2: Höflichkeitsriten

1 Hupkas Geschichte stammt aus seinem Artikel von 1981 und persönlichen Gesprächen.

2 De Rivera, 1977, S. 78.

3 Averill über Wut als informellen Gesetzgeber, 1979.

4 Die Geschichte von N!uhka steht in Draper, in Montagu, 1978, S. 42.

5 Mehr zu den !Kung s. Draper, 1976, 1978; Thomas, 1959; Lorna Marshall, 1976.

6 Die Zitate von Elizabeth Marshall Thomas stammen aus Thomas, 1959, S. 22.

7 Über das Beziehungsnetz bei den !Kungs. Draper, 1978, S. 43f.

8 Ebd., S. 45.

9 Myerhoff, 1978, S. 156.

10 Über die Ifaluk s. Lutz, 1988.

11 Über die Sirionó s. Holmberg, 1969, besonders S. 154; über »kämpfen wie ein weißer Mann« S. 156. Über die Tahitianer: Wenn sie nicht nach Tahiti fahren können, lesen Sie Levy, 1973, 1978.

12 Der »Wahnsinnstanz« wird von Pospisil, 1963, besprochen; s. vor allem S. 67f.

13 Über die Semai und *slniil* s. Dentan, 1968, 1978.

14 Über die Arapesh, s. Mead, 1958.

15 Über die Utku-Eskimo s. Briggs, 1970, S. 3.

16 Über die Temiar s. Roseman, im Druck.

17 Über die Toraja s. Hollan, 1988.

18 Über die Mbuti s. Turnbull, 1961, 1978. Über das, was mit Leuten geschieht, die andere schikanieren: 1978, S. 188.

19 Das Zitat von Peter Farb steht in *Word Play*, 1975, S. 125. Farb weist darauf hin,

daß schwarze Jugendliche im Ghetto ein Spiel spielen, bei dem es darauf ankomt, ein Duell mit Worten statt mit den Fäusten zu gewinnen – ohne die Selbstbeherrschung zu verlieren (»Ich fick dich!« – »Mensch, du hast mich doch noch nicht mal geküßt!«). Siehe S. 122.

20 Amoklaufen: Siehe Carr und Tan, 1976.

21 »Ein wildes Schwein sein«: Siehe Newman, 1960; auch besprochen in Averill, 1976, 1982.

22 Seneca, Brief XCVI in: Philosophische Schriften, Bd. 4, übersetzt, eingeleitet und mit Anmerkungen versehen von Manfred Rosenbach, Darmstadt 1984, S. 741.

23 Averill, 1976, 1979.

24 Die arabisch-japanische Konfrontation stammt aus einem unveröffentlichten Manuskript von Thomas Sebeok (University of Indiana). Siehe auch Sebeok, 1982.

25 Edward T. Hall, 1976, S. 59.

26 Siehe Hall, 1976; Sebeoks Manuskript. Während der Tokugawa-Zeit, schreibt Sebeok, wurde jedes Verhalten sorgfältig kontrolliert; es wurde sogar erwartet, daß man das Gegenteil von Wut oder Schmerz zeigte. »Eine übliche Art, Wut zu zeigen, zum Beispiel Wut auf eine höhergestellte Person, besteht nicht in einem wütenden Gesicht und groben Worten, sondern in einem überschwenglichen Strom ausgesuchter Höflichkeiten, während ein neutraler Gesichtsausdruck beibehalten wird.«

27 Kleinman, 1988.

28 Solomon, 1978, S. 194.

29 Levy, 1978, S. 226.

30 1. Mose, 1,26.

Kapitel 3: Die Anatomie der Wut

1 G. Stanley Hall, 1899, S. 529.

2 Halls Bericht über unbelebte Objekte ebd., S. 565.

3 Ebd., S. 543.

4 Ebd., S. 538.

5 Bland, 1982, S. 92. Auf das Problem der Lebensmittelallergien wurde die Öffentlichkeit durch die Arbeit des Allergiespezialisten Ben F. Feingold aufmerksam, der aufgrund seiner klinischen Beobachtungen (nicht aufgrund von kontrollierten Experimenten) die Hypothese aufstellte, daß 50 Prozent oder mehr der sogenannten »hyperaktiven« Kinder behandelt werden können, indem man Lebensmittelzusätze, synthetische Farben und Geschmacksstoffe und bestimmte Obstsorten aus ihrer Ernährung verbannt. Das scheint eine nicht durch Fakten gestützte Übertreibung zu sein. Weiss und seine Mitarbeiter (1979, 1980) überprüften diese Hypothese jedoch an 22 normalen Kindern im Alter zwischen zweieinhalb und sieben Jahren, von denen keines Verhaltensprobleme hatte. Es zeigte sich, daß zwei dreijährige Kinder besonders empfindlich auf künstliche Farbstoffe reagierten (die im Doppelblindversuch verabreicht worden waren, so daß weder die Versuchsleiter noch die Eltern wußten, ob die Kinder ein Placebo oder den Zusatz zu sich nahmen). Die Häufigkeit von Beißen, Treten, Werfen mit Gegenständen und Schlagen stieg nach Getränken mit künstlichem Farbstoff signifikant an. Siehe Dorothy Otnow Lewis, 1981.

6 Die junge Frau, die beinahe ihre Mutter tötete, wurde 1940 von S. A. Kinnier Wilson beschrieben; Frank A. Elliott, 1976, S. 54 berichtet davon.

7 Die Geschichte von Steve, der seine Kusine tötete, findet sich in Woods, 1961, S. 530.

8 Gibbs und Gibbs, 1951.

9 Die Untersuchung an 30 gewalttätigen Kindern: Stehle, 1960; die Stichprobe der tausend Kinder: Schwade und Geiger, 1960. Siehe auch Berman, 1978.

10 Lewis, 1981, und persönliche Mitteilung. Ähnlich stellte Alan Berman 45 delinquente männliche Jugendliche 45 Jugendlichen gleichen Alters, gleicher Rasse, gleicher Religionszugehörigkeit und gleichen sozialen Hintergrunds gegenüber, die sich nicht in einer Besserungsanstalt befanden. Beide Gruppen machten umfangreiche Tests. Als die Forscher die Testergebnisse aller Jungen zusammenstellten, konnten sie 87 Prozent der Straffälligen und 78 Prozent der Jungen aus der Kontrollgruppe *allein* aufgrund von fünf neuropsychologischen Meßwerten richtig identifizieren.

11 Frank A. Elliott, 1976, S. 53.

12 Siehe Scherer, 1979, S. 17: »Ganz ähnlich scheint die Reaktion menschlicher Patienten auf Reizung der Mandelkerne eher von ihrer Persönlichkeit abzuhängen als von der Position der Elektrode.« Außerdem kontrollieren nur wenige Bereiche des Gehirns ausschließlich ein Verhalten, das gilt auch für aggressives Verhalten.

13 Siehe Davidson, 1984, 1986; Tucker, 1989; Tucker und Williamson, 1984.

14 Siehe Weinberger, im Druck.

15 Zu Entwicklung und Funktion des Gesichtsausdrucks siehe Stenberg und Campos, 1990; Strack, Martin und Stepper, 1988.

16 Izard, 1988.

17 Freedman, 1979a und 1979b, dort vor allem Kapitel 9, »Biologie oder Kultur?«

18 MAO-Ergebnisse: Sostek und Wyatt, 1981.

19 Buss und Plomin, 1975. Wenn Emotionalität eine genetische Komponente hat, so argumentierten sie, müßten die Ergebnisse ihres Tests zur emotionalen Reaktion für eineiige Zwillinge stark korrelieren, für zweieiige Zwillinge jedoch gar nicht. Genau das stellten sie fest.

20 Der Gedanke, daß ein einzelnes Gen für impulsive Wut verantwortlich ist, fand in den fünfziger Jahren Verbreitung, als Forscher bei einigen Gefängnisinsassen eine Chromosomenanomalie, nämlich ein zusätzliches Y-Chromosom entdeckten. Das »XYY«-Syndrom diente als Erklärung für Gewalttätigkeit bei Männern. Es stellte sich jedoch heraus, daß die Gefangenen mit XYY normalerweise nicht wegen Gewalttaten im Gefängnis saßen, sondern wegen Einbrüchen und ähnlichem. »Der Grund für ihre Überrepräsentation unter den Gefängnisinsassen«, berichtet der Psychologe Robert A. Baron (1977, S. 223), »scheint vor allem in ihrem niedrigen Intelligenzgrad zu liegen« – sie wurden einfach häufiger geschnappt als gewalttätige Verbrecher.

21 Jerome Kagan, 1978, 1984. Kagan schildert auch eine Studie mit 140 weißen Säuglingen, die viermal auf Aufmerksamkeit, Geräusche, Lächeln, Spieltempo und Reizbarkeit hin untersucht wurden: mit vier, acht, dreizehn und schließlich mit 27 Monaten. Es gab keinen Zusammenhang zwischen Vorhandensein und Nichtvorhandensein der einzelnen Eigenschaften in den verschiedenen Tests: Ein Baby, das mit vier Monaten schlecht gelaunt war, konnte mit zweieinhalb Jahren mit gleicher Wahrscheinlichkeit immer noch schlecht gelaunt oder aber ganz still und zufrieden

sein. Kagan untersuchte 65 der Kinder noch einmal, als sie zehn Jahre alt waren, und fand keinen Zusammenhang zwischen ihren Eigenschaften als Baby und ihrer späteren Persönlichkeit, dem IQ oder der Lesefähigkeit. Siehe auch Kagan, 1984, für einen Überblick zu diesem Thema.

22 Siehe Frankenhaeuser, 1975; McGuinness und Pribram, 1980.

23 Sroufe, 1978, S. 56. Siehe auch Sroufe, 1979.

24 Martin Luther, *Tischreden*, hrsg. v. Kurt Aland, Stuttgart, 1960, S. 357.

25 William Congreve, *Der Lauf der Welt*, Frankfurt/Main 1986, S. 33.

26 Ax, 1953. Die Hälfte der Testpersonen bekamen erst das Wutszenario, dann die Angst, die andere Hälfte bekamen erst das Angstszenario, dann die Wut. Die Zitate stammen alle aus der Untersuchung und sind in Ax' Bericht wiedergegeben.

27 Probleme mit Ax' Untersuchung: Siehe auch Buss und Plomin, 1975, S. 58f. Aus irgendeinem Grund kombinierte Ax die Daten von allen 43 Testpersonen, obwohl nur 37 Wut von Angst unterschieden.

28 Die Korrelationen zwischen den Werten bei den beiden Emotionen reichten von einem gesunden 0,26 bis zu einem erstaunlich hohen 0,77 mit einem Durchschnitt von 0,53. Das sind Korrelationen, nach denen Forscher sich die Finger lecken, und es scheint, als habe Ax sie nur flüchtig angesehen.

29 Frankenhaeuser, 1975.

30 Für einen Überblick über neue Forschungsergebnisse siehe Neiss, 1988.

31 Die Untersuchung wurde von Chwalisz, Diener und Gallagher, 1988, durchgeführt.

32 Alfred Kinsey bemerkte in seiner Studie zur weiblichen Sexualität die physiologische Ähnlichkeit zwischen den Emotionen: Viele der körperlichen Veränderungen, die bei Angst und Wut auftreten, so schrieb er, seien auch bei sexueller Erregung vorhanden. Er schreibt sogar: *»Das Bild der sexuellen Reaktion findet seine engste Parallele in der Physiologie des Zorns«* (meine Hervorhebung). Zu diesen Parallelen siehe Kinsey et al., 1970, Kapitel 17, S. 558ff.

33 Das ist das Hauptthema einer ganzen Reihe von Forschungsarbeiten; für allgemeine Überblicke zum Thema siehe Seymour Epstein, 1979; Mandler, 1984; Zillmann, 1979, 1984; Averill, 1982; Frijda, 1986.

34 Diese Untersuchung über Versagen, Erfolg und Gefühle stammt von Weiner, Russell und Lerman, 1979; siehe auch Weiner, 1982, und Weiner und Graham, 1984. Man schreibt sich sogar mit größerer Wahrscheinlichkeit einen emotionalen Zustand zu, wenn man an etwas gearbeitet hat, das einem wichtig ist, oder wenn man das Gefühl hat, sein Verhalten entschuldigen zu müssen – denken Sie an Seneca. Siehe Averill, DeWitt und Zimmer, 1978.

35 Die Untersuchung darüber, wie Interpretationen einer Provokation Wut bestimmen: Siehe Frodi, 1976.

36 Arieti, 1967, S. 159.

37 Die Psychologen, die am meisten zur Förderung dieser Sichtweise beitrugen, waren Stanley Schachter und Jerome E. Singer. Sie entwickelten 1962 eine Versuchsanordnung, die sich im Hinblick auf die Genialität der Handlung und die Brillanz der schauspielernden Versuchsleiter durchaus mit Ax' Experiment messen konnte. »Der gleiche Zustand physiologischer Erregung kann als ›Freude‹ oder ›Wut‹ bezeichnet werden«, je nach Situation, theoretisierten sie. Wenn man aber weiß, daß der Körper gereizt ist, etwa weil man gerade eine Epinephrinspritze bekommen hat, sucht man nicht nach äußeren Ereignissen, um dem Zustand eine

emotionale Bezeichnung zu geben. Daher injizierten Schachter und Singer einigen Studenten Epinephrin und sagten ihnen, was sie zu erwarten hätten. Andere Studenten dachten, sie bekämen eine Vitaminspritze und hatten keine Ahnung, mit welchen Symptomen zu rechnen war. (Wiederum anderen, der Kontrollgruppe, wurde ein Placebo injiziert.) Dann wurden die Studenten in Situationen gebracht, in denen ein Bundesgenosse des Versuchsleiters Euphorie oder Wut zeigte. Schachter und Singer berichteten, daß die Studenten, denen Epinephrin injiziert worden war und die *nicht* wußten, daß sie physisch aufgewühlt waren, besonders empfänglich für die Stimmungen von Menschen um sie herum waren und deren Glück oder deren Wut teilten. Die Studenten, die wußten, daß sie Epinephrin bekommen hatten, waren gegen die Possen des Bundesgenossen immun.

Diese berühmte Untersuchung berichtete, wie die Untersuchung von Ax, von Schlußfolgerungen, die den tatsächlichen Ergebnissen nicht ganz entsprachen. Schachter und Singer mußten ihre Daten bearbeiten, damit sie ihr Hypothesen unterstützten, und bis jetzt hat niemand das Experiment wiederholen können. Unsere Gefühle sind dem Einfluß anderer Menschen doch nicht in so hohem Maße unterworfen. (Ausgezeichnete Kritik dazu siehe bei Marshall und Zimbardo, 1979, und Maslach, 1979.)

Für das Gegenargument, daß Gefühle Beurteilungen beeinflussen, siehe Zajonc, 1980. Jedenfalls sollte deutlich gemacht werden, daß »Beurteilungen« zwar Teil unserer kognitiven Fähigkeiten sind, daß sie uns aber nicht unbedingt bewußt sind – und sie geschehen sehr schnell.

38 Polivy, 1981, S. 806.

39 Siehe Smith und Ellsworth, 1987.

40 Siehe Larsen, Diener und Cropanzano, 1987.

41 Siehe Sommers und Scioli, 1986.

42 Wilbanks, 1988.

43 Snyder, 1988; Higgins und Snyder, im Druck.

44 Elliott, 1976, S. 51.

45 Mackarness in *Psychology Today*, November 1974, S. 140.

46 Moyer, 1971, S. 9.

47 Ebd., S. 7.

48 Mark, 1978, S. 128. Mark versäumt es jedoch, die traurige Geschichte von Thomas R. zu erzählen. Mark und sein Mitarbeiter Frank Ervin, beide Chirurgen, diagnostizierten bei Thomas R., einem Ingenieur, »paranoide Wahnvorstellungen« bezüglich der Untreue seiner Frau mit einem Nachbarn. Ihr Leugnen reichte aus, sagten Mark und Ervin, um bei ihm einen Anfall von Gewalttätigkeit auszulösen. Um Thomas gegen diese Ausbrüche »gewalttätiger Raserei« zu helfen, nahmen Mark und Ervin bei ihm Läsionen in beiden Amygdalas vor. Laut Nachuntersuchungen, die von einem unabhängigen Beobachter durchgeführt wurden, erholte Thomas R. sich davon nie. Er ist seitdem immer wieder in Krankenhäusern gewesen, mit »paranoiden Wahnvorstellungen«, daß zwei Ärzte hinter ihm her seien. Seine Frau ließ sich von ihm scheiden und heiratete den Nachbarn.

49 Vgl. Moyer, 1971, S. 9.

50 Ebd., S. 7.

51 Vgl. de Rivera, 1977, S. 19.

Kapitel 4: Streß, Krankheit und das Herz

1 Walter Kiechel III, »Facing Up to Executive Anger«, *Fortune*, 16. November 1981, S. 208.
2 Maxine Abrams, »Coping with Anger and Frustration«, *Harper's Bazaar*, Februar 1980, S. 132.
3 J. J. Groen, 1975, S. 738.
4 Ebd., S. 740.
5 Jackie Barrile, »Confessions of a Closet Eater«, *Ladies' Home Journal*, November 1981, S. 56.
6 Bennett und Gurin, 1983, S. 35f., zitieren den Bericht der Kaplans.
7 Bruch, 1973, S. 197f. Siehe besonders das Kapitel über »schlanke Dicke«, S. 194–211.
8 Bennett und Gurin, 1983, S. 66.
9 M. Michael Eisenberg, *Ulcers*, New York 1978, S. 52.
10 Siehe dazu Rotter et al., 1979. Einst waren Magengeschwüre fast ausschließlich Domäne der Männer, inzwischen sind sie auch bei Frauen viel häufiger; vor dreißig Jahren war das Verhältnis von männlichen und weiblichen Ulcus-Patienten 20 zu 1, heute ist es 2 zu 1. Es ist unwahrscheinlich, daß Frauen heute ihre Wut stärker unterdrücken als früher, aber sie rauchen mehr – ein Faktor, der sich stark auf die Entstehung von Magengeschwüren und Lungenkrankheiten auswirkt.
11 Zur Theorie der Hoffnungslosigkeit siehe Alloy et al., 1988. Das Gefühl, das man spürt, spiegelt die subjektive Einschätzung der Möglichkeit, sein Ziel zu erreichen. Wenn man glaubt, das Ausdrücken von Wut würde die Situation oder den Menschen, der einen wütend macht, ändern, wird man seine Wut wahrscheinlich ausdrücken; wenn man ungewisse oder vage Ziele hat, ist man vielleicht ängstlich; wenn man denkt, man könnte seine Ziele nie erreichen, fühlt man sich vielleicht deprimiert und hoffnungslos.
12 Siehe Hamburg, Hamburg und Barchas, 1975, und Wender und Klein, 1981. Dort werden die möglichen biologischen Faktoren für die Prädisposition für Wut oder Depression diskutiert.
13 Siehe Beck, 1979.
14 Vgl. Wender und Klein, 1981, S. 209. Sie zitieren eine Langzeitstudie von Myrna Weissmann und Eugene Paykel, *The Depressed Woman*, Chicago 1974.
15 Beck, 1979. Siehe auch Beck, 1988.
16 Brown und Harris, 1978.
17 Leslie Farber, »Merchandising Depression«, *Psychology Today*, April 1979, S. 64.
18 Funkenstein, King und Drolette, 1957.
19 Ebd., S. 156.
20 Spielberger, 1988; Spielberger, Krasner und Solomon, 1988.
21 Harburg, Blakelock und Roeper, 1978; Harburg et al., 1973; vg. auch Hauenstein, Kasl und Harburg, 1977.
22 Wiederum steht eine Untersuchung, die fehlschlug, im Zentrum der Hypothese, daß Hypertoniker impulsiver sind, besonders bei Angst und Wut, als Menschen mit normalem Blutdruck (siehe Joseph Schachter, 1957). Um überhaupt Unterschiede zwischen den beiden Gruppen feststellen zu können, mußte Schachter die Blutdruckwerte von drei emotionalen Zuständen, nämlich von Angst, Wut und Schmerz, zusammenlegen. Zwischen Hypertonikern und Menschen mit

normalem Blutdruck gab es, wenn sie ausschließlich wütend waren, keine signifikanten Unterschiede in der Höhe des Blutdrucks. Siehe auch Baer et al. (1979) zum Vergleich von 332 Hypertonikern mit 335 Menschen mit normalem Blutdruck; Cochranes Fragebogen-Studie von 1973; und Julius, Schneider und Egan, 1985.

23 Diese Untersuchung wurde durchgeführt von Whitehead et al., 1977.

24 Ebd., S. 387.

25 Leventhal, 1982.

26 Barry Dworkin et al., »Baroreceptor Activation Reduces Reactivity to Noxious Stimulation: Implications for Hypertension«, *Science*, 21. September 1979, S. 1299–1301; auch berichtet von Gary Schwartz, »Undelivered Warnings«, *Psychology Today* (März 1980), S. 116; und Harold M. Schmeck, Jr., »Hypertension: Is It Too Pleasant to Give Up?« in *The New York Times*, 25. September 1979.

27 James und Kleinbaum, 1965, zeigen, daß ein Leben unter Bedingungen, die mit starkem ökonomischen und sozialen Streß verbunden sind, Hypertonie hervorrufen kann.

28 Siehe zum Beispiel Matthews et al., 1977.

29 Siehe Chesney and Rosenman, 1985, und die Aufsätze von Suzanne Haynes und ihren Mitarbeitern. Anschließende Forschungen legen nahe, daß die Methode des strukturierten Interviews zur Einschätzung von Typ A sich nicht vollständig mit der Fragebogen-Methode deckt; in der persönlichen Befragung und auf dem Papier werden unterschiedliche Dinge gemessen, was ein Grund für die unterschiedlichen Ergebnisse der beiden großen Untersuchungen sein kann. Siehe Matthews, 1988.

30 Siehe Berkman und MacLeod, 1979; Rosenman, 1985; Friedman und Booth-Kewley, 1987b.

31 Zu dem Gedanken, daß soziale Bindungen ein Schutz gegen Krankheit sind: Syme, 1982, bietet eine ausgezeichnete Diskussion dazu.

32 Zum Begriff *amaeru*: Doi, 1962, 1973.

33 Pascale und Athos, 1981, S. 124.

34 Zitiert in: Berkman und MacLeod, 1979.

35 Vgl. Syme, 1982.

36 In der Framingham-Untersuchung über berufstätige Frauen und Herzkrankheit bestand zwischen der Berufstätigkeit an sich und der Krankheit kein Zusammenhang; tatsächlich hatten unverheiratete, berufstätige Frauen, die die meiste Zeit berufstätig gewesen waren, die geringste Zahl an koronaren Herzkrankheiten von allen Frauen überhaupt. Siehe Haynes und Feinleib, 1980. (Einen Überblick über Untersuchungen zum »Hausfrauensyndrom« geben Tavris und Wade, 1984.)

37 Williams, 1989; Williams, Barefoot und Shekelle, 1985. Siehe auch Spielberger, 1988.

38 Dembroski und Costa, 1988.

39 Vgl. Friedman und Booth-Kewley, 1987a.

40 Zitiert von Barbara Ehrenreich, »How to Let Off Steam«, *Ms.*, Mai 1979, S. 101.

41 Kiechel, 1981, S. 208.

Kapitel 5: »Heraus damit«

1 Bradshaw, »Our Families, Ourselves«, in *Lear's*, November/Dezember 1988, S. 75–76.
2 Aus einem Leserbrief von Saltzman in *The New York Times*, 12. Januar 1989.
3 John J. Marshall, 1972, S. 786.
4 Vgl. Hokanson, 1961, 1962a, 1962b, 1968, 1970. Über »Masochismus« als Katharsis siehe Stone und Hokanson, 1969. Die hypothetischen Reaktionen der männlichen und weiblichen Versuchspersonen sind meine eigenen Vermutungen darüber, was die Leute während der Experimente dachten.
5 G. Stanley Hall, 1899, S. 537. Über Fluchen als Form der Katharsis siehe Montagu, 1967: »Fluchen ist eine eher zivilisierte Verhaltensform, die physische Gewalt ersetzt« (S. 76).
6 Die Untersuchung an Inhaftierten wurde von dem Psychologen G. Sosa durchgeführt; zitiert in *Quanty*, 1976.
7 Feshbach, 1956.
8 Vgl. Mallick und McCanless, 1966.
9 Straus, 1974; Straus, Gelles und Steinmetz, 1980.
10 Berkowitz, 1970.
11 Straus, persönliche Mitteilung.
12 Siehe Fitz und Findley (1979), die Männer und Frauen eine Aufgabe in Wettbewerbsform gaben, mit vier möglichen Strategien gegen Aggression: Pazifismus, minimale Vergeltung, mittelstarke Vergeltung, Eskalation. Wie Hokanson schon früher herausgefunden hatte, lassen Männer auf eine Provokation des Gegners hin mit größerer Wahrscheinlichkeit Aggression eskalieren als Frauen; und sie sind pazifistisch – höflich zu Frauen –, bis die Frauen angreifen. Fitz und Findley beobachteten, daß der Versuch, einen Gegner zu »übertreffen«, auf beiden Seiten nur Feindseligkeit schafft; wer die Feindseligkeit eines Gegners *abbauen* will, täte gut daran, zuerst seine eigene unter Kontrolle zu bringen.
13 Steinmetz, 1977, S. 66.
14 M. Goldstein, 1988, gibt einen Überblick.
15 Ebbesen, Duncan und Konečni, 1975.
16 Siehe Mallick und McCandless, 1966; Kaplan, 1975, bei dessen Untersuchung die Versuchspersonen, die ihre wütenden Gefühle ausdrückten, feindseliger wurden als die, die das Gegenteil von Wut ausdrückten oder eine neutrale Haltung einnahmen.
17 Kahn, 1966.
18 Biaggio, 1980, S. 355.
19 Murray, 1985.
20 Zu Wutanfällen siehe Schimmel, 1979; Buss und Plomin, 1975; Goodenough, 1931.
21 G. Stanley Hall, 1899, S. 563.
22 Ebd., S. 564.
23 Bowlby, 1976, S. 300. Vgl. dazu besonders S. 298–306: »Wut: funktional und dysfunktional«. Siehe auch Bowlby, 1988.
24 Siehe W. Berman, 1988.
25 Goodenough, 1931.
26 Siehe Fixsen et al., 1978, S. 56.

27 Die Geschichte der Seifs stammt aus: Ellie Seif. »A Young Mother's Story«, *Redbook*, Juni 1979, S. 49ff.
28 Zitate: Ebd., S. 165–167.
29 Holmberg, 1969, S. 205.
30 Briggs, 1970.
31 Zur Forschung über das Geständnis siehe Pennebaker, 1988; Pennebaker, Hughes und O'Heeron, 1987; und Pennebaker, Kiecolt-Glase und Glaser, 1988. Über das Paradoxon der unterdrückten Gedanken – je mehr man versucht, an etwas nicht zu denken, desto mehr denkt man daran – siehe Wegner et al., 1987.
Eine gute Analyse, wie gesellschaftliche Rituale Menschen erlauben, Pennebakers idealen Nutzen des Geständnisses zu erlangen – Emotionen auszudrücken, während man Distanz zu ihnen beibehält –, liefert Scheff, 1979.
32 Berkowitz, 1973, S. 31; Hervorhebung im Original.
33 Larry Gelbarts Geschichte stammt aus persönlichem Gespräch.

Kapitel 6: »Rot sehen«

1 Donnerstein, Donnerstein und Evans, 1975.
2 Ein allgemeiner Überblick über diesen Ansatz zur Untersuchung von Wut findet sich bei Sabini, 1978, und Baron, 1977.
3 Vgl. Dollard et al., 1939, für die ursprüngliche Frustrations-Aggressions-Hypothese.
4 Vgl. Bateson, 1941.
5 Siehe zum Beispiel Peter McKellar (1949), der 47 Tage lang ein Tagebuch führte und aufschrieb, wann und warum er wütend wurde und was er dagegen tat. Außerdem bat er seine Studenten der Erwachsenenbildung, die zwischen 17 und 66 Jahre alt waren, zwei Vorfälle mit Wut in ihrem Leben zu schildern. McKellar stellte fest, daß alltägliche Wut nur ganz selten zu Aggression führt, und daß »Reflex«wut als Antwort auf Frustration oder Schmerz weniger als die Hälfte der menschlichen Wutausbrüche ausmacht. Für McKellar und seine Studenten zählten als Provokationen vor allem Beleidigungen, Angriffe auf das Selbstwertgefühl und Ungerechtigkeit. Siehe auch Sabini, 1978; Buss, 1966; Berkowitz, 1969.
6 Siehe Mandler, 1984.
7 Donnerstein und Wilson, 1976.
8 Konečni, 1975b.
9 Die Untersuchungen werden von Cohen, 1981, zitiert.
10 Siehe Frodi, Lamb et al., 1978. Die Forscher fanden außerdem heraus, daß das Geschrei Frühgeborener größere körperliche Erregung in den Zuhörern hervorruft, und Erwachsene sagen, daß es sich schlimmer anhört als das Geschrei ganz ausgetragener Babys.
11 Steele 1978, S. 295.
12 Zu Mengen und Kontrolle siehe Yakov M. Epstein, 1981; Baum and Epstein, 1978; Schmidt und Keating, 1979. Gedanken zu sozialer Distanz und kulturellen Regeln für Gedränge zum Beispiel bei Edward T. Hall, 1976.
13 *The New York Times*, 14. November 1988.
14 Statistiken dazu in *The Los Angeles Times*, 26. August 1988.
15 Ebd.

16 *Science Digest*, 26. August, 1988.
17 Die Geschichte steht in Roger Browns Lehrbuch *Social Psychology*, New York, 1965, S. 169.
18 Aus Sara Davidsons Artikel »Rolling into the Eighties«, *Esquire*, Februar 1980, S. 23.
19 Über Hupen und Alternativen dazu siehe Baron, 1977.
20 Warren und Raynes, 1972.
21 Ebd., S. 986.
22 Rioch, 1975, S. 689.
23 Siehe Marlatt und Rohsenow, 1981; Marlatt, Kosturn und Lang, 1975.
24 Gelles, 1979a, S. 173.
25 Zum Alkoholgebrauch im Amerika der Kolonialzeit siehe Critchlow, 1986.
26 Der Streit zwischen Johnson und Gossage fand im April 1979 statt (*The New York Times*).
27 Über Epinephrin und Norepinephrin siehe Frankenhaeuser, 1975.
28 Siehe Zillmann, 1979, 1984; Zillmann, Johnson und Day, 1974; und Zillmann und Bryant, 1974.
29 Zitiert in Quanty, 1976.
30 Ebd.
31 Sipes, 1973.
32 Zu Wut und Aggression im Sport siehe *Sports Violence*, hrsg. v. J. Goldstein, 1983; besonders die Kapitel von Russell und Bryant/Zillmann.
33 Aus J. Goldstein, 1983, S. 190.
34 Berkowitz, 1970.
35 Zitiert in Guttmann, 1986.
36 Zitiert in M. Smith, 1983, S. 37.
37 *The New York Times*, 3. Januar 1980.
38 Zitiert in Bud Collins, »Rivals at Flushing Meadows«, *The New York Times Magazine*, 30. August, 1981, S. 71.
39 Zitiert in R. Williams, 1988, S. 62.
40 Ebd.
41 Siehe Jane Gross, »Wimbledon's Appeal Engulfs English Life», *The New York Times*, 29. Juni 1980.
42 Zu Uneindeutigkeit, Provokation und Interpretation: Siehe Harris und Huang, 1974; Rule und Nesdale, 1976.

Kapitel 7: Brüllen, schmollen, meckern und schimpfen

1 Harriet Lerner, 1987, S. 8.
2 Halas, 1981.
3 Williams, 1977, S. 78.
4 Goldberg, 1979, S. 20.
5 Ebd., S. 21.
6 Ebd.
7 Ebd.
8 Ebd., S. 48.
9 Ebd., S. 49.

10 Ebd., S. 142.
11 Nichols, 1975, S. 35 f.
12 Vgl. zum Beispiel Allen and Haccoun, die festgestellt haben, daß »die Geschlechter sich am meisten im Ausdrücken von Angst und am wenigsten im Ausdrücken von Wut unterscheiden« (1976, S. 717).
13 Siehe Buss und Plomin, 1975, S. 166 f.
14 Spielberger, 1988.
15 Deffenbacher, 1988a.
16 Diese Feldstudie wurde von Frost und Averill, 1978, durchgeführt. Männer und Frauen unterschieden sich zwar nicht hinsichtlich der Art oder der Wahrscheinlichkeit des Auftretens von Wut, aber ich fand interessant, daß Männer doppelt so oft wie Frauen Wut *auslösten*! Männer und Frauen berichteten, daß sie häufiger auf Männer als auf Frauen wütend waren. Darin liegt irgendwo eine Lehre.
17 Frost und Averill stellten fest, daß tatsächlich mehr Frauen als Männer sagten, sie schämten sich oder hätten Schuldgefühle, nachdem sie Wut ausgedrückt hatten. Das hätten einige Feministinnen vorhergesagt, doch die Forscher hielten diese Ergebnisse nicht für zuverlässig, weil sie sie an einer anderen Stichprobe nicht verifizieren konnten. Und andere Studien, wie die von Mary K. Biaggio, stellen (im Gegensatz zu ihren Vermutungen) fest, daß Männer mehr Schuldgefühle haben als Frauen, wenn sie Wut ausdrücken; wieder andere finden überhaupt keine geschlechtsspezifischen Unterschiede bei Schuldgefühlen oder schlechtem Gewissen.
18 Fitz, 1979a, 1979b.
19 Diese Studie wurde durchgeführt von Fitz et al., 1979.
20 Zu Persönlichkeitstypen und Wut siehe Fitz, 1979b.
21 Frodi, Macaulay, and Thome, 1977. In einer anderen Untersuchung fragte Frodi (1977) ihre Studenten, was sie bei einem Mann oder einer Frau wütend machen würde – physische oder verbale Aggression, mangelnde Sensibilität, herablassendes Benehmen oder Ineffizienz. Männer wurden typischerweise wütend, wenn ein Mann sich aggressiv oder wenn eine Frau sich herablassend ihnen gegenüber verhielt, aber Frauen wurden am häufigsten über herablassendes Verhalten beider Geschlechter wütend. Pankratz et al. (1976), erhielt jedoch keine signifikanten geschlechtsspezifischen Unterschiede bei Provokationen, die Wut hervorrufen.
22 Straus, Gelles und Steinmetz, 1980. (Siehe auch Kapitel 8.)
23 Siehe Campbell und Muncer, 1987.
24 Cancian und Gordon, 1988.
25 Bernardez-Bonesatti, 1978, S. 216.
26 Biaggio, 1988.
27 Miller, 1979, S. 133.
28 Ebd.
29 Ebd., S. 145.
30 In Mueller und Leidig, 1976, S. 2. (Hervorhebung im Original.)
31 Goldberg, 1979, S. 49
32 Cline-Naffziger, 1974, S. 55.
33 Siehe Crosby, 1982.
34 Zu den Sprachregelungen für Männer und Frauen siehe Zimmerman und West, 1975; West, 1982; in der Ehe: Noller, 1980.

Kapitel 8: Die Ehezwiebel

1 Das Zitat von David Mace stammt aus dem Manuskript zu einer Vorlesung über Eheprobleme. Siehe auch Mace, 1976.
2 Averill, 1979.
3 Steinmetz' streitende Paare sind in ihrem Buch, 1977, S. 77 zu finden. Siehe auch Gelles, 1979a.
4 Straus, Gelles, and Steinmetz, 1980.
5 Straus, 1979, S. 19 f.
6 Betty Friedan, *Der Weiblichkeitswahn*, Reinbek 1970
7 Siehe Tavris and Wade, 1984; siehe auch Bernard, 1973.
8 Eine Studie von Karyl MacEwen (»Stress, violence in the family of origin and marital aggression«), die 1987 der American Psychological Association in New York vorgetragen wurde, untersuchte Streß und Aggression in der Ehe bei 275 Paaren, jeweils sechs und 18 Monate nach der Hochzeit. Die Ursprungsfamilie hatte auf die Häufigkeit von Gewalttätigkeit bei den jungverheirateten Paaren *keinen* Einfluß.
9 *Redbook*, June 1976, »How Satisfying Is Your Marriage?«
10 Wile, 1988, S. 20.
11 Richard Driscolls Wutmuster stammen aus seinem unveröffentlichten Manuskript.
12 Lerner, 1987, S. 56.
13 Lerners Fallstudie vgl. Lerner, 1986.
14 Margolin, 1979.
15 Zitiert in Harry Stein, »Careless Love«, *Esquire*, Dezember 1980, S. 14.
16 In »Fear of Fighting«, *Ms.*, Oktober 1978, S. 47.

Kapitel 9: Gerechter Zorn

1 Thomas von Aquino, *Summe der Theologie,* Stuttgart 1954³, Bd. II, 47. Untersuchung (S. 293).
3 *The New York Times,* 12. Mai 1979.
3 Edward T. Hall, 1976, S. 17.
4 Greenwald, 1980.
5 Taylor und Brown, 1988.
6 Melvin J. Lerner, 1980.
7 Frances FitzGerald, »Reporter at Large«, *The New Yorker,* 19. Mai 1981, S. 53 ff.
8 Zur religiösen Bedeutung von Wut siehe Stratton, 1923.
9 Die Sprüche Salomos, 16, 32.
10 Siehe Sennett, 1970, 1990; Moore, 1978, S. 60.
11 Zu relativer Deprivation und berufstätigen Frauen siehe Crosby, 1982.
12 De Tocqueville und Douglass werden zitiert in Crosby, 1976, S. 85.
13 Morgan, 1970, S. xv.
14 Malcolm X, 1966, S. 369.
15 Sara Evans, *Personal Politics*, 1979, S. 227 f.
16 Der Brief von der Johns Hopkins University ist wörtlich zitiert; »Louise Friedrichs« hat eine Kopie aufbewahrt.
17 Kluegel und Smith, 1979.

18 Wikler, 1973.
19 Siehe Oppenheimer, 1975, und Tavris und Wade, 1984, Kapitel 7.
20 Siehe Guttentag und Secord, 1983.
21 Johnson, 1981, S. 52.
22 Eine Analyse der Autobiographien von Morgan, Bryant und Stapleton findet sich in Dworkin, 1979.
23 Kaplow, 1973, S. 38f.
24 Morgan, 1970, S. xv.
25 Johnson, 1981, S. 52f.
26 John Leonards Begriff »Thermostat für geistige Gesundheit« stammt aus seinem Artikel »Private Lives« in *The New York Times*, 17. Mai 1978.
27 Persönliche Mitteilung von Ernest Harburg.
28 O'Reilly, 1980, S. xiv.
29 Sears and Huddy, 1989.
30 Beth Schneiders Aufsatz »Feminist Disclaimers, Stigma, and the Contemporary Women's Movement« ist erhältlich bei Dr. Schneider im Department of Sociology, University of California at Santa Barbara.
31 Ehrenreich, 1984.
32 Farrell, 1986.
33 Strouts Kommentar wurde zitiert in *The New York Times Book Review*, 11. November 1979, S. 7.
34 Bonime, 1976, S. 10.

Kapitel 10: Vom neuen Umgang mit Wut

1 Deffenbacher, 1988.
2 Siehe Novaco, 1975, 1985.
3 Von der Therapie für Busfahrer wurde in *The New York Times*, 1. Februar 1981, berichtet.
4 Deffenbacher, 1988. Siehe auch Biaggio, 1987.
5 Zum Humor in der Psychotherapie siehe Fry und Salameh, 1987, die ein ganzes Handbuch über Versuche, Humor zu integrieren, herausgebracht haben. (Es ist allerdings kein sehr witziges Buch.) Siehe auch Ronald Smith, 1973, der eine chronisch wütende Frau mit einer »Humortherapie« behandelte. Zu den Auswirkungen von *feindseligem* Humor – er schlägt zurück – siehe Baron, 1977.
6 Interview von Michiko Kakutani, »Milan Kundera: A Man Who Cannot Forget«, *The New York Times*, 18. Januar 1982.
7 Material aus eigenem Interview.
8 Wallersteins Untersuchung wird ausführlich in Wallerstein und Blakeslee, 1992, beschrieben. Zitat S. 167f.
9 Ebd., S. 168.
10 Ebd., S. 218.
11 Material aus eigenem Interview. Zu Bindung und Scheidung siehe auch W. Berman, 1988.
12 Siehe Brown, 1976; Brown, Perry und Harburg, 1977.
13 Material aus eigenem Interview.
14 Patterson, 1985, 1986. Das Zitat stammt aus seinem Artikel von 1986, S. 442.

15 Lochman, 1984, 1988. Zum Selbstbeherrschungstraining siehe auch Feindler, 1989; Feindler and Ecton, 1986.
16 Die Bedeutung des Einfühlungsvermögens für die Verringerung von Wut ist ausgiebig belegt. Siehe zum Beispiel Miller and Eisenberg, 1988; Feshbach, 1983, und Feshbach et al., 1983; Hoffman, 1987.
17 Für weitere Informationen zum *Aggression Replacement Training* siehe Arnold Goldstein, 1988; Glick and Goldstein, 1987. Die Buchfassung ihrer Arbeit ist Goldstein and Glick, 1987.
18 Siehe Baumrind, 1973.
19 *The Los Angeles Times*, 22. Dezember 1988.
20 Noriko Sawada, »Memoir of a Japanese Daughter«, *Ms.*, April 1980, S. 68 und 110.
21 Nancy Mairs, *Plaintext*, New York, 1986, S. 20.
22 Siehe Flach, 1988, und Segal, 1986.
23 Material aus eigenem Interview.
24 Persönliche Mitteilung der Psychotherapeutin Mitch Messer.

Bibliographie

Allen, Jon G. und Dorothy Haccoun, »Sex Differences in Emotionality.« *Human Relations* 29, 1976, S. 711–722.

Alloy, Lauren, Lyn Abramson, Gerald Metalsky und Shirley Hartlage, »The Hopenessness Theory of Depression: Attributional Aspects.« *British Journal of Clinical Psychology* 27, 1988, S. 5–21.

Arieti, Silvano, *The Intrapsychic Self.* New York 1967.

Averill, James R., »Anger.« In H. Howe und R. Dienstbier (Hg.), *Nebraska Symposium on Motivation*, 1978, Bd. 26. Lincoln 1979.

Averill, James R., *Anger and Aggression.* New York 1982.

Averill, James R., »Emotion and Anxiety: Sociocultural, Biological, and Psychological Determinants.« In M. Zukerman and C. D. Spielberger (Hg.), *Emotions and Anxiety*. New York 1976.

Averill, James R., Gary W. DeWitt und Michael Zimmer, »The Self-Attribution of Emotion as a Function of Success and Failure.« *Journal of Personality* 46, 1978, S. 323–347.

Averill, James R., Edward M. Opton jr. und Richard S. Lazarus, »Cross-Cultural Studies of Psychophysiological Responses During Stress and Emotion.« *International Journal of Psychology* 4, 1969, S. 83–102.

Ax, Albert F., »The Physiological Differentiation Between Fear and Anger in Humans.« *Psychosomatic Medicine* 15, 1953, S. 433–442.

Bach, George R. und Herb Goldberg, *Creative Aggression.* Garden City, N.Y., 1974.

Baer, Jean. *How to Be an Assertive (Not Aggressive) Woman in Life, in Love, and on the Job*. New York 1976.

Baer, Paul E., Forrest Collins, Gleb Bourianoff und Marta Ketchel, »Assessing Personality Factors in Essential Hypertension with a Brief Self-Report Instrument.« *Psychosomatic Medicine* 41, 1979, S. 321–330.

Bandura, Albert, »Learning and Behavioral Theories of Aggression.« In I. L. Kutash u. a. (Hg.), *Violence*. San Francisco 1978.

Bandura, Albert, N. E. Adams und J. Beyer, »Cognitive Processes Mediating Behavior Change.« *Journal of Personality and Social Psychology* 35, 1977, S. 125–139.

Baron, Robert A., *Human Aggression.* New York 1977.

Bateson, Gregory, »The Frustration-Aggression Hypothesis and Culture.« *Psychological Review* 48, 1941, S. 350–355.

Baum, Andrew und Yakov M. Epstein, *Human Response to Crowding*. Hillsdale, N.J., 1978.

Baum, Andrew, Jerome E. Singer und Carlene Baum, »Stress and the Environment.« *The Journal of Social Issues* 37, 1981, S. 4–36.

Baumrind, Diana, »The Development of Instrumental Competence Through Socialization.« In A. D. Pick (Hg.), *Minnesota Symposium on Child Psychology*, Bd. 7. Minneapolis 1973.

Beck, Aaron T., *Wahrnehmung der Wirklichkeit und Neurose. Kognitive Psychotherapie emotionaler Störungen*. München 1979.

Beck, Aaron T., *Love Is Never Enough: How Couples Can Overcome Misunderstandings, Resolve Conflicts, and Solve Relationship Problems through Cognitive Therapy*. New York 1988.

Bennett, William und Joel Gurin, *Vom Sinn und Unsinn der Diätkuren*. München 1983.

Berkman, Lisa und Margo MacLeod, »Coronary Heart Disease: An Epidemiologic Paradox.« Bericht für die American Psychological Association, New York 1979.

Berkowitz, Leonhard, »The Case for Bottling Up Rage.« *Psychology Today* 7, July 1973, S. 24–31.

Berkowitz, Leonhard, »Do We Have to Believe We Are Angry with Someone in Order to Display ›Angry‹ Aggression Toward That Person?« In L. Berkowitz (Hg.), *Cognitive Theories in Social Psychology*. New York 1978.

Berkowitz, Leonhard, »Experimental Investigations of Hostility Catharsis.« *Journal of Consulting and Clinical Psychology* 35, 1970, S. 1–7.

Berkowitz, Leonhard, »The Frustration-Aggression Hypothesis Revisited.« In L. Berkowitz, *Roots of Aggression*. New York 1969.

Berman, Allen, »Neuropsychological Aspects of Violent Behavior.« Bericht für die American Psychological Association, Toronto, 1978.

Berman, William, »The Role of Attachment in the Post-Divorce Experience.« *Journal of Personality and Social Psychology* 54, 1988, S. 496–503.

Bernard, Jessie, *The Future of Marriage*. New York 1973.

Bernardez-Bonesatti, Teresa, »Women and Anger: Conflicts with Aggression in Contemporary Women.« *Journal of the American Medical Women's Association* 33, 1978, S. 215–219.

Biaggio, Mary Kay, »Anger Arousal and Personality Characteristics.« *Journal of Personality and Social Psychology* 39, 1980, S. 352–356.

Biaggio, Mary Kay, »Clinical Dimensions of Anger Management.« *American Journal of Psychotherapy* 41, 1987, S. 417–427.

Biaggio, Mary Kay, »Sex Differences in Anger: Are They Real?« Bericht für die American Psychological Association, Atlanta, Georgia, 1988.

Bland, Jeffrey, »The Junk-Food Syndrome.« *Psychology Today*, January 1982, S. 92.

Bohart, Arthur C., »Toward a Cognitive Theory of Catharsis.« *Psychotherapy: Theory, Research, and Practice* 17, 1980, S. 192–201.

Bonime, Walter, »Anger as a Basis for a Sense of Self.« *Journal of the American Academy of Psychoanalysis* 4, 1976, S. 7–12.

Boyd, Doug, *Rolling Thunder*. München 1981.

Bowlby, John, *Attachment and Loss*, Bd. 2. New York 1973 (z.T. deutsch in Bowlby, *Trennung, Psychologische Schäden als Folge der Trennung von Mutter und Kind.* Frankfurt/Main 1976).

Bowlby, John, *A Secure Base: Parent-Child Attachment and Healthy Human Development.* New York 1988.

Brady, Joseph V., »Toward a Behavioral Biology of Emotion.« In L. Levi (Hg.), *Emotions: Their Parameters and Measurement.* New York 1975.

Breuer, Josef und Sigmund Freud, *Studien über Hysterie.* Frankfurt/Main 1970.

Briggs, Jean, *Never in Anger: Portrait of an Eskimo Family.* Cambridge, Mass., 1970.

Brown, George W. und Tirril Harris, *Social Origins of Depression.* Riverside, N.J., 1978.

Brown, J. S. und C. R. Crowell, »Alcohol and Conflict Resolution: A Theoretical Analysis.« *Quarterly Journal of Studies on Alcohol* 35, 1974, S. 66–85.

Brown, Jonathon D. und Judith M. Siegel, »Attributions for Negative Life Events and Depression: The Role of Perceived Control.« *Journal of Personality and Social Psychology* 54, 1988, S. 316–322.

Brown, Prudence, »Psychological Distress and Personal Growth Among Women Coping with Marital Dissolution.« Dissertation, University of Michigan 1976.

Brown, Prudence, Lorraine Perry und Ernst Harburg, »Sex Role Attitudes and Psychological Outcomes for Black and White Women Experiencing Marital Dissolution.« *Journal of Marriage and the Family*, 1977, S. 349–561.

Bruch, Hilde, *Eating Disorders.* New York 1973.

Bryant, Jennings und Dolf Zillmann, »Sports Violence and the Media.« In J. Goldstein (Hg.), *Sports Violence.* New York 1983.

Burns, David, *Angstfrei mit Depressionen umgehen.* Pfungstadt 1983.

Buss, Arnold H., »Aggression Pays.« In J. L. Singer (Hg.), *The Control of Aggression and Violence: Cognitive and Psychological Factors.* New York 1971.

Buss, Arnold H., »Instrumentality of Aggression Feedback and Frustration as Determinants of Physical Aggression.« *Journal of Personality and Social Psychology* 3, 1966, S. 153–162.

Buss, Arnold H. und Robert A. Plomin, *A Temperament Theory of Personality Development.* London 1975.

Campbell, Anne und Steven Muncer, »Models of Anger and Aggression in the Social Talk of Women and Men.« *Journal for the Theory of Social Behaviour* 17, 1987, S. 489–511.

Cancian, Francesca M. und Steven Gordon, »Changing Emotion Norms in Marriage: Love and Anger in U.S. Women's Magazines Since 1900.« *Gender & Society* 2, 1988, S. 308–342.

Cannon, Walter B., *Bodily Changes in Pain, Hunger, Fear, and Anger.* New York 1915.

Carr, John E. und Eng Kong Tan, »In Search of the True Amok: Amok as Viewed Within Malay Culture.« *American Journal of Psychiatry* 133, 1976, S. 1295–1299.

Carroll, Lewis, *Alice in Wonderland. Through the Looking Glass.*

Chesney, Margaret und Ray H. Rosenman (Hg.), *Anger and Hostility in Cardiovascular and Behavioral Disorders.* Washington 1985.

Chwalisz, Kathleen, Ed Diener und Dennis Gallagher, »Autonomic Arousal Feedback and Emotional Experience: Evidence from the Spinal Cord Injured.« *Journal of Personality and Social Psychology* 54, 1988, S. 820–828.

Cline-Naffziger, Claudeen, »Women's Lives and Frustration, Oppression and Anger: Some Alternatives.« *Journal of Counseling Psychology* 21, 1974, S. 51–56.

Cochrane, R., »Hostility and Neuroticism Among Unrelated Essential Hypertensives.« *Journal of Psychosomatic Research* 17, 1973, S. 215–218.

Cohen, Sheldon, »Sound Effects on Behavior.« *Psychology Today*, Oktober 1981, S. 38–50.

Cohen, Sheldon und Neil Weinstein, »Nonauditory Effects of Noise on Behavior and Health.« *The Journal of Social Issues* 37, 1981, S. 36–71.

Critchlow, Barbara, »The Powers of John Barleycorn: Beliefs about the Effects of Alcohol on Social Behavior.« *American Psychologist* 41, 1986, S. 751–764.

Crosby, Faye, »A Model of Egoistical Relative Deprivation.« *Psychological Review* 83, 1976, S. 85–113.

Crosby, Faye, *Relative Deprivation and Working Women*. New York 1982.

Danesh, Hossain B., »Anger and Fear.« *American Journal of Psychiatry* 134, 1977, S. 1109–1112.

Daniels, David N., Marshall F. Gilula und Frank M. Ochberg (Hg.), *Violence and the Struggle for Existence*. Boston 1970.

Darwin, Charles, *Der Ausdruck der Gefühle bei Mensch und Tier*. Neu herausgegeben, ausgewählt und kommentiert von Ulrich Beer, Düsseldorf 1964.

Darwin, Charles, *Die Abstammung des Menschen*. Durchgesehen und eingeleitet von Gerhard Heberer, Göttingen/Stuttgart 1966.

Davidson, Richard J., »Affect, Cognition, and Hemispheric Specialization.« In C. E. Izard, J. Kagan und R. B. Zajonc (Hg.), *Emotions, Cognition, and Behavior*. Cambridge 1984.

Davidson, Richard J., »Thinking About Feeling: Cerebral Asymmetry and the Nature of Emotion.« Bericht für die American Psychological Association, Washington, D. C., 1986.

Deffenbacher, Jerry L., »Cognitive-Behavioral Approaches to Anger Reduction: Some Treatment Considerations,« und »A Cognitive-Relaxation Approach to Anger Reduction: A Treatment Outline.« Berichte für die American Psychological Association, Atlanta, Georgia, 1988a.

Deffenbacher, Jerry L., »Cognitive-Relaxation and Social Skills Treatments of Anger: A Year Later.« *Journal of Counseling Psychology* 35, 1988b, S. 234–236.

Dembroski, Theodore M. und Paul T. Costa jr., »Assessment of Coronary-Prone Behavior.« *Annals of Behavioral Medicine* 10, 1988, S. 60–63.

Dentan, Robert Knox, »Notes on Childhood in a Nonviolent Context: The Semai Case.« In A. Montagu (Hg.), *Learning Non-Aggression*. New York 1978.

Dentan, Robert Knox, *The Semai*. New York 1968.

De Rivera, Joseph, »A Structural Theory of the Emotions.« *Psychological Issues* X(4), monograph 40. New York 1977.

Doi, L. T., »Amae: A Key Concept for Understanding Japanese Personality Structure.« In R. J. Smith und R. K. Beardsley (Hg.), *Japanese Culture*. Chicago 1962.

Doi, L. T., *The Anatomy of Dependence*. Tokyo 1973.

Dollard, John u. a., *Frustration und Aggression*, Weinheim 1970.

Donnerstein, Edward, M. Donnerstein und R. Evans, »Erotic Stimuli and Aggression.« *Journal of Personality and Social Psychology* 32, 1975, S. 237–244.

Donnerstein, Edward und John Hallam, »Facilitating Effects of Erotica on Aggression Against Women.« *Journal of Personality and Social Psychology* 36, 1978, S. 1270–1277.

Donnerstein, Edward und David W. Wilson, »Effects of Noise and Perceived Control on Ongoing and Subsequent Aggressive Behavior.« *Journal of Personality and Social Psychology* 34, 1976, S. 744–781.

Donovan, Dennis und Michael O'Leary, »Comparison of Perceived and Experienced Control among Alcoholics and Nonalcoholics.« *Journal of Abnormal Psychology* 84, 1975, S. 726–728.

Draper, Patricia, »The Learning Environment for Aggression and Anti-Social Behavior among the !Kung.« In A. Montagu (Hg.), *Learning Non-Aggression*. New York 1978.

Draper, Patricia, »Social and Economic Constraints on Child Life among the !Kung.« In R. B. Lee und I. DeVore (Hg.), *Kalahari Hunter-Gatherers: Studies of the !Kung San and Their Neighbors*. Cambridge, Mass. 1976.

Dworkin, Andrea, »Safety, Shelter, Rules, Form, Love: The Promise of the Ultra-Right.« *Ms.*, June 1979, S. 62–64,/69 ff.

Ebbesen, Ebbe, Birt Duncan und Vladimir Konečni, »Effects of Content of Verbal Aggression on Future Verbal Aggression: A Field Experiment.« *Journal of Experimental Social Psychology* 11, 1975, S. 192–204.

Ehrenreich, Barbara, *Die Herzen der Männer: Auf der Suche nach einer neuen Rolle*. Reinbek bei Hamburg 1984.

Ekman, Paul, *The Face of Man*. New York 1980.

Ekman, Paul, Wallace V. Friesen und Sonia Ancoli, »Facial Signs of Emotional Experience.« *Journal of Personality and Social Psychology* 39, 1980, S. 1125–1134.

Ekman, Paul, Wallace V. Friesen, Maureen O'Sullivan u. a., »Universals and Cultural Differences in the Judgments of Facial Expression of Emotion.« *Journal of Personality and Social Psychology* 53, 1987, S. 712–717.

Elliott, Frank A., »The Neurology of Explosive Rage: The Dyscontrol Syndrome.« *The Practitioner* 217, July 1976, S. 51–60.

Elliott, Robert C., *The Power of Satire*. Princeton, N. J., 1960.

Ellis, Albert, *How to Live With and Without Anger*. New York 1977.

Ellis, Albert, »Techniques of Handling Anger in Marriage.« *Journal of Marriage and Family Counseling* 2, 1976, S. 305–315.

Epstein, Seymour, »The Ecological Study of Emotions in Humans.« In P. Pliner, K. R. Blankstein und I. M. Spigel (Hg.), *Perception of Emotion in Self and Others*. New York 1979.

Epstein, Yakov M., »Crowding Stress and Human Behavior.« *The Journal of Social Issues* 37, 1981, S. 126–145.

Evans, D. R. und M. T. Hearn, »Anger and Systematic Desensitization.« *Psychological Reports* 32, 1973, S. 569–570.

Evans, D. R., M. T. Hearn und D. Saklofske, »Anger, Arousal and Systematic Desensitization.« *Psychological Reports* 32, 1973, S. 625–626.

Evans, Sara, *Personal Politics: The Roots of Women's Liberation in the Civil Rights Movement and the New Left.* New York 1979.

Farb, Peter, *Word Play: What Happens When People Talk.* New York 1975.

Farrell, Warren, *Why Men Are the Way They Are.* New York 1986.

Feindler, Eva L., »Adolescent Anger Control: Review and Critique.« In M. Hersen, R. M. Eisler und P. M. Miller (Hg.), *Progress in Behavior Modification.* Newbury Park, Ca. 1989.

Feindler, Eva L. und Randolph B. Ecton, *Adolescent Anger Control: Cognitive-Behavioral Techniques.* Elmsford, N. Y., 1986.

Feshbach, Norma, »Learning to Care: A Positive Approach to Child Training and Discipline.« *Journal of Clinical Child Psychology* 12, 1983, S. 266–271.

Feshbach, Norma, Seymour Feshbach, Mary Fauvre und Michael Ballard-Campbell, *Learning to Care: A Curriculum for Affective and Social Development.* Glenview, Ill., 1983.

Feshbach Seymour, »The Catharsis Hypothesis and Some Consequences of Interaction with Aggression and Neutral Play Objects.« *Journal of Personality* 24, 1956, S. 449–462.

Fitz, Don, »Anger Expression of Women and Men in Five Natural Locations.« Bericht für die American Psychological Association, New York 1979a.

Fitz, Don, »Anger of Women and Men: An Interview Study of Behavior in Natural Settings.« Bericht für die American Psychological Association, New York 1979b.

Fitz, Don und Maureen Findley, »Anger Between Women and Men: Effects of Four Counteraggression Strategies.« Bericht für die American Psychological Association, New York 1979.

Fitz, Don, S. Marwit, S. Gerstenzang und J. Hickman, »Anger Between Intimates: An Experimental Study of Aggression-Reduction Strategies.« Bericht für die Midwestern Psychological Association, Chicago 1979.

Fixsen, D. u.a., »The Boys Town Revolution.« *Human Nature* 1, November 1978, S. 54–61.

Flach, Frederic, *Resilience.* New York 1988.

Foster, Randall und Donald F. Lomas. »Anger, Disability and Demands in the Family.« *American Joural of Orthopsychatry* 48, 1978, S. 228–235.

Frankenhaeuser, Marianne, »Experimental Approaches to the Study of Catecholamines and Emotion.« In L. Levi (Hg.), *Emotions: Their Parameters and Measurement.* New York 1975.

Frankenhaeuser, Marianne, »Sex Differences in Reactions to Psychosocial Stressors and Psychoactive Drugs.« In L. Levi (Hg.), *Society, Stress and Disease*, Bd. 3. New York 1978.

Frankenhaeuser, Marianne, E. Dunne, H. Bjurström und U. Lundberg, »Counteracting Depressant Effects of Alcohol by Psychological Stress.« *Psychopharmacologica* 38, 1974, S. 271–278.

Freedman, Daniel G., »Ethnic Differences in Babies.« *Human Nature* 2, January 1979a, S. 36–43.

Freedman, Daniel G., *Human Sociobiology*. Riverside, N.J., 1979b.

Freud, Sigmund, *Vorlesungen zur Einführung in die Psychoanalyse*. In: Studienausgabe Bd. 1, Frankfurt/Main 1982.

Freud, Sigmund, *Das Ich und das Es*. In: Studienausgabe Bd. III, Frankfurt/Main 1982.

Friedman, Howard S. und Stephanie Booth-Kewley, »The ›Disease-Prone Personality‹: A Meta-Analytic View of the Construct.« *American Psychologist* 42, 1987a, S. 539–555.

Friedman, Howard S. und Stephanie Booth-Kewley, »Personality, Type A Behavior, and Coronary Heart Disease: The Role of Emotional Expression.« *Journal of Personality and Social Psychology* 53, 1987b, S. 783–792.

Frijda, Nico H., *The Emotions*. Cambridge 1986.

Frodi, Ann, »Effects of Varying Explanations Given for a Provocation on Subsequent Hostility.« *Psychological Reports* 38, April 1976, S. 659ff.

Frodi, Ann, »Sex Differences in Perception of a Provocation: A Survey.« *Perceptual and Motor Skills* 44, 1977, S. 113–114.

Frodi, Ann u.a., »Father's and Mother's Responses to the Faces and Cries of Normal and Premature Infants.« *Developmental Psychology* 14, 1978, S. 490–498.

Frodi, Ann, Jacqueline Macaulay und Pauline Thome. »Are Women Always Less Aggressive Than Men? A Review of the Literature. « *Psychological Bulletin* 84, 1977, S. 634–660.

Frost, Wm. Douglas und James R. Averill. »Sex Differences in the Everyday Experience of Anger.« Bericht für die Eastern Psychological Association, Washington, D.C., 1978. (Vgl. Averill, 1982.)

Fry, William jr. und Waleed Salameh (Hg.), *Handbook of Humor and Psychotherapy*. Sarasota, Florida, 1987.

Funkenstein, Daniel H., Stanley H. King und Margaret E. Drolette, *Mastery of Stress*. Cambridge, Mass., 1957.

Gaines, T., P. Kirwin und W. Gentry. »The Effect of Descriptive Anger Expression, Insult, and No Feedback on Interpersonal Aggression, Hostility, and Empathy Motivation.« *Genetic Psychology Monograph* 95, 1977, S. 349–367.

Gandhi, Mahatma, *Mein Leben*. Herausgegeben von C. F. Andrews. Frankfurt/Main 1983.

Gates, G. S., »An Observational Study of Anger.« *Journal of Experimental Psychology* 9, 1926, S. 325–331.

Geen, Russell, David Stonner und Gary Shope. »The Facilitation of Aggression by Aggression: Evidence Against the Catharsis Hypothesis.« *Journal of Personality and Social Psychology* 13, 1975, S. 721–726.

Gelles, Richard J., *Family Violence*. Beverly Hills, Calif., 1979a.

Gelles, Richard J., »The Myth of Battered Husbands.« *Ms.*, October 1979b, S. 65–73.

Gibbs, E. L. und F. A. Gibbs, »Electroencephalographic Evidence of Thalamic and Hypothalamic Epilepsy.« *Neurology* 1, 1951, S. 136–144.

Glick, Barry und Arnold P. Goldstein, »Aggression Replacement Training.« *Journal of Counseling and Development* 65, 1987, S. 356–362.

Goldberg, Herb, *Der verunsicherte Mann: Wege zu einer neuen Identität aus psychotherapeutischer Sicht.* Reinbek bei Hamburg 1979.

Goldstein, Arnold P., »Aggression Reduction: Some Vital Steps.« In J. Groebel und R. Hinde (Hg.), *Aggression and War.* Cambridge 1988.

Goldstein, Arnold P. und Barry Glick, *Aggression Replacement Training.* Champaign, Ill., 1987.

Goldstein, Jeffrey H. (Hg.), *Sports Violence.* New York 1983.

Goldstein, Michael J., »The Family and Psychopathology.« *American Review of Psychology* 39, 1988, S. 283–299.

Goodenough, Florence L., *Anger in Young Children.* Minneapolis 1931.

Gordon, Steven L., »The Sociology of Sentiments and Emotion.« In M. K. Rosenberg und R. H. Turner (Hg.), *Social Psychology.* New York 1981.

Greenblat, Cathy S., »Physical Force by Any Other Name...« Bericht für die National Conference for Family Violence, Durham, New Hampshire, 1981.

Greenwald, Anthony G., »The Totalitarian Ego: Fabrication and Revision of Personal History.« *American Psychologist* 35, 1980, S. 603–618.

Greenwell, J. und H. A. Dengerink. »The Role of Perceived Versus Actual Attack in Human Physical Aggression.« *Journal of Personality and Social Psychology* 26, 1973, S. 66–71.

Groen, J. J., »The Measurement of Emotion and Arousal in the Clinical Psychological Laboratory and in Medical Practice.« In L. Levi (Hg.), *Emotions: Their Parameters and Measurement.* New York 1975.

Guttentag, Marcia und Paul Secord, *Too Many Women?* Beverly Hills, Ca., 1983.

Guttmann, Allen, *Sports Spectators.* New York, 1986.

Halas, Celia, *Why Can't a Women Be More Like a Man?* New York 1981.

Hall, Edward T., *Beyond Culture.* Garden City, N.Y., 1976.

Hall, G. Stanley, »A Study of Anger.« *American Journal of Psychology* 10, 1899, S. 516–591.

Hamburg, David A., Beatrix A. Hamburg und Jack D. Barchas, »Anger and Depression in Perspective of Behavioral Biology.« In L. Levi, *Emotions: Their Parameters and Measurement.* New York 1975.

Harburg, Ernest, Edwin H. Blakelock und Peter J. Roeper, »Resentful and Reflective Coping with Arbitrary Authority and Blood Pressure.« *Psychosomatic Medicine* 41, 1979, S. 189–202.

Harburg, Ernest, John Erfurt und Louise Hauenstein u. a., »Socio-Ecological Stress, Suppressed Hostility, Skin Color, and Black-White Male Blood Pressure.« *Psychosomatic Medicine* 35, 1973, S. 276–296.

Harris, M. und L. Huang. »Aggression and the Attribution Process.« *Journal of Social Psychology* 92, 1974, S. 209–216.

Harris, V. A. und E. S. Katkin, »Primary and Secondary Emotional Behavior: An Analysis of the Role of Automatic Feedback on Affect, Arousal, and Attribution.« *Psychological Bulletin* 82, 1975, S. 904–916.

Hauenstein, Louise, Stanislav Kasl und Ernest Harburg, »Work Status, Work Satisfaction and Blood Pressure among Married Black and White Women.« *Psychology of Women Quarterly* 1, 1977, S. 334–349.

Haynes, Suzanne G. und Manning Feinleib, »Women, Work and Coronary Heart Disease: Prospective Findings from the Framingham Heart Study.« *American Journal of Public Health* 70, 1980, S. 133–141.

Haynes, Suzanne G., Manning Feinleib und William B. Kannel, »The Relationship of Psychosocial Factors to Coronary Heart Disease in the Framingham Study III: Eight Year Incidence of Coronary Heart Disease.« *American Journal of Epidemiology* 1980, S. 111.

Hearn, M. T. und D. R. Evans, »Anger and Reciprocal Inhibition Therapy.« *Psychological Reports* 30, 1972, S. 943–948.

Higgins, Raymond L. und C. R. Snyder, »Excuses Gone Awry: An Analysis of Self-Defeating Excuses.« In R. C. Curtis (Hg.), *Self-Defeating Behaviors: Experimental Research and Practical Implications.* New York 1992.

Hoffmann, Martin L., »The Contribution of Empathy to Justice and Moral Judgment.« In N. Eisenberg und J. Strayer (Hg.), *Empathy and Its Development.* New York 1987.

Hokanson, Jack E., »Psychophysiological Evaluation of the Catharsis Hypothesis.« In E. I. Megargee und J. E. Hokanson (Hg.), *The Dynamics of Aggression.* New York 1970.

Hokanson, Jack E. und Michael Burgess, »The Effects of Status, Type of Frustration and Aggression on Vascular Processes.« *Journal of Abnormal and Social Psychology* 65, 1962a, S. 232–237.

Hokanson, Jack E. und Michael Burgess, »The Effects of Three Types of Aggression on Vascular Processes.« *Journal of Abnormal and Social Psychology* 64, 1962b, S. 446–449.

Hokanson, Jack E. und Sanford Shetler, »The Effect of Overt Aggression on Physiological Arousal Level.« *Journal of Abnormal and Social Psychology* 63, 1961, S. 446–448.

Hokanson, Jack E., K. R. Willers und Elizabeth Koropsak, »The Modification of Autonomic Responses During Aggressive Interchange.« *Journal of Personality* 36, 1968, S. 386–404.

Hollan, Douglas, »Staying ›Cool‹ in Toraja: Informal Strategies for the Management of Anger and Hostility in a Nonviolent Society.« *Ethos* 16, 1988, S. 52–72.

Holmberg, Allan R., *Nomads of the Long Bow: The Siriono of Eastern Bolivia.* Garden City, N.Y., 1969.

Holmes, D. P. und J. J. Horan, »Anger Induction in Assertion Training.« *Journal of Counseling Psychology* 23, 1976, S. 108–111.

Homer, *Ilias.* Frankfurt/Main 1988.

Hunt, J. McVicker u.a., »Situational Cues Distinguishing Anger, Fear, and Sorrow.« *American Journal of Psychology* 71, 1958, S. 136–151.

Hupka, Ralph, »Cultural Determinants of Jealousy.« *Alternative Life Styles* 4, August 1981, S. 310–356.

Izard, Carroll E., »Emotion-Cognition Relationships and Human Development.« In C. E. Izard, J. Kagan und R. B. Zajonc (Hg.), *Emotions, Cognition, and Behavior.* Cambridge 1984.

Izard, Carroll E., »The Structure and Functions of Human Emotions.« Bericht für die American Psychological Association, Atlanta, Georgia, 1988.

James, Sherman A. und David G. Kleinbaum, »Socioecologic Stress and Hypertension Related Mortality Rates in North Carolina.« *American Journal of Public Health* 66, 1976, S. 354–358.

Johnson, Sonia, »The Woman Who Talked Back to God.« *Ms.*, November 1981, S. 51–54ff. Excerpted from her book *From Housewife to Heretic* (New York 1981).

Julius, Stevo, Robert Schneider und Brent Egan, »Suppressed Anger in Hypertension: Facts and Problems.« In M. Chesney und R. Rosenman (Hg.), *Anger and Hostility in Cardiovascular and Behavioral Disorders.* Washington 1985.

Kagan, Jerome, »The Baby's Elastic Mind.« *Human Nature* 1, January 1978, S. 66–73.

Kagan, Jerome, *The Nature of the Child.* New York 1984.

Kahn, Michael, »The Psychology of Catharsis.« *Journal of Personality and Social Psychology* 3, 1966, S. 278–286.

Kaplan, Robert, »The Cathartic Value of Self-Expression: Testing Catharsis, Dissonance, and Interference Explanations.« *Journal of Social Psychology* 97, 1975, S. 195–208.

Kaplow, Susi, »Getting Angry.« In A. Koedt, E. Levine und A. Rapone (Hg.), *Radical Feminism.* New York 1973.

Kinsey, Alfred, *Das sexuelle Verhalten der Frau.* Frankfurt/Main 1970.

Kleinman, Arthur, *Rethinking Psychiatry: From Cultural Category to Personal Experience.* New York 1988.

Kluegel, James R. und Eliot R. Smith, »The Organization of Stratification Beliefs.« Bericht für die American Sociological Association, Boston 1979.

Koch-Sheras, Phyllis R., »Dealing with Past Hurts in Relationships: Issues in Marital and Family Therapy.« Bericht für die Psychological Association, Toronto 1978.

Kolata, Gina B., »The Truth About Hypoglycemia.« *Ms.*, November 1979, S. 26–30.

Konečni, Vladimir, »Annoyance, Type and Duration of Postannoyance Activity, and Aggression: The ›Cathartic Effect.‹« *Journal of Experimental Psychology* 104, 1975a, S. 76–102.

Konečni, Vladimir, »The Mediation of Aggressive Behavior: Arousal Level Versus Anger and Cognitive Labeling.« *Journal of Personality and Social Psychology* 32, 1975b, S. 706–712.

Konečni, Vladimir und Ebbe B. Ebbesen, »Disinhibition Versus the Cathartic Effect.« *Journal of Personality and Social Psychology* 34, 1976, S. 352–365.

Kutash, Irwin L. u.a., *Violence: Perspectives on Murder and Aggression.* San Francisco 1978.

Kutash, Samuel B., »Psychoanalytic Theories of Aggression.« In I. L. Kutash u.a., *Violence.* San Francisco 1978.

LaBarre, Weston, »The Cultural Bases of Emotions and Gestures.« *Journal of Personality* 16, 1947, S. 49–68.

Laird, J. D., »Self-Attribution of Emotion: The Effects of Expressive Behavior on the Quality of Emotional Experience.« *Journal of Personality and Social Psychology* 29, 1974, S. 475–486.

Larsen, Randy J., Ed Diener und Russell Cropanzano, »Cognitive Operations Associated with Individual Differences in Affect Intensity.« *Journal of Personality and Social Psychology* 53, 1987, S. 767–774.

Lazarus, R. S., J. R. Averill und E. M. Opton jr., »Toward a Cognitive Theory of Emotion.« In Magda Arnold (Hg.), *Feelings and Emotions.* New York 1970.

Lazarus, R. S., M. Tomita, E. Opton jr. und M. Kodama. »A Cross-Cultural Study of Stress-Reaction Patterns in Japan.« *Journal of Personality and Social Psychology* 4, 1966, S. 622–633.

Lebra, Takie Sugiyama, *Japanese Patterns of Behavior.* Honolulu: Social Science Research Institute (University of Hawaii), 1976.

Lee, Richard B. und Irven DeVore (Hg.), *Kalahari Hunter-Gatherers: Studies of the !Kung-san and Their Neighbors.* Cambridge, Mass. 1976.

Lerner, Harriet, »Internal Prohibitions Against Female Anger.« *American Journal of Psychoanalysis* 40, 1980, S. 137–148.

Lerner, Harriet Goldhor, »The Challenge of Change.« In C. Tavris (Hg.), *Every Woman's Emotional Well-Being.* New York 1986.

Lerner, Harriet Goldhor. *Wohin mit meiner Wut?* Zürich 1987.

Lerner, Melvin J., *The Belief in a Just World.* New York 1980.

Leventhal, Howard, »Wrongheaded Ideas about Illness.« *Psychology Today*, January 1982, S. 48–55, 73.

Levi, Lennart, *Society, Stress and Disease*, Bd. 3. New York 1978.

Levy, Robert I., »Tahitian Gentleness and Redundant Controls.« In A. Montagu (Hg.), *Learning Non-Aggression.* New York 1978.

Levy, Robert I., *Tahitians.* Chicago 1973.

Lewis, Dorothy Otnow (Hg.), *Vulnerabilities to Delinquency.* New York 1981.

Lewis, Janet, *The Trial of Sören Qvist.* Chicago 1947.

Little, Malcolm, *Der schwarze Tribun. Malcolm X. Eine Autobiographie.* Frankfurt/Main 1966.

Lochman, John E., »Cognitive-Behavioral Intervention with Aggressive Boys: Three Year Followup Effects.« Bericht für die American Psychological Association, Atlanta, Georgia, 1988.

Lochman, John E., »Psychological Characteristics and Assessment of Aggressive Adolescents.« In C. R. Keith (Hg.), *The Aggressive Adolescent: Clinical Perspectives.* New York 1984.

Lorenz, Konrad, *Das sogenannte Böse*, München 1984.

Lutz, Catherine A., *Unnatural Emotions.* Chicago 1988.

Lyman, Peter, »The Politics of Anger: On Silence, Ressentiment, and Political Speech.« *Socialist Review*, Spring-Summer 1981, S. 55–74.

Lyman, Stanford M., *The Seven Deadly Sins: Society and Evil.* New York 1978.

McCarthy, John und Bryan Kelly, »Aggression, Performance Variables and Anger Self-Report in Ice Hockey Players.« *Journal of Psychology* 99, 1978, S. 97–101.

McGuinness, Diane und Karl Pribram, »The Neuropsychology of Attention: Emotional and Motivational Controls.« In M. C. Wittrock, *The Brain and Psychology*. New York 1980.

McKellar, Peter, »The Emotion of Anger in the Expression of Human Aggressiveness.« *British Journal of Psychology* 39, 1949, S. 148–155.

McKellar, Peter, »Provocation to Anger and the Development of Attitudes of Hostility.« *British Journal of Psychology* 40, 1950, S. 104–114.

MacLean, Paul D., »The Limbic Brain in Relation to Psychoses«. In P. Black (Hg.), *Psychological Correlates of Emotion*. New York 1970.

MacLean, Paul D., »Phylogenesis.« In P. Knapp (Hg.), *Expression of the Emotions in Man*. New York 1963.

Mace, David, »Marital Intimacy and the Deadly Love-Anger Cycle.« *Journal of Marriage and Family Counseling* 2, 1976, S. 131–137.

Mallick, Shahbaz Khan und Boyd R. McCandless, »A Study of Catharsis Aggression.« *Journal of Personality and Social Psychology* 4, 1966, S. 591–596.

Mandler, George, *Mind and Body*. New York 1984.

Margolin, Gayla, »Conjoint Marital Therapy to Enhance Anger Management and Reduce Spouse Abuse.« *The American Journal of Family Therapy* 7, 1979, S. 13–23.

Mark, Vernon, »Sociobiological Theories of Abnormal Aggression.« In I. L. Kutash (Hg.), *Violence*. San Francisco 1978.

Marlatt, G. Alan und Demaris J. Rohsenow, »The Think-Drink Effect.« *Psychology Today*, December 1981, S. 60–69, 93.

Marlatt, G. Alan, Carole Kosturn und Alan Lang, »Provocation to Anger and Opportunity for Retaliation as Determinants of Alcohol Consumption in Social Drinkers.« *Journal of Abnormal Psychology* 84, 1975, S. 652–659.

Marshall, Gary D. und Philip G. Zimbardo, »Affective Consequences of Inadequately Explained Psychological Arousal.« *Journal of Personality and Social Psychology* 37, 1979, S. 970–989.

Marshall, John R., »The Expression of Feelings.« *Archives of General Psychiatry* 27, 1972, S. 786–790.

Marshall, Lorna, »Sharing, Talking, and Giving: Relief of Social Tensions among the !Kung.« In R. B. Lee und I. DeVore (Hg.), *Kalahari Hunter-Gatherers*. Cambridge, Mass. 1976.

Maslach, Christina, »Negative Emotional Biasing of Unexplained Arousal.« *Journal of Personality and Social Psychology* 37, 1979, S. 953–970.

Matthews, Karen A., »Coronary Heart Disease and Type A Behaviors: Update on and Alternative of the Booth-Kewley and Friedman (1987) Quantitative Review.« *Psychological Bulletin* 104, 1988, S. 373–380.

Matthews, Karen u. a., »Competitive Drive, Pattern-A, and CHD: A Further Analysis of Some Data from the Western Collaborative Group Study.« *Journal of Chronic Diseases* 30, 1977, S. 489–498.

Mead, Margaret, *Mann und Weib*. Reinbek bei Hamburg 1958.

Miller, Jean Baker, *Die Stärke weiblicher Schwäche*. Frankfurt/Main 1989.

Miller, Paul A. und Nancy Eisenberg, »The Relation of Empathy to Aggressive and Externalizing/Antisocial Behavior.« *Psychological Bulletin* 103, 1988, S. 324–344.

Montagu, Ashley, *The Anatomy of Swearing*. New York 1967.

Montagu, Ashley, *Learning Non-Aggression: The Experience of Non-Literate Societies*. New York 1978.

Montaigne, Michel de, *Essais*. Hg. von Ralf R. Wuthenow, Frankfurt/Main 1976.

Moore, Barrington, *Ungerechtigkeit. Die sozialen Ursachen von Unterordnung und Widerstand*. Frankfurt/Main 1982.

Morgan, Robin (Hg.), *Sisterhood Is Powerful*. New York 1970.

Moyer, Kenneth E., *The Physiology of Hostility*. Chicago 1971.

Mueller, C. und Edward Donnerstein, »The Effects of Humor-Induced Arousal upon Aggressive Behavior.« *Journal of Research in Personality* 11, 1977, S. 73–82.

Mueller, Karen und Margie Leidig, »Women's Anger and Feminist Therapy.« Unveröffentlicht, University of Colorado, 1976.

Murray, Edward, »Coping and Anger.« In T. Field, P. McCabe und N. Schneiderman (Hg.), *Stress and Coping*. Hillsdale, N.J. 1985.

Myerhoff, Barbara, *Number Our Days*. New York 1978.

Neiss, Rob, »Reconceptualizing Arousal: Psychobiological States in Motor Performance.« *Psychological Bulletin* 103, 1988, S. 345–366.

Newman, P. L., »›Wild Man‹ Behavior in a New Guinea Highlands Community.« *American Anthropologist* 66, 1960, S. 1–19.

Nichols, Jack, *Men's Liberation*. New York 1975.

Noller, Patricia, »Misunderstandings in Marital Communication: A Study of Couples' Nonverbal Communication.« *Journal of Personality and Social Psychology* 39, 1980, S. 1135–1148.

Novaco, Raymond W., *Anger Control*. Lexington, Mass., 1975

Novaco, Raymond W., »Anger and Its Therapeutic Regulation.« In M. Chesney und R. Rosenman (Hg.), *Anger and Hostility in Cardiovascular and Behaviorial Disorders*. Washington 1985.

Oppenheimer, Valerie, »The Sex Labeling of Jobs.« In M. Mednick, S. Tangri und L. Hoffman (Hg.), *Women and Achievement*. New York 1975.

Pankratz, Loren, Philip Levendusky und Vincent Glaudin, »The Antecedents of Anger in a Sample of College Students.« *Journal of Psychology* 92, 1976, S. 173–178.

Pascale, Richard und Anthony G. Athos, *The Art of Japanese Management*. New York 1981.

Patterson, Gerald R., »A Microsocial Analysis of Anger and Irritable Behavior.« In M. Chesney und R. Rosenman (Hg.), *Anger and Hostility in Cardiovascular and Behavioral Disorders*. Washington 1985.

Patterson, Gerald R., »Performance Models for Aggressive Boys.« *American Psychologist* 41, 1986, S. 432–444.

Pennebaker, James W., »Confiding Traumatic Experiences and Health.« In S. Fisher und J. Reason (Hg.), *Handbook of Life Stress, Cognition and Health*. New York 1988.

Pennebaker, James W., Cheryl F. Hughes und Robin C. O'Heeron, »The Psychophysiology of Confession: Linking Inhibitory and Psychosomatic Processes.« *Journal of Personality and Social Psychology* 52, 1987, S. 781–793.

Pennebaker, James W., Janice Kiecolt-Glaser und Ronald Glaser. »Disclosure of Traumas and Immune Function: Health Implications for Psychotherapy.« *Journal of Consulting and Clinical Psychology* 56, 1988, S. 239–245.

Persky, Harold, »Neuro-Endocrine Determinants of Differences in Hostility and Aggression Between Males and Females.« In L. Levi (Hg.), *Society, Stress and Disease*, Bd. 3. New York 1978.

Pliner, Patricia, Kirk R. Blankstein und Irwin M. Spigel (Hg.), *Perception of Emotion in Self and Others.* New York 1979.

Plutchik, Robert, »Evolutionary Bases of Empathy.« In N. Eisenberg und J. Strayer (Hg.), *Empathy and Its Development.* New York 1987.

Polivy, Janet, »On the Induction of Emotion in the Laboratory.« *Journal of Personality and Social Psychology* 41, 1981, S. 803–817.

Polivy, Janet, Arthur Schueneman und Kathleen Carlson, »Alcohol and Tension Reduction: Cognitive and Psychological Effects.« *Journal of Abnormal Psychology* 85, 1976, S. 595–600.

Pospisil, Leopold, *The Kapauku Papuans of West New Guinea.* New York 1963.

Quanty, Michael B., »Aggression Catharsis.« In R. G. Geen und E. C. O'Neal (Hg.), *Perspectives on Aggression.* New York 1976.

Rioch, David M., »Psychological and Pharmacological Manipulations.« In L. Levi (Hg.), *Emotions: Their Parameters and Measurement.* New York 1975.

Roseman, Marina, »Head, Heart, Odor, and Shadow: The Structure of the Self and the Emotional World.« *Ethos*, in Druck.

Roseman, Marina, *Healing Sounds: Music and Medicine in Temiar Life.* Berkeley, Calif., 1990.

Rosenbaum, Alan und K. Daniel O'Leary, »Marital Violence: Characteristics of Abusive Couples.« *Journal of Consulting and Clinical Psychology* 49, 1981, S. 63–71.

Rosenman, Ray H., »Health Consequences of Anger and Implications for Treatment.« In M. Chesney und R. Rosenman (Hg.), *Anger and Hostility in Cardiovascular and Behavioral Disorders.* Washington 1985.

Rothenberg, Albert, »On Anger.« *American Journal of Psychiatry* 128, 1971, S. 454–460.

Rotter, J., »Duodenal-Ulcer Disease Associated with Elevated Serum Pepsinogen I.« *New England Journal of Medicine* 300, 11. Januar, 1970, S. 63–89.

Rubin, Theodore Isaac, *The Angry Book.* New York 1970.

Rule, Brendan G. und Lynn S. Hewitt, »Effects of Thwarting on Cardiac Response and Physical Aggression.« *Journal of Personality and Social Psychology* 19, 1971, S. 181–187.

Rule, Brendan G. und Andrew R. Nesdale, »Emotional Arousal and Aggressive Behavior.« *Psychological Bulletin* 83, 1976, S. 851–863.

Rule, Brendan G., Tamara J. Ferguson und Andrew R. Nesdale, »Emotional Arousal, Anger, and Aggression: The Misattribution Issue.« In P. Pliner (Hg.), *Perception of Emotion in Self and Others.* New York 1979.

Russell, Gordon W., »Psychological Issues in Sports Aggression.« In J. H. Goldstein (Hg.), *Sports Violence.* New York 1983.

Russell, James A. und Albert Mehrabian, »Distinguishing Anger and Anxiety in Terms of Emotional Response.« *Journal of Consulting and Clinical Psychology* 42, 1974, S. 79–83.

Russell, James A. und Albert Mehrabian, »The Mediating Role of Emotions in Alcohol Use.« *Journal of Studies on Alcohol* 36, 1975, S. 1508–1536.

Sabini, John, »Aggression in the Laboratory.« In I. L. Kutash (Hg.), *Violence.* San Francisco 1978.

Sanger, Susan Phipps und Henry A. Alker, »Dimensions of Internal-External Locus of Control and the Women's Liberation Movement.« *Journal of Social Issues* 28, 1972, S. 115–129.

Schachter, Joseph, »Pain, Fear, and Anger in Hypertensive and Normotensives.« *Psychosomatic Medicine* 19, 1957, S. 17–29.

Schachter, Stanley und Jerome E. Singer, »Cognitive, Social, and Physiological Determinants of Emotional State.« *Psychological Review* 69, 1962, S. 379–399.

Scheff, Thomas, *Explosion der Gefühle.* Weinheim 1983.

Scherer, Klaus, *Der aggressive Mensch. Ursachen der Aggression unserer Gesellschaft.* Königstein/Ts. 1979.

Schimmel, Solomon, »Anger and Its Control in Graeco-Roman and Modern Psychology.« *Psychiatry* 42, 1979, S. 320–337.

Schmidt, Donald E. und John, P. Keating, »Human Crowding and Personal Control: An Integration of the Research.« *Psychological Bulletin* 86, 1979, S. 680–700.

Schwade, E. D. und S. G. Geiger, »Severe Behavior Disorders with Abnormal Electroencephalograms.« *Diseases of the Nervous System* 21, 1960, S. 616–620.

Sears, David und Leonie Huddy, »Women as a Political Interest Group in the Mass Public.« In P. Gurin und L. Tilly (Hg.), *Women in Twentieth Century American Politics.* New York 1989.

Sebeok, Thomas A., *Play of Musement.* Bloomington 1982.

Segal, Julius, *Winning Life's Toughest Battles.* New York 1986.

Sennett, Richard, *Autorität.* Frankfurt/Main 1990.

Sennett, Richard, *The Uses of Disorder.* New York 1970.

Shott, Susan, »Emotion and Social Life.« *American Journal of Sociology* 84, 1979, S. 1317–1334.

Sipes, Richard G., »War, Sports and Aggression: An Empirical Test of Two Rival Theories.« *American Anthropologist* 75, 1973, S. 64–86.

Smith, Craig A. und Phoebe C. Ellsworth, »Patterns of Appraisal and Emotion Related to Taking an Exam.« *Journal of Personality and Social Psychology* 52, 1987, S. 475–488.

Smith, Michael D., »What Is Sports Violence? A Sociolegal Perspective.« In J. H. Goldstein (Hg.), *Sports Violence.* New York 1983.

Smith, Robert C., Elizabeth Parker und Ernest P. Noble, »Alcohol and Affect in Dyadic Social Interaction.« *Psychosomatic Medicine* 37, 1975, S. 25–40.

Smith, Ronald E., »The Use of Humor in the Counterconditioning of Anger Responses: A Case Study.« *Behavior Therapy* 4, 1973, S. 576–580.

Snyder, C. R., »Reality Negotiation: From Excuses to Hope and Beyond.« Bericht für die American Psychological Association, Atlanta, Georgia, 1988.
Solomon, Robert, »Emotions and Anthropology: The Logic of Emotional World Views.« *Inquiry* 21, 1978, S. 181–199.
Solomon, Robert, »On Emotions as Judgements.« *American Philosophical Quarterly* 25, 1988, S. 183–191.
Solomon, Robert, *The Passions.* New York 1976.
Sommers, Shula und Anthony Scioli, »Emotional Range and Value Orientation: Toward a Cognitive View of Emotionality.« *Journal of Personality and Social Psychology* 51, 1986, S. 417–422.
Sostek, Andrew J. und Richard S. Wyatt, »The Chemistry of Crankiness.« *Psychology Today*, October 1981, S. 120.
Spielberger, Charles, »State-Trait Anger Expression Inventory: Research Edition.« Odessa, Florida, 1988.
Spielberger, Charles, Susan S. Krasner und Eldra P. Solomon, »The Experience, Expression and Control of Anger.« In M. P. Janisse (Hg.), *Health Psychology: Individual Differences and Stress.* New York 1988.
Sroufe, L. Alan, »Attachment and the Roots of Competence.« *Human Nature* 1, October 1978, S. 50–57.
Sroufe, L. Alan, »The Coherence of Individual Development: Early Care, Attachment, and Subsequent Development Issues.« *American Psychologist* 34, 1979, S. 834–841.
Steele, Brandt, »The Child Abuser.« In I. Kutash (Hg.), *Violence.* San Francisco 1978.
Stehle, H. C., »Thalamic Dysfunction Involved in Destructive Aggressive Behavior.« *EEG Clinical Neurophysiology* 12, 1960, S. 264.
Steil, Janice, Bruce Tuchman und Morton Deutsch, »An Exploratory Study of the Meanings of Injustice and Frustration.« *Personality and Social Psychology Bulletin* 4, 1978, S. 393–398.
Steinmetz, Suzanne K., *The Cycle of Violence.* New York 1977.
Stenberg, Craig R. und Joseph Campos. »The Development of Anger Expressions in Infancy.« In N. Stein, B. Leventhal und T. Trabasso (Hg.), *Psychological and Biological Approaches to Emotion.* Hillsdale, N.J., 1990.
Stone, L. und J. E. Hokanson, »Arousal Reduction via Self-Punitive Behavior.« *Journal of Personality and Social Psychology* 12, 1969, S. 72–79.
Strack, Fritz, Leonard L. Martin und Sabine Stepper, »Inhibiting and Facilitating Conditions of the Human Smile: A Non-Obtrusive Test of the Facial-Feedback Hypothesis.« *Journal of Social and Personality Psychology* 54, 1988, S. 768–777.
Stratton, George Malcolm, *Anger: Its Religions and Moral Significance.* New York 1923.
Straus, Murray, »Leveling, Civility, and Violence in the Family.« *Journal of Marriage and the Family* 36, 1974, S. 13–29.
Straus, Murray, »A Sociological Perspective on the Causes of Family Violence.« Bericht für die American Association for the Advancement of Science, Houston, Texas, 1979.

Straus, Murray, Richard Gelles und Suzanne Steinmetz, *Behind Closed Doors: Violence in the American Familiy*. Garden City, N.Y., 1980.

Syme, S. Leonhard, »People Need People.« *American Health* 1, July/August 1982.

Tavris, Carol und Carole Wade, *The Longest War: Sex Differences in Perspective*. New York 1984².

Taylor, Shelley E. und Jonathon D. Brown, »Illusion and Well-Being: A Social Psychological Perspective on Mental Health.« *Psychological Bulletin* 103, 1988, S. 193–210.

Taylor, Stuart P., Charles B. Gannon und Deborah R. Capasso, »Aggression as a Function of the Interaction of Alcohol and Threat.« *Journal of Personality and Social Psychology* 34, 1976, S. 938–941.

Taylor, Stuart P., Gregory Schmutter und Kenneth E. Leonard, »Physical Aggression as a Function of Alcohol and Frustration.« *Bulletin of the Psychonomic Society* 9, 1977, S. 217–218.

Thomas, Elizabeth Marshall, *The Harmless People*. New York 1959.

Tucker, Don M., »Asymmetries of Neural Architecture and the Structure of Emotional Experience.« In R. Johnson und W. Roth (Hg.), *Eighth Event-Related Potentials International Conference*. New York 1989.

Tucker, Don M. und Peter A. Williamson, »Asymmetric Neural Control Systems in Human Self-Regulation.« *Psychological Review* 91, 1984, S. 185–215.

Turnbull, Colin M., *The Forest People*. New York 1961.

Turnbull, Colin M., »The Politics of Non-Aggression.« In A. Montagu (Hg.), *Learning Non-Aggression*. New York 1978.

Vantress, Florence E. und Christene B. Williams, »The Effect of the Presence of the Provocator and the Opportunity to Counteraggress on Systolic Blood Pressure.« *Journal of General Psychology* 86, 1972, S. 63–68.

Wallace, Michael, »The Uses of Violence in American History.« *The American Scholar* 40, Winter 1970–71, S. 81–102.

Wallerstein, Judith und Sandra Blakeslee, *Gewinner und Verlierer*. Frauen, Männer und Kinder nach der Scheidung. München 1992.

Warren, Gayle H. und Anthony E. Raynes, »Mood Changes During Three Conditions of Alcohol Intake.« *Quarterly Journal of Studies on Alcohol* 33, 1972, S. 979–989.

Wegner, Daniel M., David Schneider, Samuel Carter und Teri White, »Paradoxical Effects of Thought Suppression.« *Journal of Personality and Social Psychology* 53, 1987, S. 5–13.

Weinberger, Daniel A., »The Construct Validity of the Repressive Coping Style.« In J. L. Singer (Hg.), *Repression: Defense Mechanism and Personality Style*. Chicago, in Druck.

Weiner, Bernard, »The Emotional Consequences of Causal Attributions.« In M. S. Clark und S. T. Fiske (Hg.), *Affect and Cognition: The 17th Annual Carnegie Symposium on Cognition*. Hillsdale, N.J., 1982.

Weiner, Bernard und Sandra Graham, »An Attributional Approach to Emotional Development.« In C. E. Izard, J. Kagan und R. B. Zajonc (Hg.), *Emotions, Cognition, and Behavior*. Cambridge 1984.

Weiner, Bernard, Dan Russell und David Lerman, »The Cognition-Emotion Process in Achievement-Related Contexts.« *Journal of Personality and Social Psychology* 37, 1979, S. 1211–1220.

Weiss, Bernard, Christopher Cox, Marc Young u.a., »Behavioral Epidemiology of Food Additives.« *Neurobehavioral Toxicology*, Bd. 1, Suppl. 1, 1979, S. 149–155.

Weiss, Bernard u.a., »Behavioral Responses to Artificial Food Colors.« *Science* 207, March 28, 1980, S. 1487–1489.

Weiss, Robert S., »Transition States and Other Stressful Situations.« In G. Caplan und M. Killilea (Hg.), *Support Systems and Mutual Help*. New York 1976.

Wender, Paul H. und Donald F. Klein, *Mind, Mood, and Medicine: A Guide to the New Biopsychiatry*. New York 1981.

West, Candacc, »Why Can't a Woman Be More Like a Man? An Interactional Note on Organizational Game Playing for Managerial Women.« *Sociology of Work and Occupations*, February 1982.

Whitehead, William E., Barry Blackwell, Himasiri De Silva und Ann Robinson, »Anxiety and Anger in Hypertension.« *Journal of Psychosomatic Research* 21, 1977, S. 383–389.

Wikler, Norma, »Vietnam and Veteran's Consciousness: Prepolitical Thinking Among American Soldiers.« Dissertation, University of California at Berkeley, 1973.

Wilbanks, William Lee, »The New Obscenity: I Can't Help Myself.« *Vital Speeches of the Day* LIV, August 15, 1988, S. 658–664.

Wile, Daniel B., *After the Honeymoon*. New York 1988.

Williams, Elizabeth Friar, *Notes of a Feminist Therapist*. New York 1977.

Williams, Redford B., *The Trusting Heart*. New York 1989.

Williams, Redford B., John C. Barefoot und Richard B. Shekelle, »The Health Consequences of Hostility.« In M. Chesney und R. Rosenman (Hg.), *Anger and Hostility in Cardiovascular and Behavioral Disorders*. Washington 1985.

Williams, Roger M., »The U.S. Open Character Test.« *Psychology Today*, October 1988, S. 60–62.

Woods, Sherwyn M., »Adolescent Violence and Homicide: Ego Disruption and the 6 and 14 Dysrhthmia.« *Archives of General Psychiatry* 5, 1961, S. 528–534.

Worchel, Stephen, »The Effect of Three Types of Arbitrary Thwarting on the Instigation to Aggression.« *Journal of Personality* 42, 1974, S. 300–318.

Yarrow, Leon J., »Emotional Development.« *American Psychologist* 34, 1979, S. 951–957.

Zajonc, Robert B., »Feeling and Thinking: Preferences Need No Inferences.« *American Psychologist* 35, 1980, S. 151–175.

Zillmann, Dolf, *Connections Between Sex and Aggression*. Hillsdale, N.J., 1984.

Zillmann, Dolf, *Hostility and Aggression*. Hillsdale, N.J., 1979.

Zillmann, Dolf und Jennings Bryant, »Effect of Residual Excitation on the Emotional Response to Provocation and Delayed Aggressive Behavior.« *Journal of Personality and Social Psychology* 30, 1974, S. 782–791.

Zillmann, Dolf, R. C. Johnson und K. Day, »Attribution of Apparent Arousal and Proficiency of Recovery from Sympathetic Activation Affecting Excitation Transfer to Aggressive Behavior.« *Journal of Experimental Social Psychology* 10, 1974, S. 503–515.

Zimmerman, Don H. und Candace West, »Sex Roles, Interruptions and Silences in Conversation.« In B. Thorne und N. Henley (Hg.), *Language and Sex: Difference and Dominance*. Rowley, Mass., 1975.

Register

dialog
und praxis

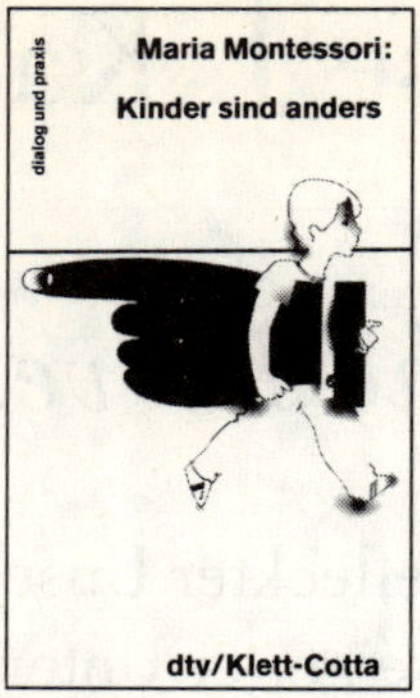

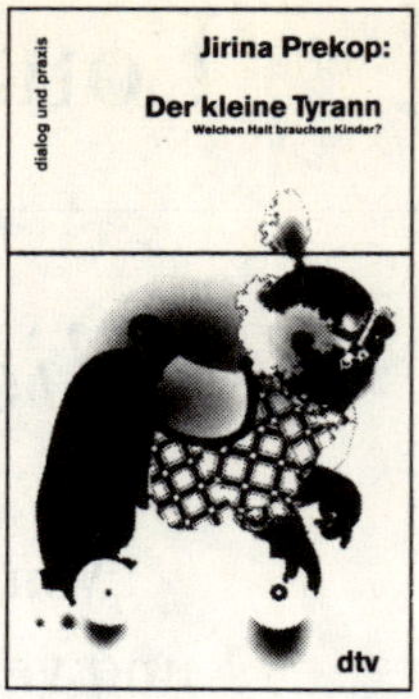

Kinder
Eltern
Familie

Verena Kast:
Wege aus Angst und Symbiose
Märchen psychologisch gedeutet
dtv 35020

Mann und Frau im Märchen
Psychologische Deutung
dtv 35001

Familienkonflikte im Märchen
Psychologische Deutung
dtv 35034

Wege zur Autonomie
Märchen psychologisch gedeutet
dtv 35014

Kinder verstehen
Ein psychologisches Lesebuch für Eltern
Hrsg. v. Sophie von Lenthe
dtv 35017

Irène Kummer:
Wendezeiten im Leben der Frau
Krisen als Chance zur Wandlung
dtv 35051

Maria Montessori:
Kinder sind anders
dtv / Klett-Cotta
dtv 35006

Christiane Olivier:
Jokastes Kinder
Die Psyche der Frau im Schatten der Mutter
dtv 35013

Gerlinde Ortner:
Märchen, die Kindern helfen
Geschichten gegen Angst und Aggression und was man beim Vorlesen wissen sollte
dtv 35065

Jirina Prekop:
Der kleine Tyrann
Welchen Halt brauchen Kinder?
dtv 35019

Anne Wilson Schaef:
Im Zeitalter der Sucht
Wege aus der Abhängkeit
dtv 35022

Die Flucht vor der Nähe
Warum Liebe, die süchtig macht, keine Liebe ist
dtv 35054

dialog und praxis
Eugen Drewermann:
Lieb Schwesterlein,
laß mich herein
Grimms Märchen tiefenpsychologisch gedeutet
dtv

dialog und praxis
Paula J. Caplan:
So viel Liebe,
so viel Haß
Zur Verbesserung der Mutter-Tochter-Beziehung
dtv

Kinder schreiben

Die geheimnisvolle Villa
Kinder der Kinderklinik Tübingen erzählen Geschichten zu einem Bild
dtv 30316

Tränen im Regenbogen
Phantastisches und Wirkliches – aufgeschrieben von Mädchen und Jungen der Kinderklinik Tübingen
dtv 30331

Plötzlich ist alles ganz anders
Kinder schreiben über unser Land
dtv 30380

Gewalt
Kinder schreiben über Erlebnisse, Ängste, Auswege
dtv 30435

Frederic Vester im dtv

Foto: Isolde Ohlbaum

Denken, Lernen, Vergessen
Was geht in unserem Kopf vor, wie lernt das Gehirn, und wann läßt es uns im Stich?

Frederic Vester vertritt eine völlig neue Richtung der Gehirnforschung: die Biologie der Lernvorgänge. Ein Testprogramm zeigt dem Leser, wie er seinen individuellen Lerntyp feststellen und seinen eigenen »biologischen Computer« am effektivsten nutzen kann.
dtv 30003

Phänomen Streß
Wo liegt sein Ursprung, warum ist er lebenswichtig, wodurch ist er entartet?

»Vester ist es in bewundernswerter Weise gelungen, die wesentlichen Zusammenhänge des Streßgeschehens in einer auch dem Laien verständlichen Sprache zu vermitteln. Sein Buch ist höchst angenehm zu lesen, gut illustriert und äußerst instruktiv.« (Professor Hans Selye)
dtv 1396

Unsere Welt – ein vernetztes System

Ein faszinierender Einblick in die Gesetzmäßigkeiten von sich selbst regulierenden Systemen, die vom Mikrokosmos bis zum Makrokosmos die gleichen sind. Anhand vieler anschaulicher Beispiele erläutert Vester die Steuerung von Systemen in der Natur und durch den Menschen, und wie wir sie in ihren Abhängigkeiten und Wechselwirkungen verstehen, beurteilen und zur Lösung von Problemen einsetzen können. dtv 10118

Neuland des Denkens
Vom technokratischen zum kybernetischen Zeitalter

Das fesselnd und allgemeinverständlich geschriebene Hauptwerk von Frederic Vester – eine grundlegende und breitgefächerte Orientierungshilfe für alle, die an einer (über-)lebenswerten Zukunft interessiert sind. dtv 10220

Ballungsgebiete in der Krise
Vom Verstehen und Planen menschlicher Lebensräume

Eine praktikable Anleitung, die Zukunft unserer bedrängten Lebensräume nicht mehr der technokratischen Planung zu überlassen, sondern sie auf der Grundlage biokybernetischen Denkens als vernetztes System zu erfassen und für die Zukunft zu gestalten. Aktualisierte Neuausgabe. dtv 30007

Frederic Vester/Gerhard Henschel:
Krebs – fehlgesteuertes Leben
Aktualisierte Neuausgabe. dtv 11181